Parent Education & Counseling

부모교육 및 상담

김미례 · 정현주 · 이성직 · 김희숙 · 박동혁 · 조난숙 · 황매향 공저

학지사

PREFACE

머리말

부모가 된다는 것은 삶의 축복이자 기쁨입니다. 아이를 건강하게 낳아서 잘 기르는 일 자체가 힘들고 어려운 일이기는 하지만, 우리의 미래는 우리의 자녀들에게 달려 있습니다. 아이들은 미래의 희망입니다. 결혼해서 아이를 가지게 되면 우리의 희망이자 고귀한 생명인 아이들의 성장에 도움이 되는 좋은 부모라는 존재로 거듭나야 하는 것은 마땅히 해야 할 의무와도 같습니다. 요즘 세상은 결혼하기도 힘들거니와 아이 낳는 것도 쉬운 일이 아닙니다. 좋은 부모가 되는 것은 더 힘든 일입니다. 하지만 부모와 자녀가 함께 성장하고 행복하는 데 늦은 때는 없습니다. 부모가 되어 화목한 가정을 꾸리고 자식이 잘 성장하도록 돕는 좋은 부모가 되기 위해서는 끊임없는 노력과 자기교육이 필요합니다. 자기 자신의 사고와 감정 및 행동을 성찰하고 자녀에 대한 이해와 지속적인 학습이 필요합니다. 또한 부모가 자녀와 잘 지내기 위해서는 자신의 자녀를 양육하는 방식에 용기 있게 마주해야 합니다. 이를 통해 보다 효과적으로 자녀를 사랑, 보호, 교육하고 발달단계별 필요한 삶의 기술을 익히게 할 수 있습니다.

많은 교육심리학자가 이구동성으로 말하듯이 영유아기의 중요성은 아무리 강조해도 지나치지 않습니다. 그러기에 현재 출판된 대부분의 부모교육 책은 영유아교육현장에서 부모들에게 필요한 자녀양육에 대한 전문적인 조언을 담고 있는 것이 대부분입니다. 또는 예비부모교육을 위한 지침서가 되는 내용으로 구성되어 있습니다. 그리고 그 구성 자체가 부모교육의 개념, 역사, 사회변화와 부모역할, 발달단계에 따른 부모역할, 부모교육 이론 및 부모교육 프로그램 등을 다루고 있습니다. 그런 책들은 다소 이론 중심으로 소개하는 입문서의 성격이 강하다고 볼 수 있습니다. 이런 의미에서 본다면 이번에 펴낸 『부모교육 및 상담』은 그 제목에서 보여 주듯이 접근방법이 새롭습니다. 필자들이 상담전문가이며, 발달단계와 관계없이 자녀양육에 전반적으로 도움을 주고 적용 가능한 부모교육을 실제 사례에 기반하여 저술하였기 때문입니다. 특히 각 장마다 자녀교육에서 발생하는 세 가지 문제를 상담을 통해 도와주고 해결하는 실제적 방법, 즉 솔루션을 제시하고 있다는 점이 돋보입니다.

그 구체적 내용을 살펴보면, 제1장 '자녀와의 건강한 관계형성을 위한 부모역할 훈련'(김미례)에서는 자녀와 소통하는 부모의 특성, 자녀의 심리적 욕구와 행동특성, 발달단계별 적합한 부모역할, 부모신념별 관계 맺기의 황금률, 마음끼리 소통하는 대화의 열쇠를 주요 내용으로 다루고 있습니다. 제2장 '자녀의 정서적 안정감 향상을 위한 부모역할 훈련'(정현주)에서는 정서 제대로 알기, 감정단어의 주인은 나, 정서조절과 정신건강, 정서표현을 돕는 부모역할 훈련, 마음의 힘을 가진 아이로 키우기를 주요 내용으로 다루고 있습니다. 제3장 '자녀의 자기조절력을 길러 주는 부모 코칭: 부주의와 과잉행동 및 충동성 감소 전략'(이성직)에서는 자기조절과 권위 있는 부모의 역할, 좋은 모델링이 되는 부모의 모습 보이기, ADHD 이해하기, 학교장면에서 교사를 위한 코칭, 자녀와의 친밀감과 신뢰감 회복하기를 다루고 있습니다. 제4장 '자녀의 스마트폰 리터러시 능력 기르기'(김희숙)에서는 요즘 이슈가 되는 자녀의 스마트폰 사용 문화, 자녀의 발달단계별 스마트폰 사용에 대한 부모역할, 부모와 자녀의 스마트폰 사용 습관, 자녀가 스마트폰에 과몰입하는 이유, 부모와 자녀의 스마트폰 리터러시를 다루고 있습니다. 제5장 '비대면 학습에서 더욱 빛을 발하는 자기주도학습 역량 키워 주기'(박동혁)에서는 자기주도학습의 개념과 주도성 향상을 위한 부모의 기초 역할, 학습동기의 이해, 시간관리 향상 전략, 집중력 향상 전략, 기억 향상 전략을 다루고 있습니다. 제6장 '자녀의 수학 학습을 돕는 부모코칭: 자존감을 세우는 부모역할'(조난숙)에서는 수학 과목과 부정적 정서, 성격유형에 따른 수학 학습과 지도, 수학의 위인들을 다루는 영화에서 배우는 자녀의 수학교육, 4차 산업혁명에 부응하는 수학적 능력을 향상시키기 위해 부모가 할 수 있는 일, 수학에서 성장형 마인드셋과 부모의 개입을 다루고 있습니다. 제7장 '꿈을 향해 나아가는 자녀를 돕는 부모'(황매향)에서는 긍정과 부정의 양날의 칼, 부모의 영향력, 부모 진로문제와 자녀 진로문제의 교차로, 진로의사결정을 돕는 부모, 자녀가 꿈을 이루도록 돕는 부모, 미래를 살아갈 자녀에게 필요한 진로역량을 내용으로 하는 진로문제를 다루고 있습니다.

저자들은 지금–여기의 상황에서 자녀교육의 어려운 문제를 자신의 상담 영역에서 고민해 보고 부모와 자녀 모두가 행복할 수 있는 대안을 제공하고자 노력했습니다. 부모교육의 전 영역을 망라하지는 못했으나 이러한 접근의 시작이 자녀교육으로 어려움을 겪고 있는 부모님들에게 도움을 드려 부모–자녀 관계가 행복하게 되는 계기가 되었으면 좋겠습니다.

끝으로 출판을 격려하신 학지사의 김진환 사장님과 출판을 위해 애써 주신 편집부 정은혜 과장님 등 여러 분께 감사의 말씀드립니다.

2022년 9월

저자 대표 김미례

CONTENTS

차례

제 1 장

자녀와의 건강한 관계형성을 위한 부모역할 훈련

(대안: 자녀와 친밀한 관계를 만드는 소통의 비밀)

Q1 18세 고2 아들을 둔 52세 엄마입니다. 아들이 학교에 무단결석을 자주 하고, 끊임없이 말썽만 피워 걱정입니다. 부모 말을 잘 들었던 애라서 그런지 몰라도 도무지 이해가 안 됩니다. 요즘은 집에도 잘 들어오지 않고 어쩌다 들어와도 부모가 거실에 있으면 방에서 나오질 않습니다. 저는 평소 아들에게 "나는 널 믿는다. 약속했지, 지켜. 남의 일에 끼어들지 말고, 나쁜 친구들과는 어울리지도 말고." 라고 수없이 말합니다. 저는 아들 나이 때 부모님 힘드실까 봐 밖에 나가 놀고 싶어도 꾹 참고 두 동생을 업어 키우고 어머니 대신 집안의 잔일도 다하고 착하다는 말을 많이 들었는데……. 우리 아들은 뭐가 부족해서 저렇게 부모만 보면 피하고 밖으로만 도는지 도저히 모르겠어요. 화가 치밀어 올라 때려도 보았고 잘 키우려고 훈계도 많이 했는데 답답합니다.

Q2 중2 아들을 둔 38세 아빠입니다. 너무 젊은 나이에 아빠가 되었죠. 저도 착실한 삶을 산 것은 아니어서 아들이 나쁜 행동을 할 때는 저처럼 살까 봐 걱정이에요. 시간 날 때마다 아들에게 "너는 보통 친구들처럼 평범하게 살아라. 나쁜 일 하지 말고, 규칙을 잘 지켜라."라고 당부하죠. 만일 어기면 1차는 말로 훈계를 하죠. 하지만 과한 행동이다 싶으면 일부러 상처를 주는 말을 하고, 담배도 못 피우게 용돈도 팍 깎고, 하고 싶은 것은 다 못하게 막아 버려요. 저도 어렸을 때 부모님이 큰소리치고 혼낼 때는 쥐죽은 듯이 있다가 밖에 나가서는 하지 말라는 행동을 다 했는데……. 아들이 절 닮아서 그런 것 같아 이젠 무력감만 들고 외롭고 그래요. 휴, 언제나 다른 집 가족들처럼 애들과 여행도 가고 운동장에서 공도 차고 그럴까요? 요즘 부쩍 아들을 키우기 싫다는 마음이 확 생기고, 연년생 형과 자꾸 비교하게 되고, 아들 얼굴만 보면 잔소리가 나와요. 이젠 아들이 저보다 중3 형 눈치를 많이 봐요. 부모한테 잘못하면 형이 인정사정없이 때리거든요. 버릇 잡는다고……. 아들과 대화를 해 보려고 해도 입을 꾹 다물고 있으니 속에서 더 화가 올라오고 무력감만 들어요. 다 내려놓고 싶어요.

부모-자녀 간 상호존중과 보살핌에 기반한 건강한 관계가 형성되었을 때, 자녀 지도가 쉽고 부모로서 더 큰 영향력을 행사하게 된다. 부모와 잘 지내는 자녀일수록 사랑, 따뜻함, 평화로움, 행복감을 만끽하며 살아간다. 반면, 부모와 소통이 어려운 자녀는 언젠가는 부모에게서 버림받을 것이라는 두려움에 떤다.

어떻게 하면 자녀에게 욱하며 버럭 화를 내거나 힘겨루기하지 않고 잘 지낼 수 있을까? 중요한 것은 부모에게 상처받은 경험은 크든 작든 간에 자녀의 몸에 기억된다는 사실이다. 반복된 상처들은 자녀의 뇌 신경구조를 변화시켜 신경계에 각인된 채 남는다. 이렇게 각인된 상처는 추후 스트레스를 통제하지 못하는 상황이 되면 과거의 경험과 유사한 상황, 일, 문제 등에 끊임없이 생생하게 재연된다. 특히 부모에게 받은 상처가 치유되지 않았을 경우 자기보호 반응인 부정인지와 부정정서가 유발된다. 화와 분노를 폭력적으로 표출하며 싸우거나, 상처와 고통을 준 부모와 대화를 단절하고 만다. 심한 경우 식욕부진, 폭식증, 소화기 장애, 근육통 등을 호소하며, 현재 상황에서 도망치거나 얼어붙어 버리는 위축된 행동을 반복한다.

자녀를 대하는 태도나 대화방식을 변화시킨다는 것은 결코 쉬운 일이 아니다. 사실 모든 부모는 문제를 가지고 있다. 부모의 문제 여부와 부모-자녀 간의 건강한 관계 유지 여부는 큰 관련이 없다. 차이점을 찾자면 어떤 부모는 문제를 효과적으로 잘 다루지만, 또 어떤 부모는 오히려 끝없이 문젯거리를 만들고 더 악화시킨다는 것이다. 자녀와 건강한 관계를 구축하고 잘 지내는 부모는 자녀양육에 적절한 지도와 훈육이 얼마나 중요한지를 잘 알고 있다.

부모와 자녀가 함께 성장하고 행복하는 데 늦은 때는 없다. 모든 부모는 자녀와 소통하며 오랫동안 행복한 시간을 보내기를 소망한다. 부모가 자녀와 잘 지내기 위해서는 자신의 자녀를 양육하는 방식에 용기 있게 마주해야 한다. 특히 자녀와의 관계형성에 부모의 양육사가 담겨 있는 핵심 신념은 가장 강력한 힘을 발휘한다.

이 장에서는 먼저 자녀와 더 건강한 관계를 도모하는 데 도움이 되는 부모교육 이론을 1절부터 5절까지 담았다. 1절 자녀와 소통하는 부모의 특성에서는 소통을 잘하는 부모유형과 소통이 어려운 부모유형으로 분류하여 다양한 양육유형 속에서 자녀와의 소통법을 더 깊이 이해할 수 있도록 하였다. 2절 자녀의 심리적 욕구와 행동특성에서는 자녀의 심리적 욕구 내지 행동목적을 알고, 자녀의 욕구 좌절 관련 그릇된 행동에 대한 대안들을 제시하였다. 3절 발달단계별 적합한 부모역할에서는 갈등 상황에서 습관적으로 해로운 부모역할을 선택하지 않고 성장에 도움이 되는 양육방법을 선택할 수 있도록 적합한 부모역할과 해로운 부모역할에 따른 재성장 방안을 제시하였다. 4절 부모신념별 관계 맺기의 황금률에서는 부모의 다섯 가지 주요 신념별 자녀와의 관계형성 시 도움이 되는 강점과 관계 갈등의 요인이 되는 약점 및 부모-자녀 관계 재구축을 위한 성장과제를 제시하였다. 5절 마음끼리 소통하는 대화의 열쇠에서는 부모가 삶을 해석하는 방식인 인생태도 유형과 소통에 도움이 되는 의사소통 유형을 제시하였다. 그다음으로 부모-자녀 관계 재구축에 도움이 되는 솔루션을 6절 대화를 거부하는 아이 돕기, 7절 상처가 많은 자녀와의 관계 회복, 8절 사춘기 아이의 기 살리기라는 주제하에 제시하였다. 마지막으로, 부모-자녀 간의 건강한 관계형성을 위해 도움이 되는 워크시트를 제시하였다.

1. 자녀와 소통하는 부모의 특성

세상에 완벽한 인간은 없기에 완벽한 부모나 완벽한 자녀도 없지만 부모역할을 통해 인기상을 받기란 더 어려운 일이다. 하지만 부모가 자녀를 사랑, 보호, 교육 그리고 훈련함에 있어서 적합한 양육태도로 소통하는 것은 매우 중요하다. 모든 부모가 정확히 옳은 양육태도를 습득하기를 바라는 것은 비현실적일 수 있다. 단, '정확히 옳은' 양육을 하는 것은 불가능할지 모르나 '충분한' 양육을 통한 건강한 부모-자녀 관계를 유지하는 것은 얼마든지 가능하다. 충분히 양육받는 자녀는 자신이 사랑스러운 존재임을 느낀다. 어떤 일을 할 때 최고의 실적을 내거나 문제를 해결하지 못하더라도 자신이 능력 있는 존재라고 인식한다. 즉, 자녀는 부모에게 사랑받았다는 느낌이 들 때 존재에 대한 긍정적 확신을 갖는다. 양육방식 혹은 양육유형은 자녀를 사랑이 내재된 건강하고 행복한 아이로 어떻게 키울 것인지와 관련된다. 자녀는 부모가 자신을 대하는 양육방식에 따라 반응과 태도가 달라진다. 부모 자신이 어떤 유형의 부모인지를 정확히 알고 자녀에게 미치는 영향을 이해한다면 부모-자녀 관계는 더 나아질 것이며 갈등 또한 줄어들 것이다.

1) 소통을 잘하는 부모의 양육유형

자녀와 잘 소통하는 부모의 양육유형은 크게 애정적 · 자율적 유형, 권위 있는 유형, 민주적 유형으로 언급된다. 소통을 잘하는 부모유형별 양육행동과 자녀의 행동반응을 자세히 알아보면 〈표 1-1〉과 같다.

<표 1-1> 소통을 잘하는 부모유형별 양육행동과 자녀의 행동반응

유형	부모의 양육행동	자녀의 행동반응
애정적 · 자율적 부모	• 애정을 준다. • 방임이 아닌 책임 있는 자유를 준다. • 행동결과나 특정 과제에 관심을 갖도록 한다. • 자녀의 행동이 타인에게 미치는 영향에 대해 생각하고 토론할 수 있는 기회를 제공한다. • 즐거운 마음을 유지하고 문제해결을 통해 자녀의 가치와 유능감을 향상시킨다.	• 자신과 타인에 대해 민주적인 관계를 유지한다. • 자신 있게 사회에 적응한다. • 창의적 · 능동적이며 사교적이다. • 독립적이고 외향적이다.
권위 있는 부모	• 따뜻하며, 자녀를 사랑하고 지지한다. • 자녀의 권리를 인식하고 존중한다. • 적절하게 애정을 주고 통제를 한다. • 자녀의 개별성과 자기결정을 존중한다. • 지시를 하는 경우 이유를 합리적으로 설명한다. • 가족문제 의사결정에 참여시킨다. • 자녀의 의견을 인내심을 갖고 경청한다.	• 자신을 믿고 새로운 과제에 빨리 숙달된다. • 독립적이고 성취 지향적이다. • 친절하고 협동심이 있다. • 자아존중감 및 학업성취도가 높다. • 자기통제력을 유지하고 타인의 행동을 방해하지 않는다.
민주적 부모	• 민주주의하에서 누구나 무조건 원하는 것을 언제나 얻을 수 있는 것이 아니며, 다만 언제나 말할 수 있는 권리가 있다는 점을 강조하고 자녀의 권리를 존중한다. • 자녀 스스로 선택한 결과에 대한 책임을 강조한다. • 자녀의 협동심을 북돋아 주고 배움을 자극하는 지도자 역할을 한다. • 자녀를 훈육할 때 자녀의 인간적 존엄성을 인정해 준다. • 자녀의 생각과 감정을 부모에게 공손하게 표현할 수 있는 권리를 허용한다. • 자녀의 생활지도 관련 중요한 결정을 내릴 때 자녀에게 영향력을 행사할 수 있는 권리를 허용한다. • 일정한 한계 안에서 자녀에게 자유를 제공하며, 자녀가 성장하여 점점 더 많은 책임을 수행해 감에 따라 자녀에게 부과한 한계를 점차 줄여 나간다.	• 자녀는 우리 사회의 민주주의 유산과 모든 사람 사이에 존재하는 평등 이념을 인정한다. • 자녀는 부모의 곁을 떠나갈 시점이 되면 어른들처럼 성인이 향유하는 독립의 특전을 똑같이 누리게 된다. • 자녀는 민주시민으로서 요구되는 질서와 규칙을 잘 준수한다. • 자녀는 가족의 중요한 구성원으로서 존중받고 있다는 느낌을 갖는다.

자녀와 잘 소통하기 위해서는 부모유형별 자녀의 행동반응 유형과 함께 어떻게 해야 잘 소통하는 대화인지를 알고 연습해야 한다. 만일 부모가 다음과 같이 말하고 있다면, 자녀와 잘 소통하는 부모에 가깝다고 할 수 있다.

- "네가 실망하겠지만, 지금 시간이 너무 늦었으니 집 밖으로 나갈 수 없구나. 왜냐하면……."
- "그래, 민수야. 우리 함께 그것에 대해서 이야기해 보자. 민수의 생각은 무엇인지 말해 보렴."
- "네가 그 문제를 처리할 수 있다는 것을 난 알고 있단다. 그러나 혹시 도움이 필요하면 언제든 나에게 말하렴."

그리고 예를 들어 다음과 같이 행동하고 있다면 앞에서 제시한 소통을 잘하는 부모유형 중 권위 있는 부모라고 할 수 있다.

- 계절에 따른 옷 정리를 하거나 방을 배정할 때 자녀를 참여시킨다.
- 자녀가 학습과제를 자기 힘으로 하도록 전적인 책임을 부과하며, 정말 도움이 필요한 경우에만 약간씩 지도해 준다.
- 자녀의 학교생활에 대해 들어 보면서 자녀의 학교 활동에 적극적인 관심을 보인다.
- 자녀가 지켜야 할 규칙을 말해 주고, 합의된 규칙을 위반했을 때 수반되는 결과에 대하여 함께 이야기함으로써 훈육과정에 자녀를 참여시킨다.
- 자녀의 좋은 점을 자주 알려 주고 격려한다.
- 차분하면서 판단하지 않는 태도로 폭력, 성, 약물과 같은 문제에 대해서도 자녀와 대화를 나눈다.

2) 소통이 어려운 부모의 양육유형

(1) 애정결핍형 부모 vs 과잉애정형 부모

애정결핍형 부모는 자녀에게 애정이 없거나 애정을 표현하지 않는 부모이다. 초기 어린 시절 부모로부터 애정을 경험하지 못한 경우가 많다. 인간은 기본적으로 사랑받고 싶은 욕구가 있으며, 부모로부터 사랑하는 방법을 배운다. 사랑받지 못한 사람은 사랑을 만들어 내지도 못한다. 부모인 우리가 딱 적당한 정도의 사랑을 받지는 못했더라도 생존에 필요한 충분한 정도의 사랑은 받았어야 했다. 이로 인해 몇몇 부모는 정신적 생존을 위해 자기 자신에게 초점을 맞추는 적응적 결정을 내리기도 한다. 이를 자기애(나르시시즘)라고 부른다. 『백설 공주와 일곱 난쟁이』라는 동화에 등장하는 사악한 왕비는 거울을 들여다보는 나르시시스트의 전형이다. 나르시시스트는 타인의 욕구와 바람에는 관심이 없고, 타인을 자신의 연장이라고 보는 경향이 있다. 안타깝게도 우리는 누군가 자신의 안녕에 관심을 가져주길 바라며, 심지어 자신이 하는 모든 것에 대해 흥미로워할 것이라고 착각한다. 애정결핍형 부모에게서 양육된 자녀는 자존감이 낮고 우울증을 경험하는 경향이 있다. 부모가 바라는 무언가를 완벽하게 해냈을 때만이 부모로부터 받는 사랑과 비슷한 감정을 경험한다. 부모의 사랑은 조건적인 것이기 때문에 애정결핍형 부모에게서 사랑을 받기 위해서는 반드시 그 대가를 치러야 한다. 교류분석학자인 클로드 스테이너(Claude Steiner) 박사는 존재 인정 자극인 스트로크 충족의 중요성을 강조한 저서 『인생각본(Script People Live)』에서 '애정결핍 각본'에 대해 언급하였다. 부모나 권력자는 스트로크가 할당되는 스트로크 경제에 자녀들을 길들인다. 자녀는 자신에게 긍정적인 스크로크를 주거나 타인의 긍정적인 스트로크를 받거나 요구해서는 안 되고, 자신에게 주어지는 부정적인 스트로크를 거부해서도 안 된다는 것을 배운다. 이 모든 것은 자녀가 성장하면서 다른 사람들과 친밀감과 사랑을 주고받는 것을 어김없이 방해한다.

이와 달리 과잉애정형 부모는 자녀에게 향한 애정이 과잉되었다는 말 자체가 있을 수 없다는 잘못된 믿음을 갖는다. 이러한 부모는 자신의 공허함을 채우기 위해 자녀에 대한 비현실적 욕구를 갖는다. 모든 애정을 자녀에게 쏟음으로써 마침내 자신을 사랑해 줄 누군가를 찾았다고 확신한다. 때로는 자녀를 원치 않았거나 돌볼 시간이 많지 않은 부모는 죄책감 때문에 자녀의 욕구를 과잉충족시켜 주는 경우가 있다. 또한 부모도 욕구, 바람과 권리가 있음을 자녀들이 알고 존중해야 한다는 사실을 가르치는 것이 어렵다. 이로 인해 자녀는 부모로부터 받는 모든 것을 당연시한다. 오히려 부모에게 받은 만큼 돌려줘야 하는 상황이 오면 분개하곤 한다. 훗날 부모는 "난 널 위해 모든 것을 다 해 줬어."라고 말하게 될 것이다. 자녀는 자신을 비춰 주던 부모처럼 사람들이 반응하지 않을 경우 무례하게 행동하는 사람이 될 수도 있다. 종종 '버릇없는 자식'이라는 꼬리표가 붙게 되는데, 이는 부모의 부적절한 양육방식을 비난한다는 의미를 지닌다. 성장한 자녀가 '버릇없는' 존재가 되는 것을 거부하는 힘을 갖기란 어려운 일이다. 〈표 1-2〉에 애정결핍형 부모와 과잉애정형 부모가 자녀와 소통을 잘하기 위한 지침을 제시하였다.

<표 1-2> 애정결핍형 부모와 과잉애정형 부모의 자녀와의 소통 지침

애정결핍형 부모	과잉애정형 부모
• 부모가 자녀에게 "사랑해."라는 말을 하는 데 돈이 드는 것은 아니다. 이 말은 자녀를 생존하게 하는 공기와 같으며, 존재에 대한 중요성을 북돋아 주는 원천이 된다. • 자녀가 부모로부터 사랑받는 소중한 존재임을 느낄 수 있도록 쓰다듬어 주거나 포옹 등 신체적 접촉을 충분히 제공해 주어야 한다. 존재 인정 자극인 미소, 부드러운 눈맞춤, 격려, 승인, 칭찬 등 자녀에게 적합한 심리적 식단을 새로 짜야 한다.	• 부모는 자녀가 세상이 자신의 이기적 행동을 지속적으로 받아 주길 바라는 것이 얼마나 비현실적인가를 수용할 수 있도록 마음의 힘을 강화시켜 주어야 한다. • 자녀가 타인을 사랑하고, 배려하고, 존중하는 것이 얼마나 값진 것인지를 알고 이를 실천할 수 있도록 자녀양육 방법을 배워야 한다.

(2) 보호결핍형 부모 vs 과잉보호형 부모

보호결핍형 부모는 자녀를 보호하기 위해 안전한 주변 환경을 조성하고 건강을 위한 한계 설정의 어려움을 겪는다. 자녀가 친척이나 지인으로부터 받은 성적 학대는 보통의 부모라면 자녀에게 물려주고 싶지 않은 끔찍한 유산이다. 이는 우리 사회가 전반적으로 소아성애자에 대해 충분한 관심을 기울이지 않음을 보여준다. 또한 부주의한 부모가 유독한 물질이나 위험한 물체를 유아가 닿을 수 있는 위치에 두는 경우도 보호의 결핍이 존재한다. 내가 상담실에서 만난 부모 중 한 분은 자신이 흡연자이면서 자신의 아들은 흡연하지 않길 바라는 분이셨다. 그렇지만 아들의 17세 생일을 축하하는 날 아들에게 담배 한 상자를 선물로 주었다. 그 부모는 "어찌됐건 그 애가 담배를 피우는 것은 사실이잖아요. 내가 뭐라고 한들 그 애는 담배를 손에 넣게 되겠지."라고 말하였다. 당시 부모가 이해하지 못했던 것은 자신의 아들이 옳지 못한 행동을 하는 경우 부모가 한계 설정을 하고 보

호를 해야 한다는 사실이었다.

이와 달리 과잉보호형 부모는 자녀가 부르면 언제든 달려가 "항상 다른 아이들과 함께 다녀야 해." "낯선 사람이 주는 것은 절대 받으면 안 돼." "차 안에 있는 낯선 사람이 길을 물을 때 절대 차 가까이 가면 안 돼." 등과 같은 몇 가지 안전수칙에 대해 일러 준다. 특히 두려움과 불안이 높은 부모는 자녀를 심리적으로 질식시키는 경향이 있다. "더러운 것을 묻히지 마. 옆집 아이들하고 놀지 마. 그 애들은 병균을 가지고 있으니까."는 과잉보호형 부모가 사용하는 훈육의 몇 가지 예이다. 〈표 1-3〉에 보호결핍형 부모와 과잉보호형 부모가 자녀와 소통을 잘하기 위한 지침을 제시하였다.

<표 1-3> 보호결핍형 부모와 과잉보호형 부모의 자녀와의 소통 지침

보호결핍형 부모	과잉보호형 부모
• 자녀의 움직임이 활발하여 비록 완벽한 보호가 어려울지라도 건강한 양육을 위해 안전한 환경 조성과 한계 설정은 최우선 순위가 되어야 한다. 이를 통해 자녀는 자율적으로 규율을 실천하는 방법을 익힌다. • 자녀를 보호하기 위해 분별 있고 건강한 양육규칙의 설정은 매우 중요하다. 이 양육규칙 때문에 자식으로부터 인기 없는 부모가 될 수도 있다. 만일 부모가 추구하는 것이 인기상을 받는 것이라면 그러한 사람은 절대로 부모가 되어서는 안 된다.	• 답답한 규칙이 온 집안을 가득 메워 과잉순응이나 노골적인 파괴적 반항을 초래할 수 있다. 부모가 항상 자녀를 따라다닐 수는 없기 때문에 자녀가 스스로를 보호하기 위한 생존기술을 익히도록 해야 한다. • 자녀를 과잉보호하는 이유와 욕구가 무엇인지 생각해 본다. • 자녀의 발달단계별 발달과업 및 일관성 있는 규칙과 경계 설정 등 적합한 양육방식을 알고 실천해야 한다. 특히 상황에 따라 자녀 스스로 생각할 수 있는 마음의 힘을 키우기 위해 그 상황에 대해 어떻게 생각하는지 혹은 느끼는지 등의 방식으로 질문한다.

(3) 교육결핍형 부모 vs 과잉교육형 부모

교육결핍형 부모는 자녀를 지하방에 가둬 놓은 채 불량식품만 제공해 주는 부모이다. 어린 시절 자녀에게 아기가 양배추 인형에서 나온다고 성교육을 한 경

험이 있는 부모를 예로 들 수 있다. 물론 이것이 누군가에게 해를 끼치는 것은 아니지만 13세가 된 자녀가 첫 월경을 시작했을 때, 생리주기에 대해 한 번도 들어본 적이 없던 자녀는 자신이 곧 죽는 줄 알고 엄청난 공포감을 느끼게 된다. 부모는 자녀가 규칙을 지켜야 한다는 압력을 받게 될 것이며, 이것 또한 적당히 필요하다. 하지만 싫다는 의사표현 방법을 전혀 배운 적이 없는 자녀는 불량배나 유혹자의 먹잇감이 되기 쉽다. 자녀에게 지나친 부담을 주거나 인생에 대한 너무 자세한 정보제공이 아닌, 성이나 안전에 대한 간단한 사실은 어렸을 때 자연스럽게 가르쳐야 한다. 사회 또한 사회적인 기본 규약을 익히지 못한 사람에게는 매우 냉혹하다. 예를 들어, 일반적인 식사 예절과 예의범절은 자신이 속한 세상에 적응하기 위한 준비과정의 일부이다. 하지만 그것이 멋진 홀에서의 저녁식사를 위한 규범일 필요는 없다.

이와 달리 과잉교육형 부모는 어른들의 세상에서 벌어지는 너무 많은 현실적인 정보를 아직 어린 자녀에게 등 떠밀듯 제공한다. 자녀들이 전쟁, 기근, 약물남용, 폭력, 잔인함 그리고 노골적 성행위 등 감당할 수 없는 정보에 너무 일찍 노출되는 경우 성격형성에 부정적인 영향을 미칠 수 있다. 물론 자녀에게 거짓말을 하는 것은 옳지 않지만, 자녀의 정신세계는 눈앞에서 펼쳐지는 폭력 장면을 여과 없이 빨아들이는 거대한 스펀지와 같다. 그리고 자녀는 세상의 폭력적 행동들이 '규범'이 될 때 민감성과 판단력을 잃게 된다. 〈표 1-4〉에 교육결핍형 부모와 과잉교육형 부모가 자녀와 소통을 잘하기 위한 지침을 제시하였다.

<표 1-4> 교육결핍형 부모와 과잉교육형 부모의 자녀와의 소통 지침

교육결핍형 부모	과잉교육형 부모
• 부모의 자녀양육에 대한 무지는 자녀가 일상생활을 적응적으로 살아가도록 하는 데 도움이 되지 않는다. 자녀가 자신이 속한 세상에 적응하기 위한 지식을 조사하고, 그동안 답변을 듣지 못했던 질문에 대한 해결책을 찾도록 해야 한다. • 자녀가 식사 자리에서 포크를 사용해 국	• 자녀의 심미안이나 순수성을 되찾게 하려는 노력 자체가 비실용적으로 여겨질 수도 있다. 그렇지만 세상과 자연에 대한 경이로움과 궁금증을 되찾도록 해야 한다. • 자녀가 좋은 성적을 얻게 하기 위해 저녁시간에 해당 교과목 관련 신문사설이나 시사 뉴스를 보는 대신에 일몰 장면 보

을 먹을 수도 있겠지만, 다음 식사 시간에 이러한 자녀의 행동이 눈에 띄길 원치 않는다면 국을 먹을 때 적합한 식사도구를 알고 있어야 한다. 이것이 부모를 덜 당황스럽게 해 줄 것이다.	기, 마음을 이완시키는 음악 듣기나 화초에 물을 주기를 하는 것이다.

(4) 훈련결핍형 부모 vs 과잉훈련형 부모

훈련결핍형 부모는 자녀의 발달단계별 필요한 삶의 기술을 훈련시켜 주지 않는 부모이다. "뭐? 여자아이를 교육시키는 것은 돈 낭비라고? 여자가 결혼해서 출산만 하던 시절에는 그랬지." 중요한 것은 남아든 여아든 자녀들의 의견을 묻고 필요한 기술들을 습득할 수 있도록 양육해야 한다. 자녀가 스스로를 돌보기 위한 기본적인 기술을 습득하는 것은 사회생활을 원만히 할 수 있는 토대가 된다. 부모들은 자녀의 성별에 따라 자녀가 앞으로 살아가는 데 필요한 기술들을 훈련시킬 필요가 있다.

이와 달리 과잉훈련형 부모는 자신의 야망을 실현하지 못했기 때문에 자신이 경험하지 못했던 많은 기회를 자식에게만은 기필코 제공하겠다고 결심한다. 〈죽은 시인의 사회(Dead Poet's Society)〉라는 영화에서는 연극과 관련된 직업을 열정적으로 꿈꾸는 아들에게 의사가 되라는 압력을 넣는 끔찍한 부모가 등장한다. 그 자녀는 연극 〈한여름 밤의 꿈(A Midsummer Night's Dream)〉에서 '퍽(Puck)'이라는 역할을 맡아 박수갈채를 받았다. 하지만 아버지는 연극에 대한 자녀의 욕구를 억압시켰고, 아들은 결국 자살로 세상을 마감한다. 이는 휴식과 즐거움이 결핍된 상태에서 자녀에게 공부, 성취와 연습만을 강요하면, 훗날 쓰디쓴 결과물을 낳게 됨을 보여 준 대표적인 예이다. 때론 기필코 성공하지 않으리라 다짐하며, 부모를 괴롭히기 위해 낮은 학업성적을 받거나 해로운 약물을 복용·투여하는 등의 반항적 행동을 시도한다. 〈표 1-5〉에 훈련결핍형 부모와 과잉훈련형 부모가 자녀와 소통을 잘하기 위한 지침을 제시하였다.

<표 1-5> 훈련결핍형 부모와 과잉훈련형 부모의 자녀와의 소통 지침

훈련결핍형 부모	과잉훈련형 부모
• 부모는 훈련 부족으로 망설이기보다는 자녀가 발달단계별로 적합한 교육과정을 밟도록 해야 한다. 삶의 기술을 습득한 자녀만이 자신의 가능성을 실현할 수 있다. • 자녀와 부모가 아직 함께 살고 있다면, 자녀가 자신과 타인 모두에게 선한 일을 행함으로써 성장할 수 있도록 한다. 예를 들어, 자녀가 평소에 하지 않는 집안일을 하도록 하는 것이다. 부모의 '와!' 하는 감탄하는 표정을 보는 것만으로도 자녀에게는 가치 있는 일이 될 것이다.	• 종종 가족이나 사회에 의해 만들어진 프로그램을 잘 수행해 오다 10대 자녀의 반항 등과 같은 그릇된 행동 증가, 퇴직이나 배우자 사별 시 중년의 위기를 경험하게 된다. • 자녀가 수동적인 반응행동을 멈추고 사전 대책을 자율적으로 수립할 수 있도록 해야 한다. 즉, 문제를 인식하고 문제 관련 주변인들의 손해를 최소화하면서 자녀 스스로 원하는 목표를 성취할 수 있도록 한다.

2. 자녀의 심리적 욕구와 행동특성

부모와 건강한 관계를 구축한 자녀는 자신의 경험과 가치 및 인생목표에 기초하여 자신이 선택한 삶을 성취하며 성공한 사람으로 살아간다. 부모는 자녀가 행동을 선택하고 그 선택의 결과를 받아들이는 책임감을 지니기를 원한다. 또한 자녀가 자신의 인생목표를 위해 어느 정도 예상된 위험을 감수하려는 확고한 의지를 가진 용기 있는 아이이길 바란다. 중요한 것은 그릇되게 행동하는 자녀는 과거 자신의 행동과 관련하여 부모로부터 이해받은 경험이 드물어 보통 기가 꺾여 있다는 사실이다. 개인심리학자인 아들러(Alfred Adler)는 "이 세상에 오로지 착하거나, 오로지 나쁜 아이는 없다. 단, 기가 꺾인 아이만 있을 뿐이다."라고 하였다. 기가 꺾인 자존감이 낮은 자녀는 자신을 가치 있는 존재로 여기지 않기에 의식하지 못한 채 그릇된 접근방식으로 자신의 욕구 내지 행동목적을 성취하고자 한다. 부모역할의 어려움은 자녀가 그릇된 접근방식으로 욕구 내지 행동목적을 달성하고자 할 때 나타난다. 자녀의 그릇된 행동과 관련해서 부모는 보통 그 행동을 하게 된 원인을 알아내고자 애쓰는 경향이 있다. 하지만 인간 행동의 목적은 대개가 무의식적으로 작용하기 때문에 자녀가 무엇을 시도하려고 했는지 알아내기란 여간 어려운 일이 아니다. 자녀의 행동목적은 무엇일까? 왜 부모의 명령이나 지시 등의 지도를 따르지 않으며 갈등을 야기할까?

1) 자녀의 심리적 욕구 또는 행동목적

자녀가 그릇된 행동을 하는 이유는 무엇일까? 개인심리학 이론에 기초를 두고 활발하게 부모교육을 전개한 드라이커스(Rudolf Dreikurs)는 가족관계에서 일어나는 사회화 과정에 초점을 두었다. 그는 가족의 태도, 가치관, 부모-자녀 관계가 자녀의 성격형성에 결정적인 영향을 미친다고 보았다. 부모가 자녀에 대한 지식, 정보 및 경험이 부족한 경우 자녀가 부적응적인 행동을 일으키는 원인이 된다는 가정하에 부모-자녀 관계에 있어서 동등한 관계를 강조하였다. 특히 인간의 행동은 미래에 얻게 될 심리적 욕구 충족을 위해 동기화되는 경향이 있다. 만일 부모가 자녀의 그릇된 행동을 이해할 수만 있다면 자녀의 행동을 강화하거나 보상해 주는 불필요한 부모역할은 줄어들게 될 것이다.

〈표 1-6〉에 제시한 바와 같이, 자녀의 행동에는 다섯 가지 주요한 행동목적이 있다. 자녀는 부모의 행동반응에 따라 긍정적 접근 혹은 부정적 접근을 하면서 자신의 욕구를 충족시켜 나간다. 부모는 자녀의 적이 아니다. 부모역할의 목적 역시 자녀와 싸워서 이기는 것도, 양보하여 지는 것도 아니다. 최대한 해결책인 대안을 찾고 함께 협조적 관계를 유지하며, 부모로서 그 상황에 적합한 제약을 자녀에게 제시할 수 있어야 한다. 이를 위해 자녀의 그릇된 행동에 내재된 심리적 욕구 다섯 가지에 대해 부모인 내가 먼저 알고 합리적인 대안을 모색할 필요가 있다. 〈표 1-6〉에 인간의 욕구 내지 행동목적과 욕구를 충족하는 긍정적 · 부정적 접근방식을 제시하였다.

<표 1-6> 인간의 욕구 내지 행동목적과 충족방식

항목	심리적 욕구/행동목적	긍정적 충족방식	부정적 충족방식
1	소속감(belonging): 접촉과 사랑의 욕구	부모나 소속 단체의 일에 협조 또는 기여하고자 한다.	부당한 방법으로 지나치게 관심을 끌고자 한다.

2	힘(power): 신체적 힘, 실력, 재능, 유능감과 존경받고 싶은 욕구	열심히 노력해서 실력을 쌓아 인정을 받고자 한다.	반항, 폭력, 범죄, 갈취 등의 행동을 통해 자신을 과시하고자 한다.
3	보호(protection): 신체적 상해나 자존감 손상의 위협에서 자신을 지키려는 욕구	위협적인 상황에서 몸을 피하고자 하며, 자신의 권리를 정당하게 주장하고자 한다.	자존감을 회복하기 위해서 은밀한 방법으로 복수하거나 보복 등으로 앙갚음하고자 한다.
4	물러서기(withdrawal): 자기만의 시간과 공간을 갖고 싶은 욕구	에너지의 재충전을 위한 휴식과 혼자만의 공간 및 사색의 시간을 갖고자 한다.	모든 사람과의 관계를 무조건 과도하게 회피하고자 한다.
5	도전(adventure): 청소년기부터 활성화되며, 위험과 역경을 극복하려는 욕구	어려운 과제를 성취하여 성공/승리하고자 한다.	약물남용, 음란행위, 폭력과 범죄 등으로 스릴을 추구하고자 한다.

2) 자녀의 욕구 좌절과 그릇된 행동

(1) 소속감 욕구의 부정적 접근인 부당한 관심 끌기

소속감 욕구는 모든 인간의 기본적인 욕구이다. 유아는 의지할 사람 없이는 생존이 불가능하다. 자녀는 소속감의 욕구를 양육자와의 신체적 · 정신적인 접촉을 통해 충족시키고자 한다. 가족 내 부모로부터 수용된 자녀는 소속감이 충족되어 안정감을 느끼며 잘 지낸다. 반면, 가정에서 인정받지 못하여 심리적 소속감의 욕구가 충족되지 못한 경우 가족 내에서 안정된 위치를 확보하고자 부당한 방법으로 다른 사람으로부터 관심을 끌거나 서비스를 받고자 애쓰며 살아가게 된다. 예를 들어, 10대 청소년인 딸이 밤늦게 귀가하거나, 동생이 형의 게임기를 허락도 받지 않고 사용하여 형제가 싸움을 하는 경우를 살펴보자. 모두 부모로부터 부당한 관심을 끌거나 다른 사람이 자신을 위해 무엇인가 바쁘게 서비스하도록 만들기 위해 자녀가 고안한 생존전략들이다.

이때 부모는 자녀의 행동이 귀찮게 느껴져 관심을 보이고 달래려고 애를 쓴다. 물론 일시적으로 잘못된 행동은 중단된다. 단, 이후 자녀는 이전과 같은 행동을 재시도하거나 또 다른 방법을 강구한다. 만일 부모가 자녀의 그릇된 행동에 대해 일일이 지시하고, 충고하고, 잔소리하고, 벌하거나, 심지어 달래려 보상하거나, 시중을 드는 등 지나친 관심을 보인다면 오히려 자녀의 그릇된 행동은 더 강화되고 만다. 자녀도 이러한 관심 끌기 행동이 부모의 사려 깊은 관심보다 오히려 잔소리나 설교 등의 부정적인 결과를 가져온다는 것을 경험을 통해 알고 있다. 하지만 내가 관심을 끌 때만 가족들이 나에게 주의집중한다고 여기고 있기에 이러한 비합리적 행동전략 패턴이 자동적으로 반복된다. 이는 부모가 자녀의 부당한 관심 끌기 행동을 오히려 강화하는, 즉 보상을 준 결과에 기인한다.

다음은 자녀의 부당한 관심 끌기 행동에 대한 효과적인 대안들이다.

부당한 관심 끌기 행동 지도 Tip

- ▶ 자녀가 부당한 관심 끌기 행동을 지속하는 경우 자녀의 잘못된 행동을 무시할 필요가 있다. 그리고 자녀에게 말은 가능한 한 적게 하고 행동으로 보여 주며 논리적 결과를 체험하도록 해 준다.
- ▶ 자녀가 고의적으로 관심을 얻으려는 행동을 멈추고 긍정적인 방식으로 작은 긍정적인 행동이라도 시도하는 경우 따뜻한 마음과 존중의 자세로 세심한 관심을 보여준다.
- ▶ 자녀가 가족 외에 다른 사람들과 긍정적인 접촉을 할 수 있도록 해 준다.
- ▶ 스포츠 단체나 종교 단체, 아동·청소년 단체 등 여러 관련 기관과의 접촉을 통해 자녀의 소속감 욕구가 달성될 수 있도록 한다.

(2) 힘 욕구의 부정적 접근인 반항/힘겨루기

인간은 주어진 환경이나 여건에 어떤 영향력을 미치고 싶어 하며, 어느 정도 통제감을 느끼고 싶어 한다. 특히 자녀들은 관심을 끌고자 했던 행동전략이 실패하여 주의집중을 받지 못하면 자신이 지닌 힘을 최대한 활용하여 자기 하고 싶은 대로 반항하면서 힘의 욕구를 그릇되게 충족시킨다. 반항 행동은 자신이 하고 싶은 대로 해야만 가족 내에서 자신의 위치를 지킬 수 있다는 비합리적인 사고에 기인한다. 자녀가 '나는 절대 굴복하거나 물러서지 않을 거야.' '더 이상 나에게 명령하거나 지시하지 말아요.' '이제부터 내 인생 내 맘대로 살 거예요.'라는 행동목적을 지니고 있는 경우 부모인 나는 어떻게 반응하고 있을까?

이러한 자녀의 반응에 많은 부모는 자녀가 부모인 나의 권위를 위협하는 것으로 느낀다. 흥분한 부모는 자녀의 고집을 꺾으려 자녀와 언쟁하며 힘겨루기를 하거나 자녀에게 양보하고 만다. 또한 더 세게 부모의 지시를 따를 것을 요구하거나 강요하는 등 결국 자녀의 반항행동에 보상을 주고 말기에 오히려 반항행동은 강화된다.

다음은 자녀의 반항행동에 대한 효과적인 대안들이다.

반항행동 지도 Tip

- 부모는 자녀가 반항행동을 지속하는 경우 힘겨루기로부터 물러나 있어야 한다. 대체로 자녀들은 부모와 싸우거나 부모가 양보하면 더욱 강하게 힘을 행사하고자 한다. 부모는 자녀와의 갈등 상황에서 한 걸음 물러서서 자녀에게 문제해결 관련 도움을 청하거나 부모와 협조하여 건설적으로 힘을 사용하는 방법을 가르쳐 주어야 한다.
- 부모가 먼저 마음의 평정을 유지하고, 어려움에 대해 〈표 1-7〉에서 제시한 바와 같이 느낌-한계-대안-결과라는 총 4단계의 느슨한 대결기법을 시도한다면 힘겨루기에서 빠져나올 수 있다.

<표 1-7> 힘겨루기를 예방하는 느슨한 대결기법

절차	주제	내용	유의점
1단계	느낌	자녀가 처한 심정을 자녀 입장이 되어 읽도록 한다. 자녀는 부모가 자신의 감정/심정/마음, 즉 감정을 수용하고 공감해 주면, 점차 부모가 어떤 행동을 자신이 하길 바라는지 알게 된다.	자녀의 감정코칭을 위해 부모가 먼저 자신의 감정을 읽고 언어로 표현할 수 있는 정서활용능력을 갖추어야 한다.
2단계	한계	자녀의 안전이나 가족의 가치관과 관련된 상황인 경우 "현재 ……한 상황에서는 ……이 필요해서 그래." 라고 차분한 음성으로 한계를 설정하여 이해시킨다.	부모가 자녀에게 말한 것은 무조건 일단 따라야 한다는 강압적인 말이나 어투는 힘겨루기 상황으로 이어질 수 있다.

3단계	대안	자녀가 스스로 선택할 수 있도록 선택권 형식의 융통성 있는 대안을 제시한다. 부모와 합의한 한계 안에서 자율적인 선택권을 발휘한 자녀의 경우 자신의 행동 결과에 대해 책임질 줄 안다.	이 세상의 어느 자녀도 "이건 안 돼."라는 부모의 무조건적으로 강압적이고 통제적인 금지 명령을 좋아하는 경우는 없다.
4단계	결과	자녀에게 단호하고 조용한 어조로 행동에 대한 책임을 반드시 부과할 것이라고 말하고 이를 일관되게 실천한다. 자녀가 만일 벽에다 낙서를 한 경우라면 "종이에 그림을 그리렴. 만일 이를 지키지 않는다면 크레파스를 일주일간 사용하지 못하도록 엄마가 가져가겠어."라는 조건부 선택권인 논리적 결과를 적용한다. 자녀는 부모의 눈치를 본 후 점차 자신의 오래된 낡은 습관을 단념하고 적합한 행동을 하게 된다.	이 단계는 앞의 세 가지 대결기법이 효과가 없는 경우에 적용한다. 자녀는 그릇된 행동을 통해 보상이나 이득을 얻어 내는 데 꽤 익숙해져 있다. 자녀가 부모를 시험해 본다는 사실을 꼭 기억해야 한다.

출처: 홍경자(2016).

(3) 보호 욕구의 부정적 접근인 심술궂은 앙갚음

모든 인간은 생존하고 번영하기 위해 자신과 가족, 나라를 보호해야 한다. 자녀도 부모로부터 상해를 입거나 자존감에 위협을 받으면 자신을 보호하고자 한다. 부모로서 자녀가 그릇된 행동을 할 때는 깊이 상처를 받는다. 특히 자녀가 계속 부모가 금지하는 행동을 반복하거나 그릇된 행동을 더 심하게 은밀히 지속하는 경우 무척 속상하기에 부모도 보복하고 싶어 하는 경향이 있다. 자녀는 부모의 관심을 끄는 소속감의 욕구나 힘의 욕구가 충족되지 않는 경우 '나는 사랑받지 못하고 있다.' '부모님은 나를 사랑하지 않는다.'와 같은 부정적인 생각이 자동적으로 스치면서 복수나 보복하기 등의 앙갚음을 시도하여 부모 마음에 어떻게든 상처를 주겠다고 결심한다. 즉, 부모에게 심리적으로 상처를 받았으니 받은 만큼 부모가 싫어하는 행동으로 복수를 하겠다고 다짐한다.

반면, 부모는 자녀가 그릇된 행동을 하는 경우 과거 자신의 부모가 했던 체벌이나 훈계 등을 통해 버릇없는 행동을 하지 못하도록 엄하게 지도하고 싶을 것이다. 부모의 심한 처벌은 오히려 자녀의 보복 심리를 정당화시켜 줌으로써 앙갚음 행동을 더욱 강화한다. 특히 자녀가 보호의 욕구 결핍 시 취하는 앙갚음 행동은 가장 심술궂은 행동이다. 이 경우 부모-자녀 관계는 이전보다 더 악화된다.

다음은 자녀의 심술궂은 앙갚음 행동에 대한 효과적인 대안들이다.

심술궂은 앙갚음 행동 지도 Tip

▶ 부모는 자녀가 책임감 있는 방법으로 자신을 보호하는 방법을 익히도록 양육해야 한다. 혼내고 싶은 마음을 자제하여 자녀의 감정을 상하게 하지 말아야 한다. 감정이 상한 자녀는 더욱 심하게 잘못된 행동을 하여 복수심을 나타내거나 다른 무기를 선택할 수 있다. 그릇된 행동을 벌주려는 마음을 내려놓아야 한다.
▶ 자녀는 부모로부터 자신이 충분히 사랑받고 있음을 느끼면서 부모와 함께 있을 때 소속감과 안정감의 욕구가 충족된다. 부모-자녀 관계를 신뢰롭게 새로이 구축하기 위해서는 부모가 주도적으로 노력해야 한다.
▶ 〈표 1-7〉에서 제시한 느낌-한계-대안-결과의 느슨한 대결기법을 시도한다.

(4) 물러서기의 부정적 접근인 과도한 회피

접촉의 욕구가 충족되지 않는 경우 자녀는 때로 자기만의 시간과 공간을 갖고 심리적 에너지를 재충전하고자 물러서 있으려는 욕구를 가진다. 물러서기는 소속감의 욕구와는 상반되는 욕구이다. 기본적으로 모든 인간은 위험에서 탈피하여 물러나 있고자 하는 생존본능이 있다. 무엇보다 자녀가 앞에서 제시한 관심 끌기, 반항, 앙갚음의 세 가지 그릇된 행동을 모두 시도했음에도 불구하고 가족 내에서 소속감을 통한 안정감을 유지하는 것이 힘든 경우가 있다. 이때 자녀에게는 '나는 무능력하고 무기력하다.'라는 부정적인 생각이 자동적으로 일어나고 부모가 자신에게 어떠한 기대도 하지 못하도록 하겠다고 결심한다. 즉, 물러서기 욕구를 과도한 회피행동을 통해 충족한다.

부모는 지속적인 자녀의 무능한 행동에 절망감을 느끼고 무기력한 상태에서 포기하고 싶은 생각이 든다. 그럴수록 자녀는 부모의 행동에 대해 무조건 수동적인 반응이나 거의 아무것도 시도하지 않는 등 그릇된 행동을 더 강화시킨다. 자녀는 일상생활에서 모든 사람과의 관계를 무조건 과도하게 회피하기에 친밀한 인간관계를 맺기가 어렵다. 심지어 자신이 맡은 일에 대해 책임을 회피하거나 어려운 상황이 닥치면 쉽게 포기하고 좌절하고 만다. 무엇인가를 성취해 보고자 시도하려는 의지가 전반적으로 약하고, 무능함을 보이는 부적절한 행동을 자주 한다.

다음은 자녀의 과도한 회피행동에 대한 효과적인 대안들이다.

과도한 회피행동 지도 Tip

- 자녀가 자신의 맡은 바 일을 자기주도적으로 수행하도록 하고 지적 성숙을 장려하기 위해서 절대 비난 또는 동정을 하거나 포기해서는 안 된다. 대신 자녀가 긍정적인 행동을 하려고 시도할 때 지속적으로 격려한다.
- 자녀가 '나는 스스로 결정할 수 있고 내 일을 책임을 질 수 있다.'라는 긍정적인 생각을 강화시킬 수 있도록 자율적으로 의사결정을 할 수 있는 기회를 지속적으로 제공한다.
- 자녀로 하여금 자신의 행동에 따른 긍정적인 결과이든 부정적인 결과이든 책임감 있는 자세를 갖도록 지속적으로 격려한다.
- 자녀가 자율적 행동에 대한 책임을 갖도록 부모가 자녀를 믿고 있음을 일관되게 보여 준다.

(5) 도전 욕구의 부정적 접근인 무모한 스릴 추구

자녀의 다섯 가지 욕구 중 도전의 욕구는 아동기와 성인기에도 지속되지만, 청년기에 가장 강하게 활성화된다. 자녀는 자신에게 주어진 과제가 비록 어렵더라도 위험과 역경을 극복하여 성취한 승자로 살고 싶은 도전의 욕구를 지닌다. 최근 아동기를 지나 10대 청소년기로 접어든 자녀의 경우 외부 자연환경에 대한 도전을 통하여 독립심과 자존감을 보여 줄 기회들이 점점 줄고 있다. 특히 지나치게 자녀를 과잉보호하는 양육유형을 지닌 부모의 경우 자녀가 모험을 시도할 기회를 차단하는 경우가 많다.

또한 과잉교육형과 과잉훈련형 부모들의 경우 자녀의 그릇된 행동에 대해서 지나치게 많은 인생에 대한 정보와 성공을 강조한 나머지 화를 내며 혹독하게 훈육하는 경향이 있다. 이 외에도 자녀는 부모의 보호결핍이나 교육결핍 등으로 인해 일상생활이 너무 지루하고 무미건조하여 이를 벗어나기 위해 폭력, 범죄, 술, 약물 남용, 무면허 불법운전, 성적인 음란행위 등의 무모한 스릴 추구를 시도한다. 결국 부모와 자녀의 잦은 싸움 등 힘겨루기(power struggle)가 시작되고, 부모-자녀 관계는 악화되고 만다. 만일 자녀와의 갈등이 잦아지고 있다면, 우선 불필요한 힘겨루기에서 빨리 빠져 나와야 한다. 대신 갈등의 단서를 파악하고 자녀의 행동목적을 이해해야 한다.

다음은 자녀의 무모한 스릴 추구 행동에 대한 효과적인 대안들이다.

무모한 스릴 추구 행동 지도 Tip

- 자녀가 그릇된 무모한 스릴 추구 행동을 계속 시도하는 경우 무시하고 억압하며 함부로 말하거나 혹독하게 처벌하는 것을 멈춘다. 모든 인간은 윗사람에게 훈육을 받는 경우라 할지라도 인격적으로 존중받을 권리가 있다. 부모인 내가 자녀에게 대접받기를 원하는 방식으로 먼저 부모가 자녀에게 정중하게 예의를 갖추어 인격적으로 대해 준다면 자녀의 그릇된 행동은 점차 줄어들게 될 것이다.
- 자녀가 기술을 연마하고 무리가 없는 긍정적인 모험을 하도록 대안행동을 안내해준다. 자녀가 10대인 경우 암벽등반, 아르바이트, 수상스포츠, 사이클링, 봉사활동 등의 활동도 도움이 될 수 있다.

3. 발달단계별 적합한 부모역할

부모역할을 한다는 것은 어떤 의미일까? 자녀의 발달단계별 특성에 대해 아는 것은 발달에 적합한 부모역할을 하는 첫걸음이다. 이제는 자녀와의 갈등 상황에서 습관적으로 반응하지 않고 자녀의 발달단계별 성장에 도움이 되는 양육방법을 선택할 수 있어야 한다. 부모인 내가 더욱 성숙해지고 내 자녀의 발달상의 특성들을 이해할 때 자녀는 나로 인해 더욱 행복해질 수 있기 때문이다. 주요 상담이론 중 하나인 교류분석(transactional analysis: TA)은 인간은 긍정적인 존재이며 생각할 수 있는 존재로서 자기 자신을 위한 재결정을 통해 변화할 수 있는 존재라고 본다. TA의 인간에 대한 가정에 기초하여 자녀와 부모가 함께 성장하는 자녀의 발달단계에 따른 부모역할에 대해 살펴보고자 한다.

TA 이론가이며 부모교육자인 클라크(Susan Legender Clarke)는 인간의 성장과정인 발달단계와 각 발달단계에서 꼭 성취해야 할 발달과업을 태아기(임신~출생 전): 되어가기, 1단계(출생~6개월): 존재하기, 2단계(6~18개월): 행동하기, 3단계(18~36개월): 생각하기, 4단계(3~6세): 유아기, 5단계(6~12세): 아동기, 6단계(12~19세): 청소년기, 7단계(성인): 성인기, 8단계(성인): 통합기의 총 9단계로 제시하였다. 발달과업 중 어떤 발달과업은, 예를 들어 자녀가 보살펴 달라고 보내는 신호는 유아기 단계에서 끝마친다. 이와 달리 영성발달의 과업은 일생 동안 지속된다. 이 절에서는 태아기부터 청소년기까지의 부모역할에 초점을 두고 클라크가 제시한 발달과업 중 되어가기부터 유아기를 영유아기로 통합한 후 영유아기, 아동기, 청소년기의 발달단계별 적합한 부모역할과 해로운 부모역할에 대해 제시하였다. 또한 해로운 부모역할에 따른 재성장 방안도 살펴보았다.

1) 발달단계별 적합한 부모역할과 해로운 부모역할

(1) 영유아기에 적합한 부모역할과 해로운 부모역할

여기에 제시한 영유아기에는 클라크가 제안한 태아기(임신~출생 전): 되어가기, 1단계(출생~6개월): 존재하기, 2단계(6~18개월): 행동하기, 3단계(18~36개월): 생각하기, 4단계(3~6세): 유아기가 포함한다. 각 단계별 주요 내용을 〈표 1-8〉~〈표 1-12〉에 제시하였다.

<표 1-8> 태아기(임신~출생 전): 되어가기

구분	주요 내용
적합한 부모역할	• 산모의 적절한 영양, 운동, 휴식과 사랑으로 태교하기 • 산모의 건강 검진과 유산의 슬픔이 있는 경우 치유하기 • 태아에 대한 기대를 점검해 보고 태아를 있는 그대로 환영할 수 있도록 비합리적 기대를 내려놓기 • 출산 시 믿고 도움을 줄 수 있는 사람을 찾아보기 • 출산 후 어떻게 시간을 보낼지 결정하고, 필요하다면 적합한 대리 양육자를 찾아보기 • 출산 후 모든 에너지와 시간이 아기에게 사용될 것에 대비하여 부부 서로에게 필요한 것, 서로를 돌보는 것, 서로 도움을 주고받을 수 있는 방법을 생각해 보기 • 부부로서의 역할과 부모로서의 새로운 역할 균형을 찾아보기

해로운 부모역할	• 산모의 알코올, 담배, 그 외에 좋지 않은 약물 복용하기 • 산모의 금욕에 대해 배우자가 협조하지 않기 • 부모가 임신에 대해 무관심하기(적절한 수면, 영양, 운동 부족 등) • 태아를 부담으로 여기는 말이나 태아에게 함부로 말하기 • 산모의 배가 눈에 띄지 않음을 자랑하듯 말하기 • 신체적 · 언어적 학대를 하거나 임신 중 정기검진 소홀히 하기 • 부모의 미해결된 심리문제에 대해 전문적 조력을 받지 않기

<표 1-9> 1단계(출생~6개월): 존재하기

구분	주요 내용
적합한 부모역할	• 아기에게 필요한 돌봄을 지속적으로 제공하고 욕구에 반응해 주기 • 아기의 발달을 모니터링하고 필요한 것을 생각해 보기 • 먹일 때 안고 눈맞춤하면서 아기의 소리에 반응해 주기 • 스킨십 등 충분한 신체접촉과 일관된 양육방식으로 신뢰감 형성하기 • 직감적으로 안아 주고, 말을 걸고, 노래를 불러 줄 때임을 알고 적절히 반응해 주기 • 부모도 돌봄이 필요한 경우 돌봄을 요청하고 돌봄 받기
해로운 부모역할	• 아기가 보내는 신호를 무시하거나 안아 주기 등의 신체접촉을 해 주지 않기 • 경직된 모습, 분노 표출, 불안한 감정반응, 체벌, 무시, 비난하기 • 신체발달을 저해하는 불건강한 환경에 방치하기 • 아기를 보호하지 않고 방임하기 • 심리적 디스카운트나 배고픔 반응을 보이지 않았는데도 억지로 먹이기

<표 1-10> 2단계(6~18개월): 행동하기

구분	주요 내용
적합한 부모역할	• 안전한 환경을 제공함으로써 다치지 않도록 보호하며, '안 돼'보다 '그러렴/괜찮아'라는 표현 많이 하기 • 다양한 감각적인 경험을 제공하고, 뭔가를 표현하려고 힘쓸 때 잘 들어 주기 • 아기의 행동을 잘 관찰한 후 반응해 주고 새로운 언어를 익힐 수 있도록 언어모델자가 되어 주기 • 아기가 주도적인 활동을 시도할 때 자주 반응해 주기

해로운 부모역할	• 방임 및 활동 제한하기 • 다양한 탐색적 행동을 비난하고, 부끄러움과 수치심을 갖도록 체벌 등의 학대하기 • 비싼 물건을 만지지 못하도록 통제하기 • 완벽한 배변훈련을 바라거나 심리적 디스카운트하기

<표 1-11> 3단계(18～36개월): 생각하기

구분	주요 내용
적합한 부모역할	• 기본적인 안전을 제공하고 단순명료하게 지시하기 • 한계 설정 등 일관성이 있는 양육방식과 아기의 감정을 수용하기 • 이유를 제시하고 정보를 제공하여 스스로 생각하고 행동하도록 하기 • 아기의 행동을 격려하고 자신과 타인의 감정에 대해 생각할 수 있도록 마음의 힘을 키워 주기 • 사고력을 발전시켜 나갈 수 있도록 기다려 주기
해로운 부모역할	• '안 돼'는 많이, '그러렴/괜찮아'는 적게 하며 힘겨루기 하기 • 기대가 높고 실수할 때 창피 주기 • 행동에 대한 한계를 설정하지 않거나 지나치게 허용해 주기 • 무관심하거나 아무런 기대를 하지 않기

<표 1-12> 4단계(3～6세): 유아기

구분	주요 내용
적합한 부모역할	• 감정표현을 허용하고, 감정과 생각을 연결할 수 있도록 지도 및 적절한 행동에 반응하기 • 자기 자신이 있는 그대로 OK이고, 아이의 성(性)과 소속된 문화도 OK임을 정확히 가르치기 • 정확한 대답과 정보제공을 통해 잘못된 정보를 바로잡아 주기 • 교실이나 놀이터에서 일어난 일이 누구의 책임인지 정확히 하고, 환상과 현실을 분리할 수 있도록 격려하기
해로운 부모역할	• 놀리기 • 일관성 없는 양육행동 반복하기 • 질문을 귀찮게 여기기 • 이분법적으로 옳고 그름을 따져서 판단 및 비난하기

(2) 아동기에 적합한 부모역할과 해로운 부모역할

아동기 발달단계별 적합한 부모역할과 해로운 부모역할의 주요 내용을 〈표 1-13〉에 제시하였다.

<표 1-13> 5단계(6~12세): 아동기

구분	주요 내용
적합한 부모역할	• '실수도 배움의 하나'임을 분명히 하고, 부정적인 행동에 효과적으로 반응하고 심리적 디스카운트에 맞서기 • 규칙 설정에 참여하도록 격려하고, 협상 가능한 것과 협상 불가능한 규칙을 명확하게 해 두기 • 갈등해결과 문제해결 기술을 배우고, 어떤 일을 해결하기 위해 나름의 방법을 찾아볼 수 있도록 격려하기 • 사회적 기술을 발달시킬 수 있도록 격려를 지속적으로 제공하고, 자녀의 생각과 신념을 존중하고 토의하기
해로운 부모역할	• 비일관된 규칙과 완벽을 요구하기 • 필요한 도움을 제공하거나 지도를 하지 않으면서 사회적 기술이 습득되길 바라기 • 자유시간이 없는 지나치게 꽉 짜인 일정과 과잉보호하기 • 너무 경직된 규칙과 부모의 신념을 주입하기 • 자녀를 신뢰하거나 존중하지 않으면서 책임감이 길러지길 바라기

(3) 청소년기에 적합한 부모역할과 해로운 부모역할

청소년기 발달단계별 적합한 부모역할과 해로운 부모역할의 주요 내용을 〈표 1-14〉에 제시하였다.

<표 1-14> 6단계(12~19세): 청소년기

구분	주요 내용
적합한 부모역할	• 적절한 격려와 지지를 지속적으로 제공하기 • 청소년기의 감정을 수용하고, 수용할 수 없는 행동의 경우 직면하기 • 학교 교칙과 적절한 행동을 분명히 인식시키기(약물, 게임, 성 등)

	• 독립심을 기르도록 격려하며, 성인이 된 것과 정체감 형성에 대해 축하하기 • 생각하기, 문제해결하기, 자기결정을 할 수 있길 바라기 • 해를 끼치거나 자기패배적인 행동에 직면하기 • 규칙과 책임감에 대해 협의나 조정하기
해로운 부모역할	• 무관심하거나 사랑을 충분히 제공하지 않기 • 성적인 발달에 반응하지 않거나 자녀의 독립을 원하지 않기 • 규칙이 강하거나, 부재하거나, 일관성이 없거나, 협상하지 않기 • 스스로 생각하고 문제를 해결할 수 있는 능력을 디스카운트 하기 • 자기파괴적인 행동에 맞서지 않기(약물, 폭력성 등)

4. 부모신념별 관계 맺기의 황금률

토마스 해리스(Thomas A. Harris)는 『마음의 해부학: 친밀한 관계를 만드는 소통의 비밀(I'M OK-YOU'RE OK)』(1967)이라는 저서에서 자녀를 잘 양육하는 가장 좋은 방법으로 부모의 마음이 치유되어야 한다고 하였다. 대부분의 부모는 내 자녀가 많은 시간과 비용을 투자해 유능한 전문가에게 상담을 받을 수만 있다면 자녀로 인해 더 이상 속상해하거나 무기력해지지 않을 것이라는 기대를 한다. 하지만 부모가 자녀를 상담받게 하는 것과 함께 자신의 심리적 어려움에 대해 도움받지 않는다면 여전히 자녀와의 갈등은 지속될 것이다. 결국 절반의 치료에 머물고 만다. 상담전문가는 부모의 역할을 대신할 수 없다는 사실을 받아들여야 한다.

중요한 것은 부모 나름대로 자녀의 성공에 도움이 될 것으로 확신하는 부모신념을 점검해 볼 필요가 있다. 부모가 자기 신념을 행동화하고 있을 때 '나는 완벽하게 하는 한, 다른 사람들을 기쁘게 하는 한 OK야.'라고 믿는다. 즉, 부모가 반복해서 강조했던 말에 계속 복종하고 있는 한 욕구를 억압시켰던 끔찍한, 예를 들어 '쓸모없어.' '소중하지 않아.' '썩 꺼져 버려.' 등의 메시지를 부모가 드러내지 않을 것으로 본다. 다음에서는 부모의 다섯 가지 주요 신념별 자녀와의 관계형성 시 도움이 되는 강점(자산), 관계 갈등의 요인이 되는 약점(부채), 부모의 성장과제와 관계 맺기의 황금률을 제시하였다.

1) 완벽하게 하라

'완벽하게 하라(Be perfect)' 신념을 지닌 부모의 부모-자녀 관계형성에 도움이 되는 강점 및 약점을 제시하면 〈표 1-15〉와 같다.

<표 1-15> '완벽하게 하라' 신념을 지닌 부모의 강점 및 약점

강점	• 자녀가 어떻게 행동하면 잘 살아갈 수 있을지 잘 알고 있다. • 삶의 명확한 목적과 완벽한 기준을 설정하고 있다. • 규칙, 윤리, 예의범절 등을 중요시한다.
약점	• 자신이 설정한 완벽한 기준을 자녀가 위반하는 경우 심리적 어려움에 직면한다. • 자녀에게 자신의 완벽한 삶의 기준을 지킬 것을 요구 또는 강요하거나 협박하며 재촉하는 경향이 있다. 자녀는 분개하면서도 결국 생존을 위해 굴복하고 만다. • 지나치게 통제적이고 독재적인 부모의 경우 만약 자녀가 규칙 준수 등에 저항한다면, 불안과 분노는 살인적일 정도로 증폭된다. • '난 모든 게 옳았을 때만 괜찮다(그러므로 무엇이든 끝내기 전에 아주 세밀하게 체크해야 한다).'라는 신념이 강한 경우 우울이나 자살로 삶을 마감하는 경향이 있다.

'완벽하게 하라' 신념을 지닌 부모의 성장과제는 자녀에게 자신이 소중히 여기는 삶의 가치가 있음을 인정하는 것이다. 부모는 자녀가 지닌 가치의 상대적인 중요성을 인정하고 관계 갈등의 요인이 된 자신의 완벽주의적인 비합리적 사고를 수정해야 한다. 예를 들어, 자녀가 깨끗이 청소한 거실을 어질러 놓았을 때, 품행이 단정하지 못한 친구를 만나고 있을 때, 용모가 불결한 친구를 집에 데려왔을 때, 정해진 귀가 시간보다 10분 늦게 집에 왔을 때 다음과 같은 질문이 도움이 된다. '아이에게 차갑고 분노에 찬 목소리로 폭풍처럼 잔소리를 하거나 체벌 등 혹독한 징벌을 내릴 자격이 나에게 있을까?' 사실 부모는 자신이 정한 기준에서 이익을 얻고 있는 것이다. 중요한 것은 자녀도 더 느슨한 자신이 설정한 기준을 가지고 자신을 위한 삶을 선택하고 누릴 권리가 있다는 점이다. 자녀는 부모가 중요시 하는 기준들에 대해 덜 신경 쓸 권리가 있다. 이번에는 어린 시절 부모가 나에

게 어떻게 해 주었을 때 진정으로 즐겁고 행복했는지를 떠올려 본다. 편안한 자세로 부모를 바라보고, 맑고 순수하고 자유롭게 뛰놀던 장면이 떠올랐다면 다행스러운 일이다. 만일 행복한 기억 찾기가 어려웠다면 전문가의 도움을 받는 것도 늦지 않다. 자녀는 사랑을 받아야 할 존재로서 부모의 눈치를 보는 존재가 아니다. 무조건 자연스럽게 부모의 사랑을 접촉하고 느낄 권리가 있다. 이를 이해하고 한결 가벼워진 상태로 자녀양육을 시도해 본다. 자녀는 부모의 요구에 이전보다 자연스럽게 응하게 될 것이다. 심지어 자기 스스로의 성장을 위해서도 부모가 가르침을 준 기준을 채택할 수 있다. 중요한 것은 부모인 내가 심리적인 성공자로 새롭게 탄생한다는 점이다. 그리고 본질적으로 모든 인간은 완전하지 않기에 실수를 하는 등 부족한 면이 있다는 점을 인정하고, 자신의 강박적인 신념을 마주하고 웃어 본다. 이 유형의 부모는 어떤 부모보다 잠재적 역량이 풍부하고 지혜로우며, 더 높은 성취를 할 수 있는 능력을 지녔다. 이제부터 무의미한 경직성과 미신적인 강박에 인생을 낭비하는 것을 멈춰야 한다.

다음에 '완벽하게 하라' 신념을 지닌 부모와의 관계 맺기 황금률을 제시하였다.

'완벽하게 하라' 유형과의 관계 맺기 황금률

- 부모가 근심이 깊은 경우 크게 걱정하지 말라고 안심시킨다.
- 일이 잘못되면 그것은 부모의 잘못이 아니라고 안심시킨다.
- 가능한 한 대답을 신속히 해 주며, 시간 약속을 잘 지키고 유머스럽게 접근한다. 예를 들어, 엄마가 4인 가족용 식탁에 숟가락, 젓가락의 위치를 정확히 맞추고자 애를 쓰고 있을 때 "우리 아이스크림 먹고 해요."라며 경직된 마음에 여유를 부여한다.
- 완벽주의적인 부모의 걱정을 하찮은 것으로 깎아내려서는 절대로 안 된다. 대신 부모의 말을 잘 이해하고 있음을 알리고 걱정을 극복하도록 최선을 다한다.
- 만약 부모의 '완벽하게 하라'는 신념이 너무 지나쳐서 전반적으로 행복을 방해한다고 믿는다면, 자신감과 확신을 가지고 맞서야 한다.
- '완벽하게 하라' 신념을 강조하는 부모가 독재적이고 편협하며, 도덕적 훈계나 지적을 하더라도 부드러운 어조로 침착하고 이성적으로 단호하게 대한다. 이렇게 했을 때 부모는 자신의 기준과 가치관만이 유일한 것이 아니며, 덜 완벽한 기준과 신념을 지닌 자녀를 존중할 수 있다.

- 각 가족구성원들의 가치관 또한 분명한 어조로 말해 준다. 우리 모두는 아무리 높은 기준을 가지고 신중하게 삶을 살더라도 결국 삶은 유한하기에 죽음을 맞이한다는 점을 상기시킨다.
- 창조적인 성취에 위험을 감수하며 용기 있게 살아갈 필요가 있음을 일깨워 준다.
- 다른 가족들이 부모가 지닌 완벽주의의 편협성, 편견, 이분법적인 흑백 논리, 치밀함과 독단주의를 얼마나 싫어하는지 의견을 표명하는 것도 좋다. 우리가 알고 있듯이 완벽한 사람의 편협성, 편견, 이분법적인 흑백 논리, 치밀함과 독단주의는 부모-자녀 간 잦은 갈등의 원인으로 작용한다.
- 자신이 현명하고, 의지가 확고하며, 따뜻하고 좋은 사람임을 알아차린다면 부모-자녀 관계 회복에 큰 힘이 될 것이다.

2) 강해져라

'강해져라(Be strong)' 신념을 지닌 부모의 부모-자녀 관계형성에 도움이 되는 강점 및 약점을 제시하면 〈표 1-16〉과 같다.

<표 1-16> '강해져라' 신념을 지닌 부모의 강점 및 약점

강점	• 자신의 처지나 상황이 힘들더라도 내색하지 않고 스스로 문제를 해결하고자 한다. • 어떤 좌절을 경험하더라도 인내심을 가지고 극복해 낸다. • 주변 사람들의 욕구를 충족시켜 주거나 곤경에 처한 사람들을 돕기 위해 최선을 다한다. • 주변 사람들로부터 믿을 만한 사람으로 인정받는다.
약점	• 자기 자신이 지닌 능력마저도 인정하기가 어렵다. • 마음 한구석에 가족으로부터 무조건적인 한없는 사랑과 인정을 받고 싶은 강한 욕구가 내재되어 있다. • 마음껏 자신이 원하는 욕구를 채우고도 싶지만 속마음을 표현하기가 어렵다. • '나는 본질적으로 사랑스럽지 못하다.'라는 비합리적 신념으로 인해 자신을 쉽게 드러내지 못한다. • 타인으로부터 거절당하는 고통을 겪느니 차라리 자신의 외로움과 그리움을 아무도 모르게 하는 편이 낫다고 여긴다.

- '난 오직 내 감정과 욕망에 사로잡히지 않을 때만 괜찮다. 사소하고 어설픈 나의 감정적 모습은 드러내지 않을 것이다.'라는 비합리적인 신념이 강한 경우 아무리 부모역할이 힘들다고 하더라도 이를 부정하기 위한 최선의 방책을 고안하느라 애쓴다.

'강해져라' 신념을 지닌 부모의 성장과제는 자녀에게 건강하게 사랑을 주는 것뿐만 아니라 사랑을 받는 것도 함께 배우는 것이다. 누군가를 돌보는 것은 큰 기쁨이고 즐거움이다. 하지만 자기 자신의 능력이나 욕구를 부정하고 가족들의 욕구만을 우선시하는 삶이 지속될 때 일어날 최악의 상황을 상상해 볼 필요가 있다. 처음부터 자신의 욕구를 인식하고 표현하는 것이 결코 쉬운 일은 아니다. 지금껏 자녀들에게 즐거움을 주었듯 이제는 가족들이 주는 사랑이나 보살핌을 자연스럽게 받아들여 보는 것도 더 큰 축복일 것이다. 누군가 자신의 취약한 점을 알면 거절당할 것이라는 두려움이 있기에 친밀한 관계를 구축하기 전까지는 자신의 상황을 숨기려 할 것이다. 중요한 것은 주변 사람들에게 슬픔, 외로움 그리고 나약함을 표현할지라도 어느 누구도 결코 하찮게 여기지 않는다는 점이다. 이제는 주변 사람들을 거리 두게 하는 차갑고 경직된 태도를 내려놓고 개방적인 자세로 관계 맺기를 연습해야 한다. 왜냐하면 보통 부모들 자신이 자녀에게 해 준 만큼 자녀가 부모의 기대를 충족시키길 바라는 것과 달리 자녀에게 아무것도 바라지 않기 때문이다. 그리고 진정으로 원하는 욕구와 감정을 솔직하게 표현하고 필요시 도움을 요청해도 괜찮다. 부모인 내가 먼저 나의 욕구를 자연스럽게 표현하고 필요시 도움을 주거나 받는 것이 자연스러울 때 친밀한 부모-자녀 관계형성이 가능하다.

'강해져라' 유형과의 관계 맺기 황금률

▶ 부모가 배려와 친절을 베풀 때 고마움을 표시하고 믿을 만한 사람이라고 인정해 준다.

▶ 초대를 받았거나 돈이나 노력 등 정성을 다하여 대접하려 할 때는 이번에는 대접을 늘 받았던 쪽에서 먼저 대접하기를 원한다고 말한다.

▶ 사생활을 그대로 존중해 주고 고독 추구에 대한 욕구를 존중해야 한다.

- ▶ 역설적으로, 예를 들어 "내가 아는 사람 중에서 당신이 가장 믿을 수 없는 사람이야."라고 유머스럽게 말한다면 오히려 미소를 지으며 더 솔직하게 소통할 수 있다.
- ▶ 슬프거나 외로운 감정을 직접 표현하도록 재촉하거나 히스테릭하게 대한다면 오히려 돌로 된 가면을 쓰고 더 거리두기를 할 수 있다.
- ▶ 사랑한다는 표현보다는 사려 깊은 관심을 일관성 있게 보여 준다면 사랑받고 있다는 확신이 들어 기꺼이 불필요한 갑옷을 벗어 던지고 가까이 다가올 것이다.

3) 타인을 기쁘게 하라

'타인을 기쁘게 하라(Please others)' 신념을 지닌 부모의 부모-자녀 관계형성에 도움이 되는 강점 및 약점을 제시하면 〈표 1-17〉과 같다.

<표 1-17> '타인을 기쁘게 하라' 신념을 지닌 부모의 강점 및 약점

강점	• 모든 사람을 가능한 한 기분 좋게 하고자 애쓴다. • 법을 잘 준수하고, 길 건너편의 장애인을 돕고, 자선단체에 기부하고, 알고 지내는 사람들에게 생일선물과 축하카드를 보내고, '옳은 일'에 전념한다. • 가능하면 최선을 다해 도움을 주고자 헌신한다. • 사람들과 어울리기를 좋아하며, 열린 자세로 살고자 한다.
약점	• 자녀가 요구하지 않았음에도 과잉보호를 하려는 경향이 있다. • 누군가 자신의 배려와 헌신 등 공헌한 바에 대하여 감사와 고마움을 표시하지 않을 경우 분노하고 복수를 꾀하기도 한다. • 다른 사람들에게 가하는 보복적인 분노를 더 나쁘다고 여기는 경향이 있다. • '난 다른 이들에게 기쁨을 줄 때만 괜찮다.'라는 비합리적 신념이 강한 경우 자신의 행동이 정의롭다는 것을 보여 주려 하기에 자녀와의 갈등이 증폭될 수 있다.

'타인을 기쁘게 하라' 신념을 지닌 부모의 성장과제는 자녀가 요구하지 않아도 일방적인 도움을 제공하여 자녀를 의존적으로 만든 것에 대한 책임을 받아들이는 것이다. 인간 존재의 가장 깊은 측면에서 볼 때 모든 사람은 고유의 개성을 지닌

독특한 존재이다. 누군가를 사랑한다는 것은 단순한 예의범절을 준수하는 것과는 다른 차원이다. 진실된 사랑은 독특한 개성을 지닌 소중한 존재에 대해 진실된 감정으로 반응하는 것이다. 무언가를 시도하여 실패했을 때 비인격자 취급을 받거나 비림받지 않을까 두려워하는 경향이 있기에 스스로 자율적인 선택과 '예' 또는 '아니요'라고 자신의 의견을 표현할 수 있어야 한다. 자녀에게 '괜찮아' 또는 '좋다면'이라는 말로 그저 친절히 배려하려는 반응이나 "미안해, 내가 실수했니?"라는 관습적인 반응 대신에 진정 자신이 원하는 바를 말한다. 자녀와 진심 어린 친밀한 관계를 재구축하기 위해 마음에 접촉되는 감정을 정확히 인식하고 이를 언어로 표현하는 정서활용 기술을 익혀야 한다. 이를 통해 부모-자녀 간 진정한 친밀의 기쁨을 발견할 수 있을 것이다.

'타인을 기쁘게 하라' 유형과의 관계 맺기 황금률

- 베풀고 공헌한 것에 대해 정중히 감사의 마음을 표현해 준다. 듣기 좋은 말로만 가볍게 반응하면 대화의 수준이 표면적인 수준에 머물러 있기에 상대방을 원망하는 등 갈등이 야기될 수도 있다.
- 자신보다는 자녀의 잘못된 행동에만 초점화되어 있기에 심한 잔소리로 훈계하더라도 공손하게 반응한다. 이 경우 여전히 오해를 받았다고 판단하여 자신의 부적절한 행동을 인정하지 않을 수도 있지만, 적어도 자신이 한 행동이 자녀의 분노감정을 유발시켰음은 인식한다.
- 감정 억압의 정도가 깊기에 진부한 행동에 대해서는 긍정적이든 부정적이든 인정 자극을 하지 않도록 최대한의 인내가 요구된다.
- 아무리 작은 행동일지라도 정통적이고 자율적인 행동에 대해서는 충분히 인정해 준다.
- 부모의 상처받은 심정을 자녀가 알아주지 않는 경우 지금까지 쌓아 둔 감정을 한꺼번에 표출하는 경향이 있다. 부모의 이러한 감정반응 패턴을 알고 인내심을 유지해 준다면 부모 스스로 자신의 감정에 대한 책임을 알아차리고 부모-자녀 간 친밀한 관계 재구축에 혼신을 다할 것이다.

4) 열심히 하라

'열심히 하라(Try hard)' 신념을 지닌 부모의 부모-자녀 관계형성에 도움이 되는 강점 및 약점을 제시하면 〈표 1-18〉과 같다.

<표 1-18> '열심히 하라' 신념을 지닌 부모의 강점 및 약점

강점	• 자녀나 세상의 잘못된 점을 바로잡기 위해 열정적으로 헌신한다. • 약자의 의견에 깊이 공감하고, 공격과 억압으로부터 약자를 방어해 준다. • 지칠 줄 모르고 자신이 믿는 대의명분을 위해 열심히 일한다. • 신랄한 재치를 발휘하여 거만한 자와 우쭐한 자를 잠재우는 등 자신의 명분을 위해 끝까지 싸운다. • 열정적으로 노력하면 원하는 것을 성취할 수 있다고 본다. • 자녀는 자신과 뜻이 다를지라도 부모의 적극적이고 열정적인 삶의 태도는 존중한다.
약점	• 열심히 하면 성취 못할 것이 없다는 신념이 강하다. 이로 인해 자신의 기대에 못 미친 자녀의 노력은 인정하지 않는 경향이 있다. • 일이나 행동을 할 때 내비치는 공격적인 성향의 이면에는 끔찍하리만큼 강한 열등감이 내재되어 있다. • 자신의 소심한 성격에 대한 열등감을 보상하기 위해 강하게 자기주장을 한다. • '난 오직 노력을 계속할 때만 괜찮다.'라는 비합리적 신념이 강하게 작동하는 경우 자녀가 게으르고 나약하다고 판단되면 성과 중심의 공격적인 성향을 보일 수 있다.

'열심히 하라' 신념을 지닌 부모의 성장과제는 자신을 온전히 성숙한 한 존재로 인정하고 자신이 원하는 삶을 성취하는 것이다. 열심히 하려는 태도는 문제해결이 가능한 사고가 결여된 어린 시절 자신이 안쓰럽게 여겼던 동성 부모를 위한 결정에서 비롯되었다. 모든 인간은 자신에게 주어진 삶을 자율적으로 선택할 권리가 있다. 또한 다른 사람과 비교 대상이 아닌 절대적인 존재이다. 미성숙한 부모는 자녀가 원하는 삶을 막고, 대신에 부모의 욕구를 자녀가 충족시켜 주길 강요한다. 자녀와의 관계 갈등을 증폭시키는 불필요한 열정적인 에너지를 멈춰야 한다. 부모인 자신이 정말로 원하는 일에 열정을 다해 헌신하고 부모-자녀 관계 회복을 위해 상호 협력할 필요가 있다. 그리고 지금 바로 미루었던 자신의 목표를 재설정하고 그것을 향해 길을 떠나길 바란다.

'열심히 하라' 유형과의 관계 맺기 황금률

- ▶ 원하는 것들을 꼭 이룰 거라고 긍정적인 지지를 보낸다.
- ▶ 현재 진행하고 있는 일들이 있다면 반드시 성취할 거라고 응원해 준다.
- ▶ 부모가 스스로 자신의 생각을 표현할 수 있는 기회를 주고 끝까지 경청해 주면 존중받는 느낌이 들어 편안한 관계를 유지할 수 있다.

5) 서둘러라

'서둘러라(Hurry up)' 신념을 지닌 부모의 부모-자녀 관계형성에 도움이 되는 강점 및 약점을 제시하면 〈표 1-19〉와 같다.

<표 1-19> '서둘러라' 신념을 지닌 부모의 강점 및 약점

강점	• 활기차고 모험적이며, 자발적이고 활동적이다. • 일에 흥미를 갖고 활발하게 기꺼이 한다. • 모임 장소에 활기를 불러일으키며, 열심히 우정을 쌓는다. • 마음에 드는 사람이 있으면 최선을 다해 친분을 쌓는다.
약점	• 삶에 대한 두려움이 많다. • 삶이 힘든 경우 술, 마약, 과속 운전, 위험한 스포츠와 같은 광적인 행동을 한다. • 일상적인 요구들을 스스로 무력화시키고 무덤덤해지기 위해 잠자는 시간을 절약한다. • '난 오직 내가 서두를 때만 괜찮다.'라는 비합리적 사고가 강하게 작동되는 경우 유년기 자녀에게마저 자신처럼 미리 서둘러서 준비하고 행동하라고 재촉하는 경향이 있다.

'서둘러라' 신념을 지닌 부모의 성장과제는 자신의 삶을 스스로 사랑하는 법을 배우고 다른 사람들로부터 자신이 원하는 사랑을 기꺼이 받아들이는 것이다. 자신의 인생을 사랑하기 위해서는 삶의 의미를 재확립하고 세상을 신뢰할 필요가 있다. 순간적인 기쁨, 고통과 공황은 비합리적이고 부정적인 인생관의 결과물이다. 부모로부터 무조건적인 사랑을 받지 못했다면 결코 행복하지 못할 것이다. 우

리는 무조건적인 사랑을 받았을 때 삶에 대한 만족감과 정서적 안정감을 유지하며 사랑받았다는 느낌을 갖는다. 만약 자신이 원하는 것을 누군가가 지금 제공해주지 않는다면 적대감을 가지고 행동할 것이다. 자녀를 의심하기보다는 자녀가 사랑을 느낄 수 있도록 돌보며, 친밀한 관계를 유지하겠다고 결정한다. 매일 실천할 목록을 만들어 성취되었을 때의 좋은 기분을 느껴 본다. 하루의 시간을 구조화하고 이를 준수한다. 이 제안들을 삶의 평화와 만족도를 높이기 위해 매일 천천히 지속적으로 실천한다면 확실히 효과가 있을 것이다.

'서둘러라' 유형과의 관계 맺기 황금률

- 부모가 자신에게 주어진 일들을 효율적으로 잘 처리하는 부분을 인정하고 칭찬해준다.
- 삶을 즐길 수 있는 시간이 충분하다고 안심시킨다.
- 히스테리적이고 충동적인 반응을 보이면 이에 겁먹지 말고, 대신 조용하고 단호한 어조로 그 자리를 떠나겠다고 표현한다.
- 침착하고 이성적인 자세로 대화를 시도하는 경우 기꺼이 적극적 경청반응을 한다.
- 부모의 탐욕스러운 욕구를 너그럽게 수용하기 위해 확고한 한계를 설정할 필요가 있다.
- 자녀를 진정으로 사랑할 수 있는 용기와 삶의 본질적 가치를 이해할 수 있게 영성을 확장시켜 나가도록 안내한다.

5. 마음끼리 소통하는 대화의 열쇠

부모상담 현장에서 자녀와의 관계 갈등을 호소하는 부모들의 경우 자녀를 잘 키우고자 영유아기부터 끊임없이 충고, 훈계, 지적, 비판, 심문 등 무수한 말을 해 왔다. 하지만 부모의 수없이 반복되는 많은 말은 그저 소음일 뿐이다. 부모의 잔소리에 지속적으로 노출된 자녀는 훗날 자아정체성 혼란을 경험하는 등 부적응적인 삶을 반복할 수 있다. 자녀에게 꼭 필요한 말은 한 번만 말해 주어도 괜찮다. 자녀와 잘 소통하기 위해서는 삶을 해석하는 틀인 인생태도 유형과 의사소통 유형의 관련성을 알면 도움이 된다. 정신과 의사였고 교류분석상담을 창안한 에릭 번(Eric

Berne)은 어린 시절 주양육자와의 관계의 질 정도에 기초한 인생태도를 제시하였다. 초기 유년기에 부모로부터 적절한 보살핌을 받은 유아는 마음속에 '나는 사랑받는 소중한 존재임에 틀림이 없으며, 나는 OK이다.'라는 믿음이 자리 잡는다고 보았다. 또한 사람들의 의사소통 방식으로 잘 소통하는 교류인 상보교류, 대화 단절을 유발하는 교차교류, 관계 갈등을 야기하는 이면교류의 세 가지 유형을 언급하였다. 특히 이면교류하는 부모는 자녀와 솔직한 속마음을 드러내지 못한 채 표면적인 대화만을 나누기에 관계가 지속적으로 더 악화된다. 이면교류는 부모의 인생태도가 자기, 타인 또는 세상을 부정적으로 해석하고, 심리적 게임을 하는 부정적 인생태도가 반영된 소통방식임을 말해 준다. 자녀와 잘 지내기 위해서는 심리적 게임이 없는 긍정적 인생태도를 지녀야 한다. 부모와 자녀가 잘 소통하는 상보교류는 긍정적 인생태도 영역에 있을 때만이 가능하다.

1) 인생태도

인생태도는 초기 유년기에 부모와 자녀 간 접촉의 질 정도나 내용에 따라 네 가지로 분류한다. 스테이너 박사는 인생태도가 태어난 지 몇 달 안에 형성된다고 보았다(Stewart & Joines, 1987). 특히 인간관계 갈등을 야기하는 이면교류는 부정적 인생태도와 관련이 있다. 이면교류를 펼치는 경우 불쾌감정이 유발되며, 최악의 경우 자살, 타살, 정신질환 등 파국적인 삶을 맞게 된다. [그림 1-1]은 자기부정-타인긍정, 자기긍정-타인부정, 자기부정-타인부정, 자기긍정-타인긍정의 네 가지 인생태도 유형별 주요 특성을 설명한 것이다.

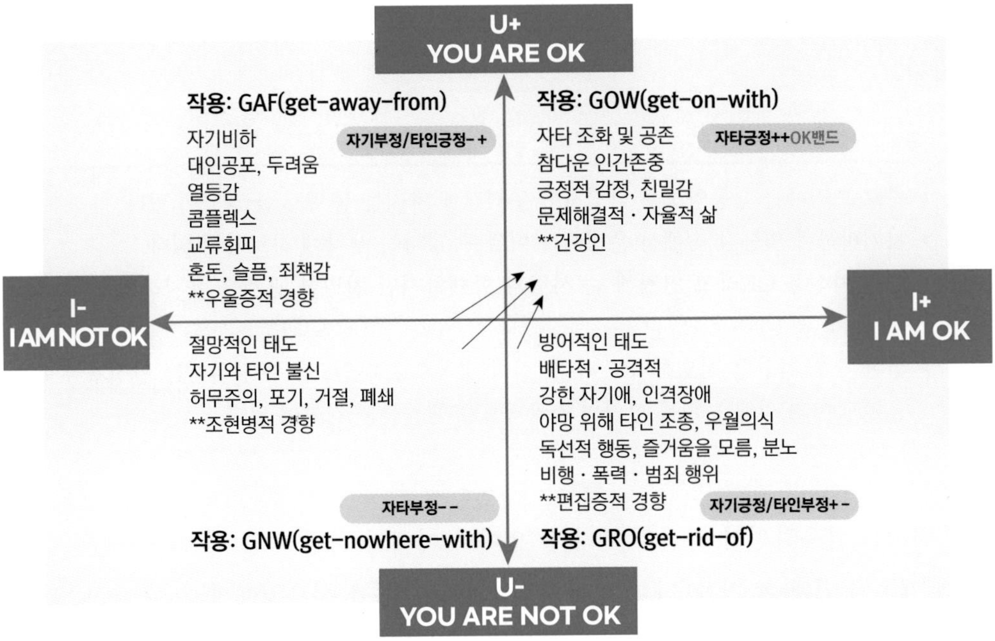

[그림 1-1] 네 가지 인생태도 유형

출처: 김미례(2015).

(1) 자기부정-타인긍정

'자기부정-타인긍정(I'm not OK-You're OK)' 인생태도는 자신과 다른 사람들 간의 경계가 희미하며, 자신이 OK임을 확인하기 위해 누군가가 자신에 대해 만족해하고 승인을 할 경우에만 자신이 OK가 될 수 있다고 본다. 적절한 경계 설정이 어렵기에 누군가에게 지지를 얻지 못하거나 상처를 받을 때는 문제해결 방법의 하나로 그 상황을 회피하는 경향이 있다. 또한 분리개별화가 두렵고 애착추구 경향이 있기에 타인의 무시, 비난 등 부당한 태도를 그대로 받아들이는 경향이 있다. 주로 '옆집은 자녀도 잘 키우고 살림도 잘하는데, 왜 나는 잘하는 것이 하나도 없지? 참 못나고 한심해. 미소는 항상 당당하고 활기찬데 나는 왜 이렇게 늘 소심한지 모르겠어.'라는 자기부정적 사고가 강하다. 처음에는 상대방의 부당한 태도에 순응하지만 점차 자신이 학대당했다고 느끼면 교류를 회피하고 우울을 경험한다. 자녀와의 관계에서도 '나를 차 주세요(Kick me)'라는 희생자 역할을 주로 맡기에 슬픔, 두려움 그리고 죄책감을 경험한다. 최악의 경우 파국적 결말은 자살로 마감된다.

'자기부정-타인긍정' 인생태도를 취하는 부모의 대표적인 특성들은 다음과 같다.

▸ 주로 드러나는 행동양상은 낙심하여 무력감에 빠지는 등 우울한 경향이 있다.
▸ 자기비하나 열등감 속에서 운명이라 어쩔 수 없다는 생각에 사로잡혀 있다.
▸ 자기 자신을 OK라고 인정해 준 사람과 함께하지만 친밀한 관계를 유지하기는 어렵다.
▸ 심한 경우 자살을 시도하기도 하며, 심리 내적으로 타인으로부터 원하는 인정자극을 충족하기 위해 눈치를 살피며 소극적으로 행동하는 경향이 있다.

자녀를 양육하면서 자신의 자녀가 "엄마나 아빠가 나를 나쁜 아이라고 했으니까 계속 못되게 굴 거야!"라며 소리치고 그릇된 행동을 서슴없이 했을 때 초조, 불안, 노여움 등의 부정적 감정을 경험해 본 적이 있을 것이다. 이때 훈육 차원에서 벌칙, 충고, 비난 등의 부정적인 인정자극을 제공한 경우 부모인 나 또한 자기부정 인생태도를 재증명하는 순간이다. 이로 인해 자녀는 평생 동안 잘못된 행동을 반복하는 경향이 있다. 즉, 자기부정 인생태도를 확인해 주는 인생각본에 맞추어 살아가게 된다.

이 외에도 '혹시 부모님이 옳을 수도 있어.'라는 인생태도가 자리 잡은 경우 부모로부터 격려, 지지, 칭찬 등의 긍정적인 인정자극을 충족하고자 한다. 이를 위해 자신의 진정한 삶보다는 늘 서두르며, 타인을 기쁘게 하고, 주어진 일을 성실하고 열심히 수행한다. 또한 자신의 나약한 모습은 잘 드러내지 않는 친구나 동료들과 관계를 형성하면서 무의식적으로 자신의 인생태도에 맞추어 살아간다.

초기 어린 시절부터 부모의 애정과 사랑을 어떻게 하면 느낄 수 있을지 계속 고민하는 경향이 있다. 이로 인해 부모의 반응에 따라 감정이 좌우되고 불안, 우울, 자책감 등의 감정을 자주 경험한다.

이 인생태도의 근원에는 자녀 스스로 아직 세상을 살아가기에는 무력한 존재라는 인식이 내재되어 있다. 또한 부모에게 의견을 표현하거나 논박을 할 수 없다는 비합리적인 신념이 함께 자리 잡고 있다. 이 경우 자녀는 부모와의 크고 작은 갈등으로 인해 야기된 불평불만을 그때그때 언어로 솔직하게 표현하지 않고 쌓아 두는 경향이 있다. 추후 수집된 증거들을 바탕으로 자기 자신에 대한 부정적 인지로서 '나는 쓸모없는 사람이야.' '나는 소중하지 않아.'라고 결정하고 만다.

(2) 자기긍정-타인부정

'자기긍정-타인부정(I'm OK-You're not OK)' 인생태도는 자녀 등 다른 사람들과의 경계가 경직된 채 '나는 정말 괜찮아.'라는 자세를 취한다. 자녀가 NOT-OK로 여겨져서 부모-자녀 간에도 친밀한 소통이 어렵다. 예를 들어, "너는 왜 언제나 그 모양이니? 네가 집안 망신을 다 시키는구나. 너 때문에 부모 체면이 도통……. 아, 창피해서 말야."라며 자녀의 기를 꺾고 낙담시키는 말을 자주 한다. 특히 분리개별화되어 있으나 애착을 두려워하기에 자신의 이런 취약한 부분을 들킬 것이 두려워 누군가 가까이 다가올 경우 거리를 두는 방어적인 자세를 취한다. 자녀와도 심리적 거리를 둔 채 자신을 과시하면서 자녀와 친밀감을 유지하고 싶어 한다. 자녀의 존재나 능력을 무시하고 지배하려는 경향이 있다. 10대인 자녀와 끊임없는 힘겨루기로 인해 외로움과 쓸쓸함을 자주 맛본다. 최악의 경우 파국적 결말은 살인이다.

'자기긍정-타인부정' 인생태도를 취하는 부모의 대표적인 특성은 다음과 같다.

- ▶ 자녀의 행동이 부모의 성향에 맞지 않으면 우선 그 자녀의 존재를 배제시킨다.
- ▶ 자녀와 그간 좋은 관계를 유지해 왔을지라도 자녀가 부모의 신념에 위배되는 행동을 하거나 도움이 안 된다고 판단이 되는 경우 냉정한 태도를 취하려 하거나 자녀가 잘못했다고 간주해서 요청하지 않았는데도 도움을 주려고 한다.
- ▶ 자녀문제로 갈등이 야기된 경우 자신을 희생자나 피해자로 인식하여 과도하게 화를 내고 자녀 탓을 하며, 체벌, 비난이나 잔소리 등 부적절한 양육을 서슴없이 한다.

자녀가 뛰어난 자질을 가지고 태어났을지라도 부모가 자녀의 욕구를 이해하지 못하여 무시하거나 거부적인 태도를 취하게 되면 자녀는 '불안해. 나는 소중한 존재가 아니어서 사랑받지 못하는구나. 나는 OK가 아니다.'라는 인생태도가 형성되고 만다.

이 인생태도로 인해 자녀가 지금 실패와 좌절로 낙담하고 있다면 자녀의 기를 살려 주는 격려제공자로서의 역할이 필요한 시점이다. 격려받은 용기 있는 자녀만이 자신이 설정한 인생목표를 헤쳐 나갈 준비가 되어 있다. 또한 실존적 존재로서 자신이 선택한 일에 최선을 다해 책임을 진다.

(3) 자기부정-타인부정

'자기부정-타인부정(I'm not OK-You're not OK)' 인생태도는 희미한 자아경계를 지니고 있다. 자신이 OK임을 상대방을 통해 확인하고자 하지만, 상대도 OK가 아니기에 관계 단절을 경험한다. 즉, 내가 OK가 될 수 없다면 당신도 OK가 될 수 없다며, 개별화와 안정애착을 형성하지 못한 채 공허하고 무심하게 진전 없는 절망적인 상태로 살아간다. 자녀와도 '예, 그렇지만(Yes, but)'이라는 심리게임을 펼치기에 혼돈과 좌절을 경험한다. 자녀들에게 "어리석고 한심한 자식들뿐, 답답한 것들…… 다들 타성에 젖어서 말야. 아! 또 초라한 내 꼬라지하고는……. 자식들이 있으면 뭐해, 하나 같이 쯧쯧……. 이렇게 사는 것도 지겹고 싫다 싫어. 확 그만 다 내려놓고 싶다. 다 끝내고 싶어. 이렇게 살아서 뭐해……."라며 삶의 의지를 상실하고 포기하려는 언급을 자주 한다. 최악의 경우 파국적 결말은 미쳐 버리는 것이다.

'자기부정-타인부정' 인생태도를 취하는 부모의 대표적인 특성은 다음과 같다.

- 부모 스스로 자기 자신과 타인 모두를 부정적인 존재로 인식한다. 자신을 거부하거나 거부당하는 패배자로 생각하며 삶을 절망적으로 인식하고 허무주의자적인 자세를 취한다.
- 심한 경우 조현병을 앓거나 자살 또는 타살로 삶을 마감하기도 한다.
- 초기 어린 시절 부모나 보호자로부터 거절, 방임, 학대 등의 트라우마가 있는 부모의 경우 벌, 비판, 비난 등 부정적 인정자극에 더 민감하게 반응한다.
- 주변 사람들과 처음 관계를 맺을 때 사람들이 건네는 따뜻한 말, 부드러운 눈빛 등 애정 어린 관심마저도 처음에는 의도가 있다고 보고 부정적으로 인식한다. 이로 인해 성장 후 타인 불신과 폐쇄상태에 빠지는 등 인간관계 단절을 경험할 수 있다.
- 초기 어린 시절 부모로부터 간절히 사랑받고 싶은 욕구가 강했지만 부모나 보호자로부터 참된 사랑을 경험해 본 적이 없다. 이로 인해 오히려 상대방의 거절을 초래하는 일이 빈번하다.

중요한 것은 부모-자녀 관계 회복에는 늦은 때가 없다는 사실이다. 이 인생태도는 지금 이 순간이 자녀와의 관계 회복이 절실히 필요한 시점임을 가장 단적으로 보여 준다. 자녀는 언제나 부모의 세심한 관심과 보살핌을 일관되게 원한다는 점을 기억할 필요가 있다.

(4) 자기긍정-타인긍정

'자기긍정-타인긍정(I'm OK-You're OK)' 인생태도는 다른 사람과 분명한 경계를 유지하면서 스스로 성장에 필요한 새로운 정보를 받아들인다. 주 양육자로부터 몸과 마음이 건강하게 양육된 자녀일수록 '나는 할 수 있고, 나에게는 건설적인 힘이 있으며, 나는 중요한 존재이다.'라는 확신을 갖게 된다. 이 경우 자기 자신과 자신을 둘러싸고 있는 세상도 반드시 OK임이 틀림없다는 자기긍정-타인긍정의 OK 인생태도가 형성된다. 즉, 자기와 타인에 대한 기본적 신뢰감이 형성된다. 자녀가 자기 자신과 타인을 신뢰할 수 있을 때 부모와의 관계가 안정적이며, 타인과의 관계 맺음도 안정적이다. 혹 자녀가 상처를 주려고 시도하더라도 "그러지 말아라! 그렇게 하는 것은 너를 위해서 좋지 않아."라며 상처 입히는 일을 결코 허락하지 않는다. 지금-여기에서 자녀와 친밀한 관계를 맺으며 마음을 잘 소통한다. 예를 들어, '아, 오늘 아침에 수연이가 잘못한 것도 아니었는데 아침부터 너무 크게 질책을 했구나. 우리 딸이 참 많이 힘들었겠다. 더 상처받기 전에 위로의 문자라도 어서 보내야겠다.' 등과 같이 생각하며 자녀와의 건강한 관계 회복 및 유지를 위해 노력한다.

'자기긍정-타인긍정' 인생태도를 취하는 부모의 대표적인 특성은 다음과 같다.

- 부모의 인생경험뿐만 아니라, 수집한 정보나 합리적인 신념 등을 근거로 판단한다.
- 부모가 자기 자신뿐만 아니라 자녀의 인격도 상호존중하며 조화롭게 삶을 유지한다.
- 자기 자신이 선언한 인생목표를 실현하는 심리적 성공자로서의 승자각본을 구축하고 있다.

이 인생태도는 부모가 먼저 자기 자신을 온전히 사랑할 수 있어야 자녀와도 진실된 감정 교류를 하는 등 친밀한 관계가 지속될 수 있음을 말해 준다.

2) 의사소통 유형

교류분석상담 이론의 주요 모델 중 하나인 자아상태(ego states) 모델은 성격의 세 가지 구성요소, 즉 부모자아(parent ego state: P), 어른자아(adult ego state: A), 어린이자아(child ego state: C)가 어떻게 기능적으로 두 사람 간 대화에서 교류되는지를 비판적(critical) 혹은 통제적 부모자아(controlling parent: CP), 양육적 부모자아(nurturing parent: NP), 어른자아(adult ego state: A), 자유로운 어린이자아(free child ego state: FC), 순응하는 어린이자아(adapted child: AC) 차원에서 보여 준다. 즉, 사람들이 어떻게 의사소통하는지 이해하기 위한 지도를 제공한다. 어떤 자아상태로 말을 주고받는지에 따라 부모와 자녀 간의 대화 시 어떤 자아상태가 두드러지는지를 알게 함으로써 관계를 악화시키고 갈등을 야기하는 교류를 개선하는 데 도움을 준다. [그림 1-2]에 자아상태의 구조와 기능을 도식으로 제시하였다.

[그림 1-2] 자아상태의 구조와 기능

- P(부모자아)는 가치, 견해와 판단의 영역이다. CP와 NP의 독특한 기능을 한다. CP는 보호하려는 의도를 가지고 안전한 경계와 한계를 제공한다. NP는 양육, 지지 그리고 보살핌을 제공한다. 하지만 이것에는 부정적인 기능도 있다. CP는 지나치게 통제적이며 비판적일 수도 있고, NP는 과잉보호나 숨 막

히게 할 수도 있다.

- A(어른자아)는 객관성, 합리성과 이유의 영역이다. P와 C 양쪽을 고려하여 하나의 생각을 진전시키기 위해 이 두 자아 사이를 중재하는 기능을 한다. 외부 세계를 조사하고 계산하며 자신의 심리 내적인 생각에 현실성을 가한다.
- C(어린이자아)는 감정, 본능적인 반응, 자기 욕구 충족의 영역이다. FC와 AC의 독특한 기능을 한다. FC는 즉각적으로 또는 사회적으로 억눌리지 않은 방법으로 반응한다. AC는 내면화된 사회적인 배움에 근거하여 반응하며, 다른 사람의 가상의 혹은 실제의 요구에 순응하고자 한다.

(1) 상보교류

자녀와 소통이 잘 되는 가장 건강한 의사소통 방식이다. 부모가 말한 메시지에 대해서 자녀는 부모가 예상한 대로 반응한다. 친밀한 인간관계를 맺는 핵심 대화 기술이다. 이 경우 부모와 자녀의 대화는 지속적으로 이어진다. 언어적인 메시지와 얼굴 표정, 목소리 속도, 톤, 태도 등 비언어적인 메시지가 일치한다. 이것은 부모-자녀 간 건강한 관계를 위한 필수 요소이다. 자녀와 친밀한 관계를 유지하는 부모라면 상보교류를 통해 자녀의 마음을 잘 이해하는 부모일 것이다. 상보교류는 부모든 자녀든 말하는 사람의 입장을 상호 잘 이해하고 인정한다는 것을 확인시켜 주는 대화법이다. 자녀와의 갈등이 증폭되고 있다면 상보교류를 실천할 때이다. 상보교류를 도식으로 제시하면 [그림 1-3]과 같다.

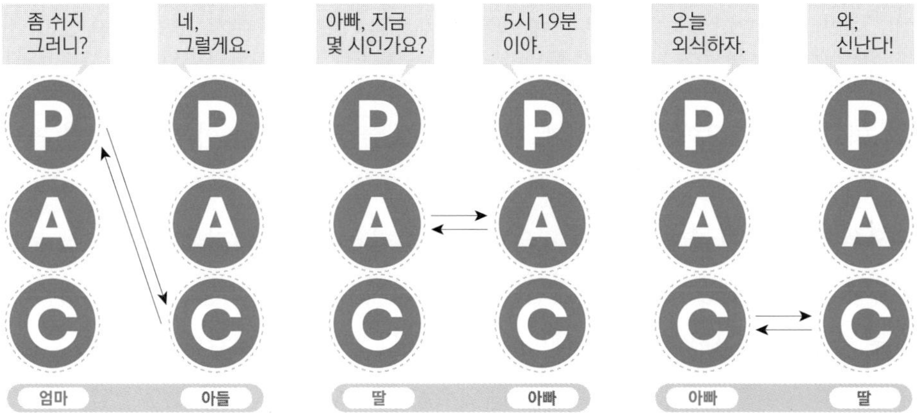

[그림 1-3] 상보교류

(2) 교차교류

부모는 자녀에게 어떤 말을 할 때 자녀가 부모의 말을 잘 이해하고 반응하길 기대한다. 교차교류는 부모가 건네는 말에 자녀가 예상과 다른 뜻밖의 반응을 보이는 의사소통 방식이다. 당연히 부모-자녀 간의 대화는 중간에 단절되거나 싸움이 일어날 수 있다. 부모는 자녀와 잘 소통하고 싶지만 어려움이 발생한다. 이것은 4개의 자아상태가 관여하며 두 대화의 방향이 교차되는 교류이다. 교차교류를 도식으로 제시하면 [그림 1-4]와 같다.

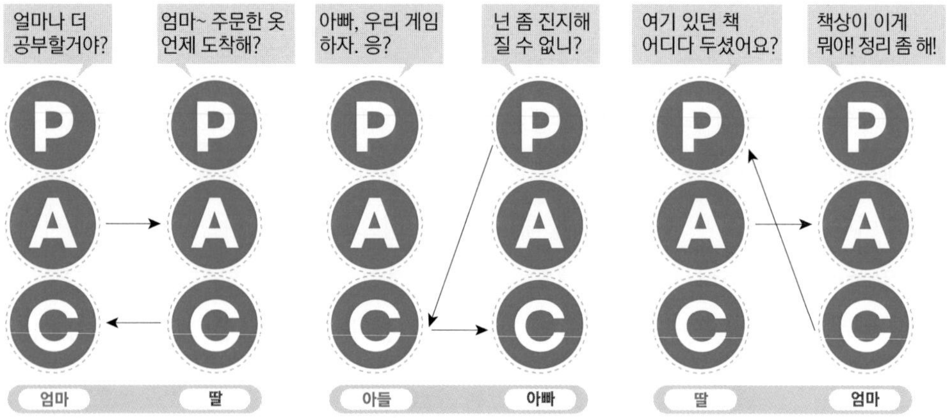

[그림 1-4] 교차교류

(3) 이면교류

언뜻 보기에는 부모-자녀 간의 대화가 잘 이루어지고 있는 상보교류처럼 보인다. 그러나 부모나 자녀 모두 실제 말하고자 하는 의도를 숨긴 상태의 은밀한 소통방식이다. 부모-자녀 간 대화 시 2개 이상의 자아상태가 동시에 작동하고 있다. 어린 시절 부모에게 솔직하게 자신의 감정을 표현했으나 이해받지 못한 자녀는 부모에게 감정을 솔직히 표현하는 것을 위험한 것으로 인식한다. 이후 자녀는 부모의 말에 담긴 숨은 의도를 간파하느라 불필요하게 에너지를 소모한다. 부모-자녀 간 관계 갈등이나 추후 대인관계를 악화시키는 건강하지 못한 최악의 의사소통 방식이다. 이면교류를 도식으로 제시하면 [그림 1-5]와 같다.

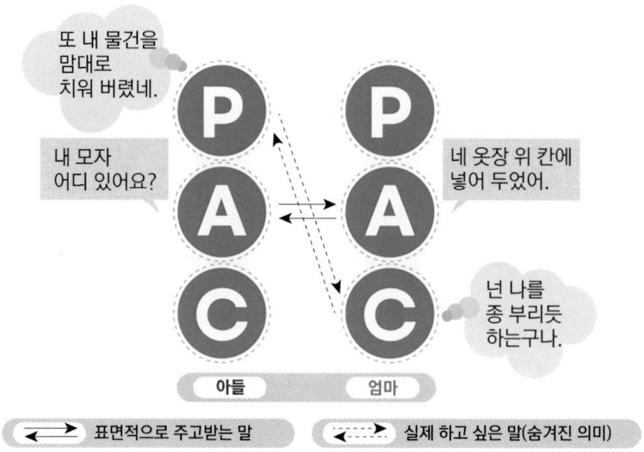

[그림 1-5] 이면교류

다음은 부모-자녀 간의 관계를 악화시키는 이면교류의 사례이다.

딸 : (밤 11시쯤 아파트 현관문을 조용히 열고 들어오는데 거실 창밖을 향해 초조한 듯 서성거리고 있는 엄마를 보고) 다녀왔어요.

엄마: 아, 늦었구나! 왜 이렇게 늦었니?

딸 : (약간 짜증스럽게) 늦는다고 했잖아요!

엄마: 아냐, 들은 적 없어.

딸 : 뭐, 말했어요. 오늘 아침 나갈 때 말했잖아요.

엄마: 얘는……. 지금 무슨 말을 하는 거니? 아냐, 나는 정말 들은 적 없어.

딸 : 에이, 엄마 요즘 치매야, 정말 치매인가?

엄마: 내가 치매라고……. 너도 요즘 약속한 것들을 다 안 지키잖아! 오늘 아침에도 화장실 전등 끄는 걸 잊었지?

딸 : 정말? 설마!(정말 기억이 나질 않는다.)

엄마: 너야말로 치매구나.

딸 : 그래도 나는 확실히 늦을 거라고 말했고, 저녁밥도 필요 없다고 말했어요.

엄마: 나는 들은 적 없고, 치매도 아니야.

딸 : 이제 정말 지겹다. 정말로 이제 정신이 어떻게 됐나 봐.
(화가 나서 강한 어조로) 제발 정신없는 체 좀 하지 말아요. 벌써 이렇게 빨리 치매가 오면 나보고 어떻게 하라고…….

엄마: (눈물을 글썽이며 방을 나간다.)

출처: 김미례(2015).

솔루션

6. 대화를 거부하는 아이 돕기

TA 이론가이며 부모교육자인 클라크는 발달은 직선적인 과정이 아니라고 언급하였다. 특히 성인기 발달단계는 다시 어린 시절의 단계로 돌아가서 미처 완수하지 못한 발달과업의 성취나 미해결된 상처를 치유하는 재성장의 시기라고 보았다. 발달단계별 해로운 부모역할이 자녀에게 제공되었음을 알았다면 이제는 재양육에 도움이 되는 긍정적 지지어 제공과 재성장을 돕는 부모역할을 수행할 때이다. 재양육이란 어린 시절 발달단계에 필요한 부분이 채워지지 못해 결핍이 일어난 부분에 새로운 기회를 제공하는 것이다. 즉, 자녀의 자존감을 증진시키는 새로운 양육기술을 습득하여 자녀가 실존적 존재로서 자율적인 삶을 살도록 하는 것이다.

Q1 아이가 요즘 또래들과도 잘 못 어울리고, 최근 들어서는 저와도 거의 말을 안 하는데 어떻게 하면 관계가 좋아질까요?

만일 비효과적인 해로운 부모역할로 인해 스스로가 가치 없는 부모로 인식되어 고통스럽다면 부모인 나로 하여금 행복해질 권리를 부여해 보자. '새로운 부모자아' 안에 내 자녀가 스스로를 매우 가치 있는 존재이고, 수용받고 있다는 느낌을 갖도록 돕는다. 자녀가 어릴 때는 경험해 보지 못했지만, 우리 모두는 누구나 스스로 생각하고 느끼고 행동할 수 있다는 점을 일깨워 주기 위해 자녀에게 허가를 제공해 준다. 부모로부터 부여받은 허가를 통해 자신의 부모자아에 변화가 일어나게 된다. 여기서 '자신'이라는 단어는 부모인 나의 성격의 한 부분인 부모자아에 무엇을 뺄지, 바꿀지 혹은 더할지 결정하는 것과 관련된다. 부모인 나 스스로가 격려받고 있다는 느낌을 가질 수 있고 행복을 추구할 수 있기 때문이다. 부모인 나의 오래된 부모자아를 업데이트하는 것을 재결정함으로써 과거 우리 부모의 모습이 나를 침범했던 힘을 약화시킬 수 있다. 부모인 나의 행복을 추구하기 위해 한 개인으로서 어떻게 내가 승리할 수 있는지 부모인 나의 어린이자아를 교육하는 코치와 같이 자녀의 발달단계에 적합한 부모 모습을 창조하거나 더할 수 있다.

솔루션 사례

중1 자녀를 둔 엄마가 '또래와도 어울리질 못하고 기를 못 펴는 큰애가 너무 답답하고 짜증이나 그때마다 더 혹독한 말과 체벌을 했는데 다른 방법을 모르겠다'고 하였다. 또 큰애 임신 당시 낳을 처지가 아니어서 낙태하려고 했었다면서, "저는 몹쓸 엄마죠?"라며 자녀 임신 당시 잠시 해로운 행동을 했던 가치 없는 부모라는 부정적 사고로 인해 갈수록 죄책감이 들어 힘들다고 호소하였다.

솔루션 자녀의 발달단계가 청소년기일지라도 자녀와의 관계를 재구축하기 위해서는 임신에서 출생 전 시기인 태아기에 해당하는 재양육 활동이 필요하다. 태아기 재양육의 주요 내용으로는 포근히 안아 주기, 아이가 푹 잘 수 있도록 푹신한 이불을 덮어 주고 자장가를 불러 주기, 부드러운 음식을 포만감이 느껴질 정도로 먹이기 등이 있다. 이와 같은 재양육 활동이 지금이라도 큰 자녀에게 제공되어야 한다.

〈표 1-20〉에서는 태아기부터 청소년기까지 각 발달단계별 해로운 부모역할에 따른 재양육 활동에 대해 소개하였다.

<표 1-20> 발달단계별 관계 재구축을 위한 재양육 활동

구분		주요 내용
영유아기	태아기 (임신~출생 전)	• 찜질이나 마사지 받기/이불 속에 포근히 있으면서 자장가를 들어 보기 • 이불로 얼굴을 덮고 낮잠 자 보기 • 포만감을 느낄 수 있는 부드러운 음식 먹어 보기 • 20분 전에 음식을 먹고 따뜻한 물에 목욕해 보기 • 목욕 중 조용한 음악을 듣거나 자신에게 긍정적인 말을 해 보기 • 그저 포근히 안아 줘 보기 • 태아 심장박동 소리가 녹음된 테이프 듣기/살아 있음을 축하해 보기 • 그네 타기, 흔들의자, 노 젓기 몸짓 등 율동감 있게 몸을 움직여 보기
	존재하기 (출생~6개월)	• 따뜻한 물속에서 목욕하고 치료적 마사지 받아 보기 • 자신 안에 있는 '어린이자아'에게 자장가 불러 줘 보기 • 더 많이 포옹하기/자신이 원하는 신체적 접촉 받아들여 보기 • 정서적으로 애착을 느끼고 타인을 신뢰하는 것 배워 보기 • 보살핌 요청하기/사랑하는 사람에게 원하는 욕구를 표현해 보기 • 눈을 감고 자신이 어린아이라고 상상하고 자신이 받고 싶은 대로 스스로에게 말하고 행동해 보기 • 부모와 헤어진 경험이 있다면 충분히 애도해 보기 • 자신의 집을 좀 더 안락하고 편안하게 만들어 보기

	행동하기 (6~18개월)	• 이 단계에서 적절한 부모역할을 자신에게 적용해 보기 • 새로운 기술, 활동, 음식, 문화 등 탐색해 보기 • 한 번도 가 보지 못한 곳에 친구와 다녀와 보기 • 익숙한 것을 새로운 방법으로 배워 가는 느낌을 경험하기 위해 안전한 물체 탐색해 보기 • 필요한 경우 전문상담 받아 보기
	생각하기 (18~36개월)	• 이 단계에서 적절한 부모역할을 자신에게 적용해 보기 • '싫어하는' 리스트를 만들어 자신이나 타인에게 '싫어'라고 말해 보기 • 새로운 조리법 익혀 보기/물건을 정확한 지시에 따라 조립하기/주위 사람 3명 정도에게 자신이 얼마나 잘했는지 말해 보기 • 독서, 워크숍 참석 등 기억 증진에 도움되는 활동하기 • 필요한 경우 전문상담 받아 보기
	유아기 (3~6세)	• 이 단계에서 적절한 부모역할을 자신에게 적용해 보기 • 하고 싶은 일 열 가지 목록 만들어 보기 • 남자라면 남자 집단에, 여자라면 여자 집단에 참여하여 자신의 성적인 역할에 대해 이야기해 보기 • 다른 직업 찾기나 하고 싶은 것 시도해 보기 • '나의 다음 인생은…….'으로 시작하는 글을 써 보기 • 필요한 경우 전문상담 받아 보기
아동기 (6~12세)		• 이 단계에서 적절한 부모역할을 자신에게 적용해 보기 • 동호회에 참석하여 역할에 대해서 알아보기 • 술 · 커피 · 차 비교하기/미담사건이나 폭력사건 등 TV를 시청하면서 제시된 도덕과 가치 목록 만들어 보기 • 옷장, 서랍, 바느질함, 도구상자, 참고서 등을 정리하고 청소해 보기 • 새로운 정리기술 익혀 보기 • 새로운 사회적 기술 배워 보기 • 필요한 경우 전문상담 받아 보기
청소년기 (12~19세)		• 이 단계에서 적절한 부모역할을 자신에게 적용해 보기 • 나에게 중요하다고 생각하는 것에 대해 마음이 맞는 사람과 장시간 이야기해 보기 • 나에게 상처를 주는 사람과 떨어져 있어 보기 • '내가 내 인생에서 가장 성취하고 싶은 것은…….'으로 시작하는 글 써 보기 • 자신을 신뢰하기 위해 무엇인가 해 보기 • 새로운 헤어 · 패션 스타일 시도해 보기/로맨틱한 영화나 글 읽어 보기

	• 부모로부터 완전히 독립하면서도 부모와 친밀감을 유지해 보기 • 자신이 처한 현실에 맞게 성적인 욕구를 다루어 보기 • 필요한 경우 전문상담 받아 보기

출처: 박미현, 전우경, 이영호(2017).

Q2 아이가 무조건 소리치고 때리는 난폭한 행동이 부쩍 늘어 걱정돼요. 어떻게 하면 사랑한다고 느낄까요?

자녀는 각 발달단계별 부모가 제공하는 존재 인정자극인 긍정적 지지어를 통해 자신이 사랑받을 만하고 능력이 있음을 확신한다. 긍정적 지지어는 자녀의 자존감을 증진시키는 데 꼭 필요하며 생존을 위한 영양소이다. 자녀와 잘 지내기 위해서는 자녀의 발달과정에 적합한 긍정적 지지어를 자녀에게 제공해야 한다. 긍정적 지지어는 언어적 · 비언어적 메시지(눈빛, 따뜻한 음성, 적절한 말의 속도와 목소리 톤, 얼굴 표정, 부드러운 눈맞춤, 사랑스런 눈빛 등) 모두를 포함한다. 부모의 긍정적 지지어가 자녀에게 적절히 주어지면 부모를 신뢰하고 친밀한 관계를 맺는 것이 자연스럽다. 그뿐만 아니라 다른 사람과도 좋은 관계를 유지하며, 자신이 선언한 삶을 성공적으로 살아가게 된다.

솔루션 사례

두 자녀를 둔 엄마가 초등학교 6학년인 큰애가 두 살짜리 동생에게 공격적인 행동을 하고, 자신도 막 때리려고 해서 걱정된다고 호소하였다. 큰애 출산 후 우울증이 심해 아이가 품에 안기는 것도 싫어서 밀쳐 냈던 일화를 떠올리며 몹시 힘들어하였다.

솔루션 자녀가 초등학교 6학년이지만 자녀양육 시 발달단계상 해로운 부모역할이 들어간 생각하기 단계(18~36개월)에 필요한 긍정적 지지어를 제공할 필요가 있다. 즉, "○○아, 너 자신에 대해 생각하기 시작해서 엄마는 정말 기쁘구나. 화를 내도 괜찮아. 너의 화로 인해서 너와 동생이 상처를 입지 않게 내가 도와줄게. 너는 생각하고 느끼는 것을 동시에 표현해도 괜찮아. 무엇이 필요한지 도움을 청해도 돼."라며 출생 후부터 6개월에 해당하는 존재하기 발달단계에 필요한 긍정적 지지어가 6학년 큰애에게 새롭게 주어져야 한다.

〈표 1-21〉에는 태아기부터 청소년기까지 각 발달단계별 해로운 부모역할에 따라 부모가 자녀에게 제공해야 하는 긍정적 지지어들이 제시되어 있다.

<표 1-21> 발달단계별 관계 재구축을 위한 긍정적 지지어

구분		주요 내용
영유아기	태아기 (임신~출생 전)	• 네가 살아 있는 것 자체가 커다란 축복이야. • 너의 욕구와 안전이 나에게는 중요하단다. • 너와 나는 서로 연결되어 있고 너는 온전하단다. • 네가 경험한 것을 바탕으로 건강한 결정을 할 수 있어. • 네가 준비가 되었을 때 태어나면 된단다. • 네 인생은 너의 것이란다. 난 너를 있는 그대로 사랑한단다.
	존재하기 (출생~6개월)	• 네가 있어서 기뻐. • 네 존재로 인해 우리는 너무 기뻐. • 너는 네가 하고 싶은 대로 자랄 수가 있단다. • 네가 느껴지는 대로 느껴도 돼. • 우리는 네가 여기 있기를 원하고 너를 돌보기를 원해. • 너를 사랑해. 그리고 정말 너를 돌보고 싶어.
	행동하기 (6~18개월)	• 너는 탐험하고 경험해도 돼. 우리가 너를 지지하고 보호해 줄게. • 네가 필요하면 몇 번이라도 해 볼 수 있어. • 네가 탐색할 때는 너의 모든 감각을 사용할 수가 있단다. • 너는 무엇에든 관심을 가질 수 있어. • 네가 활동적일 때이든 조용할 때이든 네가 좋아. • 네가 자라는 것이 좋고, 네가 알아 가는 것을 지켜보는 것이 참 좋단다.
	생각하기 (18~36개월)	• 네가 너 자신에 대해 생각하기 시작해서 정말 기쁘구나. • '싫어'라고 말해도 되고, 너의 한계에 대해서 필요한 만큼 시험하고 도전해도 돼. • 화를 내도 괜찮아. 너의 화로 인해서 너와 다른 사람이 상처를 입지 않게 내가 도와줄게. • 너는 생각하고 느끼는 것을 동시에 할 수 있어. • 너는 무엇이 필요한지 알 수 있고 도움을 청해도 돼. • 너는 자유롭게 행동할 수 있고, 그래도 여전히 너를 사랑할 거야. • 너는 너 자신을 위해 생각하는 법을 익힐 수 있고, 나는 나를 위해 생각할 거야.

유아기 (3~6세)	• 너는 네가 누구인지 탐구하고 타인에 대해 알아 갈 수 있어. • 너는 능력을 갖추기 위해 여러 역할과 방법을 시도해 볼 수 있어. • 나에게 너의 모든 감정은 OK야. • 너는 네 행동에 대한 결과를 배울 수 있어. • 너는 힘을 가질 수도 있고 동시에 도움을 요청할 수도 있어. • 너는 무엇이 진짜인지 아니면 그런 척만 하는 거짓인지 배울 수 있어. • 나는 너를 있는 그대로 사랑해.
아동기 (6~12세)	• 너는 '예' '아니요' 라고 말하기 전에 충분히 생각할 수 있는 능력이 있어. • 너는 실수를 통해서도 배울 수 있어. • 어떻게 할지 결정할 때 너의 직관을 믿을 수 있어. • 언제, 어떻게 다른 사람에게 동의를 하지 않을지 배울 수 있어. • 너를 위해 생각할 수 있고, 괴로워하는 대신 도움을 청할 수도 있어. • 우리가 서로 다를 때도 여전히 너와 함께 있고 싶고, 함께 배울 수 있어. • 다른 사람들과 함께 살아가기 위해 도움이 되는 규칙을 배울 수 있어. • 너를 위해 해야 할 일들의 방법을 찾을 수 있어.
청소년기 (12~19세)	• 너는 네가 누구인지 알 수 있고, 독립을 위한 기술을 배우고 연습할 수 있어. • 너 자신의 흥미, 인간관계, 삶의 목표를 발달시킬 수 있어. • 너는 너의 여성성이나 혹은 남성성을 키울 수 있고, 때로는 도움이 필요할 수도 있어. • 네가 성인임을 인식하길 바라. • 네가 필요하면 도움을 요청하리라 믿어.

출처: 박미현, 전우경, 이영호(2017).

솔루션

7. 상처가 많은 자녀와의 관계 회복

어린 시절 친밀한 관계에서 비롯된 상처(트라우마)는 잊히는 것이 아닌 개인의 인생경험의 일부로 남아 있게 된다. 초기 유년기 상처받은 마음을 회복하기 위해서는 자녀가 자신의 이야기를 재구성하여 새롭게 삶에 통합적으로 연결할 수 있어야 한다. 그럼으로써 자녀는 더 이상 예전 상처의 영향력하에 있지 않게 된다. 대신 자신의 삶에 대한 책임감을 갖게 된다. 즉, 자율적인 의사결정을 하고 자신의 미래를 어떻게 설계할지 결정하게 된다.

몸에 기억되는 상처의 대표적인 예로는 후유증을 동반하는 사고, 생명을 위협하는 급작스러운 질병, 만성질병, 지속적인 아동학대, 자살, 교통사고(항공기, 선박 등), 성폭력, 학교폭력, 유괴, 인질경험, 고문, 전쟁 등 반복적이고 예상 가능한 충격적인 사건 및 사고를 직접 경험하였거나 목격한 경우가 해당된다.

그러나 초기 상처가 된 사건을 경험한 모든 사람이 상처를 받은 그 상태에 머물러 있지는 않으며, 대부분은 이전의 삶으로 되돌아오고, 그중 어떤 이들은 상처 이후 보다 성숙된 삶을 유지하기도 한다. 초기 어린 시절 지워지지 않는 상처는 자녀의 삶에 불안을 야기하고 매우 강렬하게 그 위험이 장시간 지속되는 경향이 있다. 다음은 자녀와의 관계 회복을 위해 다양한 시도를 해 보았으나 오히려 관계가 더 악화되거나 은둔형 외톨이가 되어 가는 자녀를 보며 딜레마에 놓인 부모들의 주요 호소문제이다.

Q1 예전엔 매도 들었지만 지금은 커서 말로만 해요. 그런데 아이가 왜 자꾸 부모와 거리두기를 할까요?

자녀에 대한 학대는 친밀한 관계 구축과는 거리가 멀다. 아동학대(child-abuse)는 친밀이라는 본래의 길에서 이탈하여 권리나 권력 혹은 약물 등을 활용하여 자녀를 학대함을 의미한다. 비록 학대 정도가 경미할지라도 자녀를 학대할 때 부모는 자신의 내부에서 '다른 방법이 전부 소용없어. 때려서라도 바로잡아야 돼!'라는 생각을 하며 폭력의 정당성을 강조한다. 부모가 자녀를 잘 지도하기 위해 자녀에게 가한 신체적 체벌이 훌륭한 훈육의 수단일까? 이러한 자녀지도법은 부모의 원부모로부터 물려받은, 자녀양육 시 표준이 된 부적절한 훈육법에 불과하다. 정신과 의사인 토마스 해리스는 부모나 부모역할을 한 보호자로부터 신체적 학대를 당한 경험이 있는 자녀의 뇌에는 살인에 대한 프로그램이 존재한다고 보았다. 부모가 자녀에게 가하는 신체적 학대 정도는 초기 유년기부터 반복적으로 살이 벗겨지고 뼈가 부러질 만큼 가혹한 경우도 있다. 부모로부터 잔혹한 학대를 지속적으로 받았던 자녀의 뇌에는 끔찍하게 학대받은 경험에 따른 데이터가 기록된다. 자녀는 부모의 몸부림쳐질 정도로 가혹한 구타에 고통스러워하며, 동시에 끓어오르는 분노로 '당신만큼 덩치가 커지면 그땐 내가 당신을 죽이고 말겠어!'라는 파국적 결정을 한다. 즉, 자녀는 정신병적인 살인까지는 아니더라도 자기긍정-타인부정의 인생태도로 옮겨 가 잔인한 보복행동을 펼칠 자세를 취한다. 이 오래된 낡은 결정들은 추후 성인기 스트레스 상황이 되면 여지없이 되살아난다. 강렬한 살인충동이 일어날 경우 살인으로 이어지고 만다. 1962년 '매 맞는 아이 증후군(battered-child syndrome)'을 처음 소개한 헨리 켐프(Henry Kempe) 교수는 신체적 학대는 특수한 가정만이 아닌 일반 가정에서도 발생한다고 언급하였다. 〈표 1-22〉는 초기 어린 시절 부모의 부적절한 양육으로 인해 부모-자녀 관계 회복에 어려움이 있는 가정에서 주로 나타난 학대의 사례들이다.

<표 1-22> 아동학대의 사례

유형	학대 사례
방임	굶기기, 자동차 안에 방치하기, 더러워도 씻기지 않기, 집에 가두기, 심하게 아파도 병원에 데려가지 않기 등
신체적 학대	폭력 행사하기, 물에 빠뜨리기, 주먹으로 때리기, 몸을 향해 물건 던지기, 발길질하기, 화상 입히기, 심하게 몸 흔들기 등
성적 학대	성행위 노출하기, 포르노그래피 피사체로 삼기, 성폭력하기, 성추행하기 등
심리적 학대	자녀가 보는 앞에서 가정폭력 행사하기, 폭언하기, 무시하기, 자녀 편애하기 등

출처: 도모다 아케미(2019).

Q2 어린 시절에 학대를 받으면 아이의 뇌가 손상되나요?

어린 시절 부모로부터 학대받은 자녀의 대뇌는 변형된다. 자녀와의 관계가 불편하다면 대뇌 영역별 역할과 학대유형별 대뇌 손상 영역을 살펴볼 필요가 있다. 대뇌피질 앞부분의 전두전야는 감정과 행동을 관장하는 영역이다. 전두전야는 기억을 담당하는 해마와 감정을 처리하는 편도체를 통제하며, 위험을 감지하는 편도체가 과잉반응을 하지 않도록 해 준다([그림 1-6] 참조). 그러나 어린 시절 끔찍한 체벌을 장기간 경험한 자녀의 전두전야는 위축된다([그림 1-7] 참조). 대뇌피질 후두엽에 있는 시각야는 사물 인지, 영상기억의 형성과 시각에 따른 감정을 처리하는 역할을 한다. 어린 시절에 성적 학대를 지속적으로 경험하거나 부모의 싸움 등 가정폭력을 목격한 경우 그 고통을 수반하는 기억이 반복적으로 떠오르지 못하도록 시각야가 위축된다([그림 1-8] 참조). 특히 가정폭력을 목격한 자녀의 경우 혈류가 증가되어 시각야가 더 예민해지며([그림 1-9] 참조), 11세부터 13세까지 가정폭력을 목격했다면 시각야가 가장 많이 축소된다([그림 1-10] 참조).

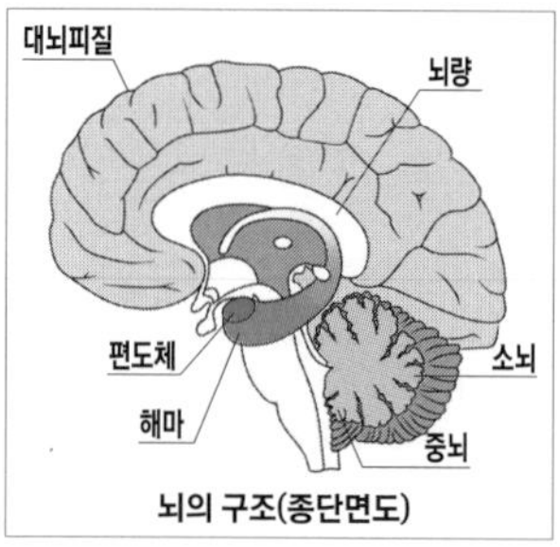

[그림 1-6] 기억 담당 해마, 감정처리 편도체

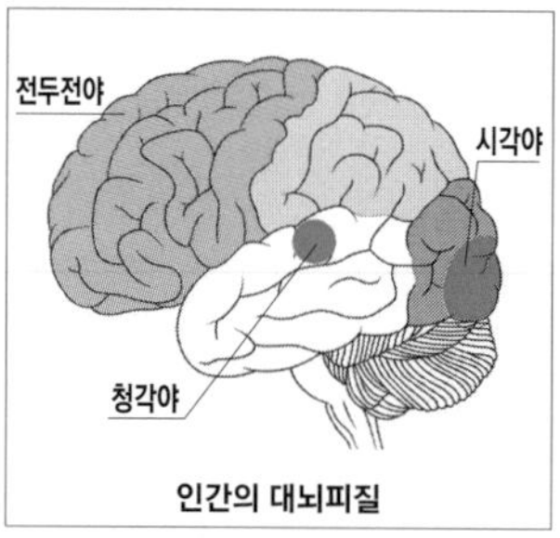

[그림 1-7] 체벌로 위축된 전두전야

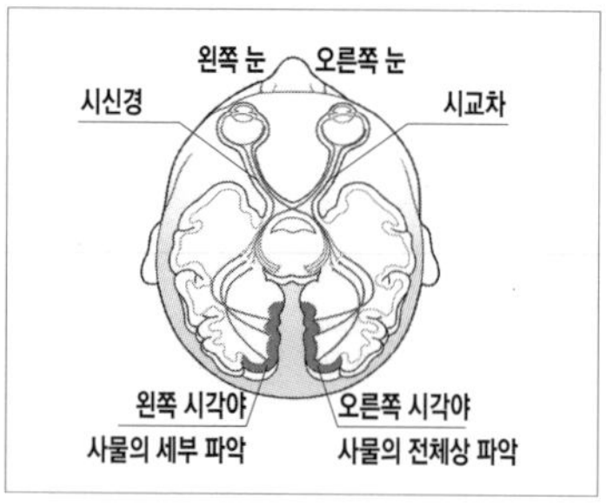

[그림 1-8] 성폭력 경험 및 가정폭력 목격 후 위축된 후두엽 시각야

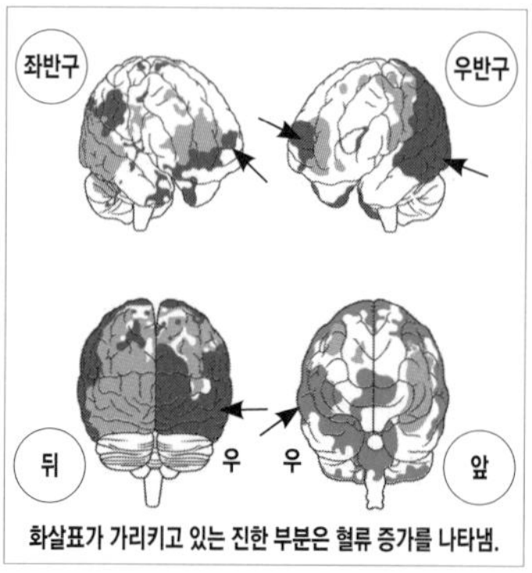

[그림 1-9] 해로운 양육 경험자의 힘든 기억 회상 시 우뇌 사용과 혈류 증가

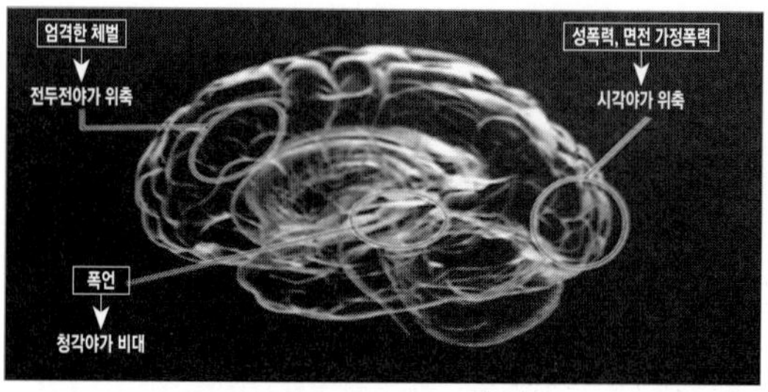

[그림 1-10] 체벌/성적 학대, 가정폭력/폭언 경험자의 뇌 손상

Q3 어렸을 땐 말도 잘 듣고 순했는데 커 갈수록 난폭해지고 있어요. 이젠 지쳤어요. 어떻게 하면 좋을까요?

학대로 상처받은 자녀의 몸과 마음이 회복되려면 사춘기 전까지 계속해서 치유를 위한 세심한 돌봄이 필요하다. 부모의 세심한 돌봄 속에 자녀는 자신의 잔혹한 보복행동과 살인충동의 원인을 이해하게 된다. 또한 스스로 자신의 과거를 재해석하고 미래를 새롭게 선택할 수 있다. 자녀는 부모가 함부로 때릴 수 있는 대상이 아니다. 만일 자녀의 문제행동에 대해 체벌을 해서라도 바로잡겠다는 신념을 고수한다면 추후 자녀도 부모의 양육방식을 반복하게 될 것이다.

분노를 폭력적 성향으로 표출하는 부모는 학교, 가정, 지역사회에 만연된 다양한 폭력에 대해 불평할 권리가 없다. 부모들은 자녀를 잘 지도하기 위해 "친구와 싸우지 말고 사이좋게 지내야 해."라는 말을 흔히 한다. 그러나 자녀를 비폭력적인 성향을 지니도록 양육하는 데 부모의 폭력적 양육방식은 도움이 되지 않는다. 자녀가 부모의 가르침을 통해 세상을 알아 가는 것과 자신의 경험을 통해 스스로 세상을 깨닫는 것은 다르다. 모든 인간은 청소년기를 거친다. 청소년기는 자아정체감 형성 및 신체적 변화 등 심리 내적 · 외적으로 급격한 발달이 이루어지는 시기이다. 특히 우울, 불안, 위축감, 신체화 증상, 비행, 폭력, 공격적 행동 등이 유발되기 쉽다. 이 시기 생존을 위한 다양한 방어기제 사용의 증가와 부적응 문제들은 이후 성인기 발달과업 수행에도 부정적인 영향을 미친다. 따라서 청소년기 자녀를 둔 부모는 이 시기 발달적 특성에 적합한 부모역할을 익히고 실천해야 한다.

Q4 우리 아이가 잘 어울리질 못해요. ADHD 아닌가요?

부모는 자녀가 부모와의 관계 맺기가 서툴 경우 자녀의 상태가 '발달장애'인지 '애착장애'인지 살펴볼 필요가 있다. 발달장애란 뇌 기능 장애에 해당하며, 자폐스펙트럼 장애(ASD), 의사소통 장애, 특정 학습장애, 주의력결핍 과잉행동장애(ADHD)가 있다. 발달장애는 불균형한 발달로 인해 사회생활에 어려움을 겪는다는 점에 초점을 둔다.

대표적 발달장애 중 하나인 ADHD를 살펴보자. 어린 시절 ADHD 진단을 받은 경우 성인기에는 그 증상들이 대부분 약화되어 사회적응 문제는 감소되는 경향이 있다. 자녀의 지속되는 부주의함, 과잉행동이나 충동적 행동에 마음의 상처 등이 깊어진 부모의 경우 자녀와 친밀한 관계 맺기가 어려울 수 있다. 이 경우 ADHD 자녀의 특성을 이해하고 효과적으로 관계 맺기를 할 수 있는 양육기법을 익힌다면 부모–자녀 관계형성에 도움이 될 수 있다. 이와 함께 ADHD 증상과 상당 부분 유사한 애착장애에 대한 이해가 필요하다. 애착장애는 자녀와 특정 부모역할을 하는 인물 간에 형성된 정서적 관계이다. 주로 초기 어린 시절 해로운 부모역할이 원인이 되어 나타난다. 부모와 적절한 애착이 형성된 자녀는 안정감과 신뢰감 속에서 건강한 부모–자녀 관계를 맺는다. 부모와 친밀한 관계가 형성된 자녀는 자기 자신에 대해 '나는 소중해.' '이만하면 괜찮아.' '나는 사랑받는 존재야.' '나는 능력 있는 사람이야.'라는 긍정인지가 형성되고 긍정정서를 유지하면서 자연스럽게 친밀한 대인관계를 구축한다. 그러나 장기간 부모로부터 해로운 부모역할을 경험한 자녀는 부모와의 관계가 불안정하기에 부모–자녀 간 잦은 갈등뿐만 아니라 주변 사람들과도 친밀한 관계 구축에 어려움을 경험한다.

특히 애착장애와 발달장애의 차이는 사춘기 즈음 확연히 드러난다. 미국의 정신과 의사인 베셀 반 데어 코크(Bessel van der Kolk)는 해로운 부모역할로 인해 유발된 애착장애를 '발달성 트라우마 장애'라고 칭하였다. 발달성 트라우마가 만성화된 경우 불면증, 집중장애, 과도한 경계심, 분노 폭발 같은 PTSD 증상에 감정조절장애 증상이 더해져 인간관계 손상을 일으키고, 자기부정적이며 자존감이 낮아지는 복합성 PTSD로 이어진다. 해로운 부모역할이 지속적으로 심해졌거나, 어린 시절 해로운 부모역할이나 왕따 등 따돌림을 당했으나 치유되지 않은 상태에서 성인이 된 부모에게서도 복합성 PTSD가 많이 발견된다. 상처받은 기억은 매우 강렬하지만 마음이 감당할 수 없는 상황이 되면 뇌는 그 기억의 직면을 회피한다.

Q5 애착장애도 대물림되나요?

인간의 세대 간 학대 대물림에 대해 영국의 정신과 의사인 잭 올리버(Jack E. Oliver)는 유아기에 학대를 받은 사람이 부모가 되었을 때의 대물림 비율을 소개하였다. 부모가 자신의 아이를 학대하는 경우가 전체의 3분의 1, 평상시는 지장이 없지만 정신적인 중압감이 느껴지거나 한때 자신이 당했던 것과 유사한 학대를 자신의 아이에게 가할 가능성이 전체의 3분의 1, 학대하지 않고 아이를 키울 수 있는 사람이 전체의 3분의 1이다. 즉, 학대하지 않고 자녀를 키우는 30%를 제외한 나머지 70%의 부모는 자녀 학대의 대물림에서 자유롭지 못하였다. 특히 초기 어린 시절부터 부모에게 신체폭력, 심한 비난, 무시나 모욕적인 욕 등을 들으면서 자랐을 경우 자신이 부모가 되었을 때 취약한 자녀를 학대할 가능성이 높다. 다수의 아이가 트라우마가 된 끔찍한 상처를 간직한 채 그냥 부모가 된다. 부모가 어린 시절 나에게 했던 행동 중 고약한 심술쟁이처럼 고통을 가했다고 여겨졌던 행동을 지금 따라서 하는 것이 있는가? 이를 스스로에게 질문하고 답해 보자. 만일 자녀와의 관계를 해치는 부적절한 양육방식을 무의식적으로 대물림해 왔다면 이제는 새로운 행동을 배우고 실천해 볼 때이다. [그림 1-11]은 친밀한 관계에서 비롯된 해로운 부모역할이 유아의 뇌 기능 변화를 가져와 유아기 애착장애를 거쳐 성인기 사회부적응으로 이어지는 과정을 제시한 것이다.

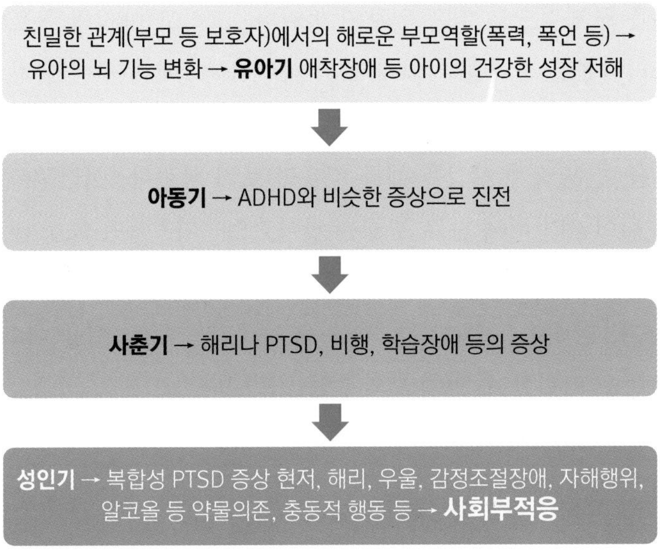

[그림 1-11] 해로운 부모역할로 인한 애착장애에 따른 사회부적응 과정

출처: 도모다 아케미(2019).

솔루션

8. 사춘기 아이의 기 살리기

“격려는 분명 우리의 삶을 긍정 에너지로 환하게 밝혀 준다.” 이 글을 읽은 후 가족과 함께 있을 때 누가 격려자인지 찾아보길 바란다. 행복한 소식을 전해 주고,

내재된 자원을 끌어올려 주고, '하지 못할 것이다'가 아닌 '할 수 있을 것이다'라는 기운을 북돋아 주는 사람은 그 장소의 분위기를 환히 밝혀 줄 것이다. 격려적인 사람은 긍정적이고, 인생을 살아갈 만한 가치가 있다고 확신하고, 절망하기보다는 희망을 가져야 하고, 두려움을 우리가 인생에서 직면해야 할 유일한 적으로 본다. 두려움의 해결방안은 용기이다. 그리고 그 용기는 격려에 의해 만들어진다. 결국 긍정적인 사람의 능력은 다른 사람들이 자신을 믿도록 격려하는 기술과 긍정적인 태도이다. 아마 인생에서 이보다 훌륭한 능력은 없을 것이다. 그리고 이것은 우리가 삶을 긍정적으로 살아가는 데 필요한 오직 한 가지 기술이다. 그렇기에 격려는 확실히 부모-자녀 관계를 잘 구축하는 데 도움이 된다.

잠시 생각해 보자. 먼저, 어린 시절 자신이 원하는 목표를 달성하기 위해 열심히 노력했던 때를 구체적으로 떠올려 보기 바란다. 그리고 마침내 목표에 도달했을 때의 만족스러워했던 장면을 기억해 보기 바란다. 그때 누구에게 자신의 성공을 제일 먼저 말해 주고 싶었는가? 이번에는 자신에게 어떤 어려운 문제가 생겨 누군가와 이야기를 할 필요가 있었을 때를 떠올려 보기 바란다. 여러분은 혼란스럽고 힘든 감정을 털어놓기 위해 주로 누구를 찾아갔었는가? 어떤 특정 대상이 떠올랐다면, 왜 그 사람을 찾아가게 되었는지 떠올려 보자. 그 사람은 여러분에게 무엇을 해 주었는가? 당신이 '우울할 때' 항상 그 누군가는 다시 힘을 내고, 삶의 스트레스와 압박 등을 직면할 수 있게 도와주었을 것이다.

Q1 격려하는 부모는 어떤 특성을 지녔을까요?

상담의 주요 이론과 기법 중 하나인 개인심리학에서는 상대방의 마음을 사로잡고 상호 관심사를 공유할 수 있는 긍정적인 사람을 격려자라고 칭한다. 교류분석 상담에서는 무조건적인 긍정적 스트로크 제공자와 상통하는 개념이다. 심지어 부모를 자녀의 심리적 양식인 스트로크를 독점하는 독점가라고도 언급한다. 부모는 자녀가 부모들이 원하는 행동을 했을 때만이 자녀의 심리적 생존에 필요한 격려, 미소, 칭찬 등을 어느 정도 제공할 따름이다. 그렇다면 격려자인 부모가 자녀에게 그토록 매력적인 부모인 이유에 대해 생각해 볼 필요가 있다. 대부분의 격려하는 부모에게는 공통된 행동양식이 있다. 흥미롭게도 격려자는 우리와 함께 살고 있다. 어느 날 부모교육 강의시간에 학부생들에게 '누가 여러분 인생의 격려자였는가?'라는 질문을 던진 적이 있다. 많은 학생이 부모님, 친구, 교수, 교사, 이모 등을 자신에게 가장 격려적이었던 사람이라고 언급하였다. 자, 그럼 지금 부모가 된 나에게도 격려적이었던 사람이 있었을 것이다. 잠시 나에게 격려적이었던 사람과 나와의 관계에서 특별한 점이 있었는지 그리고 격려자와 함께 있을 때 어떤 감정이 느껴졌는지 떠올려 보자. 다음은 이 질문에 대한 가장 일반적인 대답들이다.

- "그 사람은 내 말을 잘 경청해 주었으며, 내가 틀렸다고 즉각적으로 강하게 말하지 않았어요."
- "그 사람은 내 감정이 어떤지를 잘 이해해 주었어요."
- "그 사람과의 관계에서, 나는 승리감을 맛보았어요. 아마 그 사람은 내가 특별하고 훌륭하다고 생각하는 것 같아요."
- "그 사람이 나에게 정직하게 대해 주었기에 나는 겉치레나 결과에 대해 염려할 필요도 없었어요. 심지어 내가 만약 잘못한 것이 있다면 기꺼이 책임을 지고 싶은 마음이 들었을 거예요."
- "나는 그 사람의 의견에 동의하지 않아도 되었고, 그 사람이 화가 날까 봐 걱정하지도 않았어요."
- "그 사람은 항상 나를 위해 시간을 내 주었어요."
- "그 사람과 있을 때 안전함을 느꼈어요."
- "그 사람은 아무리 내가 최악의 상황일지언정 항상 나의 잠재력을 찾아 주었어요."
- "그 사람은 유머감각이 대단했어요."
- "그 사람은 나의 경험에 대해 매우 열광적인 반응을 보였어요."
- "그 사람은 나를 있는 그 자체로 존중해 주었어요. 존중은 내가 A학점을 받았다거나 무언가를 잘해서가 아니라, 단지 내가 나였기 때문이죠."

출처: Dinkmeyer & Losoncy (2005).

격려자들에 대한 대답이 이렇다면, 격려자만의 공통된 성격적 특성이나 기술이 있음을 예측해 볼 수 있다. 이제 여러분에게 낙담적이었던 사람과 자신과의 관계에 대해 생각해 보도록 하자. 다음은 이 질문에 대한 가장 일반적인 대답들이다.

- "그 사람은 내가 어떤 말을 할 때 전혀 들으려 하지 않고 항상 너무 바쁘다고만 했어요."
- "아무리 노력해도 내가 잘할 수 있는 일은 없었어요. 그 사람은 항상 나에게 완벽을 요구했어요."
- "그 사람은 나를 당황하게 만들곤 했어요. 그럴 때면 나는 항상 쩔쩔매야 했죠."
- "그 사람은 항상 나의 단점만을 지적했어요."
- "그 사람 근처에 가는 것이 두려웠어요. 그 사람의 행동은 도저히 예측이 불가능했어요."

출처: Dinkmeyer & Losoncy (2005).

여기에 언급된 낙담적인 사람의 특성 중 여러분의 대답과 일치하는 것이 있는가? 물론 삶의 경험에 비추어 또 다른 대답을 여기에 추가할 수도 있다. 이 간단한 과정을 통해 낙담적인 사람에게는 격려적인 사람의 특징들이 나타나지 않는다는 점이 분명해졌을 것이다. 대표적인 하나의 예가 경청이다. 격려자란 판단이나 비난 없이 듣는 사람이라고 묘사된다. 이와 반대로 낙담시키는 자는 훌륭한 경청자가 아니라고 묘사된다.

Q2 우리 자녀를 어떻게 하면 용기 있는 아이로 키울 수 있을까요?

〈표 1-23〉은 자녀에게 낙담적인 부모의 특성과 격려적인 부모의 행동특성을 제시한 것이다.

<표 1-23> 낙담적 부모와 격려적 부모의 행동특성

낙담적 부모	격려적 부모
자녀의 말에 귀 기울이지 않기	자녀의 말을 적극적으로 경청하기
자녀의 부정적인 점에 초점 두기	자녀의 긍정적인 점에 초점 두기
자녀 간 경쟁하게 하기, 비교하기	자녀와 협력하기
자녀를 협박하고 겁주기	자녀의 약점과 강점을 있는 그대로 수용하기
빈정거리기, 당황스럽게 만들기	자녀의 고민을 유머 활용과 희망을 부여하여 위로하기

자녀가 실패한 부분에 대해 창피 주기	자녀의 실패에 힘을 부여하고 고무하기
자녀가 잘한 부분만 인정하기	자녀의 노력과 향상을 인정하기
자녀의 감정을 경시하기	자녀의 감정을 고려하기
자녀의 성과나 결과에 가치 두기	자녀의 존재 그 자체에 가치 두기

출처: Dinkmeyer & Losoncy (2005).

물론 부모라면 이 양극단의 표를 통해서 이미 격려기술을 찾아냈을 것이다. 전적으로 격려적인 부모나 전적으로 낙담적인 부모는 분명 존재하지 않는다. 모든 인간은 타인과 자신에게 다소 격려적일 때가 있다. 그러나 부모인 나는 이 표에서 좀 더 격려적인 쪽을 향하여 나아갈 능력을 가지고 있어야 한다. 지금 이 순간 자녀와 접촉할 때마다 양쪽 모두 '불이 켜진' 격려된 방향 또는 '불이 꺼진' 낙담된 방향으로 나아가도록 영향을 받았을 것이고 받게 될 것이다. 부모인 내가 낙담하고 있다면 자녀를 낙담시키는 경향이 있다. 그리고 부모가 자녀를 낙담시킬 때, 스스로는 더욱더 낙담하게 된다. 같은 논리로, 부모가 자녀를 격려하면 자녀의 내면에 용기를 키워 나가도록 돕는 데 긍정적인 기여를 했다는 사실을 깨닫게 되어, 스스로도 격려된다. 이것은 부모인 내가 자녀의 기를 꺾으면 꺾을수록 부모가 더 높은 곳으로 올라가게 된다는 통속적인 믿음에 반하는 것이다.

인간관계의 이러한 시소효과에 대한 신념을 반박하기 위해, 오늘날 많은 심리학자는 우울한 내담자들에게 다른 누군가를 행복하게 만드는 그 무언가를 상담과제로 내 주어 치료하기도 한다. 개인심리학의 주창자인 아들러(Adler, 1939)가 '사회적 관심'이라고 명명한 그 무언가를 위해 노력한다면, 분명히 부모인 나와 내 자녀는 개인적인 성취감을 느낄 수 있게 된다. 격려는 부모-자녀 간의 건강한 관계 구축에 중요한 요소이다. 예를 들어, 언젠가 의학적 지식이 풍부하지만 환자를 다루는 태도가 비인간적이고 서툴렀던 의사에게 진료를 받아 본 적이 있는가? 그 의사는 우리의 삶이나 경험에 상당히 둔감했을 것이고, 그것이 아마 우리를 불안하거나 긴장하게 만들었을 것이다. 인간에 대한 이해가 부족한 무감각한 사람의 손에 있는 이 세상의 모든 지식은 비효율적이다.

부모가 된 지금 과거 학창시절 선생님들 중 분명히 훌륭하기는 하지만 학생들을 지나치게 뛰어넘는 선생님이 있었는가? 아마 그렇다면 기가 죽고 위협마저 느꼈을 것이다. 결과적으로 그 선생님은 많은 것을 알고 계셨겠지만 많은 것을 지혜롭게 일깨워 주지는 못했을 것이다. 심지어 그 교과목을 싫어하게 되었을 수도 있다. 만약 그 선생님이 격려기술을 가지고 있었다면, 학습에 무관심한 다수의 학생에게 청산유수조로 지식만을 전달하는 것이 아니라 그 과목에 대한 동기부여를 해 주고 흥미롭고 즐겁게 수업을 이끌었을 것이다.

Q3 자녀를 잘 격려하는 데에도 공식과 기술이 필요할까요?

다음의 공식은 격려의 중요성을 보여 주는 하나의 모델이다.

직업적인 기술	+	격려기술	=	가장 긍정적인 당신
(부모, 의사, 비서, 변호사, 선생님 등)		(의사소통, 인간존중 태도 등)		

출처: Dinkmeyer & Losoncy (2005).

이 모델은 부모-자녀 관계, 즉 두 사람 이상이 만나는 긍정적인 인간관계의 경우 언제든 작용한다. 이는 관계를 맺는 개인이 세일즈맨, CEO, 교수, 웨이터인지 아닌지와는 무관하다. 따라서 격려기술은 부모-자녀의 친밀한 인간관계 구축에 긍정적인 영향을 줄 수 있는 중요한 요소이다. 최근 자기 자신 및 타인의 재능과 자원을 더 충분히 개발하기 위해 격려기술을 향상시키는 방법에 많은 관심과 흥미가 집중되고 있다.

상담심리학의 세계에서도 정신분석을 주창한 프로이트의 관점인 사람은 변화할 수 없으며, 초기 어린 시절의 경험에 의해 운명이 결정지어진다는 비관적인 생각은 아들러에 의해 처음으로 바뀐 이래로 긍정적인 관념으로 바뀌어 가고 있다. 교류분석상담의 주창자인 번도 모든 인간은 긍정적이며 생각할 수 있는 존재로서 변화 가능하다고 언급하였다. 부모로서 지금 모든 사람은 삶에서 건설적인 변화를 이룰 수 있다는 사실에 동의하고 있는가? 아들러가 말한 대로 이러한 변화는 격려적인 사람과 함께 있을 때나 무조건적인 긍정적 스트로크(격려 · 미소 등 존재에 대한 인정 자극)를 제공해 줄 때에 일어날 가능성이 더 크다고 본다. 격려는 긍정적인 변화를 향해 개인의 내적 자원과 용기의 개발을 촉진하는 과정이다. 격려하는 부모는 낙담한 자녀가 스스로에게 부과한 태도적인 장애물을 제거하도록 돕는다. 격려의 목표는 자녀가 '나는 할 수 없어.'라는 부정적인 인지적 신념으로부터 좀 더 생산적인 '나는 할 수 있어.'라는 긍정적인 인지적 신념으로 옮겨 갈 수 있게 자녀가 지닌 '개인적 힘'을 찾도록 돕는 것이다.

어떻게 해야 부모-자녀 관계가 잘 구축될 수 있을까? 어떻게 하면 훌륭한 부모가 될 수 있을까? 훌륭한 부모는 자녀의 발달단계별 부모역할에 대한 상당한 지식이 있어야 하고, 잘 숙련되고 잘 닦인 양육기술이 있어야 한다. 격려적인 부모가 되기 위해서는 자녀에 대한 지식, 인생에 대한 긍정적인 태도 그리고 격려기술을 가지고 있어야 한다. 격려기술은 지금부터 한 단계 한 단계씩 습득되며, 지속적이고 일관되게 연습하다 보면 점차 통합적 행동 실천이 가능하다.

[워크시트 1] 부모-자녀 관계 점검해 보기

◆ 다음 각 문항별 내용은 부모로서 나의 현재 심정, 자녀의 훌륭한 점과 행동변화 바람, 자녀 훈육 시 주로 사용하는 언어 패턴, 어린 시절 자신의 부모의 양육방법과 현재 우리 집의 분위기, 자녀의 잘못된 행동에 대한 지도법, 내 자녀나 내가 가장 행복해할 때에 대한 질문들입니다. 잘 읽고 질문별로 ○표 또는 관련된 내용을 기술하기 바랍니다.

번호	질문지		응답지
1	지금 현재 심정/마음/기분은 어떠한가요? *해당 단어에 ○표 하세요.		답답한, 화가 난, 짜증 난, 억울한, 불안한, 우울한, 절망적인, 무기력한, 안타까운, 슬픈, 외로운, 희망적인, 기대되는, 벅찬, 행복한, 즐거운, 환해지는
2	자녀의 훌륭한 점은 무엇인가요?		
3	자녀의 어떤 부분이 달라지거나 변하길 바라나요?		
4	자녀를 잘 지도하기 위해 평소 어떻게 훈육을 해 왔나요?	'~해야 한다.'라는 지도 사례	
		'~해서는 안 된다.'라는 지도 사례	
5	부모님은 내가 실수하거나 말썽을 피우면 주로 어떤 말이나 행동을 많이 하셨나요?		
6	부모님이 화가 나 있거나 힘들어하면 부모님을 기쁘게 해 드리기 위해 주로 어떤 행동을 많이 했나요?		
7	현재 우리집의 분위기는 어떠한가요? *해당 단어에 ○표 하세요.		엄격한, 칙칙한, 무거운, 어두운, 답답한, 혼란스러운, 경직된, 짜증 난, 우울한, 불안한, 처져 있는, 차가운, 공포스러운, 지친, 절망스러운, 모래알 같은, 자유로운, 평화로운, 즐거운, 경쾌한, 안락한, 차분한, 밝은, 희망찬, 위로하는, 아껴 주는, 기타(　　)
8	자녀가 잘못을 하면 어떻게 반응하셨나요? *해당 단어에 ○표 하세요.		명령(통제), 충고, 회유, 심문, 관심 돌리기, 심리분석, 비판, 빈정대기, 도덕적 판단, 도사 노릇, 체벌하기, 반성문 쓰기, 용돈 깎기, 게임차단, 눈치 주기, 감시하기, 전후 사정 들어 보기, 기다려 주기, 격려하기, 속마음 헤아리기, 자녀 입장 되어 보기, 기타(　　)
9	우리 자녀는 내가 어떻게 해 줄 때 가장 행복해했나요?		
10	부모님이나 나를 키워 주신 분들이 어떤 말을 해 주면 가장 행복했나요? 혹은 꼭 한 번만이라도 듣고 싶은 말이 있다면 어떤 말인가요?		

[워크시트 2] 나의 부모유형과 자녀의 행동반응 유형 탐색하기

부모인 내가 어떤 부모유형이며, 내 자녀가 어떤 유형인지를 파악하는 것은 자녀의 특성별 적합한 양육방식을 모색해 보는 데 도움이 됩니다. 자녀가 여럿일 경우라도 각 자녀의 특성을 이해하고 그에 적합한 양육유형을 적용해야 합니다. 부모인 나의 유형과 내 자녀의 유형을 간단히 탐색해 보고 상호 간에 관계를 잘 유지할 수 있는 유형을 알게 된다면 부모-자녀 간 치밀한 관계 구축에 도움이 될 것입니다.

1. 부모유형 체크리스트

◆ **다음에 제시된 유형별 문항들을 잘 읽고 자신에게 해당하는 문항의 괄호 안에 ✓표 해 보시기 바랍니다. 다음 각 유형별 해당 칸에 ✓표 한 개수의 합을 기록한 후 순위를 기입하기 바랍니다.**

유형 1

1	나는 목표달성 자체보다는 가족들이 목표를 이루어 나가는 방법을 배우는 것이 더 중요하다.	( )
2	나는 문제에 대처하는 과정에서 가족들이 협력하는 것이 중요하다고 생각한다.	( )
3	나는 상황에 따라 서로 믿고 의지하는 법을 배우고 서로의 장점과 능력에서 도움을 받는 것은 가족 모두가 배워야 할 매우 중요한 기술이라고 생각한다.	( )
4	부모가 아이의 말에 귀를 기울이고 아이가 원하는 것과 필요로 하는 것을 존중해 주는 것이 중요하다.	( )
5	기본적으로 아이에 대한 책임은 부모에게 있지만, 함께 의사결정을 하는 것이 중요하다.	( )
6	아이들의 행동은 좋은 것이든 나쁜 것이든 언제나 결과를 낳는다고 생각한다.	( )
7	부모와 자식의 관계는 가장 중요하며, 오래도록 서로에게 영향을 끼친다고 생각한다.	( )

총 ( )개 ( )순위

유형 2

1	나는 아이의 행동이 기대치에 다다르면 반드시 상이나 벌을 준다.	( )
2	나는 가족들에게 목표를 정해 주고 삶의 안내자가 되어 줄 책임이 나에게 있다고 생각한다.	( )
3	나는 나의 가치관을 가족에게 가르쳐야 한다고 생각하며, 아이들의 가치관이 나와 다르다 하더라도 나이가 들어 철이 들면 나의 가치관을 좋게 생각할 것이라고 생각한다.	( )

4	나는 아이들에게 스스로 판단하는 능력이 생길 때까지는 내가 통제하고 개입해야 한다고 생각한다.	( )
5	나는 우리 가족의 가치관을 정하고 가족구성원들이 그것을 따르도록 하는 역할을 맡고 있다.	( )
6	나와 함께 살고 있는 한 아이들은 규칙을 따라야 한다.	( )
7	가족의 행동과 규칙, 벌칙 등에 관한 결정은 대부분 내가 내린다.	( )

총 ( )개 ( )순위

유형 3

1	나는 아이들에게 매우 너그러운 편이어서 단호하고 엄격해야 하는 상황에서도 봐주고 넘어가는 경우가 많다.	( )
2	아이에게 문제가 생기면 어느 정도는 나의 잘못이라고 생각한다. 부모의 역할을 충실히 하지 못한 탓이기 때문이다.	( )
3	나의 부모님은 매우 엄격하셨다. 그래서 내가 누리지 못했던 것, 즉 진정한 자기 모습에 충실할 수 있는 자유를 아이들에게 주고 싶다.	( )
4	아이는 내가 자기를 자랑스러워하길 바라는 마음을 알고 행동하여 훌륭한 사람이 되었으면 좋겠다.	( )
5	아이는 부모가 자신을 훌륭하게 살 수 있도록 만들어 줘야 할 의무가 있다고 생각하며, 때때로 그런 자신의 생각을 표현한다.	( )
6	내가 가족을 위해 얼마나 희생했는지 가족들이 기억해 주었으면 좋겠다.	( )
7	너무 많은 압력이나 스트레스를 아이에게 주지 않으려고 노력한다.	( )

총 ( )개 ( )순위

◆ **각 유형별 가장 많은 개수가 나온 나의 부모유형은 어떤 유형에 해당하나요?**

출처: 전현민(2019).

◆ **앞의 각 유형별 점수와 순위를 해당 부모유형별 괄호 안에 기입한 후 해당 유형별 점수만큼 그래프 칸을 색칠하세요.**

	0	1	2	3	4	5	6	7
(유형 1) 민주적 부모유형(개, 순위)								
(유형 2) 통제적 부모유형(개, 순위)								
(유형 3) 방임적 부모유형(개, 순위)								

나의 부모유형: ______________________________

유의점: 앞의 유형 중 어느 하나를 강하게 사용할 수도 있고, 혹은 두 가지 부모유형을 익숙하게 사용하거나 세 가지 부모유형 모두를 사용할 수도 있습니다. 민주적 부모유형에 비해 통제적 부모유형이나 방임적 부모유형에 다소 부정적인 의미가 담겨 있다고 느낄 수 있습니다. 단, 통제적 부모유형이 자녀를 지배하고 비판하려는 것만을 의미하지는 않으며, 방임적 부모유형의 경우도 무조건 자녀의 요구대로 반응하지는 않는다는 점을 명심하세요. 자녀를 대하는 태도에는 사랑과 관심이 매우 중요합니다. 자녀와 소통이 어려운 경우 지금-여기 파악된 자신의 부모유형을 다시 한번 생각해 보고, 부모-자녀 간 관계 맺기에 가장 도움이 되는 새로운 부모유형을 익히고 사용해야 합니다.

2. 자녀의 행동반응 체크리스트

◆ **다음에 제시된 유형별 문항들을 잘 읽고 내 자녀에게 해당하는 문항의 괄호 안에 ✓표 해 보시기 바랍니다. 다음 각 유형별 해당 칸에 ✓표 한 개수의 합을 기록한 후 순위를 기입하기 바랍니다.**

유형 1

1	독립심이 강하고 고집이 세다.	( )
2	자신만의 방식대로 하는 것을 좋아한다.	( )
3	남들과는 다르게 특이하고 개성 있는 것을 좋아한다.	( )
4	자기주장이 세고 쉽게 순종하지 않는다.	( )
5	친구들과 뭔가를 할 때 이끌기를 좋아한다.	( )
6	자신의 생각을 적극적으로 표현하고 논쟁도 즐기는 편이다.	( )
7	경쟁적이어서 지는 것을 싫어한다.	( )

총 ( )개 ( )순위

유형 2

1	다른 사람들과 함께하는 활동을 좋아한다.	( )
2	협력하는 것을 좋아하고 남을 돕는 것을 좋아한다.	( )
3	융통성을 갖고 있고 적응적이다.	( )
4	앞에서 이끄는 것보다 참여하는 것을 좋아한다.	( )
5	함께 참여하는 것을 중요하게 여긴다.	( )

6	대체로 긍정적이다.	( )
7	어떤 중요한 결정을 내리거나 사람을 만나기 전에 대개 허락을 구한다.	( )

총( )개 ( )순위

유형 3

1	자발적이라고 하기는 어렵다.	( )
2	규칙과 질서를 잘 지킨다.	( )
3	규칙이나 지침이 없으면 오히려 불편해한다.	( )
4	리더의 역할을 힘들어하고 리더 역할이 주어지면 불편해한다.	( )
5	방향을 정해 주면 열심히 하려고 한다.	( )
6	순종적인 편이다.	( )
7	지시에 따라 일을 잘 해내면 매우 자랑스러워한다.	( )

출처: 전현민(2019).

총( )개 ( )순위

◆ **앞의 각 유형별 점수와 순위를 해당 자녀유형별 괄호 안에 기입한 후 해당 유형별 점수만큼 그래프 칸을 색칠하세요.**

	0	1	2	3	4	5	6	7
(유형 1) 반항적 자녀유형(개, 순위)								
(유형 2) 협력적 자녀유형(개, 순위)								
(유형 3) 수동적 자녀유형(개, 순위)								

내 자녀의 유형: ______________________________

유의점: 앞의 유형 중 내 자녀의 유형 점수가 하나의 유형에서만 높게 나올 수도 있고, 혹은 두 가지 유형이나 세 가지 유형 모두에 해당할 수도 있습니다. 내 자녀의 유형별 특성을 잘 이해하고 자녀를 양육하는 방법을 익혀서 갈등 관계에서 벗어나 잘 소통할 필요가 있습니다. 갈등은 부모의 양육유형과 자녀의 유형 간 상호작용의 어려움으로 인해 유발됩니다. 지금-여기 파악된 내 자녀의 유형을 다시 한번 생각해 봅시다. 특히 부모-자녀 간에 끊임없이 갈등이 증폭되어 소통하기 어렵다면 부모가 먼저 자녀를 이해하도록 해야 합니다. 그리고 내 자녀의 특성에 가장 적합한 양육방식을 익히고 이를 일관되게 지속적으로 사용해야 합니다.

[워크시트 3] 자녀의 발달단계별 재성장 활동(긍정적 지지어 제공)

◆ 현재 내 자녀의 발달단계는 어디에 해당하나요? 그리고 해당하는 발달단계별 내 자녀의 행동 특성을 적어 본 후 해로운 부모역할인 경우 재성장을 돕는 활동들을 기록해 보시기 바랍니다. 긍정적 지지어가 낯설더라도 매일 배우고 이를 실천한다면 서서히 익숙해질 수 있습니다.

	되어가기 (태아기)	존재하기 (0~6개월)	행동하기 (6~18개월)	생각하기 (18~36개월)
행동특성 찾기				
재성장을 돕는 활동/ 긍정적 지지어 제공				
	정체성과 힘 (3~6세)	구조화 (6~12세)	정체성, 성, 분리 (12~19세)	상호의존 (성인기)
행동특성 찾기				
재성장을 돕는 활동/ 긍정적 지지어 제공				

출처: 박미현, 전우경, 이영호(2017).

[워크시트 4] 나의 드라이버 탐색하기

◆ 부모로서 자녀를 키우는 과정에서 뭔가에 몰리듯이 일정한 패턴, 즉 부모인 나의 신념에 따라 행동한 경우가 있었을 것입니다. 그 원인인 충동의 정체를 확실히 하기 위한 체크리스트가 부모인 나의 삶을 몰아세우는 드라이버 체크리스트입니다. 다음 문장을 잘 읽고 각 □칸에 평소 자신의 행동에 언제나 해당되는 것에는 5, 자주 해당되는 것에는 4, 보통인 것에는 3, 약간 해당되는 것에는 2, 거의 해당되지 않는 것에는 1이라고 쓰시기 바랍니다.

유형 1

- □ 일을 할 때 정확하고 빈틈없이 하려고 한다.
- □ 일이 잘 마무리되었는지 꼼꼼하게 확인한다.
- □ 무슨 일이든 완벽하게 하려고 노력한다.
- □ 내가 맡은 일에는 최선을 다하는 편이다.
- □ 어떤 일이든 열과 성을 다해 잘 해내려고 한다.
- □ 무슨 일이든 대충 넘어가지 않고 확실하게 하려고 한다.
- □ 주어진 일을 언제나 열심히 해야겠다는 생각을 한다.
- □ 일이 완벽하게 끝나지 않으면 마음이 편하지 않다.
- □ 힘들어도 열심히 일에 몰두하는 편이다.

소계 ________ 점(A)

유형 2

- □ 상대방의 이야기를 잘 들어 준다.
- □ 상대방이 편하게 말할 수 있도록 밝은 표정으로 듣는다.
- □ 대화할 때 눈빛을 보면서 상대방의 말에 반응을 보인다.
- □ 대화할 때, "맞아요." "그렇지요."와 같이 맞장구를 쳐준다.
- □ "좋아요?" "괜찮아요?"와 같이 상대방의 기분을 물어본다.
- □ 다른 사람 앞에서 늘 웃는 모습을 보인다.
- □ 다른 사람들과 조화를 이루려고 노력한다.
- □ 다른 사람과 어울려 살아가야 한다고 생각한다.
- □ 다른 사람의 일이 결과가 좋지 않아도 괜찮다고 위로해 준다.

소계 ________ 점(B)

유형 3

- [ ] 다른 사람보다 급하게 서두르는 경향이 있다.
- [ ] 성격이 급하다는 소리를 듣는다.
- [ ] 다급하게 일을 처리하려고 하는 경향이 있다.
- [ ] 마음속으로 '빨리 해야 돼.' '서둘러야 해.'라고 다짐한다.
- [ ] "빨리." "시간 없어."처럼 서두르는 말을 자주 한다.
- [ ] 행동이 느린 사람을 보면 답답해 보인다.
- [ ] "그것도 빨리 못하니?"라고 소리칠 때가 있다.
- [ ] 다른 사람의 말이 느리고 답답하게 들릴 때가 있다.
- [ ] 시간 안에 일을 해결하지 못할까 봐 불안해할 때가 있다.

소계 ________ 점(C)

유형 4

- [ ] 나보다도 다른 사람이 잘 되도록 노력한다.
- [ ] 내가 손해를 좀 보더라도 상대방이 잘 되면 괜찮다.
- [ ] 나를 희생하더라도 남을 즐겁게 해 주는 것이 마음 편하다.
- [ ] 남들로부터 부지런하다는 말을 자주 듣는 편이다.
- [ ] 늘 마음속으로 '잘하자'고 다짐을 한다.
- [ ] 무슨 일이든 열심히 하고 있어야 마음이 편하다.
- [ ] 결과보다는 노력하는 자세가 중요하다고 생각한다.
- [ ] 만족할 만한 결과를 얻지 못해도 최선을 다했다고 생각한다.
- [ ] 어려운 사람을 보면 지나치지 않고 최선을 다해 도와준다.

소계 ________ 점(D)

유형 5

- [ ] 주어진 일을 흔들림 없이 해내려고 한다.
- [ ] 자신의 의견이 반영되도록 강하게 주장한다.
- [ ] 자신의 능력을 드러내 보이려고 한다.
- [ ] 새로운 일에도 망설임 없이 적극적으로 도전한다.
- [ ] 어떤 일을 할 때 사사로운 감정에 얽매이지 않는다.
- [ ] 어떤 일에 앞장을 서거나 리더를 맡으려고 한다.
- [ ] 다른 사람이 뭐라고 하든지 별로 상관하지 않는다.
- [ ] 힘을 주면서 강한 어조로 말하는 경향이 있다.
- [ ] 실패를 두려워하지 않는다.

출처: 문호영, 윤영진(2021).

소계 ________ 점(E)

▶ 채점방법

◆ **먼저, A, B, C, D, E 각 유형의 득점을 적으세요. 다음 해당 유형별 점수만큼 그래프 칸을 색칠하세요.**

(A) 완벽하게 하라(　　점)
(B) 열심히 하라(　　점)
(C) 타인을 기쁘게 하라(　　점)
(D) 서둘러라(　　점)
(E) 강해져라(　　점)

0	9	18	27	36	45

이것이 부모인 나의 자녀양육 시 자동적으로 작동되는 각각의 부모신념(드라이버)의 강도입니다. 내 자녀에게 한꺼번에 두세 가지 부모신념을 사용하고 있기도 합니다. 자녀와 소통이 어려운 경우 어떤 부모신념을 많이 사용하고 있는지를 알고, 이를 사용하지 않도록 해야 합니다.

나의 주요 비합리적 부모신념 유형: ____________________

[워크시트 5] 의사소통의 걸림돌(이면교류) 파악하기

의사소통의 걸림돌(communication block)이란 말하는 사람이 이야기를 듣는 사람의 입을 다물게 만드는, 즉 진정한 소통을 방해하는 불쾌한 뉘앙스의 말이나 어조 또는 신체언어로서 의사소통의 방해물들(명령, 충고, 회유, 심문, 관심 돌리기, 심리분석, 비판, 빈정대기, 도덕적 판단, 도사노릇)입니다. 부모의 입장에서는 자녀가 잘 되기를 바라는 마음에서 이런저런 훈계나 교훈적인 말들일 수 있습니다. 하지만 실제로 자녀에게 전달되는 메시지는 자신을 무능하고 한심하다고 인식하게 하여 부모에게서 존중받지 못한다고 느끼기 쉽습니다.

◆ 다음 작성 예문을 잘 살펴보시기 바랍니다.

의사소통의 걸림돌 (이면교류)	사례	부모의 의도	실제 자녀에게 전달되는 메시지	부모의 인생태도
명령하기 "네가 해야 할 일은 ______란다. 알겠어?"	예) "불평은 그만해라."	예) "상황을 통제하고 자녀에게 재빠른 해결책을 주고 싶다."	예) "너는 네 문제를 다룰 권리가 없다."	자기긍정-타인부정 (I+ U-)

◆ 자녀와 소통하고자 시도했지만 오히려 관계를 악화시켰던 각 걸림돌의 유형별 사례와 이러한 걸림돌 사용 시 부모와 자녀 간에 어떠한 상호작용이 일어나는지를 부모의 의도와 실제로 자녀에게 전달되는 메시지 관점에서 파악해 보시기 바랍니다.

의사소통의 걸림돌 (이면교류)	사례	부모의 의도	실제 자녀에게 전달되는 메시지	부모의 인생태도
명령하기				
"네가 해야 할 일은 ______란다. 알겠어?"				

의사소통의 걸림돌 (이면교류)	사례	부모의 의도	실제 자녀에게 전달되는 메시지	부모의 인생태도
충고하기				
"이럴 땐 이렇게 해야 돼."				

의사소통의 걸림돌 (이면교류)	사례	부모의 의도	실제 자녀에게 전달되는 메시지	부모의 인생태도
회유하기(달래기)				
"모든 것이 다 잘 될 거야. 두고 보렴."				

의사소통의 걸림돌 (이면교류)	사례	부모의 의도	실제 자녀에게 전달되는 메시지	부모의 인생태도
심문하기				
"그 아이에게 어떻게 했길래 그렇게 됐니?"				

의사소통의 걸림돌 (이면교류)	사례	부모의 의도	실제 자녀에게 전달되는 메시지	부모의 인생태도
관심 돌리기				
"이번 일은 그리 걱정하지 마렴. 자, 어서 와서 이것 좀 해 보렴."				

의사소통의 걸림돌 (이면교류)	사례	부모의 의도	실제 자녀에게 전달되는 메시지	부모의 인생태도
심리분석하기				
"벌써 엄살부터 부리네. 너 그러면 그냥 넘어갈 줄 알았지? 이미 네 속마음 다 알아."				

의사소통의 걸림돌 (이면교류)	사례	부모의 의도	실제 자녀에게 전달되는 메시지	부모의 인생태도
비판하기				
“그 일을 시작한 것 자체가 어리석은 짓이었지.”				

의사소통의 걸림돌 (이면교류)	사례	부모의 의도	실제 자녀에게 전달되는 메시지	부모의 인생태도
빈정대기				
“흥, 벌써 끝이 보이네. 잘하는 짓이구나.”				

의사소통의 걸림돌 (이면교류)	사례	부모의 의도	실제 자녀에게 전달되는 메시지	부모의 인생태도
도덕적 판단하기				
“당연히 ______ 해야 돼.”				

◆ 앞의 걸림돌을 사용하지 않고 상황별 자녀와 잘 소통했던 대화와 이때 부모인 나의 인생태도를 적어 보기 바랍니다.

상황	잘 소통하는 대화(상보교류)	부모의 인생태도 영역

[워크시트 6] 격려편지 쓰기 요령 점검하기

◆ 다음은 자녀가 낙담해 있을 때 마음의 힘을 북돋아 용기 있게 살아갈 수 있도록 엄마가 쓴 격려편지 예문입니다. 격려편지 문구 중 수정할 문구가 있으면 다시 써 보시기 바랍니다. 또한 다음 빈 줄에 추가하고 싶은 문장이 있다면 더 써 보시기 바랍니다.

사랑하는 딸아!

얼마 전까지 담임선생님이 네가 자꾸 수업시간에 누워 있기만 한다고 해서 내가 무척 당황했었는데, 오늘 네가 수업준비물을 챙겨 오고 집중하려고 애썼다고 해서 참 흐뭇했단다.

네가 벌써 열일곱 살이 되어 고등학교에 입학하는구나. 이제부터는 너의 인생이니 성적관리도 잘하고 예의 바른 학생으로 학교생활 잘하길 바란다.

넌 어렸을 때 엄마 대신 집안일도 잘 거들고 동생도 잘 챙겨 줘서 엄마에겐 큰 힘이 되어 주었단다. 앞으로도 그런 널 보고 싶구나.

출처: Popkin (2005).

격려편지 참고용 샘플

사랑하는 두 아들아!

사랑하는 호준아!
⇒ 자녀의 이름으로 편지를 쓴다.

지난번에 네가 자꾸 무단결석을 해서 내가 몹시 속이 상했는데, 요즘엔 네가 꼬박꼬박 학교에 잘 가서 참 안심이 된단다.

요즘 네가 꼬박꼬박 학교에 잘 가는 모습을 보니 아빠는 마음이 흐뭇하구나.
⇒ 지나간 실수는 언급하지 않는다. 그 대신에 현재 발전한 모습을 강조한다.

네가 벌써 열네 살이 되어 중학교에 입학하는구나. 이제부터는 근면하고 성실하게, 특히 책임감 있게 살거라.

이제부터는 아침에 일찍 일어나서 네 스스로 세수하고 옷도 잘 챙겨 입겠지?
⇒ 자녀의 나이와 발달수준에 맞는 말로 쓴다.

너는 아빠에게 효도하고, 엄마에게 큰 힘이 되어 주었어.

네가 집안 청소도 도와주고, 설거지도 도와주어서 큰 힘이 되었어.
⇒ 구체적으로 표현한다.

네가 요즘 친구들과 잘 어울리지 못해 고민이 많구나. 사실 고민을 말하고 들어 줄 친구가 없으면 앞으로 더 힘드니까 네 앞길이 걱정된단다. 아빠도 네 문제를 고민하고 있단다.

네가 친구문제로 고민하고 있는 모습을 보고, 아빠는 네가 참으로 외롭겠다고 느꼈단다. 성품이 조용한 네가 친구에게 바로 말을 거는 것이 결코 쉬운 일은 아니었을 거야. 친해지고 싶은 아이에게 네 마음을 표현해 보는 연습을 하면 친구 사귀는 데 도움이 될 것 같구나.
⇒ 부정적인 면을 가능한 한 긍정적으로 표현한다.

출처: Popkin (2005).

참고문헌

김미례(2015). 교류분석상담 입문자를 위한 교류분석상담의 기초 2. 경기: 아카데미아.

김애란, 유경숙, 유혜자, 이병래(2017). 부모교육. 서울: 정민사.

도모다 아케미(2019). 親の脳を癒やせぼ子どもの脳は變わゐ. 김경인 역(2021). 부모라는 이름: 부모의 뇌를 치유해야 아이의 뇌가 달라진다. 경기: 마인더브.

문호영, 윤영진(2021). 교류분석 이론에 근거한 드라이버와 시간구조화 척도 타당성 연구. 교류분석상담연구, 11(1), 1-26.

박미현, 전우경, 이영호(2017). T.A.P.T 교류분석 부모훈련 워크북. 경기: 아카데미아.

전현민(2019). 부모상담: 아픔을 딛고 자유와 성숙으로. 서울: 학지사.

홍경자(2016). 넉넉한 부모 잘되는 아이: 하모니 부모상담 · 코칭. 서울: 학지사.

Clarke, J. I., & Dawson, C. (1989). *Growing up again: Parenting ourselves, parenting our children*. 박미현, 전우경, 이영호 공역(2021). 부모와 자녀의 성장을 위한 비밀열쇠: 교류분석 양육지침서. 서울: 학지사.

Dinkmeyer, D., & Losoncy, L. (2005). *Skills of encouragement: Bringing out the best in yourself and others*. 김미례, 오명자, 김광운 공역(2012). 격려기술: 격려 세상 만들기. 서울: 학지사.

Harris, T. A. (1967). *I'M OK-YOU'RE OK*. 조성숙 역(2008). 마음의 해부학: 친밀한 관계를 만드는 소통의 비밀. 경기: 21세기북스.

Kahler, T., & Capers, H. (1974). The miniscript. *Transactional Analysis Journal*, *4*(1), 26-42.

Klein, M. (1980). Thoughts and feelings: A functionaldescription of health, pathology, diagnosis and cure. *Transactional Analysis Journal*, *10*, 96-100.

Klein, M. (1983). *Discover your real self*. London: Hutchinson & Co.

Klein, M. (1985). Ten personality types. *Transactional Analysis Journal*, *15*, 224-231.

Klein, M. (1987). How to be happy though human. *Transactional Analysis Journal*, *17*(4), 152-162.

Lister-Ford, C. (2002). *Skills in transactional analysis counselling & psychotherapy*. London: Sage.

Nietzsche, F. (1974). *The gay science*. New York: VintageBooks. (Original work published in 1887).

Popkin, M. H. (2005). *Doc pop's 52 weeks of active parenting: Proven ways to build a healty and happy family*. 홍경자, 김유정 공역(2013). 52주간의 멋진 부모 코칭: 적극적인 부모 역할 마스터. 서울: 학지사.

Steiner, C. (1971). The stroke economy. *Transactional Analysis Journal*, *1*(3), 9–15.

Stewart, I. (2008). *Transactional analysis counseling in action* (2nd ed.). London: Sage Publications.

Stewart, I., & Joines, V. S. (1987). *TA today: A new introduction to transactional analysis*. Nottingham & Chapel Hill, NC: Lifespace Publishing.

제2장

자녀의 정서적 안정감 향상을 위한 부모역할 훈련

“

당신의 정서를 다스려라.
그렇지 않으면
정서가 당신을 그리고 당신의 자녀를
다스리게 될 것이다.

”

Q1 중2 여자아이입니다. 하루 종일 말을 거의 하지 않습니다. 물어봐도 대답도 잘 하지 않고 매사가 짜증입니다. 학교에서도 거의 혼자 지내고 수업시간에도 멍 때리기를 많이 한다고 합니다. 무표정하고, 친구와도 잘 어울리지 않고 감정이 없는 사람 같다가도 한 번씩 크게 화를 내고 격하게 분노하는 것을 보면 속상하기도 하고 겁이 납니다. 크게 울고 소리를 지를 때가 있는데 그때는 애가 잘못될까 봐 걱정이 됩니다. 그 이후는 평소처럼 아무 말 없이 무표정하게 생활하고요. 감정이 없는 사람 같아요. 잘 먹지도 않고 그렇다고 잘 자지도 않습니다. 친구도 거의 없어요. 제가 직장을 다니느라 같이 있어 줄 시간도 없는데……. 하루 종일 무기력하게 있는 걸 보니 속상해요.

Q2 우울이 심한 고1 여학생입니다. 학급 반장이면서 성적도 상위권이지만 학교생활이 항상 불안하고 긴장된다고 합니다. 반장이라서 공부도 잘해야 하고 선생님과 친구와의 관계도 좋아야 하고 학급 일에도 소홀하면 안 된다며 스트레스를 많이 받습니다. 친구들이 “너 반장이잖아.” 하고 말할 때가 제일 두렵고 힘들다고 합니다. 전면등교 이후부터 학교 가기를 힘들어하면서도 등교 후의 학교생활은 잘하고 있습니다. 최근 들어 식사량도 줄고 체중도 빠진 것 같고 외모에도 많이 신경을 쓰는 것 같은데 원래 체격이 좀 왜소한 편이라 건강도 걱정되고 우울해하는 것 같아 속상합니다.

1. 정서 제대로 알기

1) 정서의 이해

정서(emotion)는 '사람의 마음에 일어나는 여러 가지 감정 또는 기분이나 분위기'이며 '특정 상황에서 일어나는 마음상태'이다. 라틴어 'Emovere'에서 유래된 것으로 '밖으로 나가다' 또는 '마음을 휘젓는다'의 의미로 일상에서 경험하는 우리의 생각과 행동에 영향을 주며 행동을 유발하거나 촉진한다. 정서는 행동의 근원적 에너지원으로 정서가 약해지면 행동력도 따라서 약해진다. 인간이 추구하는 많은 것이 특정 정서인 즐거움, 설렘, 행복, 만족과 연관이 있고, 인간이 피하고 싶은 많은 것이 분노, 화, 우울, 무기력과 같은 특정 정서와도 관련되어 있다. 정서는 흔히 감정, 기분과 혼용해서 사용하기도 한다.

정서, 감정, 기분은 개념적으로 다음과 같이 구분한다(Leahy, 2019).

- 정서(emotion): 특정 사건에 대한 의식적인 평가적 반작용으로 인지적 평가, 느낌, 대인관계적 의도, 신체적 반응 등을 포함하는 포괄적 개념이다.
- 감정(affect): 특정 사건에 대해 의식적 평가 없이 자동적으로 신속하게 표현되는 반응으로 대체로 생리적 측면을 강조할 때 사용한다. 개인의 경험에서 느끼는 기쁨, 흥분, 분노, 두려움, 슬픔 등을 포함하는 포괄적 개념이다.
- 기분(mood): 특정 사건과 명백히 연계되지 않은 일반적인 감정상태로 정서보다 비교적 오랜 기간 지속되는 느낌이며 시작이나 끝이 불분명한 개념이다.

감정과 정서의 차이는 감정이 무의식적인 자동적 표현반응으로 신속하게 일어나는 반면에 정서는 의식적인 평가적 반작용으로 반응시간이 다소 걸린다는 것이다. 기분은 사람들이 특정 표적에 대해서 느끼는 정서나 감정과는 별개로 아무런 이유 없이 그저 기분이 나쁘거나 좋은 것으로, 정서보다 긴 시간 동안 지속되는 느낌이다. 정서와 다르게 명확한 촉진적 사건이 없으며 며칠, 몇 년 동안 지속되기도 한다. 예를 들면, '우울'은 기분이지만 '슬픔'은 정서이다. 이들 개념은 명확하게 구분하기 쉽지 않아 혼용해서 사용하고 있다. 다만, 정서는 객관적 경험 또는 학문적 용어로 많이 사용되고 감정은 자신의 경험, 즉 1인칭 시점을 말할 때 주로 사용한다.

2) 정서의 유형

(1) 긍정정서 vs 부정정서

- 긍정정서는 인지반응으로 특정 행동에 대한 반응이라기보다 생각이다(예: 즐거울 때, 자랑스러울 때).
- 부정정서는 불특정 행위에 대해 신체반응을 한다(예: 무서울 때 도망가는 것, 화났을 때 때리는 것).

(2) 조화 정서 vs 부조화 정서

- 조화 정서는 긍정적 조화 정서와 부정적 조화 정서로 구분한다. 긍정적 조화 정서는 호기심, 즐거움, 기쁨, 행복감, 설렘, 온화함, 사랑스러움, 만족감 등 하고자 하는 일에 장기적으로 도움이 되는 정서를 말한다. 부정적 조화 정서는 속상하다, 걱정된다, 섭섭하다, 부끄럽다 등처럼 부정적이지만 장기적으로 자신의 목표달성에 도움이 되는 정서를 말한다.
- 부조화 정서는 하고자 하는 일에 장기적으로 도움이 되지 않는 정서이다. 분노, 적개심, 질투심, 원망, 미움과 같은 외현화 정서와 공포, 불안, 우울, 죄책감, 절망감, 무기력 등의 내면화 정서가 있다. 외현화 정서는 에너지가 밖으로 향하고 있어 내면의 정서가 밖으로 드러나는 행동상의 문제를 보이며 타인을 공격하는 특징이 있는 반면, 내면화 정서는 에너지가 안으로 향하고 있고 심각한 경우 자살로 이어질 가능성이 있다.

(3) 일차적 정서 vs 이차적 정서 vs 도구적 정서

- 일차적 정서(primary emotion): 어떤 상황에서 가장 먼저 느끼고 만나는 직접적이고 적극적인 감정이다. 행복, 놀람, 기쁨, 슬픔, 분노, 두려움, 공포 등이 있다.
- 이차적 정서(secondary emotion): 일차적 정서 이후에 나타나는 감정으로

일차적 정서를 숨기거나 다른 것으로 대체 또는 반발함으로써 나오는 부수적인 감정이다. 수치심, 부끄러움, 죄책감 자부심 등이 있다. 이차적 정서는 일차적 정서 과정의 억압과 왜곡으로부터 나오는 반응으로 자극에 대한 우리의 정서적 반응에 대한 반응이다.

- 도구적 정서(instrumental emotion): 사회적 관계에서 더 바람직하다고 생각하는 방식으로 연출된 감정이며 다른 사람을 조종하려는 의도가 포함된 정서이다. 예를 들면, 자신의 방을 본 엄마가 화가 나 있음을 알게 된 아이가 책상정리를 하고 과자봉지를 쓰레기통에 버리는 것을 들 수 있다. 엄마의 '화'라는 정서는 아이의 책상정리와 과자봉지 쓰레기통에 버리기 반응을 이끌어 낸 도구적 정서가 된다.

3) 정서의 기능

(1) 소통의 기능/ 삶에 영향을 미침

정서는 부모-자녀의 관계를 이어 주는 소통의 기능을 할 뿐만 아니라 삶에 중요한 영향을 미친다. 우리에게 이성만 있고 정서가 없다면 소통은 불가능할 것이다. 소통의 어려움은 자신의 정서표현을 제대로 전달하지 못했거나, 상대방의 정서를 무시하거나 알아차리지 못해서 생긴다. 관계를 형성하고 촉진시키는 것은 이성이 아니고 정서이다. 정서는 자녀와의 소통뿐만 아니라 부모인 자신과의 소통의 도구이기도 하다. 부모가 자신의 정서를 잘 이해하고 타당화할 때 자녀의 정서를 잘 수용할 수 있다. 소통은 문제해결이 아니라 마음해결이다. 자녀의 자유로운 마음을 인정해 주자.

(2) 행동에 대한 동기부여/준비시키기

정서는 우리가 어떤 행동을 하는 데 동기부여를 할 뿐만 아니라 그 행동을 하도록 준비시킨다. 공포나 두려움으로부터 벗어나도록 우리에게 동기부여를 하거나, 다가올 시험을 대비하여 준비하게도 하고, 사람과의 관계 맺기를 위한 동기도 부여한다.

(3) 중요한 것에 대한 결정

정서는 '무엇이 자신에게 가장 중요한 것'인지를 알려 준다. 소중한 것에 대한 가치 기준이나 자신에게 중요한 것에 대한 결정은 내면에서 우러나오는 정서가 가치를 결정하고 선택하는 데 중요한 역할을 한다.

4) 정서지능

사람마다 지능의 차이가 있듯이 정서지능(emotional intelligence)도 개인마다 차이가 있다. 정서지능은 자신의 정서를 이해하고 처리할 수 있는 능력이다(Goleman, 1995). 정서지능은 '자신의 감정을 다스리며 다른 사람의 감정을 이해하고 공감하여 조화를 이룰 수 있는 사회적 능력'을 말한다. 정서지능은 일반적 지능보다 성공적인 삶, 즐거운 삶에 훨씬 더 많은 기여를 한다.

정서지능이 높은 자녀의 특징은 다음과 같다.

- 스스로를 긍정적으로 느낀다.
- 타인의 감정을 잘 이해하고 공감하며 관계를 잘 유지한다.
- 쾌활하고 활발하며 사교적이고 자신의 감정을 적절히 표현한다.
- 타인의 권리를 존중하며 책임감이 높다.
- 삶의 태도가 긍정적이고 적극적이다.
- 충동을 조절할 수 있으며, 더 큰 만족을 얻을 수 있는 목표를 지향한다.
- 타인을 돕거나 배려한다.
- 자신에 대한 현실적인 기대를 가진다.
- 스트레스에 잘 적응하고 낯선 사람과도 잘 어울린다.
- 자기의 생각이나 욕구에 대해 분명히 의사소통하며 타인의 의견에도 귀 기울인다.

우리는 자신을 정서적으로 풍요롭게 하기 위해 어떻게 해야 하는지를 배운 적이 별로 없다.

부모도 자녀만큼이나 자신의 감정을 알아차리고 정서를 효과적으로 표현하는

데 서툴다. 자녀의 정서를 제대로 인식하기 위해서 부모는 자녀의 이야기를 주의 깊게 경청하고 자녀가 자신의 생각과 느낌을 표현하도록 격려해야 한다.

인간의 네 가지 기본적인 핵심 정서는 불안, 우울감, 분노 그리고 즐거움/만족감이다(Goleman, 1995). 다양한 상황에서 지속적으로 공포를 경험하게 되면 불안이 된다. 격렬한 불쾌감정과 적대감은 분노이며, 슬픔을 오래 참으면 우울이 된다. 불안이나 분노 그리고 우울이 없는 유쾌한 감정, 편안함은 만족감 또는 행복감이다. 성공과 행복은 정서지능 EQ가 좌우한다.

골먼(Goleman, 1995)은 정서지능을 동기화, 성향과 같이 측정할 수 없는 성격과 관련된 거의 모든 것을 포함하는 것이라며 정서지능의 다섯 가지 구성요소를 제시하였다. 정서 알기, 정서 다루기, 목표를 이루기 위해 스스로 동기부여하기, 다른 사람의 감정 인식하기, 다른 사람과의 관계 다루기의 다섯 가지 정서지능의 구성요소 가운데 정서 알기에 대해 살펴보고자 한다.

정서 알기는 자기를 인식하고 자신의 주된 감정을 이해하며 자신의 정서가 무엇인지를 말할 수 있는 능력으로, 자기 내면의 혼잣말(self-talk)을 인식하고 나의 정서나 기분에 따라 자동적으로 떠오르는 생각을 인식하는 것을 말한다.

자신의 정서를 제대로 알기 위해서는 일부러 피하거나 '그런 척'하는 이차적 정서를 지양하면서 제대로 경험한 일차적 정서가 무엇인지 알고 상황에 맞는 도구적 정서를 적절하게 사용하여 다른 사람과의 관계 맺기를 효과적으로 해야 한다. 일차적 정서에 집중하고 나 자신에게 질문하자. 그리고 기록해 보자. 지난 1주일 동안 내가 느끼고 알아차린 감정을 표시해 보자.

2. 감정단어의 주인은 나

"

당신이 느낀 것을 언어로 표현할 수 있다면, 그것은 당신의 감정이다.

"

- 헨리 로스(Henry Roth) -

1) 감정은 마음이 보내는 신호이다

감정은 '내 마음이 보내는 신호'이자 '내 마음의 목소리'이다. 무의식적인 자동적 표현반응으로 신속하게 일어나는 것이 특징이며 자극에 대한 그 사람의 실제적 반응이고 태도이다. 지금-여기의 순간에 존재하는 그 사람의 진심이고 진실이기에 각색할 수 없다. 좋고 나쁨도 없고, 맞고 틀림도 없다. 그냥 내 감정일 뿐이다. 감정은 마음이 보내는 신호이자 욕구의 표현이다. 그렇기 때문에 내 욕구가 보내는 신호를 알아야 한다. 그럼에도 때때로 자신의 감정을 표현할 때 다른 감정인 척 표현하기도 하고 스스로 다른 감정을 느끼도록 조작하기도 한다. 상대방의 감정에 대해 직접적으로 물어서는 안 될 것 같고 관심이 있다고 하더라도 돌려서 묻거나 추측해야 할 것처럼 느끼는 경우가 있다. 감정이란 워낙 갑작스럽게 방문하는 손님이기도 하고, 순간순간 그 모습이 변하기까지 한다. 그래서 세밀하게 포착하지 않으면 그것을 알아차리기가 쉽지 않다. 게다가 감정이란 진짜 속마음과 다른 옷을 입고 있기도 한다. 두려워서 화를 내거나, 불안해서 짜증을 내는 것처럼 진짜 감정을 만나려면 감정단어들과 친해질 필요가 있다.

[그림 2-1] 감정목록표

2) 숨어 있는 진짜 감정 찾기

자신의 감정을 정확하게 느끼고 표현하는 것은 참 자기를 만나는 것과 같다. 다음의 감정목록을 통해 감정 뒤에 숨어 있는 자신의 진짜 감정을 찾아보자.

놀람

기막힌 | 아찔한 | 어안이 벙벙한 | 움찔하는 | 충격적인 | 하늘이 무너지는 | 할 말을 잃은 | 황당한 | 경악을 금치 못하는 | 덜컥하는

분노

화난 | 괘씸한 | 분한 | 신경질 나는 | 울화가 치미는 | 짜증 나는 | 끓어오르는 | 약오르는 | 격양된 | 뚜껑이 열리는

두려움/걱정

겁나는 | 긴장된 | 막막한 | 무서운 | 부담스러운 | 심란한 | 암담한 | 전전긍긍하는 | 혼란스러운 | 찝찝한

슬픔/절망

낙심한 | 무기력한 | 미어지는 | 상심한 | 서글픈 | 실망스러운 | 안타까운 | 서러운 | 후회스러운 | 애석한

외로움/단절

고독한 | 공허한 | 서운한 | 쓸쓸한 | 허탈한 | 고립된 | 야속한 | 원망스러운 | 처량한 | 답답한

고통/아픔

괴로운 | 불행한 | 비참한 | 억울한 | 원통한 | 절망적인 | 한스러운 | 참담한 | 속상한 | 아리는

당황/수치

겸연쩍은 | 곤혹스러운 | 난감한 | 당황스러운 | 멋쩍은 | 부끄러운 | 민망한 | 죄스러운 | 창피한 | 처참한

불안

미심쩍은 | 망설이는 | 불편한 | 불안정한 | 조급한 | 조심스러운 | 초조한 | 주저하는 | 위태위태한 | 조마조마한

혐오/경멸

기분 상하는 | 구역질 나는 | 나쁜 | 증오스러운 | 천박한 | 질색인 | 모욕적인 | 못마땅한 | 불쾌한

흥분

설레는 | 들뜬 | 가슴이 벅찬 | 고양된 | 짜릿한 | 두근거리는 | 궁금한 | 뛸 듯이 기쁜 | 신이 나는 | 열정적인

즐거움/유쾌함

반가운 | 흥겨운 | 날아갈 듯한 | 통쾌한 | 신나는 | 재미있는 | 홀가분한 | 명랑한 | 활기찬 | 후련한

행복/만족

당당한 | 든든한 | 만족스러운 | 보람 있는 | 뿌듯한 | 충만한 | 확고한 | 흐뭇한 | 마음에 드는 | 긍지를 느끼는

편안함/평안

고요한 | 느긋한 | 담담한 | 안락한 | 이완된 | 잔잔한 | 진정된 | 차분한 | 침착한 | 안정된

감동

뭉클한 | 감격스러운 | 고마운 | 경이로운 | 감탄스러운 | 가슴이 찡한 | 눈물겨운 | 벅찬 | 황홀한 | 신기한

사랑

다정한 | 애틋한 | 열렬한 | 열망하는 | 묘한 | 화끈거리는 | 끌리는 | 감미로운 | 그리운 | 따뜻한

희망/기대

가슴 벅찬 | 상큼한 | 상쾌한 | 설레는 | 고무적인 | 소망하는 | 간절한 | 갈망하는 | 애끓는 | 절박한

출처: 김윤나(2015), pp. 203-205.

3) 내 감정에 이름표를 붙이자

감정 안에는 소중한 정보가 많이 담겨 있다. 감정이 보내는 신호에 귀 기울이면 지금-여기 나에게 가장 필요한 것과 해야 할 것이 무엇인지를 알 수 있게 된다.

감정은 우리의 인지와 기억을 움직인다. 모든 감정은 우리를 잘살 수 있도록 돕는다. 이런 내 감정을 수시로 알아차리고 적절히 표현해 주어야 한다. 나의 감정을 있는 그대로 수용해 주어야 한다. 먼저, 감정의 목소리에 귀 기울여 주자.

'내 감정에 이름표를 붙이자.' 내 감정에 이름표를 붙인다는 것은 감정단어의 주인이 나이기에 내가 감정의 주체로서 그것을 객관적으로 바라보고 충분히 경험한다는 뜻이다. 진짜 내 감정을 만나려면 감정단어들과 친해질 필요가 있다.

자녀들은 자신의 감정을 잘 모른다. 어릴 때부터 부모나 양육자에게 자신의 감정을 존중받지 못했을 가능성이 높다. 감정을 제대로 해석받지 못하였다. 사실 부모도 그들의 부모에게서 감정을 존중받은 경험이 적기 때문에 감정을 대하는 데 서툴다. 부정적인 감정은 좋지 않은 것으로 생각하고 그것을 표현하면 무례한 아이, 착하지 않은 아이라고 여긴다. 그러나 자녀들은 아직 감정이 분화되지 않은 상태이다. 따라서 부모가 자신이 느낀 감정의 정체가 무엇인지, 그것이 어떤 의미인지 그리고 앞으로 어떤 행동을 하면 이 감정을 해결하는 데 도움이 되는지 안내해 주어야 한다. 그런데 자녀들만 감정이 분화되지 않은 게 아니다. 부모도 자신의 감정에 이름을 붙이거나 그것이 의미하는 바를 잘 알아차리지 못한다.

진짜 나를 만나려면 '잠시 멈춰'야 한다. 감정이 하려는 말에 귀 기울여야 한다. 다음 질문을 자신에게 던지며 반복해서 연습해 보자(김윤나, 2015).

- "지금 이것이 어떤 감정일까?"
- "이것이 내게 말해 주는 건 무엇일까?"
- "이 감정을 위해 할 수 있는 가장 좋은 방법은 무엇일까?"

이것은 흘러가 버리는 감정에게 '잠시 멈춰'라고 외치고 그 정체를 파악하는 과정이다. 진정한 나를 만나려면 잠시 멈춰야 한다. 그렇게 감정에게 질문하며 친해지다 보면 활용하는 방법을 더욱 잘 찾게 될 것이다.

좋은 감정, 나쁜 감정이란 없다. 감정은 그냥 감정일 뿐이다. 자신이 느낀 감정을 상대에게 전달하기 위해 감정과 표현을 일치시키는 연습을 해야 한다. 자신의 감정을 잘 사용하는 만큼 원하는 것을 얻을 수 있고 타인과 소통할 수도 있다. 감정을 알면 소통하는 법이 달라진다. 자신이 경험한 감정이 무엇인지 제대로 알 때

비로소 우리는 삶의 만족감을 얻게 될 것이다.

불쾌하고 불편한, 통제할 수 없는 감정들은 우리의 일상적인 삶에서 만족감이나 즐거움을 감소시킬 뿐 아니라 우리의 인간관계와 정신건강에도 영향을 미친다.

"

자네의 문제점을 나에게 자유롭게 말하게나. 말로 쏟아 내면 슬픈 마음도 가라앉는 법. 그것은 물레방아의 물이 넘칠 때 이를 쏟아 내는 것과 같다네.

"

-『로빈 훗의 모험』 중에서 -

3. 정서조절과 정신건강

정서는 한 개인의 성취, 적응 그리고 정신건강의 핵심 열쇠이다. 정서를 효과적으로 처리하고 조절하는 사람은 그렇지 못한 사람보다 심리적 어려움을 겪을 확률이 낮다(Greenspan & Porges, 1984).

정서조절(emotion regulation)은 개인이 자신의 정서를 어떻게 인지하고 표현하는지를 관리하는 것이며(Gross, 1998), 감정상태의 강도, 지속기간의 조정, 부정적 감정표출의 지연 등 효과적인 정서표현 방법에 영향을 미친다(Gross, 2008; Gross, 1998; Sheppes & Gross, 2013). 또한 개인이 부정적이고 불쾌한 감정을 감소시키기 위해 동원하는 다양한 노력(이지영, 권석만, 2006)이며, 자신의 감정을 손상시키지 않으면서 상대방의 생각, 감정, 의도 등을 이해하여 융통성 있게 대처하는 능력(김춘경 외, 2016)이다.

세계보건기구(WHO, 2008)의 정신건강 정의에 따르면, 정신건강은 "단순히 정신질환이나 증상이 없는 상태보다 개인이 자신의 능력을 실현하고, 생산적이고 효과적으로 일할 수 있고, 자신이 속한 지역사회에 기여할 수 있는 내적인 안녕감이 높은 상태"를 말한다. 이는 정신건강을 긍정적 정서나 감정(주관적 안녕감, 삶의 만족도, 행복), 긍정적 기능(관여, 충족, 의미감, 사회적 안녕)을 의미하는 광의의 개념으로 규정하고 있는 것이다.

따라서 자신의 정신건강 상태의 유지 및 증진을 위해서는 긍정정서와 부정정서를 조절하여 정서의 균형을 유지하도록 노력해야 한다.

1) 정서조절이 왜 중요한가

최근 아동·청소년 상담에서 호소하는 문제유형이 점점 더 다양해지고 문제의 심각도 또한 정신병리적 증상으로 나타나고 있다. 실제로 상담소를 찾는 사람들의 대부분은 행복이나 심리적 안녕감을 증진하려는 적극적 목표보다 당장 현재 고통받고 있는 정신적 아픔이나 장애에서 벗어나기를 바라는 소극적인 목표를 가지고 오는 경우가 훨씬 많은 것이 현실이다.

정신건강과 정신병리에 중요한 영향을 미치는 심리적 요인으로서 정서조절에 대한 관심이 급증하면서 정서조절의 관점에서 정신병리를 설명하고자 하는 시도들이 이루어지고 있다(이지영, 권석만, 2006).

정서조절과 정신건강의 관계에서 부정정서의 강도가 높을수록 부적응적 방략을 자주 사용하고 그럴수록 정신건강 수준은 부정적이며(이지영, 2016), 정서인식이 정신건강에 영향을 미치는 과정에서 인지적 정서조절이 정신건강에 직간접적으로 영향을 주는 것(이서정, 2006)으로 보고하고 있다.

부모의 정서조절은 자신뿐만 아니라 자녀의 정서변화에도 영향을 미치며, 부모와 자녀의 정서조절능력은 자신의 정신건강뿐만 아니라 사회적 적응을 예측할 수 있는 중요한 변인이다. 자녀의 정서조절 수준이 낮으면 공격적 행동과 같은 문제행동, 또래관계 형성의 어려움, 정신병리적 문제를 야기할 가능성이 높다. 따라서 자신의 긍정정서와 부정정서를 조절하여 정서의 균형성을 갖도록 관리하는 것이 중요하다.

2) 정서도식

정서적 경험은 개인이 가지고 있는 정서도식과 연관되어 있다. 로버트 리히(Robert L. Leahy)는 개인이 가지고 있는 정서도식의 열네 가지 범주를 설명한다. 개인은 지금 느껴지는 정서가 사라지지 않을 것이라고 생각하거나(지속), 자신의 정서를 통제할 수 없을 것이라고 걱정하거나(통제), 자신의 정서를 이해하지 못하거나(이해 가능성), 자신이 느끼는 정서를 자신만 유일하게 느끼는 것이라고 생각하여 자신이 비정상이라고 느끼거나(합의), 특정 정서는 가지면 안 되는 것이라고 생각하여 자신의 정서를 숨기거나 또는 비판하거나(죄책감과 수치심), 합리적 측면에서 정서를 경험하는 것은 효과적이지 않으므로 정서를 통제해야 한다고 생각하거나(합리성), 하나의 상황에서는 하나의 정서만을 가져야 한다고 생각하거나(정서에 대한 단편적 시각), 정서를 통해 가치를 느끼거나(가치), 정서를 중요하게 생각하여 정서를 표현하거나(표현), 타인이 자신의 정서를 타당화해 줄 것이라고 생각하거나(타당화), 타인이 자신의 정서를 수용해 줄 것이라고 생각하거나(수용), 자신의 부정적 정서를 타인의 탓으로 돌리며 비난하거나(비난), 정서를 경험하는 것에 어려움을 겪거나(무감각), 정서에 사로잡히게 된다(반추).

정서도식의 구체적 범주들을 좀 더 자세히 살펴보면 다음과 같다.

- 가치: 정서에는 가치가 연관되어 있다는 것이다(예: "저는 남들에게 피해 주는 것을 싫어해요. 그래서 제 아이가 남들에게 피해를 주면 화가 나요.").
- 무감각: 정서를 느끼는 것에 어려움을 겪는 것이다(예: "전 그 일에 대해 아무것도 느껴지지 않아요.").
- 반추: 정서를 되풀이하여 계속 생각하는 것이다(예: "저는 우울해질 때면 우울에 대해 묵상을 하는 편이에요.").
- 비난: 자신의 부정적 정서에 대해 타인에게 탓을 돌리는 것이다(예: "아이가 화나게 하잖아요.").
- 수용: 정서를 있는 그대로 받아들여 주는 것이다(예: "아이가 분노하는 것이 이해되진 않지만 그럴 수 있다고 생각해요.").
- 이해 가능성: 자신의 정서가 이해되지 않는다는 것이다(예: "제가 왜 이런 정서를 느끼는지 잘 모르겠어요.").
- 정서에 대한 단편적 시각: 정서는 복합적이면 안 된다는 것이다(예: "누가 봐도 기쁜 일이고 저도 기쁘긴 한데 왜 가슴 한편엔 불안이 있는지 모르겠어요.").
- 죄책감과 수치심: 자신의 정서에 대한 죄책감과 수치심을 경험하는 것이다(예: "제가 슬퍼하면 안 되는 거잖아요.").

- 지속: 자신의 정서가 영원히 지속된다는 것이다(예: "이 분노가 사라지지 않을 것 같아요.").
- 타당화: 자신의 정서에 대해 타인이 공감과 수용을 해 주는 것이다(예: "엄마는 내 슬픔을 이해해 주고 받아들여 줄 거야.").
- 통제: 자신의 정서를 통제하지 못한다는 것이다(예: "너무 화가 나서 아무것도 못할 것 같아요.").
- 표현: 정서를 표현하는 것은 잘못되지 않았다는 것이다(예: "슬플 땐 울어도 돼.").
- 합리성: 자신의 정서가 합리적이지 않다는 것이다(예: "이 상황을 해결하는 데 제 정서는 방해만 될 뿐이에요.").
- 합의: 자신의 정서가 비정상적이라는 것이다(예: "다른 사람들과 달리 저는 왜 이런 정서를 느낄까요?").

3) 효과적인 정서조절 방법

상대방에게 자신의 감정을 전달하기 위해서는 무엇보다 먼저 자신의 감정에 대한 이해가 필요하다. 감정을 유발한 자극이 무엇인지, 그 자극을 나는 어떻게 해석하는지, 해석된 내용에서 나는 어떤 감정을 느끼는지 구체적으로 알아야만 나의 감정을 효과적으로 전달할 수 있다.

효과적인 정서조절 과정은 자신의 감정을 알아차리고, 만약 감정이 고양되어 있다면 경험하고 해소하는 작업을 거친다. 격앙된 감정이 어느 정도 해소되었다면, 왜 그런 감정을 느끼게 되었는지 불쾌한 감정의 원인과 과정을 이해하고 대안을 생각해 본다. 감정의 원인을 이해하는 인지적 작업을 거친 후에야 타인에게 자신의 감정과 그 원인을 정확히 전달할 수 있다.

효과적인 정서조절의 방법으로 [그림 2-2]의 정서조절 코칭 4단계를 소개한다.

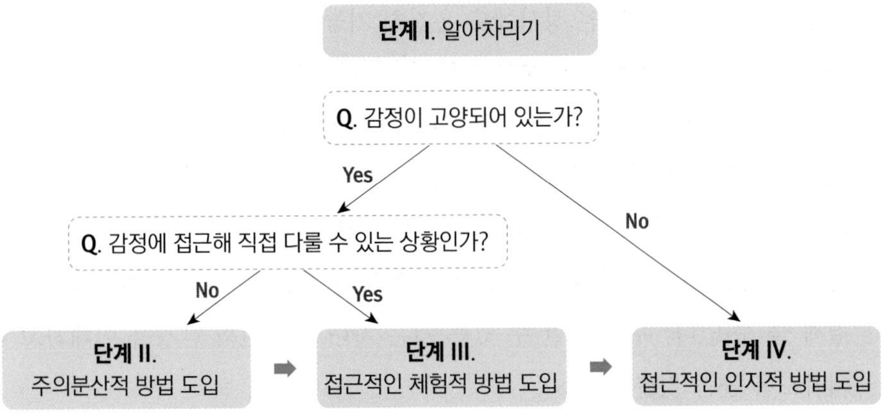

[그림 2-2] 효과적인 정서조절 코칭 4단계

출처: 이지영(2017b), p. 413.

- 단계 I: 알아차리기 단계에서 무엇보다 중요한 것은 행동의 주체가 '나' 자신임을 아는 것과 현재 자신이 선택한 것이 무엇인지를 아는 것으로, 지금-여기에서 나의 욕구나 감정, 행동, 주변 환경, 상황들을 자각하는 것을 말한다. '내가 짜증이 나.' '배가 고프네.' '밥을 먹어야겠어.' 등과 같은 알아차림은 인간의 고유 능력이며, 펄스(Fritz Perls)는 "알아차림 그 자체가 바로 치료적일 수 있다."라고 말한다.
- 단계 II: 어려운 상황에서 가장 효과적인 감정조절의 방법은 지금-여기 나의 불편한 감정으로부터 잠시 벗어나 격앙된 감정을 완화하는 주의분산적 방법이다. 불편한 감정을 유발한 자극이나 상황을 생각하지 않으려 하거나 잊으려고 노력할 때 자주 사용하지만 그 효과는 일시적이다. '생각하지 말자.' '별일 아니네.' '좋은 일만 생각하자.'와 같이 회피, 중요도 낮추기, 상황 피하기, 유쾌하거나 기분 좋은 활동하기 등이 이 단계에 해당한다.
- 단계 III: 자신의 감정을 잘 다룰 수 있는 상황에서 효과적인 정서조절의 방법은 지금-여기에서 나의 감정과 만나고 적극적으로 체험하는 접근적인 체험적 방법이다. 자신의 감정을 표현하는 데 효과적인 방법으로는 감정을 명명하기, 느끼고 표현하기, 감정과 만나기, 감정 수용하기가 있으며, 감정해소의 대안으로는 글쓰기, 심상, 운동, 춤, 노래 등이 있다.
- 단계 IV: 인간은 모두 다양한 정서를 경험하고 정서의 영향을 받기 때문에 정

서를 수용하고 부정적인 정서에도 온전히 기능할 수 있도록 정서를 조절하는 것이 중요하다(Leahy, Tirch, & Napolitano, 2011). 부정적 정서경험에 대한 회피나 억제 등의 방법은 부정정서에 대한 근본적인 해결책이 되지 못하고 결국에는 정서로 인한 문제를 일으키게 된다. 누군가에게 자신의 마음속 깊은 곳의 이야기를 털어놓고 함께 소통하는 것은 정신건강을 위한 필수 요소 중 하나이다. 부모는 자녀들의 실망과 좌절, 갈등과 같은 유쾌하지 않은 감정을 해결해 줄 수 없다. 부모가 할 수 있는 것은 자녀가 자신의 감정을 이해하고 대처하도록 돕는 것뿐이다.

자녀의 정서는 부모와 밀접하게 연관되어 있다. 부모의 정서는 자녀의 거울이며 자녀의 정서를 담아 주는 도자기와 같다. 자녀는 부모의 마음을 이해하거나 담아 줄 능력이 없다. 부모는 스스로를 정서적으로 풍요롭게 하기 위해 어떻게 해야 하는지 배운 적이 없다. 부모도 자녀만큼이나 자신의 감정을 알아차리고 정서를 효과적으로 표현하는 데 서툴다. 이제부터라도 나와 자녀에게 자신의 정서를 다스릴 수 있도록 허락해야 한다. 효과적인 정서조절을 통해 부모는 자녀의 안전기지가 되어 주어야 한다.

4. 정서표현을 돕는 부모역할 훈련

자녀가 세상에서 만나는 첫 번째 대상은 부모이다. 부모의 정서경험은 곧 자녀의 정서경험이며 부모의 올바른 정서표현은 자녀의 정서표현에 중요한 역할을 한다. 부모는 자녀의 실망, 좌절, 갈등과 같은 유쾌하지 않은 감정을 해결해 줄 수 없다. 부모가 할 수 있는 것은 자녀가 자신의 감정을 이해하고 대처하도록 돕는 것뿐이다.

자녀는 자신이 경험하는 정서가 무엇인지 정확히 알지 못할 때가 많다. 이는 정서를 표현하는 언어표현의 부족일 수도 있고, 자신의 내부 정서에 귀 기울이는 방법을 모르기 때문일 수도 있다. 부모 또한 마찬가지이다. 자신의 부모로부터 올바른 정서표현 방법을 학습하지 못하였다. 그래서 자녀들과 감정을 나누고 이야기하는 것이 서툴다.

자녀의 정서발달을 위한 부모역할은 온정적 관계를 형성하고 안정된 분위기를 통해 애착 형성과 정서적 안정감을 주는 것이다. 또래 간 상호작용을 통해 자기감정 조절을 배우도록 해야 한다. 놀이를 통해 긍정정서뿐만 아니라 부정정서를 자연스럽게 정화시켜 주고 안정적인 정서상태를 유지시켜 주는 것도 부모역할이다. 부모가 먼저 좋은 모델이 되어 주고, 이것저것 까다롭게 간섭하기보다 생활에서 해서는 안 되는 것과 할 수 없는 것에 대한 최소한의 규칙을 정하고, 놀이를 통해 자신의 감정을 언어로 표현할 수 있도록 대화의 기회를 제공해야 한다. 자녀를 격려해 주며 편안하고 자유롭게 이야기를 나눌 기회를 자주 가져야 한다.

1) 관심 기울이기: 어떤 태도로 도울 것인가

대화는 부모와 자녀의 마음을 이어 주는 연결고리이자 관계의 수단이다. 자녀와의 대화에서 자녀의 잘못된 생각을 바로잡아 주려고 하는지, 아니면 이기려고 하는지를 점검해 봐야 한다. 자녀가 잘못된 생각을 하면 불안해하거나, "그렇게 생각하면 안 돼. 잘못된 생각이야."를 빨리 깨닫게 해 주려고 애쓰거나, 부모인 내 말을 들어야 한다고 생각하여 설득하려고 하는 경우가 많다. 바람직한 대화는 자녀에게 '어떤 말을 해 줄까?'보다 '자녀가 무슨 말을 하는지 잘 듣기'이다. 자녀가 자신의 말 속에 어떤 마음을 담아 표현하고 싶어 하는지 생각하고 "아~ 네 마음이 그렇구나!" 하며 그 마음을 알아주어야 한다. 자녀와 만나는 부모의 표정과 태도는 자녀의 정서발달에 영향을 주며, 자녀의 정서상태에 따라 정신건강과 사회적 관계에도 영향을 미친다.

정서는 행동을 이끄는 나침반이다. 불안과 공포는 도피행동을, 분노와 혐오는 공격행동을 유발하거나 촉진한다(Seligman, 2003). 자녀의 정신건강에 도움이 되며 올바른 정서를 표현하고 조절할 수 있는 연습의 기회가 더 많이 주어져야 한다.

2) 잘 듣고 더 잘 말하기: 어떻게 도울 것인가

(1) 엄마의 진솔한 마음을 전하자

비난하거나 저주하는 말투를 삼간다. 자녀가 학교에서 친구와 싸우고 선생님께 꾸중을 들은 사실을 알게 되었을 때 부모는 "그러면 그렇지, 하루라도 조용히 넘어가는 날이 없지." "너는 맨날 그 모양이야." "도대체 뭐가 되려고 그래?"라고 말하기 쉽다. 이런 말투는 자녀를 의기소침하게 하고 적대감을 갖게 만든다. 그러므로 이렇게 말하도록 하자. "엄마는 네가 친구와 사이좋게 지내길 바랐어. 그런데 싸웠다니 걱정이 돼."라며 아이에게 엄마의 진솔한 마음을 전해 보자.

(2) 자녀의 침묵을 존중하자

침묵도 일종의 감정표현이다. 자녀는 말뿐 아니라 침묵으로도 자신의 의사를 표현한다. 자신의 생각을 정리하거나 자신에게 실망했을 때 침묵한다. 대화 도중 자녀의 침묵으로 인해 부모는 마음이 불편하고 화도 난다. 이때 자녀의 침묵을 부모인 내 존재에 대한 무시라고 생각하지 말고 자녀에게 스스로를 정리할 여유를 준다고 생각하자. 자녀의 마음이 준비되었을 때 대화를 시작하자.

"
지금은 말하고 싶지 않구나. 준비되면 그때 얘기하자.
"

(3) 질문은 구체적으로 하자

"오늘은 어땠니?"라는 부모의 질문에 대해 자녀가 "그냥 그랬어요." "잘 모르겠어요."라고 대답한다면 부모는 화가 난다. 사실 부모의 구체적이지 않은 질문에 자녀도 그렇게 대답한 것이다. "오늘은 어땠니?"라는 질문에 자녀는 오늘 하루의 일을 다 기억하지 못할뿐더러 무엇을 이야기해야 할지 막연하다. 즉각적인 반응을 할 수가 없다. "오늘 점심 메뉴가 뭐였니?" "누구랑 밥을 먹었니?"와 같이 구체적으로 질문을 하자. 부모의 구체적인 질문을 통해 자녀는 자신의 전 행동을 탐색하며 인정하게 된다.

(4) 구체적 내용과 상황에 대해 칭찬하자

구체적 내용과 상황에 맞는 칭찬은 자녀의 자신감뿐만 아니라 타인의 평가에 의존하지 않고 자기 스스로를 평가하는 능력을 길러 준다. 부모가 자녀가 한 행동을 칭찬할 때 구체적인 내용과 상황을 언급하지 않고 단순하게 "잘했어, 착해."라고 한다면 자녀는 자신이 한 행동에서 무엇을 잘했는지 정확히 알지 못하고 모호한 채로 부모의 평가에 의존하게 된다. 예를 들어, "엄마와 약속한 시간에 맞춰 컴퓨터를 꺼 주었구나, 잘했어." "동생이 네 노트북을 망가뜨려서 때려 주고 싶을 만큼 밉지만 행동으로 하지 않고 말로 잘 타이르는구나, 대견해."라고 상황과 마음을 읽어 주며 칭찬하자.

(5) 자녀의 마음을 읽어 주자

친구와 싸우고 나서 망가진 장난감을 들고 집에 들어온 자녀에게 "왜 또 친구와 싸웠니?"라고 나무라는 말투를 건네기보다 "지윤이(대상)가 네 장난감을 망가뜨려(상황) 속상했구나!(감정)"라며 구체적인 상황(대상)을 언급함과 더불어 자녀의 마음을 알아주자. 자녀는 '엄마가 내 마음(생각)을 알아주는구나. 내 편이 있구나.'라고 생각하며 안정감을 갖는다.

(6) 자녀가 화, 분노를 자연스럽게 표현하게 하자

분노는 욕구가 좌절되었을 때 누구나 느끼는 감정이다. 자녀가 소리를 지르거나 난폭한 행동을 할 때 그 행동만 지적하고 화난 감정은 수긍하자. 일단 감정이 받아들여지면 화난 이유에 대해 이야기하게 되고 그 사이에 화가 풀리게 된다. 자녀의 마음을 열게 하려면 부모가 덩달아 화를 내는 것은 금물이다.

(7) 신뢰롭고 허용적인 분위기를 만들자

자녀가 자신의 감정을 잘 드러낼 수 있도록 편안한 가정 분위기를 만들어 주자. 이런저런 감정을 숨기기보다 감정을 자유롭게 표현하고 연습할 수 있도록 신뢰롭고 허용적인 분위기를 만들어 주자. 자녀는 부모를 통해 다양한 감정이 존재함을 경험하게 되고, 부모는 부정적 감정을 다루는 모델링이 된다.

『긍정심리학(Authentic Happiness: Using the New Positive Psychology to Realize Your Potential for Lasting Fulfillment)』(2003)의 저자인 마틴 셀리그먼(Martin E. P. Seligman)은 긍정정서의 효과와 경험을 돕기 위해 다음과 같은 방법을 제안하였다.

- 즐거움을 느끼는 습관 들이기: 긍정정서를 향상하기 위해서는 일상생활에서 긍정정서를 유발할 수 있는 일을 최대한 누리되 틈틈이 경험할 수 있는 것이 좋다. 부모는 자녀의 정서에 대해 부적응적인 정서반응을 하지 않아야 한다. 부모가 비일관적이거나, 무시하거나, 수용해 주지 않는 것은 자녀의 정서 신념에 부정적인 영향을 미친다. 부모는 자녀의 정서를 표현할 수 있는 안전한 환경을 만들어 주고 자녀의 정서를 탐색해 볼 뿐 아니라 자녀의 정서를 수용해 주고 타당화함으로써 적응적인 정서를 경험하도록 도와야 한다.
- 자녀의 정서를 수용해 주고 타당화해 주기: 부모가 자녀의 정서를 긍정적으로 바라보고 수용하기까지는 시간이 필요하다. 또한 부모의 이런 태도는 자녀로 하여금 자신을 긍정적으로 바라보는 출발점이 된다. 생각보다 많은 사람이 누군가의 감정 쓰레기통 역할로 고통을 받고 있다. 부모-자녀 관계에서도 마찬가지이다. 이유 없이 지치고 짜증 나고 삶의 의욕 없이 무기력한 자녀를 보면서 부모 역시 불편한 마음이 든다. 자녀를 도울 수 있는 방법을 잘 모르고 무기력할 뿐이다. 무기력은 몸보다 마음이 먼저 지친 상태를 말한다. 무기력은 내 몸과 마음을 나 스스로 돌봐 주라는 신호이다. '매일 힘들고 재미가 없어.' '사는 게 의미 없어.' '하고 싶은 일이 없어.' '죽고 싶어.' '식욕이 없고 왠지 불안해.' 등과 같은 무기력은 우울과 연관이 있다. 자가진단을 통해 나의 무기력과 우울감이 어느 정도인지 체크해 보고 스스로 자기를 돌보지 못하는 상황이면 상담전문가의 도움을 받아야 한다.

"

부모는 아이의 가장 안전한 지지기반이 되어야 한다.
이유가 있어서가 아니라 그냥 부모니까, 부모의 의무이다.

"

5. 마음의 힘을 가진 아이로 키우기

마음의 힘을 가진 아이는 어떤 아이일까? 과연 부모는 무엇을 어떻게 해야 할까? 부모는 자녀가 자신의 삶을 잘 살아내는 건강한 아이로 자라기를 원한다. 그렇게 되길 바라면서 부모는 언제나 자녀의 마음을 해결해 주려고 안간힘을 쓰며 노력한다. 그러나 마음은 누군가가 해결해 줄 수 있는 것이 아니다. 해결해 주어서도 안 된다. 마음을 해결할 수 있는 사람은 그 마음의 주인, 오직 자신뿐이다. 자녀가 스스로 마음의 힘을 키우도록, 자신의 마음을 돌볼 수 있도록 도와야 한다.

1) 자신의 감정을 수용하도록

모든 부모는 자녀가 탁월한 리더, 유능한 리더가 되길 원한다. 이런 부모들을 향해 『리더를 위한 멘탈 수업: 압도적 성과를 올리는 사람들의 7단계 성장 전략』(2021)의 저자인 윤대현과 장은지는 탁월한 리더의 특징과 공통점을 '자기 마음을 들여다보는 힘'이라고 한다.

부모의 또 다른 바람은 자녀가 좋은 관계를 맺는 것이다. 학교생활에서 또래관계와 교사-학생 간의 관계 맺기는 매우 중요하다. 물론 가정에서 부모-자녀 간의 관계 맺기도 중요하다.

혼자 보내는 시간도 의미 있고 가치 있다. 하지만 혼자만 머무는 것에 그치지 않고 마음의 문을 열어 함께 살아가기 위한 방법을 모색하는 것도 필요하다. 나는 자기감정을 가두는 사람인지, 내 감정을 표현하며 수용하는 사람인지 점검해 보자. 자기감정을 수용하고 표현하면서 마음의 힘을 키우자. 나의 자녀에게 무엇을 먼저 가르칠 것인가? 어떤 아이가 되길 원하는가? 자기 마음을 들여다보는 힘이 있고 자신의 감정을 수용하며 타인의 감정을 받아들이도록 가르쳐야 한다.

2) 자존감이 분명한 아이로

부모는 자녀의 자존감이 높아야 한다고 생각하고 자존감 높은 아이로 키우기를 원한다. 학습, 놀이, 관계에서조차도 자존감 향상을 앞세운다. 자존감은 자아존중감의 줄임말로 '자신을 스스로 소중하고 유능한 존재로 인정하면서 사랑하고 존중하는 마음'이다. 높고 낮음, 있고 없음의 상대적 개념이기보다 분명하고 덜 분명함의 주관적 개념이다. 자존감은 사회에서 허용되는 행동과 허용되지 않는 행동을 정확히 구별할 때 더 단단해진다. 무엇이 옳고 그른지, 어떤 것이 허용되고 허용되지 않는지를 분별하는 분별력과 상관이 있다.

3) 공감할 줄 아는 아이로

사람은 관계 속에서 살아간다. 부모는 자녀와의 소통을 간절히 원하지만 아주 사소한 것에서부터 어려운 문제까지도 부모가 해결해 주기에 분주하다. 소통은 문제해결이 아니라 마음해결이다. 마음은 늘 자유롭다. 그런 자유로운 마음을 인정해 주는 것이 소통이다. 도움을 주고받는다는 뜻이다. 잘 주고 잘 받는 것이 소통이다. 잘 받는 사람이 더 잘 줄 수 있다. 소통의 도구는 말이며 말 속에는 언제나 감정이 담겨 있다. 감정과 함께 주고받는다. 이것이 공감이다.

(1) 공감은 마음의 산소이다

공감은 다른 사람이 지니는 감정을 인식하고 공유하는 것이다. 부모는 자녀의 생각, 감정, 경험에 대해 자녀 입장에서 있는 그대로 이해하고 그렇게 이해한 것을 말로 전달한다. 즉, 자녀와 부모가 '더불어 함께하는' 과정이다. 부모가 자신의 개념의 틀을 개입시키지 않고 자녀의 내적 세계를 마치 자신의 내면세계인 것처럼 느끼는 것이다. 부모의 이와 같은 이해는 자녀가 명백히 표현하고 있는 표면적 감정 · 사고뿐만 아니라 명백히 표현하지 못하고 있는 자녀의 내면적 감정 · 사고를 이해하고 표현하여 자녀의 심층적인 자기탐색을 촉진하게 된다.

공감은 '내가 틀린 게 아니구나.' '내가 잘못된 게 아니구나.'라고 생각할 수 있도록 자기에 대해 안심하도록 도와주는 것이다. 마치 숨쉬기가 힘들 때 산소를 공급해 주는 것처럼 그렇게 전달한다. 누군가는 나를 비난하지 않고 나의 마음을 향해 "항상 그럴 만한 이유가 있겠지." "네 감정이 항상 옳아."라며 확실한 내편이 되어 주는 것을 말하는데, 이는 내 존재에 대한 인증인 셈이다. 나를 있는 그대로 받아 주는 사람의 존재를 통해 자기 존재를 확인하게 된다. 머리와 가슴이 함께 하는 온전한 공감을 해야 한다(정혜신, 2018).

(2) 공감은 감정을 공유하고 말로 전달하는 것이다

부모가 자녀의 마음을 그리고 자녀가 부모의 마음을 공유하는 것은 마치 수학에서의 교집합과 같다. 부모는 자녀에게 공감할 때 자녀의 입장에서 자녀의 기분을 추측해서 말로 전달해야 한다. 자녀와 유사한 감정을 느끼는 것뿐만 아니라 그 느낌을 말로 전달하는 것까지가 공감이다. 따라서 '공감된다'의 표현보다 '공감한다'의 적극적인 의미 전달의 표현으로, 상호작용이며 사회적 관계 기술이다.

(3) 공감능력을 길러 주는 방법 훈련

공감능력이란 다른 사람의 내면 경험을 정확하게 이해하고 말로 전달하는 능력이다. 공감은 자녀의 감정을 함께 경험한다는 뜻이며 감정을 공유한다는 의미이다.

공감능력이 뛰어난 부모 밑에서 자란 자녀는 자신도 공감능력이 뛰어난 부모가 될 가능성이 크다. 공감을 받으며 컸고 다른 사람에게 공감하는 법을 배웠기 때문이다.

잘 받을 수 있는 사람이 더 잘 줄 수 있다. 부모는 자녀의 마음을 잘 들을 수 있어야 한다. 자녀들이 어떤 관점으로 세상을 바라보는지 알아야 하고 열린 마음으로 이들을 이해해야만 한다. 비언어적 메시지에 관심을 기울이고 부모의 관점과 경험을 자녀들과 함께 나누어야 한다. 그러기 위해서는 먼저 자기 자신에게 관심을 기울여야 한다.

공감하는 능력은 다른 능력과 마찬가지로 일종의 기술이다. 따라서 자녀들이 공감능력을 충분히 연습할 수 있도록 기회를 많이 주어야 한다. 또한 부모는 자녀들이 공감능력을 기를 수 있도록 도와야 한다. 공감능력을 길러 주는 효과적인 방법은 자녀와 함께 이야기를 나눌 수 있는 시간을 가지면서 자녀의 생각을 지지해 주고 토론을 하되 굳이 결론을 내리려 하지 말고 자녀가 생각을 할 수 있도록 격려해 주는 것이다. 대화도 놀이다. 놀이를 통해 다른 사람과 상호작용하는 방법을 배운다. 다른 사람과 상호작용을 잘하는 아이는 대부분 공감하고 협력하는 능력도 뛰어나다.

4) 공감의 기대효과

공감의 기대효과는 '나는 소중하고 가치 있는 존재'임을 확인하는 것이다. 자녀들은 자신이 만든 것을 꺼내 보이며 "이거 정말 멋지죠?" "나 좀 봐 줘요." "나 잘하죠?" 등과 같이 말하면서 놀라울 정도로 간절하게 자신이 성취한 것, 자신의 모든 것에 대해 부모로부터 인정받기를 바란다. 이런 자녀들의 욕구에 적절히 반응해 주고 반영해 줄 때 자녀들은 건강한 자존감과 자아개념을 형성한다. 자녀는 저마다 자기대상욕구가 있다. 마치 거울처럼 누군가 자신의 모습을 비춰 주기를 간절히 원한다. 자녀에게는 이런 자기대상이 바로 부모이다. 부모는 이처럼 적절한 자기대상의 역할을 잘 감당해야 한다. 공감은 이런 자기대상의 역할을 잘할 수 있도록 하는 관계의 기술이다.

5) 자기평가 언어에 관심을 기울이자

부모는 자녀가 사용하는 자기평가 언어에 주의를 기울일 필요가 있다. 언어표현에 있어 자녀는 자신의 가치를 평가할 때 일반화하는 경향이 있는데, 부모는 이를 구체화시켜 줄 필요가 있다. 언어의 구체화는 자신을 구체적으로 표현하고 명료화하는 기능이 있어 이를 통해 자존감이 분명해지고, 자기표현을 통해 관점이 확장되며 건강한 자아상을 만들어 간다.

솔루션

6. 우울하고 무기력한 아이 돕기

"
당신이 우울감을 경험할 때는 대부분
불안과 분노의 감정도 함께 느끼게 된다.
많은 사람은 이런 불쾌한 느낌들을 하나 이상
느끼고 있다는 것을 알지 못한다.
"

Q1 우울의 원인은 무엇인가요?

우울은 감당하기 힘든 실망을 경험했을 경우나 심각한 상실에 직면했을 경우 그리고 실망이나 상실이 있어서는 안 된다고 끈질기게 요구하는 경우, 여러 가지 나쁜 사건을 경험하는 경우(불쾌한 사건), 격한 비합리적 생각과 혼잣말을 하는 경우 등이 원인이 되어 생겨난다. 자기 자신이나 다른 사람, 이 세상 그리고 미래를 부정적으로 보는 것 역시 우울감의 원인이 된다.

Q2 우울을 다루는 데 있어 스스로 대처하는 방법에는 어떤 것이 있나요?

- 당신 감정의 주된 요인이 되는 신념과 혼잣말이 무엇인지를 인식하라.
- 실제적인 문제나 상실을 처리하려 하기 전에 감정적인 문제를 다스리라.
- 건전하지 않은 감정을 건전한 감정으로 바꾸라.
- 세 가지의 주요 '해야만 한다("나는 ~해야 해." "그/그녀는 ~해야 해." "이 세상은 ~해야 해.")'를 선호함, 원함, 바람으로 바꾸라.
- 다섯 가지 과격한 생각('끔찍해.' '나는 참을 수 없어.' '저주와 비난' '나는 가치가 없다.' '항상 또는 절대 아니다.') 중 어떠한 것도 버리라.
- 자기 자신에게 말할 때는 감정적으로 냉정한 말을 사용하라.
- 기분전환, 오락, 놀이로 잠시라도 즐거운 활동을 하라.
- 당신의 감정을 더 잘 이해하기 위해 감정 경험 일지를 기록하라.
- 우울감, 낮은 자아수용감, 가치 없다는 느낌, 상실은 '일어나지 말았어야 해.'라는 끈질긴 생각 등을 유발하는 비합리적인 신념과 혼잣말을 반박하고 뿌리 뽑으라.
- '내 마음을 궁극적으로 치유할 수 있는 사람은 바로 나'임을 기억하라.

Q3 가정에서 부모님들이 자녀들에게 도움을 줄 수 있는 역할에는 어떤 것이 있나요?

① 부모의 심리적 안정(자녀를 객관적으로 바라보기)

자녀의 우울이나 무기력이 부모의 문제가 되어 버리면 자녀를 도울 수 없다. 따라서 이 문제가 내 문제가 아닌 자녀의 문제임을 인식하고 부모 자신의 심리적 안정을 위해 복식호흡이나 명상 등을 통해 심리적 안정을 취하는 것이 중요하다. 이것이 누구의 문제인지 문제 소유에 대한 분류가 선행되어야만 도움을 주거나 받을 수 있는 준비가 되는 것이다. 우울한 자녀로 인하여 부모가 심리적으로 흔들리거나 힘든 상태에 있다면 그 부모는 자녀를 도울 수 있는 상태가 아니라 도움을 받아야 할 것이다. 따라서 우울한 자녀를 돕기 위해서는 먼저 부모 자신이 객관적 시각을 가지고 자신의 감정이 안정되어 있는지 확인을 해야 한다.

② 자녀의 우울상태 체크하기

자녀의 우울상태가 어느 정도인지 관찰과 면담, 측정 등을 통해 종합적으로 파악하는 것이 중요하다. 평소 가정에서 보이는 자녀의 표정, 행동, 식습관, 수면상태 등 생활 전반을 통해 건강했을 때와의 차이를 파악할 수 있고, 대화를 통해서도 그 억양이나 내용에서 나타나는 자녀의 심리적 상태를 읽을 수 있으며, 인터넷이나 책자에 소개된 간이 우울검사를 통해서도 점검이 가능하다. 관찰, 면담, 측정의 세 가지를 종합해서 판단하는 것이 가장 정확할 것이다. 연구에 의하면 청소년들이 우울을 느끼는 상황을 전반적으로 볼 때 개인 상황으로 인한 우울 정도가 가장 높고, 다음은 가정 상황, 학교 상황 그리고 사회 상황의 순으로 나타나고 있다. 이들 중 고등학생의 경우 학업과 진로문제 유형으로 우울감을 경험하는 학생이 많다.

스트레스로 인해 식욕이 떨어져서 며칠간 식사를 못한다거나, 잠을 못 자는 등 신체적 증상을 나타내고, 종합적으로 볼 때 우울상태가 심각하다고 판단될 경우 학교나 가까운 상담실을 찾아가서 심리진단을 받아 보는 것이 좋다.

③ 자녀의 걱정, 근심, 부정적인 감정 들어 주기

우울을 경험하고 있는 자녀와 가장 친밀한 가족이 그의 생각이나 부정적인 감정 등을 충분히 표출할 수 있도록 들어 주는 것이 중요하다. 내면에 억눌린 부정적인 감정이나 생각은 본인을 더욱 불안하게 하고 우울을 심화시키는 작용을 한다. 따라서 마음에 있는 걱정이나 답답함을 충분히 쏟아 내고 나면 구름이 걷히듯 자신의 모습이 보이기 시작한다. 따라서 이때는 자녀의 어떤 이야기든지 가치판단 없이 들어 주며 공감해 주는 것이 중요하다. 특히 내성적인 자녀들은 대화 자체를 힘들어할 수도 있는데, 이럴 때는 감정노트를 활용하는 것도 좋다. 억울하거나, 답답하거나, 힘든 생각이 올라올 때 자신만이 볼 수 있는 감정노트에 속시원하게 표현함으로써 내면의 상태를 안정시키고 부정적인 기억을 약화시키게 된다.

④ '어떠한 상황에서 우울을 경험하고 있는가'를 파악하기

자녀와 대화하면서 그동안의 경험에서 어떨 때 우울했는지를 물어보면 자녀는 그동안 자기가 우울했던 상황들을 떠올리며 다양한 이야기를 할 것이다. 많은 학생은 시험 결과를 받고 나서, 비교당할 때, 꾸중 들었을 때, 친구와 헤어졌을 때 등의 상황에서 우울했다고 이야기한다. 그리고 언제 가장 우울한지도 알아보면 자녀를 이해하는 데 많은 도움이 될 것이다. 어떤 학생은 저녁시간이 우울하다고 하고, 어떤 학생은 아침에 일어났을 때, 혼자 있을 때 등으로 다양한 반응을 하는데, 이를 통해 그 학생의 우울한 시간대를 확인할 수 있다. 그리고 그때(우울할 때) 어떤 생각이 드는지도 함께 물어본다면 그들을 힘들게 하는 생각이 어떤 것인지 쉽게 파악할 수 있을 것이다. 대부분은 지나간 일로 고민하는 학생이 많고, 다가올 일이 걱정되어 힘들어하는 학생도 상당수 있다. 그런 걱정이 올라와서 지금 어떤 기분이 드는지를 통해 생각과 기분의 관계를 느끼고 깨달을 수 있는 계기가 된다면 더욱 좋을 것이다. 여기서 더 중요한 것은 과거나 미래의 걱정으로 가득 차 있는 자녀의 생각을 현재로 데려오는 것이다. 그래서 '지금 기분은 어떤지, 지금 무엇을 해야 하는지'와 같은 걱정이나 부정적인 생각에 빠져 있지 않고 현재 해야 할 일이나 노력을 하도록 돕는다. 감정이나 생각을 현재 중심으로 전환시키고 실천하게 하는 것이 중요하다.

⑤ '우울을 해소하기 위해 주로 어떠한 노력을 했는가' 점검하기

인간은 누구나 힘든 상황에서 자기 나름대로의 대처방식을 강구하고 이겨 나가고자 하는 욕구가 있다. 우울로 힘들어하는 우리 자녀들도 그동안 우울할 때 자신만의 방법으로 이겨 내 왔을 것이다. 이럴 때 어떻게 이겨 내 왔는지를 알아본다면 그동안 겪었을 자녀의 어려움이나 대처방법을 더 정확히 이해하게 될 것이다. 효율적인 방법은 지속적으로 사용할 수 있도록 하고, 비효율적인 방법은 제거

하고 더 효율적인 방법을 찾아 실천하도록 돕는 것이다. 이때 중요한 것은 자녀가 어떤 방법으로 노력하든 간에 성공 또는 실패에 관계없이 든든한 지지자(부모)가 있다는 것을 인식하도록 하는 것이다.

⑥ 비교하지 않기

우울한 자녀를 접하다 보면 많은 경우 비교를 하면서 힘들어하는 모습을 발견하곤 한다. 비교는 우울을 가중시킬 뿐 아니라 사람을 무기력하게 하는 측면이 있다. 혹 자녀와의 대화 중에 자녀가 누구와 비교를 많이 하고 있지는 않은지 살펴볼 필요가 있다. 우리는 다양한 측면에서 남들과 많이 비교를 하곤 한다. 비교는 항상 나보다 잘하는 사람과 하는 경향이 있는데, 이러한 타인과의 비교는 자신을 더 열심히 노력하게 하는 성장의 동력이 되기도 하지만, 과한 비교나 잦은 실패는 열등감이나 무기력을 겪게 하면서 우울증을 겪게 하는 중요한 요인이 된다. 따라서 자녀가 우울에서 회복될 때까지는 당분간 다른 사람과 비교하지 않도록 하는 노력이 절대적으로 필요하다.

⑦ 자녀가 자신의 욕구를 표현하도록 돕기

우울한 자녀를 둔 가정에서 그런 자녀를 지켜보는 부모도 힘이 들겠지만 가장 힘든 사람은 우울을 경험하고 있는 자녀일 것이다. 그리고 그 우울을 이겨 내고 극복해야 할 사람도 자녀이다. 현재 자녀가 가장 원하고 우선시하는 것이 무엇인지 자녀의 생각과 마음을 가치판단 없이 있는 그대로 들어 주고, 그것을 실천해 보도록 격려하고 도와주는 것이 필요하다. 그것이 무엇이 되었든 본인이 원하는 것을 해냄으로써 자신감이 생기고 의욕이 생겨서 파급효과를 낼 것이다. 작은 성취경험으로부터 출발된 동기는 자신감의 회복으로 이어지고, 부정적인 생각이나 근심과 걱정을 누르고 우울에서 벗어날 수 있는 출발점이 된다.

⑧ 자녀의 긍정적인 모습 찾아 주기

우울로 힘들어하는 청소년들은 대부분 무기력, 낮은 포부, 불안, 억압, 깊은 근심, 자기비하, 동기결여, 낮은 자기개방 등에서 높은 수치를 나타내는 것을 볼 수 있다. 이런 청소년들은 걱정, 근심, 부정적인 생각에 휩싸여 자신의 긍정적인 면을 볼 수 없는 상태에 놓여 있는 것이지 긍정적인 면이 없는 것은 아니다. 따라서 그들 가까이에 있는 사람들이 그들의 긍정적인 면을 깨우쳐 주고 긍정적인 사고를 할 수 있도록 도와주는 것이 절실히 필요하다. 특히 가까운 친구나 가족의 긍정적인 반응은 우울을 극복하는 데 지대한 영향을 미치게 된다. 필자는 부모교육 때 학부모님들께 가끔 이런 질문을 던지곤 한다. "자녀 중 한 자녀에게는 긍정적인 면만 보고 말해 주고, 다른 한 자녀에게는 부족하거나 못하는 점만 보고 말해 줄 때 어느 자녀가 건강하게 자랄 것 같나요?" 생각만 해 봐도 분명한 답이 나올 것이다. 그러나 안타깝게도 현실은 후자의 삶으로 자녀를 양육하고 있는 가정이 많다. 우리는 누구나 인정받기를 원한다. 특히 부모-자녀 관계에서 자녀들은 부모의 사랑을 요구하고, 형제간에도 부모 사랑 쟁탈전을 벌이고 있다. 누구나 강점, 잘하는 것을 말해 줄 때 기분이 좋아지고 의욕이 생긴다. 내 자녀의 정서상태가 즐겁고 행복한 상태일 때 무엇을 하든지 능률이 오른다.

솔루션

7. 불안하고 겁이 많은 아이 돕기

"
불안은 인간이 느끼는 자연스러운 감정이다.
'불안, 초조, 떨림 이런 것들은 나만 느끼는 건가?'라는
생각에 빠지기 쉽다. 불안은 안 좋은 일이 있을 거라는
막연한 예측에서 생겨나는 초조함이다. 안 좋은 일이 생겼을 때
찾아 올 고통을 아직 겪지 않았는데도 가지게 되는 초조함이다.
"

불안이라는 증상 자체는 지나치게 걱정스러운 생각들이 거품처럼 일어나는 것이다. 불안해하는 행위는 문제점을 곱씹어 생각하게 하기 때문에 그 과정에서 저절로 해결책이 생길 수도 있다. 사실 불안의 바탕은 생존을 위해 필수적으로 지녀야 할 잠재적인 위험에 대한 경각심에 불과하다. 자녀가 보이는 불안 반응은 어떤 면에서는 잘못될 수도 있는 일과 그것을 처리하는 방법에 대한 리허설과도 같다. 실제로 발생하기 전의 위험들을 예상하여 삶의 위기에 대한 해결책을 모색하려는

데 있다. 걱정은 아무런 근거도 없고 통제도 불가능하고 끊임없는 불안의 불협화음만 가져오며 합리성에 무감각하고, 도를 넘으면 신경상실증과 함께 공포, 강박, 편집 강박증, 불안발작증 등 병적 증세로 나타난다.

Q1 불안을 해소하는 방법에는 어떤 것이 있나요?

① 자녀의 마음 진정시키기

불안을 알아차렸다면 이제 자녀의 불안한 마음을 진정시켜야 한다. 불안이 심하면 심할수록 판단력, 사고력, 분별력은 떨어지게 되므로 현실 집중력이나 창의력, 논리력은 떨어지게 된다. 시험불안이 있는 학생들은 평소 수업시간에는 잘 이해하고 표현하지만 시험 때만 되면 불안이 심해져서 자신의 실력을 발휘하지 못하는 경우를 종종 보게 된다.

불안이 심해지면 심장 박동이 빨라지면서 심호흡도 빨라지는데, 심호흡을 안정시키기 위해서는 천천히 호흡하는 복식호흡이 많은 도움이 된다. 사람이 위기에 처하면 한숨이 나오는데 이때 한숨은 자기가 쉬고 싶어서 쉬는 숨이 아니라 몸이 자기가 살기 위하여 쉬는 숨이다. 이와 비슷한 호흡법이 복식호흡이다. 복식호흡을 5~6회 하고 나면 정상적인 호흡 패턴으로 돌아가면서 불안감이 줄어들게 된다.

자녀가 불안해 보이거나 불안으로 힘들어한다고 느껴질 때, 부모는 불안한 자녀를 돕기 위해서 먼저 자녀가 자신의 불안을 알아차릴 수 있도록 해야 한다. 부모는 자녀의 행동 패턴, 표정, 반응 등을 보고 듣고 관찰한 내용을 통해 자녀의 불안을 알아차릴 수 있지만, 정작 자녀는 자신의 불안을 알아차리지 못하고 있을 수 있기 때문이다. 자신의 문제를 자기 자신이 알아차려야만 그 문제를 도울 수 있다. 자녀가 불안을 느끼고 알아차리고 있다면, 어느 정도로 불안한지 최고 10점 기준의 척도질문인 '지금 느끼는 불안은 몇 점 정도인가?'를 알아보는 방법을 통해 자녀의 마음을 진정시킬 수 있다.

② 해결책 찾기

앞과 같은 내용을 점검하고 그동안 자녀가 불안에 어떻게 대처해 왔는지 파악한 후 더 효과적인 방법은 없는지 서로 찾아본다. 편안한 사람들과 어울리기, 수면

취하기, 좋아하는 운동하기, 좋아하는 친구와 이야기하기, 좋은 추억 떠올리기, 코믹한 영화나 드라마 보기, 감정노트 작성하기, 거울 보며 웃기, 맛있는 것 먹기 등이 있을 수 있다.

③ 실천 가능한 해결책 실천하기

자녀가 불안을 해소하기 위해 시도했던 방법 중에 좋았던 것이나 서로 이야기하면서 찾은 좋은 방법을 실천하면서 불안상태를 점검해 가도록 돕는 것이다.

④ 체계적 둔감법 적용

행동치료적 접근 중에서도 비교적 널리 알려져 있는 기술로 자녀가 불안을 느끼는 상황을 묘사하는 상상적 장면과 이완을 짝짓는 방법으로 불안을 약화시키는 방법이다. 체계적 둔감법을 적용하기 위해서는 이완훈련과 불안 위계표 작성을 할 수 있어야 한다.

- 자녀가 어떤 상황에서 불안이 심해지는지를 파악하여 불안 위계표를 작성한다. 예를 들어, 시험불안 때문에 힘들어하는 자녀라면 다음과 같은 불안 위계표를 작성할 수 있을 것이다.

시험불안 위계표	
시험시간표를 발표할 때 시험 전날 시험 보는 날 등굣길 시험 감독관이 들어왔을 때 시험을 치르고 있는 도중	시험 보기 일주일 전 시험 보는 날 아침 시험 보는 날 교실 책상에 앉았을 때 시험지가 배부될 때

- 불안 위계표가 작성되었으면 자녀로 하여금 눈을 감고 그 장면을 상상하게 하는데, 불안이 낮은 장면부터 시작하여 불안이 높은 장면으로 올라가면서 실시한다. 불러 주는 장면에서 불안해지면 손을 들어서 표시하게 한다. 자녀가 손을 드는 장면에서 멈추고 눈을 뜨게 한 후 이완훈련을 실시하여 불안을 제거하고 낮은 단계에서부터 다시 시작하여 높은 단계로 나아간다.
- 이완훈련은 근육이 이완된 상태에서는 불안이 일어나지 않는다는 원리에 따

라 불안을 제거하기 위해 사용하는 것으로 신체의 한 부위에 힘을 주어 최대로 긴장시켰다가 풀어 줌으로써 근육을 이완시키는 방법이다. 긴장감이나 근심, 기분 나쁨을 느낄 때 이완 운동이 필요하다. 신체적 훈련은 정서적인 스트레스를 줄이도록 도울 뿐 아니라 건강에도 도움이 된다.

• 한 회기에 모든 불안자극을 제거하는 경우는 드물다. 시간을 두고 불안자극을 조심스럽게 제시하며 내담자의 미묘한 불안신호를 포착하고, 필요하면 중지시키고 다시 시도한다. 또한 위계목록 간의 간격이 너무 크면 부가적인 중간 단계의 위계항목을 구성하거나 불안을 유발하는 다른 요소가 있는지 다시 점검해야 한다.

다음과 같은 경우에는 전문가와의 상담이 필요하다.

• 걱정이 너무 많아 일상생활에 지장을 받는다고 느낄 때
• 불안, 두려움 또는 걱정하는 마음이 고통스럽고 통제하기 어려울 때
• 불안 증세 외에 다른 정신건강 문제가 있을 때
• 정신건강 문제로 인한 불안감이라고 느낄 때

상대방의 불편한 마음 이야기를 들으면 내 마음도 불안해진다. 내 마음이 계속 불편해지는 것을 견딜 수 없어 상대가 그 마음을 표현하지 못하도록 하기도 한다. 결국 내 마음이 편하고 싶은 것이다. 불안함을 느끼고 있다는 것을 보여 주는 감정신호는 다음과 같다.

• 시선을 마주치지 않고 땅바닥으로 향한다.
• 마주 볼 때 시선이 흔들린다.
• 손바닥을 마주 대고 비비거나 쥐어짠다.
• 긴장한 채 허리를 곧추세우고 의자 끝에 걸터앉아 있다.

Q2 불안 유형에 따른 감정은 어떤 차이가 있나요?

① 현실적 불안

현실적 불안(reality anxiety)은 자아가 현실을 자각하여 두려움을 느끼는 불안이다. 외부 세계에 객관적인 공포 대상이 존재하고 있을 때 무서워하는 것으로 정상인의 타당한 불안이라고 할 수 있다. 실제 외부의 생활로부터 오는 불안으로, 불안의 정도는 실제 위험에 대한 두려움의 정도와 비례한다. 현실 세계로부터의 위험의 예로 독사나 맹수를 만나거나 높은 곳에 올라갔을 때, 시험이 다가올 때, 이와 같이 현실적인 위험에 처할 때 느끼는 불안이다.

② 도덕적 불안

도덕적 불안(moral anxiety)은 자아(ego)와 초자아(superego) 간의 갈등에서 비롯된 불안으로 본질적으로 자신의 양심에 대한 두려움이다. 부모의 권위가 내재화된 양심은 부모가 심어 준 이상적인 행동기준을 어기는 생각이나 행동을 했을 때 그를 처벌하려는 목적으로 나타난다. 즉, 도덕적 불안은 자신의 도덕적 기준에서 위배된 생각이나 행동을 했을 경우에 생기는 불안이다.

③ 신경증 불안

신경증 불안(neurotic anxiety)은 현실을 고려하여 작동하는 자아와 본능에 의해 작동되는 원초아(id) 간의 갈등에서 비롯된 불안이다. 이러한 불안은 막대한 힘을 가진 원초아에 의해 충동적으로 표출된 행동이 처벌되지 않을까 하는 무의식적 두려움이다. 즉, 원초아의 충동이 의식으로 분출되어 나온다는 위협에 대한 반응이다. 자아가 원초아로부터의 본능적 위협을 감지하면 우리는 언제나 불안을 느낀다.

솔루션

8. 화, 분노 조절이 어려운 아이 돕기

"

화나 분노는 인간이 가진 감정 중 공격적인 감정이다. 개인이 역경에 처했을 때는 신체적·심리적 에너지를 활성화시켜 자신의 욕구나 권리가 침해당하지 않도록 하는 기능을 하기도 한다. 그러나 분노의 표현방식 중 공격적인 태도와 행동은 자기 자신뿐만 아니라 타인에게까지 신체적·심리적으로 손상을 가져와 과도한 긴장이나 부적응을 유발하기도 한다(신은진, 2009).

"

Q1 분노의 유발요인은 무엇인가요?

분노는 강한 불쾌감과 적대감(화, 노여움, 격노 등)으로, 불쾌감에 의해 일어나는 격렬한 정서적 상태를 의미한다. 분노의 유발요인은 다음과 같다.

첫째, 일상적인 생활에서 자신이 간절하게 바랐던 것을 심리적으로 또는 신체적으로 제지당했을 때 분노가 유발된다. 신체적인 장벽, 규범, 제한 또는 자신의 무능력이 제지에 속한다. 둘째, 분노를 일으키는 주요 유발요인은 자신 또는 자신에게 중요하다고 생각하는 것을 평가 절하할 때 일어난다. 셋째, 만성적으로 해결되지 않는 일반적으로 강하고 지속적인 스트레스가 분노의 유발요인이다. 이 외에도 부당한 요구나 왜곡된 지각도 분노의 요인이 된다(권영애, 2005).

Q2 분노를 표현하는 내 마음의 신호(감정)는 무엇인가요?

분노는 잘못된 어떤 일이 일어났음을 알리는 내 마음의 신호이다. 다른 감정과 마찬가지로 좋은 것도 나쁜 것도 아닌 단지 분노, 그 자체일 뿐이다. 자녀의 분노 신호는 부모에게 상처를 주기 위함이 아니라 문제를 해결하기 위한 도움의 신호이다. 따라서 부모는 자녀의 분노에 대해 구체적인 감정은 읽어 주되 화났을 때조차도 자신의 말과 행동에 책임을 지는 '분노를 잘 다스리는 방법'을 알려 주어야 한다.

화, 분노로 표현된 것 안에는 다양한 감정이 숨어 있다. 구체적인 감정에 대해서는 '2. 감정단어의 주인은 나'에 나오는 '감정목록표'를 참고하자.

분노

화난 | 괘씸한 | 분한 | 신경질 나는 | 울화가 치미는 | 짜증 나는 | 끓어오르는 | 약 오르는 | 격양된 | 뚜껑이 열리는 | 복수하고 싶은

Q3 화, 분노를 자주 표현하는 사람들의 특징이 있나요?

화, 분노가 잘 일어나는 사람의 특징은 다음과 같다.

- 주변에서 '착한 사람'이라고 칭찬을 받은 경험이 많은 사람
- 스트레스를 해결하지 못하고 속으로 끙끙 앓기만 하는 사람
- 감정의 기복이 크고 감성이 발달한 사람
- 자존심이 강하고 자신의 잣대가 명확한 사람
- 다른 사람과 타협하기 힘든 사람

Q4 분노 대상별 자기신념 그리고 금지어는 무엇인가요?

① 다른 사람들: '너는 ~해야만 하고 그렇지 않다면 난 도저히 참을 수 없다. 너는 저주를 받아야 한다.'라고 생각하는 데서 비롯된다.
- "분노를 아무에게나 풀어 버리지 않도록 하라."

② 세상: '세상은 공평해야만 하고 그렇지 못하다면 끔찍할 것이다. 난 도저히 참을 수 없다.'라는 신념에서 비롯된다. 자신이 세상에 대해 화를 낼 때는 자기도 모르는 사이에 그 분노 대상이 자신이 되어 버린다.
- "세상에 적응하려고 노력하라. 그리고 되도록 화를 내지 말고, 오류와 불공평함에 대해 푸념하지 않도록 하라."

③ 자기: 자신에게 요구하고, 그런 요구를 이루지 못했을 때 스스로를 벌하고 저주한다.

- "향상을 위해 노력하라. 자신이나 다른 사람들 그리고 세상을 실수할 수 있는 존재로 받아들여라."

Q5 자녀가 소리 지르고 난폭한 행동을 할 때 부모의 마음관리는 어떻게 하나요?

① 내 마음의 소리 듣기

이유 없는 감정은 없다. 자녀의 분노표현은 다 자신의 마음을 알아 달라는 신호이다. 자녀가 소리를 지르거나 난폭한 행동을 할 때 화난 감정은 먼저 수긍하자. 일단 감정이 받아들여지면 화난 이유에 대해 이야기하게 되고 그 사이 화가 풀리게 된다. 자녀 마음을 열게 하려면 부모가 덩달아 화를 내는 것은 금물이다.

② 1인칭, 2인칭을 사용한 혼잣말

누군가가 내 화나 분노를 풀어 주도록 기다리지 말고 내가 그 누군가가 되어 보자. 내 마음은 내가 알아주자. 내가 상대방으로부터 듣고 싶은 말을 내게 해 주는 것이다. 그리고 기다려 주는 것이다. 이후 내가 어떤 행동을 할 것인지를 믿고 나를 기다려 주자. 감정이 주는 신호를 지속적으로 훈련하자.

- "내가(네가) 화가 많이 났구나! 괜찮아~."
- "너(나) 알잖아, 지나가는 감정이란 걸! 숨 한번 크게 쉬어 볼까~."

③ 1-2-3 매직기술

화나는 행동에 바로 반응하지 않는 태도를 말한다. 너무 화나거나 분노가 일어날 때 잠깐 동안 심호흡하기를 해 보자. 아주 잠깐 말하는 것을 멈추어 보자. 화, 분노가 느껴질 때는 더 모진 말을 신나게 날려 버리고 싶은 생각과 마음이 당연히 들 것이다. 내 안에 화나 분노가 일렁일 때 잠깐 동안의 심호흡을 통해 이 상황을 어떻게 해결하는 것이 현명한 방법인지를 생각해 보자는 것이다.

Q6 자녀를 향한 적극적인 부모역할은 무엇인가요?

① 가치판단 없는 전적인 지지와 인정

자녀의 심리상태가 화나 분노가 많이 쌓여 있는 상태라면 우선 옳고 그름의 판단을 하지 말고 자녀가 자기의 감정을 충분히 표현할 수 있도록 들어 주고 공감해 주는 것이 필요하다. 자녀가 어느 정도 자기감정을 표출하고 나면 심리적 안정을 찾게 되는데(호흡, 표정, 억양이 안정됨), 그때까지는 전적으로 지지하고 들어 주어야 한다. 부모가 하고 싶은 이야기는 자녀의 화나 분노가 가라앉은 다음에 해야만이 자녀가 제대로 들을 수 있는 상태가 되기 때문이다.

② 화나는 상황이나 장면에서 자리 피하기

화나 분노가 올라가기 시작하면 이성이나 사고기능이 떨어지고 분별력이 제 기능을 못하기 때문에 말이나 행동에서 실수할 가능성이 높아진다. 따라서 신체적으로 가슴이 두근거리거나 호흡이 가빠지는 등의 화나 분노의 신호가 오면, 잠시 그 자리를 피하는 것도 하나의 방법이 될 수 있다. 화나는 장면을 떠나서 잠시 시간을 갖게 되면 마음이 안정되고 분별력이 생겨서 더 논리적이고 효과적인 대화가 가능해진다.

③ 화, 분노를 표현하도록 돕기

분노를 다스리려면 누구보다도 자기 자신이 그 분노에 주의를 기울여야 한다. 화가 난 마음을 스스로 읽고, 화가 났음을 객관적으로 표현하는 것만으로도 부정적 정서가 감소되고, 감정에 휩싸여 자신도 모르는 사이에 하게 되는 과격한 행동이나 습관적으로 하는 불건전한 행동도 감소된다. 화나 분노를 부모님이나 친한 친구에게 말로 표현하는 방법도 좋은 방법이다. 직접적인 대화 외에도 자신의 정서를 안전하게 있는 그대로 표현하는 방법으로는 미술, 음악, 춤, 시, 소설 같은 다양한 매체를 활용하면 도움이 된다. 매체는 정서를 순화시키고, 순화된 정서는 몸과 마음에 긍정적인 변화를 가져와 심신의 건강을 증진시키는 데 도움을 준다.

④ 감정노트 작성하기

화나 분노가 쌓이면 심리적으로 힘들어지면서 불안이나 우울로 진행될 수 있다. 화나는 마음을 누군가와 충분히 나눌 수 있으면 좋지만 그렇지 못할 경우에 글로 옮기게 되면 객관적으로 자신의 감정을 파악할 수 있어 통제력을 얻는 데 도움이 된다. 또한 자신의 감정을 글로 표출함으로써 불필요한 감정 소모를 막을 수 있고 스트레스 해소에도 도움이 된다. 이때 구체적으로 기록하는 것을 잊지 말자.

⑤ 호흡법

호흡에는 진정으로 놀라운 힘이 있다. 우리의 몸이나 마음 상태에 변화가 생기면 그것은 호흡에 즉시 반영된다. 화나면 호흡이 가빠지고, 놀라면 숨이 멈추고, 아프면 호흡이 얕아지고, 편하면 호흡이 깊어진다. 역으로 호흡을 조절하면 심신의 반응도 조절된다. 화가 나면 호흡이 가빠지는데 호흡을 의도적으로 깊고 느리게 하면 몸의 긴장이 이완되고 심리적으로도 안정이 되는 것이다. 호흡방법을 바꾸는 것은 이완을 느끼도록 도와준다. 호흡을 할 때는 먼저 목부터 허리까지 척추를 곧게 펴고 목이 꺾이지 않도록 해야 한다. 자세가 갖추어지면 호흡에 집중할 수 있도록 눈을 감고 몸 안에 있는 공기를 모두 빼낸다는 느낌으로 숨을 내쉰다. 충분히 내쉬게 되면 다음에 들이쉬는 숨은 자연히 깊이 마시게 될 것이다. 화가 난 상태에서 깊은 호흡을 하는 것은 자신을 스스로 통제할 수 있는 범위에서 벗어나지 않도록 잡아 주는 역할을 한다.

⑥ 화, 분노의 원인 찾기

화나 분노는 자기의 내면에서 일어나는 감정이다. 우리가 화를 내는 상황을 보면 자기 자신의 문제 때문이거나 타인의 문제로 화를 내는 경우가 대부분이다. 지금 내가 화가 나는 이유가 나 자신의 문제 때문인지, 상대방의 문제 때문인지 구분해야 한다. 상대방의 문제일 경우는 내가 화를 낼 필요가 없다. '아, 이건 내 문제가 아니야.'라고 생각해 보자. 나의 심리상태는 안정적으로 돌아오게 될 것이다. 분노의 감정뿐만 아니라 그 기저에 존재하는 비합리적 신념이나 인지체계, 분노를 유발하는 사건이나 대상, 어린 시절의 학대와 같은 가정적 요인, 외상에 대한 지속적 노출과 같은 환경적 측면 등 복합적으로 작용한 요인을 찾아볼 필요가 있다.

⑦ 화, 분노의 장면에서 분리하기

우리가 사물이나 현상을 볼 때 그것 자체로도 어떤 의미를 가질 수 있겠지만 그것을 어떤 관점에서 보느냐에 따라서 그 의미는 달라질 수도 있다. 화나 분노를 객관적으로 바라볼 수 있다면 그것은 바로 분리된 상태이다. 분리는 당신을 화나 분노의 충격으로부터 지켜 줄 것이다.

자신의 화나는 장면을 마음으로부터 멀리 떨어져서 객관적으로 바라볼 때 그 경험으로부터 분리된 상태가 되어 심리적 안정을 찾게 된다. 이러한 방법을 우리의 일상생활 속에서 부정적 경험을 극복하기 위하여 활용하면 마음관리에 도움이 될 것이다. 화나고 분노가 일어나는 이 일을 제3자의 입장에서 객관적으로 바라보는 것이다. 바로 '강 건너 불구경 하듯이' '마치 남의 일 같이' 생각하고 바라보는 태도이다.

[워크시트 1] 주간 감정 기록지

◆ 자신이 경험한 감정에 ✓표 해 보세요. 그리고 구체적인 점수를 기록해 보세요. 자신의 감정을 정확하게 느끼고 표현할 수 있습니다. 지난 1주간의 감정 변화와 변화 정도를 알 수 있습니다.

* ___ 에는 10점 기준으로 해당되는 점수를 기록. 점수는 정도를 표시함.

감정 \ 요일	월요일	화요일	수요일	목요일	금요일	토요일	일요일
예) 행복한	✓ 8						
가슴 벅찬	___	___	___	___	___	___	___
따뜻한	___	___	___	___	___	___	___
사랑스러운	___	___	___	___	___	___	___
감사한	___	___	___	___	___	___	___
고마운	___	___	___	___	___	___	___
신기한	___	___	___	___	___	___	___
평안한	___	___	___	___	___	___	___
행복한	___	___	___	___	___	___	___
흐뭇한	___	___	___	___	___	___	___
재미있는	___	___	___	___	___	___	___
즐거운	___	___	___	___	___	___	___
충격적인	___	___	___	___	___	___	___
기분 나쁜	___	___	___	___	___	___	___
불안한	___	___	___	___	___	___	___
초조한	___	___	___	___	___	___	___
창피한	___	___	___	___	___	___	___
비참한	___	___	___	___	___	___	___
속상한	___	___	___	___	___	___	___
외로운	___	___	___	___	___	___	___
답답한	___	___	___	___	___	___	___
안타까운	___	___	___	___	___	___	___
실망스러운	___	___	___	___	___	___	___
혼란스러운	___	___	___	___	___	___	___
화난	___	___	___	___	___	___	___
분한	___	___	___	___	___	___	___
짜증 나는	___	___	___	___	___	___	___

[워크시트 2-1] 욕구가 보내는 신호 해독하기

"
욕구는 우리에게 실시간으로 신호를 보냅니다.
내게 최우선인 욕구뿐만 아니라 삶에서 순간순간의
'욕구 불만족 상태'는 자주 일어나니까요.
이때 나와 타인의 욕구를 정확히 이해하기 위해서는
'숨어 있는 진짜 욕구'를 찾는 연습을 해야 합니다.
겉으로 드러나는 부정적인 감정이나 요구보다,
그 안에 숨어 있는 긍정적인 욕구를 찾으면 진심과
만날 수 있고 훨씬 더 효과적인 행동을
선택할 수 있게 되니까요.
"

1. 최근 당신은 어떤 일에 자주 투덜거렸나요? 한번 써 보세요.

2. 불만, 투정, 비난이라는 이름의 주머니 안에는 욕구가 숨어 있습니다. 어떤 욕구가 충족되지 않아서 서운하고 화가 나는 것이지요. 당신이 투덜거리는 것도 어떤 욕구가 꿈틀거리기 때문입니다. 이렇게 숨어 있는 욕구를 찾아내려면 자신에게 다음과 같은 질문을 던지는 연습을 해야 합니다.

- "지금 내 기분이 상한 이유가 무엇 때문일까?"

- "어떤 기대가 무너졌기에 이러는 것일까?"

- "본래 어떤 긍정적인 의도(욕구)가 있었던 것일까?"

출처: 김윤나(2015).

[워크시트 2-2] 잠시 멈춤 질문

"
감정이란 대상과 상황에 대해서 마음이 보내는 신호입니다.
그 신호가 부정적이든 긍정적이든 당신에게 무언가를
말해 주고 싶어 하지요. 감정이 하고 싶은 말이
무엇인지 귀 기울여 듣고 해석해 줘야,
그것이 필요 이상으로 당신에게 머물러 있거나 변질되지 않아요.
자기감정을 알아차리는 연습을 해 보세요.
바쁘게 살아가는 일상에서 감정을 알아차리려면 "잠깐!" 하고
외칠 줄 알아야 합니다. 그리고 '잠시 멈춤 질문'을 던져 보세요.
"

1단계 "지금 이것이 어떤 감정일까?"

2단계 "이것이 내게 말해 주는 건 무엇일까?"

3단계 "이 감정을 위해 할 수 있는 가장 좋은 방법은 무엇일까?"

출처: 김윤나(2015).

[워크시트 3] 자신의 내외적 상태 알아차리기

◆ 정서조절의 첫 단계! 자신의 정서를 인식하고 알아차리기

1. 신체감각에 대한 알아차림
   - 예: 손에서 땀이 나고 호흡이 가빠진다. 머리가 띵하고 지끈지끈 아프다.

2. 욕구에 대한 알아차림
   - 예: 나는 지금 쉬고 싶다. 나는 지금 너에게 이해받고 싶다.

3. 감정에 대한 알아차림
   - 예: 나는 너에게 굉장히 화가 났다. 난 지금 정말 창피하다.

4. 환경에 대한 알아차림
   - 예: 주변 사람들이 모두 나를 지켜보고 있다. 어, 여기 공사 중이네.

5. 상황에 대한 알아차림
   - 예: 엄마가 잔뜩 찌푸린 얼굴이다. 분위기가 심상치 않다. 모두 숨을 죽이고 있다. 여기에서 내가 아까 기분 나빴던 표현을 하면 안 되겠다. 조용히 꾹 참고 있자.

6. 자신의 힘에 대한 알아차림
   - 내가 어떤 일을 할 수 있는지 그리고 어디까지 감당할 수 있는지 알아차린다. 어떤 상황을 견딜 수 있고 그렇지 않은지, 환경에 어떤 영향을 행사할 수 있는 능력이 있는지 알아야 한다.

7. 자신의 행동에 대한 알아차림
   - 나의 행동방식을 알아차린다. 평소 어떻게 행동하는지 그 행동 패턴을 깨닫는다.

출처: 이지영(2017b).

[워크시트 4] 감정 쓰레기통

쓰레기통 만드는 방법

* 풀을 준비합니다.

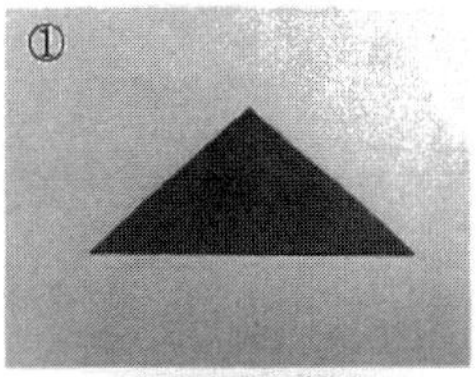

삼각접기를 한다.

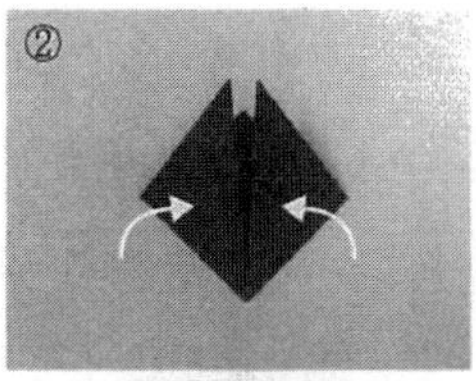

화살표를 따라
위로 접어 올린다.

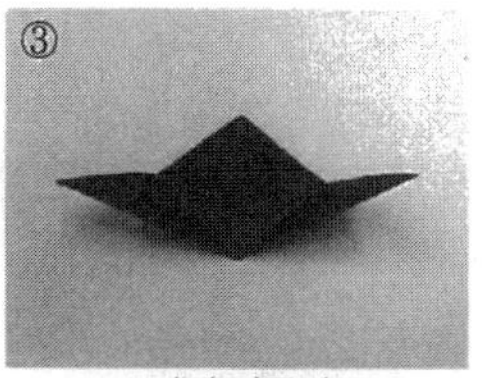

다시 펴준다.

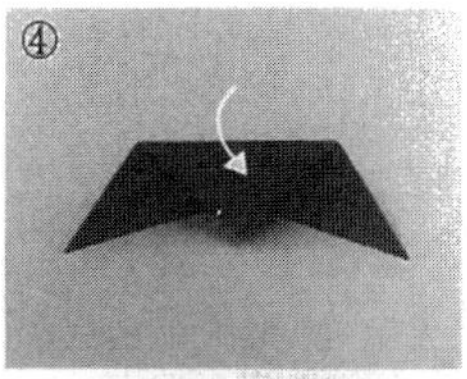

화살표 방향으로
아래로 내려 접는다.

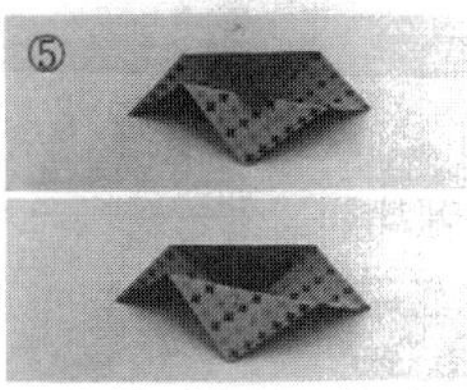

뒷장을 안쪽으로 넣는다.

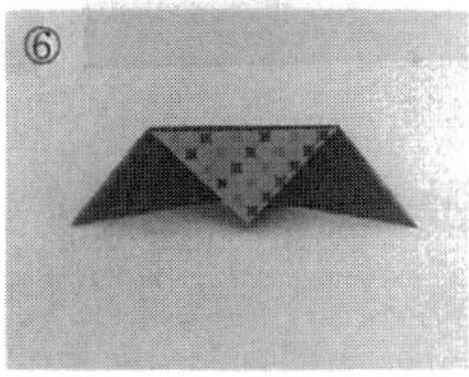

①~⑤번 과정을 반복하여
12개를 만든다.

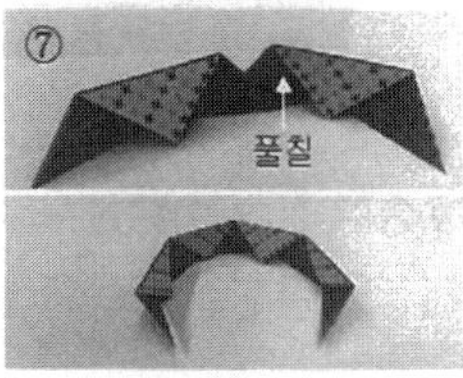

색종이 4개를 사진과 같이
풀칠 후 끼워 연결한다.

1단 연결완성.

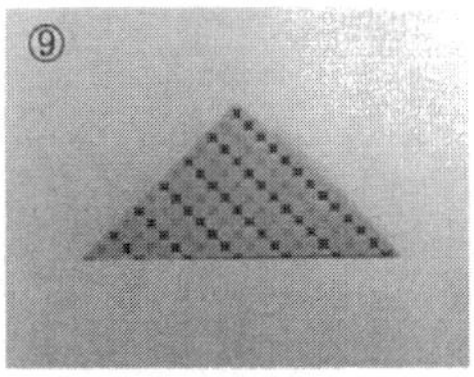

-방석접기-
삼각 접기를 2번 후 펼친다.

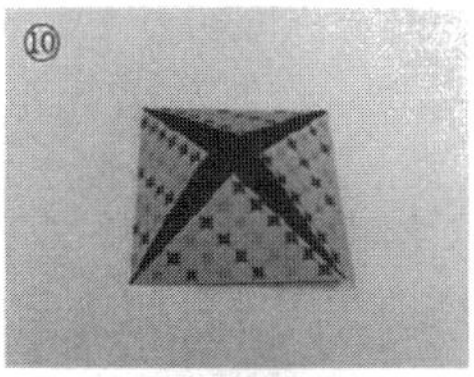

가운데를 중심으로
방석접기를 한다.

1단 연결한것과
방석접기를 준비한다.

1단 틈 사이로 방석접기
한것을 끼워넣는다.

끼워 넣은 모습.

4곳을 화살표 방향으로 풀칠한다.

풀칠 후 모습.

1단 완성과 2단 준비.

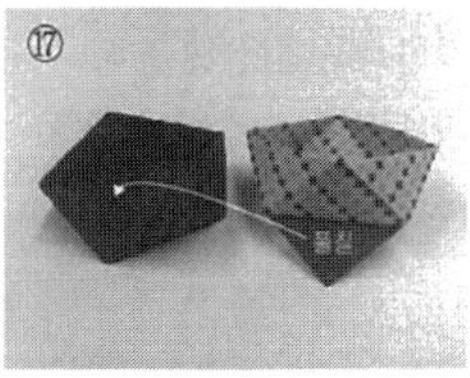

2단의 삼각형 모양 4곳에
풀칠하여 1단 안쪽에 붙인다.

1단과 2단 결합 모습

3단 결합 모습

감정 쓰레기통 완성~!!

출처: ㈜디자인씽킹, 감쓰(감정쓰레기통), 힐링박스 https://healingbox.co.kr/product/%EA%B0%90%EC%93%B0%EA%B0%90%EC%A0%95%EC%93%B0%EB%A0%88%EA%B8%B0%ED%86%B5/134/category/83/display/1/

[워크시트 5] 감정을 표현하는 사람, 감정을 가두는 사람

◆ 당신은 주변 사람들에게 감정표현을 하며 감정을 나누는 쪽일까요, 아니면 감정을 숨기거나 가두는 쪽일까요? 자신의 성향을 아는 것은 감정표현을 잘하기 위해 필요한 기본 요소입니다. 다음의 문항들에 답해 봅시다.

체크 포인트	항상 그렇다					전혀 그렇지 않다
1. 내 감정을 표현하고 나면, 대개 부정적인 결과가 나타난다.	1	2	3	4	5	6
2. 내 감정을 누군가에게 드러내는 것이 어색하고 불편하다.	1	2	3	4	5	6
3. 상대방에게 무언가를 부탁할 때는, 미리 상대방의 감정 상태나 기분을 살핀다.	1	2	3	4	5	6
4. 감정을 솔직하게 표현하는 것이 더 나을 때가 있다.	1	2	3	4	5	6
5. 가능한 한 내 감정을 들키지 않는 것이 현명하다고 생각한다.	1	2	3	4	5	6
6. 내가 마음을 열고 다가가면 상대방도 내게 마음을 연다.	1	2	3	4	5	6
7. 나의 부정적인 감정을 상대방이 알게 되는 것이 싫다.	1	2	3	4	5	6
8. 회의 도중 급하게 나가야 해서 조급한 마음이 들어도, 회의가 끝날 때까지 기다리는 경우가 많다.	1	2	3	4	5	6
9. 프레젠테이션 도중 불안한 마음을 감추기 위해 과장된 행동을 하거나 억지로 웃을 때가 있다.	1	2	3	4	5	6
10. 화가 나면 화를 그대로 분출하는 게 낫다.	1	2	3	4	5	6
11. 치아를 드러내고 웃거나 즐거워하는 모습을 남들에게 보이는 것이 어색하다.	1	2	3	4	5	6
12. 주위 사람들에게 '무표정하다'는 말을 자주 듣는다.	1	2	3	4	5	6

▶ 점수 계산하기

A. 첫 번째 총 점수 산출 A 합계: ______

1, 2, 5, 7, 8~12번 문항에 기재한 점수를 모두 더한다.

B. 두 번째 총 점수 산출 B 합계: ______

3, 4, 6번 문항에 기재한 점수를 반대쪽 점수로 바꿔 더한다.

1점 → 6점   4점 → 3점

2점 → 5점   5점 → 2점

3점 → 4점   6점 → 1점

C. 최종 점수 산출

A와 B를 더한 총점을 구한다.

A 합계: ______ + B 합계: ______ = 최종 합계: ______

▶ 해결

55점 이상: 원활한 감정표현형	당신은 현명한 감정표현자입니다. 감정표현이 중요하다는 사실을 충분히 알고 있고, 상황과 상대에 맞춰 적절하게 감정을 표현하고 나눕니다. 이 책을 읽으면서 본인에게 부족했던 점들을 찾아내고 보완해 갑시다.
31~54점: 불안정한 감정소통형	처한 상황과 상대방의 성향에 따라 감정을 제대로 표현할 때도 있지만, 그렇지 않을 때도 있는 경우입니다. 한마디로 일관되지 않고 상황이나 상대방에 따라 감정을 나누고 대응하는 방식이 달라집니다. 책을 읽으면서 이런 경우에 나는 어떻게 대응할 것인지를 상상해 보고 하나씩 스킬을 배워 나갑시다.
30점 이하: 미숙한 감정대응형	당신은 감정을 표현하는 것 자체에 대해 불편하게 여기는데, 그러다 보니 주변 사람들에게 종종 오해를 받습니다. 당신은 감정을 어떻게 표현해야 할지에 대해 혼란스러워하거나 힘들어할 때가 많습니다. 감정에 대한 당신만의 편견을 내려놓고, 집중해서 이 책의 내용을 체화해 봅시다.

현명한 사람들은 살아가면서 감정을 나누고 표현하는 스킬을 지속적으로 개발해 갑니다. 당신이 불안정한 감정소통형이나 미숙한 감정대응형이라고 하더라도, 결코 늦지 않았습니다. 지금부터 감정을 제대로 나누고 표현한다면, 상처받는 관계에서 서로를 좀 더 이해하는 관계로 전환시킬 수 있습니다. 얼마든지 어색한 관계에서 감정적으로 편안한 관계로 만들어 갈 수 있습니다.

출처: 함규정(2016).

[워크시트 6] 아동 · 청소년용 우울검사(CDI)

1. 아동·청소년용 우울척도(Children's Depression Inventory: CDI)

- 코백스(1981)의 소아우울척도를 한유진(1993, Cronbach α=.81)이 번안하여 사용한 한국형 아동 · 청소년 우울척도

2. 구성

- 총 27문항으로 구성
- 8~13세 아동과 청소년에게 실시
- 다섯 가지 하위 영역(우울정서, 행동장애, 흥미상실, 자기비하, 생리적 증상)
- 문항별 0~2점 척도
- 각 문항에 대한 개인의 평정치를 합산한 총점이 우울 정도를 나타냄
- 점수 범위: 0~54점
  - 22~25점: 약간 우울
  - 26~28점: 상당한 우울
  - 29점 이상: 심한 우울
- 점수가 높을수록 우울의 정도가 심하고 다양한 우울 증상을 보임을 의미

출처: 한유진(1993).

<아동 · 청소년용 우울검사(CDI)>

◆ **이 질문지는 자기 자신을 어떻게 생각하고 있는지에 대한 것입니다. 다음 문항들에서 평소에 자기 자신의 생각이나 느낌에 가장 가깝다고 생각되는 곳에 '○'표를 해 보십시오.**

1	( ) ( ) ( )	나는 가끔 슬프다. 나는 자주 슬프다. 나는 항상 슬프다.
2	( ) ( ) ( )	나에게는 제대로 되어 가는 일이란 없다. 나는 일이 제대로 되어 갈지 확신할 수 없다. 나에게는 모든 일이 제대로 되어 갈 것이다.
3	( ) ( ) ( )	나는 대체로 무슨 일이든지 웬만큼 잘한다. 나는 잘 못하는 일이 많다. 나는 무슨 일이든 잘 못한다.
4	( ) ( ) ( )	나에게는 재미있는 일들이 많다. 나에게는 재미있는 일들이 어느 정도 있다. 나에게는 재미있는 일들이 전혀 없다.
5	( ) ( ) ( )	나는 언제나 못됐다. 나는 못됐을 때가 많다. 나는 가끔 못됐다.
6	( ) ( ) ( )	나는 가끔씩 나에게 나쁜 일이 일어나지 않을까 생각한다. 나는 나에게 나쁜 일이 일어날까 자주 걱정한다. 나는 나에게 꼭 나쁜 일이 생길 것만 같다.
7	( ) ( ) ( )	나는 나 자신이 싫다. 나는 나 자신을 좋아하지 않는다. 나는 나 자신을 좋아한다.
8	( ) ( ) ( )	잘못되는 일은 모두 내 탓이다. 잘못되는 일 중 내 탓인 것도 있다. 잘못되는 일은 대체로 내 탓이 아니다.
9	( ) ( ) ( )	나는 자살을 생각해 본 적이 없다. 나는 자살을 생각해 본 적은 있지만 그렇게 하지는 않을 것이다. 나는 자살하고 싶다.
10	( ) ( ) ( )	나는 매일 울고 싶은 기분이다. 나는 매일은 아니지만 자주 울고 싶은 기분이 든다. 나는 가끔 울고 싶은 기분이 든다.
11	( ) ( ) ( )	이런저런 일로 인해서 늘 성가시다. 이런저런 일로 인해서 성가실 때가 많다. 간혹 이런저런 일로 인해서 성가실 때도 있다.
12	( ) ( ) ( )	나는 사람들과 함께 있는 것이 좋다. 나는 사람들과 함께 있는 것이 싫을 때가 많다. 나는 사람들과 함께 있는 것이 늘 싫다.
13	( ) ( ) ( )	나는 어떤 일에 대한 결정을 내릴 수가 없다. 나는 어떤 일에 대한 결정을 내리기가 어렵다. 나는 쉽게 결정을 내린다.

14	( ) ( ) ( )	내 외모는 괜찮은 편이다. 내 외모 중에는 못생긴 부분이 약간 있다. 나는 정말 못생겼다.
15	( ) ( ) ( )	나는 학교공부를 해내려면 항상 노력해야만 한다. 나는 학교공부를 해내려면 노력을 많이 해야 한다. 나는 별로 어렵지 않게 학교공부를 해낼 수 있다.
16	( ) ( ) ( )	나는 매일 밤 잠들기가 어렵다. 나는 잠들기 어려운 밤도 있다. 나는 잠을 잘 잔다.
17	( ) ( ) ( )	나는 가끔 피곤하다. 나는 자주 피곤하다. 나는 항상 피곤하다.
18	( ) ( ) ( )	나는 늘 밥맛이 없다. 나는 밥맛이 없을 때가 많다. 나는 밥맛이 좋다.
19	( ) ( ) ( )	나는 몸이 아플까 봐 걱정하지는 않는다. 나는 몸이 아플까 봐 걱정할 때가 많다. 나는 몸이 아플까 봐 항상 걱정한다.
20	( ) ( ) ( )	나는 외롭다고 느끼지 않는다. 나는 자주 외롭다고 느낀다. 나는 항상 외롭다고 느낀다.
21	( ) ( ) ( )	나는 학교생활이 재미있었던 적이 없다. 나는 가끔씩은 학교생활이 재미있다. 나는 학교생활이 재미있을 때가 많다.
22	( ) ( ) ( )	나에게는 친구들이 많다. 나는 친구들이 조금 있지만, 더 많이 있었으면 좋겠다. 나는 친구가 하나도 없다.
23	( ) ( ) ( )	나의 학교 성적은 괜찮다. 나의 학교 성적은 예전처럼 좋지는 않다. 내가 전에는 잘했던 학과목 성적이 요즈음 떨어졌다.
24	( ) ( ) ( )	나는 절대로 다른 아이들처럼 착할 수가 없다. 나는 마음만 먹으면 다른 아이들처럼 착할 수가 있다. 나는 다른 아이들처럼 착하다.
25	( ) ( ) ( )	나를 진심으로 좋아하는 사람은 아무도 없다. 나를 진심으로 좋아하는 사람이 있을지 확실하지 않다. 분명히 나를 진심으로 좋아하는 사람이 있다.
26	( ) ( ) ( )	나는 누가 시킨 일을 대체로 한다. 나는 누가 시킨 일을 대체로 하지 않는다. 나는 누가 시킨 일을 절대로 하지 않는다.
27	( ) ( ) ( )	나는 사람들과 사이좋게 잘 지낸다. 나는 사람들과 자주 싸운다. 나는 사람들과 늘 싸운다.

[워크시트 7] 정서적 안정감을 돕는 근육 이완 훈련

- 눈을 감고 깊은 숨을 쉬면서 생각을 비우라.

- 두 주먹을 꽉 쥐라. 10초를 세면서 근육이 긴장하는 데 마음을 모으라. 그리고 서서히 주먹을 풀면서 주먹의 따뜻한 느낌이나 긴장이 풀리는 것에 관심을 집중하라. "내 주먹이 평안해지고 긴장이 풀렸다."라고 마음속으로 말하라.

- 10초 동안 주먹과 함께 팔의 윗부분과 아랫부분이 모두 긴장하도록 힘을 주라. 근육감각에 마음을 모으라. 근육을 이완하면서 따뜻해지는 느낌과 긴장이 풀리는 느낌을 충분히 느끼라.

- 팔과 주먹뿐만 아니라 어깨, 목, 얼굴, 턱에도 긴장과 이완을 충분히 반복한다. 각각 10초씩 한다.

- 가슴, 위, 등근육이 모두 긴장되도록 힘을 주라.

- 앞에서 설명한 지시대로 하라. 점진적으로 다른 근육들의 이완도 계속해서 앞의 지시를 따라 하도록 하라.

[워크시트 8-1] 정서적 안정감을 돕는 호흡법

심호흡

- 눈을 감고 생각을 비우라.
- 길고 깊게 숨을 쉬고, 코로 숨을 들이쉬고 폐까지 가도록 하라. 숨과 공기의 소리에 정신을 집중하고, 숨을 쉴 때 '평온함'이나 '이완'이라는 단어를 생각하라.
- 신선한 공기나 긴장을 푸는 데 관심을 두고 숨을 가능한 한 길게 편안하게 쉬라. 천천히 숨을 내쉬면서 이완하고 공기가 몸에서 나가는 것을 느끼라.
- 이런 심호흡을 계속하라. 적어도 10분 정도 하는 것이 도움이 된다.

복식호흡

- 복장을 느슨하게 한 다음, 소파나 침대 또는 바닥에 누우라. 의자에 앉아 있다면, 편히 앉도록 하라.
- 편안한 자세로 몇 초간 숨을 고르라.
- 가슴은 고정하고 배로 숨을 쉬어 보라. 배를 부풀리면서 숨을 들이마시고, 배를 낮추면서 천천히 숨을 내쉬라.
- 왼손은 가슴 위에 올리고 오른손은 배에 얹고 숨을 쉬라. 이때 왼손은 가만히 있고 오른손만 오르내리도록 숨을 쉬라. 숨을 들이마시면서 풍선처럼 배를 부풀렸다가 공기를 천천히 밀어내듯 숨을 내쉬라.
- 천천히 부드럽게 숨을 쉬면서 들이쉬는 숨보다 내쉬는 숨을 더 길게 쉬도록 하라. 코로 숨을 쉬되, 내쉬는 숨이 끝나면 '하~' 하고 입으로 소리를 내며 이완하라.
- 익숙해지면 앉은 자세와 일어선 자세에서도 반복하면서, 다양한 상황에서 복식호흡을 바로 적용할 수 있도록 연습하기 바란다.

출처: 이지영(2017b).

[워크시트 8-2] 감정 경험 일지

◆ 감정이 발생한 상황과 그때의 감정단어, 강도와 빈도가 어느 정도인지 구체적으로 기록해 보세요.

월/일	상황 (언제, 어디서, 누구와, 무엇을 할 때)	감정단어	강도 (10점 기준)	빈도
예: 10/28	아침식사 시간에 아이가 식탁에 앉자마자 반찬투정을 하며 휙 나가 버린다.	속상하다, 화난다	8	처음, 자주, 가끔

출처: 이지영(2017b).

참고문헌

권영애(2005). 분노 조절 프로그램이 가정폭력 피해자의 상태-특성 분노 표현양식에 미치는 효과. 대구대학교 재활과학대학원 석사학위논문.

김윤나(2015). 나공부: 진짜 나를 찾는 5가지 질문. 서울: 큐리어스.

김춘경, 이수연, 이윤주, 정종진, 최웅용(2016). 상담학 사전. 서울: 학지사.

노경선(1997). 청소년의 우울. 청소년상담문제 연구보고서, 35, 7-26.

박성희(2007). 마음과 상담: 동양상담학 시리즈 1. 서울: 학지사.

신은진(2009). 분노표출아동의 상담사례: 종합적 분노조절프로그램의 적용. 진주교육대학교 교육대학원 석사학위논문.

양명희(2013). 상담자 자기효능감 프로그램 개발. 경북대학교 대학원 박사학위논문.

윤대현, 장은지(2021). 리더를 위한 멘탈 수업: 압도적 성과를 올리는 사람들의 7단계 성장 전략. 서울: 인플루엔셜.

이서정(2006). 정서인식의 명확성, 인지적 정서조절 및 정신건강간의 관계. 중앙대학교 대학원 석사학위논문.

이지영(2016). 정서강도와 정신건강의 관계에서 정서조절방략의 매개효과. 인지행동치료, 16(2), 61-84.

이지영(2017a). 성인의 기질과 정서조절곤란의 관계에서 적응적 및 부적응적 정서조절방략의 매개효과. 한국심리학회지: 건강, 22(4), 943-968.

이지영(2017b). 정서조절 코칭북: 내 감정의 주인이 되어라. 서울: 박영스토리.

이지영, 권석만(2006). 정서조절과 정신병리의 관계: 연구현황과 과제. 한국심리학회지: 상담 및 심리치료, 18(3), 461-493.

정혜신(2018). 당신이 옳다. 서울: 해냄출판사.

한유진(1993). 아동과 청소년의 우울성향 및 귀인양식과 학업성취. 서울대학교 대학원 석사학위논문.

함규정(2016). 감정으로 소통하라: 불통을 해결하는 감정의 힘. 서울: 알에이치코리아.

Beck, A. T. (1967). *Depression: Clinical, experimental, and theoretical aspects*. New York: Harper & Row.

Clark, L. (2001). *SOS Help for emotions: Managing anxiety, anger, and depression*. 박성연, 임희수 공역(2002). SOS 나는 왜 우울하고 화가 나는가? 경기: 교육과학사.

Goleman, D. (1995). *Emotional intelligence: Why it can matter more than IQ*. New

York: Bantam Books.

Greenspan, S. I., & Porges, S. W. (1984). Psychopathology in infancy and early childhood: Clinical perspectives on the organization of sensory and affective-thematic experience. *Child Development*, *55*(1), 49–70.

Gross, D. M. (2008). *The secret history of emotion: From Aristotle's rhetoric to modern brain science*. Chicago, IL: University of Chicago Press.

Gross, J. J. (1998). Antecedent-and response-focused emotion regulation: Divergent consequences for experience, expression, and physiology. *Journal of Personality and Social Psychology*, *74*(1), 224–237.

Kovacs, M. (1981). Rating scales to assess depression in school-aged children. *Acta Paedopsychiatrica: International Journal of Child & Adolescent Psychiatry, 46*, 305–315.

Kovacs, M. (1983). *The children's depression inventory: A self-rated depression scales for school-aged youngsters*. Unpublished manscript, University of Pittsburgh, Pittsburgh, P.A.

Kovacs, M., & Beck, A. T. (1977). The wish to die and the wish to live in attempted suicides. *Journal of Clinical Psychology, 33*(2), 361–365.

Leahy, R. L. (2019). *Emotional schema therapy*. 신성만, 조성봉, 라영안 공역(2019). 정서 도식 치료. 서울: 유원북스.

Leahy, R. L., Tirch, D., & Napolitano, L. A. (2011). *Emotion regulation in psychotherapy: A practitioner's guide*. 손영미, 안정광, 최기홍 공역(2019). 정서도식치료 매뉴얼: 심리치료에서의 정서조절. 서울: 박영사.

Seligman, M. E. P. (2003). *Authentic happiness: Using the new positive psychology to realize your potential for lasting fulfillment*. 김인자 역(2020). 마틴 셀리그만의 긍정심리학. 경기: 물푸레.

Sheppes, G., & Gross, J. J. (2011). Is timing everything? Temporal considerations in emotion regulation. *Personality and Social Psychology Review*, *15*(4), 319–331.

WHO (2008). *The Global Burden of Disease: 2004 Update*. Geneve, Switzerland: WHO Press.

제3장

자녀의 자기조절력을 길러 주는 부모 코칭: 부주의와 과잉행동 및 충동성 감소 전략

Q1 11세, 13세 형제를 둔 가정주부입니다. 작년에 큰아이가 ADHD 진단을 받고 지금까지 약을 먹고 상담을 받고 있습니다. 하지만 진전이 별로 없고 아이의 행동이 나빠지고 있습니다. 최근에는 등교도 하지 않고 인터넷 게임만 온종일 하고 있습니다. 남편은 직장에서 늦게 퇴근해서 아이들 양육은 제 몫이고, 제 탓을 하거나 아이에게 폭언이나 잔소리를 합니다. 게임을 하느라 12시 넘어 잠들고, 아침에 깨우면 일어나지 않으려 하고 저에게 심한 욕을 합니다. 학교 보내는 일이 전쟁 같습니다. 학교에서는 친구들과 어울리지 못하고 집단따돌림을 당하고 있습니다. 집에 와서는 저에게 욕을 하고 동생을 때리곤 합니다. 남편이 체벌도 하고 달래도 보고 설득도 해 보았지만, 변화가 없어서 저도 지치고 우울해서 다 피하고 싶습니다. 어떻게 해야 할지 모르겠습니다.

Q2 담임 선생님이 아이 지도에 너무 어려워하시고요. 수업시간에 교사의 지시나 명령을 따르지 않고 옆의 아이들에게 장난을 걸고 수업 분위기를 망친다고 합니다. 담임 선생님이 부모님에게도 아이의 문제행동에 대해 말씀을 드렸지만, 부모님은 이에 대해 전혀 인정하지 않으려고 합니다. 전학을 권고하고, 아이의 행동이 개선되면 교실 복귀를 말씀하시는데 상담사로서 어떻게 개입하는 게 맞는지 확신이 없습니다. 바람직한 대처 요령은 무엇일까요?

주의력결핍 과잉행동장애(attention deficit/hyperactivity disorder: ADHD)를 가진 아동의 어머니는 아동의 부주의, 과잉행동이나 충동적인 행동으로 인해 아동과 자주 갈등을 겪게 된다. 특히 형제자매 가운데 ADHD를 가진 아동이 있을 경우 형제간에 잦은 논쟁 또는 싸움을 하거나, 어머니에게 대들거나 욕을 하는 경우가 흔하다. 청소년기에 접어들면 심한 경우 부모를 폭행하는 경우도 자주 목격된다. 특히 가정에서 아동이 어린 시절부터 환경에서 취침이나 기상 그리고 숙제하고 노는 시간 등이 예측 가능하게 구조화되어 있지 않을 경우, ADHD 아동은 규칙적으로 일상생활을 하는 것을 어려워한다.

아동·청소년을 자녀로 둔 대부분의 부모는 과도한 스마트폰 사용이나 인터넷 게임 때문에 자녀와 자주 갈등을 겪는다. 과도한 사용이 문제가 되므로 적절하게 사용할 수 있는 조절능력을 키워 주는 것이 중요하다. 자기조절력이나 자기동기부여능력은 한 개인이 평생 개발해야 하는 역량이라 볼 수 있다. 자기조절력과 자기동기부여는 지적 능력 못지않게 중요한 능력으로, 흔히 정서지능 혹은 사회적 지능이라 부른다. 자기조절력(self-regulation)은 흔히 동의어로 자기통제력(self-control)이라 부른다. 자기조절력이나 자기통제력은 아동이나 청소년뿐만 아니라 성인에게도 중요한 성격 덕목이라 할 수 있다. 자기조절력은 아동의 심리사회적 발달과정에서 자연적으로 형성되는 게 아니라, 일차적으로 주 양육자와의 관계에서 학습해야 할 발달과제이다.

출생 후 유아는 주 양육자와의 관계에서 심리사회적 발달과제를 습득해야 한다. 일반적으로 애착 단계, 탐색 단계, 정체성 단계, 유능성 단계로 구분한다. 애착 단계는 부모가 일방적으로 유아에게 돌봄을 제공해야 단계로, 출생 후부터 15개월 정도까지의 기간을 애착 단계라 할 수 있다. 주 양육자의 역할은 유아의 기본적인 욕구를 민감하게 알아차리고 즉각적으로 해결해 주는 것이다. 이를 통해서 유아는 신뢰를 형성하게 되고 어머니와 안정된 애착관계를 형성한다. 정상적인 아동 발달에서 신생아의 경우 생존과 관련된 신체생리적인 안전과 안정은 주 양육자의 민감하고 반응적인 태도를 통해서 이루어지고, 유아는 이를 통해서 감정을 조절하는 데 도움을 받는다. 유아에게 건강한 엄마는 보조자아의 역할을 하게 된다. 이와 반대로 주 양육자가 유아의 즉각적인 욕구나 불편함을 해소해 주지 못할 때 불신감을 조장할 수 있다.

애착 단계에서 유아가 주 양육자와 발달적 욕구를 채우게 되면 이를 기반으로 유아는 탐색 단계로 나아가게 된다. 이 단계에서 유아의 중요한 발달 욕구는 주변 탐색, 즉 세상에 대한 호기심이다. 하지만 호기심과 두려움이 공존하는 상태이다. 부모가 유아의 탐색을 허용하면서 안전한 상황을 제공한다면, 유아는 이를 기반으로 점점 자아가 발달하고 심리적인 분리와 개별성을 서서히 가지게 된다. 하지만 주 양육자가 유아의 자유로운 탐색을 제지하거나 세상이 위험하다는 메시지를 지속해서 줄 때 유아의 자율성은 손상되고, 세상에 대한 호기심보다는 주 양육자에게서 떨어지려 하지 않을 것이다. 따라서 부모는 개별성을 허용하는 가운데 유아가 위험한 행동을 할 때 보호적인 한계 설정을 하는 것이 절대적으로 필요하다. 예를 들어, 선풍기에 손을 집어넣는다든가, 콘센트에 젓가락을 넣는 등과 같은 유아의 행동은 안전사고를 방지하기 위해 제동을 걸어야 한다. 안전하고 안정된 가정환경에서 유아의 인지능력은 발달하고 미세근육발달이 더 정교해지게 된다.

정체성 단계에서 유아는 인형이나 장난감 놀이 활동을 통해 동일시하는 행동을 보이며 자기정체성을 형성하기 시작한다. 유아의 건강한 정체성 형성을 위해서는 부모의 인정하기나 칭찬하기 반응이 필요하다.

마지막 단계는 유아가 자신의 능력에 대한 유능성을 형성하는 단계이다. 유아는 서서히 자신의 힘이나 능력을 시험하고자 한다. 유능성 단계는 자신의 능력과 영향력에 대해 시험을 하면서 고집을 피우고 마음대로 하려고 하는 시기이다. 동생이나 또래 아이를 때리는 바람직하지 않은 행동을 하기도 하고, 원하는 것을 얻기 위해서 생떼를 부리기도 한다. 탐색 단계에서 유아를 위해 보호적인 한계 설정을 둔 것처럼, 유능성 단계에서 부모의 역할과제 가운데 가장 중요한 것은 한계 설정하기(limit-setting)이다. 유능성 단계에서는 한계 설정을 통해서 유아가 미숙한 자아의 욕구를 조절하는 연습이 필요하다. 훈육이 본격적으로 필요한 시기로, 이 시기의 유아는 옳고 그름을 배워야 하는 발달과제에 놓이게 된다. 이에 대한 적절한 제재나 타임아웃과 같은 처벌을 시행할 필요가 있다.

1. 자기조절과 권위 있는 부모의 역할

1) 좌절감의 내성도

좌절감의 내성도(tolerance of frustration)란 마치 독감 예방주사와 같다. 자신이 원하는 일이나 목표가 뜻대로 이루어지지 않은 상황에서도 포기하지 않고 다시 일어나 전진하고 버티는 힘이라 할 수 있다. 충동적이고 미숙한 유아의 행동을 제지하고 타임아웃과 같은 처벌을 사용함으로써 옳지 않은 행동은 수용되지 않는다는 것을 단호하게 학습시켜야 한다. 아이는 자신의 뜻대로 되지 않아 화를 내지만, 금방 잊어버리고 부모에게 다가온다. 만 3세 이후의 유아는 옳고 그름에 대한 훈육과 동시에 처벌이라는 불쾌한 경험을 통해서 적절한 좌절감의 내성도를 필히 길러야 한다. 고집부리고 폭력적인 유아에게는 처벌을 통한 적절한 수준의 좌절감을 맛보게 하고 그러한 행동이 허용되지 않는다는 것을 알려 주는 단호한 태도가 필요하다. 이것은 마치 우리가 겨울 독감 예방을 위해 늦가을에 미리 맞는 예방주사와 같아서 차후 자신의 마음대로 되지 않는 상황에 부닥치게 될 때 좌절감에 대한 내성이 생기게 되어 감정을 담는 그릇이 커지므로 잘 견디게 된다. 이를 심리치료 용어로 자아강도(ego-strength)라 부른다. 반대로 매사에 자기 마음대로 하고 원하는 것은 무엇이든 즉각적으로 욕구를 채운 아이들을 상상해 보라. 일명 '자판기 현상'을 보이게 된다. 마치 부모라는 자판기가 아이가 요구하는 것은 무엇이든지 다 들어주다가 어느 시점에서 들어주지 않을 때, 마치 돈만 잡아먹고 원하는 음료수나 과자가 나오지 않을 때 하는 행동처럼 폭력적인 행동을 보일 가능성이 높아지게 된다.

유아기 올바른 행동 습관 형성의 중요성을 강조하는 속담이 바로 "세 살 버릇 여든까지 간다."라는 말이다. 신경과학적인 관점에서 보자면, 특히 감정조절에 관여하는 전전두엽에 있는 안와전두피질(orbital frontal cortex: OFC)이 발달을 해야 감정조절을 잘할 수 있게 된다. 안와전두피질의 기능을 다른 말로 실행기능이라 한다. 실행기능이란 예측, 분석, 판단, 추론, 정서의 조절 및 동기부여 등 인간 두뇌의 사령탑이라 할 수 있고, 오케스트라를 지휘하는 지휘자로 흔히 비유된다. 실행기능을 들여다보면, 이성적인 판단과 분석 능력을 가리키는 지적 지능(intelligence quotient: IQ)의 능력뿐만 아니라, 감정을 조절하고 즉각적인 만족감을 추구하기보다는 장기적인 목표를 이루기 위해 스스로 감정을 조절하고 동기를 부여하는 능력인 정서지능(emotional quotient: EQ), 즉 사회적 지능(social intelligence)도 포함하고 있다.

안와전두엽은 감정과 장기기억을 담당하는 편도체와 해마를 가지고 있으며, 포유류의 뇌와 전전두엽을 연결하는 중요한 기관이다. 마치 감정을 조절하는 수문장의 역할을 하는 것이 안와전두엽인데, 이는 주로 4세까지 활발하게 발달한다. 다시 말해, 아이가 말을 이해하고 표현하는 시점에서 옳지 않은 행동에 대해 자제하고, 감정의 조절과 좌절감을 견디는 훈련을 유아기부터 학습시켜야 한다는 의미이다. 아동 · 청소년의 발달과제에서 가장 중요한 성격 덕목은 자기조절력과 인내심을 기르는 것이다. 학술적인 용어로 내면화된 자기조절력(internalized sense of control)이라 부른다. 지금 당장 게임이나 놀이를 하고 싶지만, 해야 할 일을 마치고 나서 하는 자기조절력과 자기동기부여능력을 어릴 때부터 길러 주어야 하는 것은 어른의 책무이다.

2) 자기조절의 중요성

자기조절력의 중요성에 대한 대표적인 연구는 미국 스탠퍼드 대학교 심리학과 월터 미셸(Walter Mischel) 교수가 한 마시멜로 연구이다. 1970년에 5세 아동을 대상으로 진행한 연구인데, 연구자가 아동들에게 1개의 마시멜로를 접시에 나누어 주면서 연구자가 15분 뒤에 돌아왔을 때 먹지 않고 기다린 아동에게는 하나를 더 주겠다는 약속을 한다. 이 연구 실험의 목표는 아동의 만족도 지연(delayed gratification)에 대한 것으로, 현재도 후속 연구를 하고 있다. 연구 실험자가 떠난 뒤 아이들의 반응은 다양하게 나타났다. 연구자가 나가자마자 덥석 집어 먹는 아이, 잠시 동안 침을 삼키며 마시멜로를 빤히 쳐다보다가 마침내 집어 먹는 아이, 먹지 않으려고 귀를 막고 노래를 부르는 아이 등 다양한 행동을 보였다.

흥미로운 연구 결과는 먹지 않고 유혹을 견딘 아이들이 여러 가지 면에서 뛰어났다는 사실이다. 구체적으로 들여다보면, 미국의 수학능력시험(SAT)에서 먹은 아이와 먹지 않은 아이들의 평균점수는 200점 차이가 났다. 후속 연구에서도 대학 졸업률이나 비만척도 그리고 직업적인 성공, 결혼생활, 삶의 만족도 등에서 먹지 않고 참고 기다린 아이들이 그렇지 않은 아이들보다 월등히 뛰어났다는 결과를 보여 주었다. 이와 유사한 개념으로 교육심리학에서 그릿(grit)이란 용어를 자주 사용한다. 학업적 그리고 직업적 성공에서 가장 중요한 성격 특성을 그릿이라 주장하는 이론이다. 그릿은 열정과 투지를 의미한다. 우리가 인생에서 크고 작은 목표를 이루기 위해서는 지속적인 노력이 필요하고, 특히나 장기적인 목표를 이루기 위해서는 즉각적인 만족을 자제하고 자신의 마음을 다독이며 목표를 이루기 위해 미래의 성취감과 만족감을 상상하면서 노력하는 자세와 투지가 필요하다. 자신의 감정을 표현하고 조절하며 크고 작은 목표를 이루기 위해서 자신에게 스스로 동기부여하는 능력은 정서지능, 사회적 지능의 핵심이다. 자기조절력의 어려움은 충동적인 행동과 사고로 이어진다. 주변에서 일어나는 상황에 대해 민감하게 알아차리면서 신중한 행동을 하기보다는 결과에 개의치 않는 위험한 행동을 하게 된다. 자기조절력의 어려움으로 인해 일상에서 해야 하는 일이나 과제 수행에도 어려움을 보이게 된다. 이로 인해 부모나 교사와 잦은 갈등을 빚게 된다.

3) 자기결정이론에 대한 이해

자기결정이론은 에드워드 데시(Edward L. Deci)와 리처드 라이언(Richard M. Ryan) 교수가 1985년에 개발하였다. 부모나 교육연구자가 간과하지 말아야 하는 사실은 스스로 결정하는 능력은 유아기에서는 외부, 즉 부모나 교사 혹은 사회문화나 관습에 의한 피동적인 조절을 요구받는다는 것이다. [그림 3-1]에서 보이는 것과 같이 유년 시절에는 외부적 조절(external regulation), 즉 가정이나 학교에서 아이가 올바른 행동을 하도록 요구하면서 이에 따라 보상과 처벌을 시행하게 된다. 외부적인 요구나 규칙들이 서서히 내사된 조절로 옮겨지면서 여전히 외부에서 올바른 행동을 하도록 강요하고 이를 지키게 할 때 아동에게 자존감이 생기고, 어길 때에는 죄책감을 경험하게 된다. 다음은 동일시된 조절이라는 단계로 이어지며, 이제는 외부의 요구가 어느 정도 아동에게 의식적으로 중요한 목표가 된다. 그리고 최종 단계는 통합된 조절로, 외부에서 요구했던 행동이나 태도가 내면의 중요한 가치로 동화된다. 다시 말해서, 어린 시절부터 수업에 제시간에 들어가기,

동생을 때리지 않기, 수업시간에 떠들지 않기, 숙제하고 놀기 등을 학습함으로써 이러한 것들이 당연한 가치가 되어 스스로 행동하게 된다. 이렇게 내재화된 가치관은 성인이 되어서도 책임감 있는 행동으로 이어진다.

[그림 3-1] 자기결정이론

4) 아동의 자기조절력을 높여 주기 위한 부모의 역할

유아기는 감정을 스스로 조절하기에 마음의 그릇이 작다. 유아에게 부모는 생존을 좌지우지하는 절대적 대상이다. 다시 말해, 부모의 불화나 갈등 그리고 폭력적인 상황은 유아에게 본능적으로 공포심과 불안을 불러일으키게 된다. 유아기 주 양육자의 심리적인 안정과 민감하고 반응적인 태도나 행동은 유아의 건강한 애착 형성과 더불어 성격의 기초 토대가 된다. 주 양육자의 얼굴 표정이나 목소리 톤, 유아와의 신체적 접촉은 유아의 심리적 안정에 필수적이다. 이와 반대로 주 양육자의 우울과 불안은 유아에게 본능적으로 불안을 야기하게 된다. 유아가 불편함을 보일 때 주 양육자가 유아의 정서적 안정을 위해 안고 얼러 주는 행동이나 심리적인 위로를 주는 주 양육자의 목소리 또는 신체접촉은 심리적 안정과 조절에 필수적이다. 어린 시절 지속적으로 불안한 상태에 노출되었다면 우리의 신체를 통해서 불안과 두려움이 학습되어 성인이 되어서도 심리적으로 불안정감(sense of insecurity)을 느낄 수 있다.

건강한 어머니와 유아의 상호작용을 관찰해 보면 어머니와 유아가 동일한 표정이나 행동을 하는 경우가 흔하다. 유아는 걷기 시작하면서 주변을 탐색하기 시작한다. 이러한 와중에 유아는 무섭고 두려운 상황에 맞닥뜨리게 된다. 유아의 경우 감정을 담고 처리하는 마음의 그릇이 아직 작기 때문에 유아가 두려움이나 불안을 경험하게 될 때 주 양육자의 건강한 반응은 유아의 말과 행동을 공감하면서 보이는 미러링 반응이다. 일명 거울 반영하기로, 감당할 수 없는 감정을 유아가 잘 처리하도록 돕기 위해 어머니는 거울 반영하기를 통해서 유아의 거친 감정을 어머니의 입으로 다시 씹어서 유아가 쉽게 받아넘기도록 돕는다. 이를 심리치료에서는 어머니가 유아의 보조자아 역할을 하는 것이라고 한다. 아이가 화장실에서 귀신을 보았다고 하며 하얗게 질려서 어머니인 당신에게 다가오면 어떤 반응을 하는 게 가장 바람직할지 잠시 고민해 보라. 겁먹은 아이는 당신에게 어떤 반응을 기대하리라 생각하는가?

감정을 조절하는 능력이 아직 충분히 개발되지 않은 아이에게는 주 양육자의 민감하게 알아차리는 태도와 공감적 반응하기가 중요하다. 동시에 아이가 서서히 말귀를 알아듣게 되면 부모는 분명한 규칙과 제재를 수립하고 일관된 훈육방식을 시행하는 것이 중요하다. 부모교육에서 가장 중요한 덕목 가운데 하나가 아이를 대하는 부모의 일관된 행동이다. 특히 잘못된 행동에 대해서 부부는 합의한 훈육방식을 세워야 한다. 부모는 자녀가 어릴 때부터 옳고 그름에 대해 훈육을 해야 한다. 분명한 규칙과 제재를 수립하는 것은 아이에게 논리적 귀결을 가르치는 가장 기본적인 방식이다. 바람직한 행동을 할 때는 칭찬과 보상이 따르고, 반대로 바람직하지 않은 행동을 보일 경우에는 그에 따른 합당한 제재가 주어질 것이라는 사실을 배워야 한다. 규칙과 제재를 통해서 아동은 서서히 자신의 행동을 조절하는 연습을 하게 된다. 그리고 자기결정이론에서 주장하듯이 나이가 들면서 올바른 가치관을 내면화하고 처벌과 보상을 통해서 더욱더 자신을 조절하게 된다.

5) 구조화된 환경 만들기

유아기부터 자기조절력을 개발하기 위해 일차적으로 주 양육자와의 관계에서 정서적 욕구를 충족하고, 적절하게 자율성과 독립심이 길러지고, 동시에 옳지 않은 행동에 대해 적절한 훈육의 경험을 받았다면, 초등학교에 들어가서도 제시간에 일어나서 세수하고 아침을 먹고 학교에 가는 게 아주 어렵지 않을 수 있다. 가정에서 아동이 매일 해야 하는 일들이 분명하게 제시된 상황을 '구조화된 환경'이라 부른다. 구조화된 환경이란 예측 가능한 환경이라 할 수 있고, 이를 통해서 아동은 더 안정된 생활을 할 수 있게 된다. 아동이 귀가한 후에 우선 손을 씻고, 간식을 먹은 후에 숙제를 하고, 정해진 시간에 게임을 하고, 학원을 다녀오고, 저녁 식사를 하고, 숙제나 공부를 하고, 정해진 시간에 잠자리에 드는 습관적인 행동을 하도록 돕는 환경을 구조화된 환경이라 할 수 있다.

2. 좋은 모델링이 되는 부모의 모습 보이기

[그림 3-2] 반두라의 보보인형 실험

아이는 부모의 뒷모습을 보고 배운다고 한다. 앨버트 반두라(Albert Bandura) 박사의 보보인형 실험은 관찰을 통해서 아동이 행동을 따라 하고 배우게 된다는 것을 보여 주었다. 전체 62명의 3~6세 아동을 대상으로, 이들을 세 집단으로 나누고 한 집단의 아동에게는 성인 연구자가 보보인형을 가지고 공격적인 행동을 하는 것을 보여 주었고, 다른 집단의 아동에게는 보보인형이 옆에 있지만 다른 놀이 도구를 가지고 차분하게 노는 모습을 보여 주었으며, 나머지 한 집단은 아무 조치도 없는 대기 집단이었다. 잘 알려진 것처럼 성인 연구자가 인형을 가지고 거칠게 때리고 차고 집어 던지는 장면에 노출된 아동들은 보보인형을 선택하여 연구자가 한 행동을 그대로 따라 하는 모습을 보였다. 반면에 그렇지 않은 집단의 아동들은 성인 연구자가 보여 준 것처럼 앉아서 조용하게 노는 모습을 보였다. 이는 아동 · 청소년들이 부모나 성인의 모습을 보며 따라 한다는 모방학습, 즉 대리학습의 원리를 설명하는 대표적인 연구이다.

우리 모두는 부모역할을 처음 해 본다. 이러한 이유로 많은 부모가 부모교육을 받고 나서 이구동성으로 "이렇게 중요한 정보를 왜 미리 가르쳐 주지 않았나요?" 라고 반문하면서 깊은 후회감을 보인다. 진작 알았더라면 자신의 자녀들에게 상처를 덜 주고 실수를 덜 했을 거라고 말한다. 부모교육을 받기 전까지 대다수의 부모는 '특별할 게 뭐 있을까?' 하는 선입견을 가지고 있다. 이러한 이유로 효과적인 양육과 훈육 방식을 몰라 자녀와 지속적인 갈등을 겪게 되고, 불미스럽게 자녀에게 구타를 당하는 경우도 보게 된다. 자녀에게 좋은 부모가 된다는 것은 완벽한 부모를 말하는 것이 아니며, 부모 자신의 무지나 상처로 인해 자녀들에게 상처를 대물림하는 것을 중단하고, 안전하고 안정된 환경을 제공하는 것이다. 이를 위해 필요한 것이 자녀의 나이에 맞는 양육과 훈육 방식에 대한 이해이고, 안전한 환경을 제공하기 위해서는 부모가 해야 할 역할에 대해 이해하고 부부의 행복한 모습의 본을 보여야 한다. 자녀는 이를 학습함으로써 타인과의 관계에서도 원만한 인간관계를 형성할 수 있다.

1) 부모교육을 통한 ADHD에 대한 이해는 필수이다

ADHD 증상으로 인해 아동이 경험하는 어려움에 대한 이해 부족이나 부부 갈등은 ADHD 아동의 문제를 더욱 악화시켜 가족구성원 전체가 우울과 불안을 경험하게 된다. ADHD로 인해 고집이 세고 반항적인 행동을 하며, 감정조절의 실패로 분노를 폭발하는 경우가 잦다. 이러한 이유로 부모는 전문가의 워크숍이나 관련 서적을 통해서 자녀의 어려움에 대한 원인과 이에 따른 효과적인 훈육방식을 습득하는 것이 중요하다. 부모는 일반 아동의 부모교육 서적에서 다루는 아동의 발달과제를 이해함과 동시에 ADHD 아동이 일반 아동과 달리 심리사회적 발달에서 다소 지연되어 있다는 사실을 숙지하여야 한다. 이러한 이유로 또래들이 무난히 하는 수행을 자신의 자녀가 하지 못하는 상황에 대해 비난이나 비교하는 것은 큰 도움이 되지 못한다. ADHD 아동의 경우 부모 중 한 사람이 ADHD 성인일 가능성이 높은데, 이러한 이유로 부모가 감정조절을 하지 못해 자녀에게 심한 욕설을 하거나 심지어 체벌을 가하는 경우도 있다. 부모 자신이 ADHD 성향이 있을 때 자녀가 고집을 피우고 말을 듣지 않을 경우, 효과적인 훈육보다는 감정적으로 소리를 지르거나 인격을 비하하는 말을 하는 경우가 흔하다.

ADHD 아동의 경우 기질적으로 다소 고집이 세고, 과잉행동과 충동성이 높아서 유아기부터 또래들과 확연하게 다른 행동을 보이기 때문에 양육하는 어머니에게는 일반 아동보다 몇 배나 힘든 것이 사실이다. ADHD에 대한 이해 부족과 수용의 어려움으로 인해 부모는 더욱더 자녀에게 윽박지르고 자녀를 비난하게 된다. 고집이 센 아동의 경우 부모에게 반항을 하고, 심지어 폭력적인 행동을 보이게 된다. 이로 인해 부모는 지쳐 가고, 자녀의 문제 원인을 서로에게 두어 부부 갈등이 깊어지고 무력감과 우울감에 빠지게 된다. 일부 부모는 자녀를 친구처럼 대한다고 한다. 자녀에게 좋은 부모가 되고자 하는 선한 의도는 좋지만 자녀에게는 건강한 권위를 가진 부모가 필요하다. 부모가 자녀에게 길러 주어야 할 자질은 자기통제력이다. 이를 위해서는 친구처럼 다정한 역할도 중요하지만, 자녀가 자신이나 타인에게 피해를 주는 무책임한 행동을 통제하는 능력을 기를 수 있도록 부모의 권위를 보여 주는 것이 절대적으로 중요하다.

자녀는 친구도 아니고 부모의 고충을 들어 줘야 하는 정서적인 배우자도 아니다. 자녀는 부모가 양육하고 훈육을 해야 할 부모의 몸을 빌어서 태어난 별개의 존재이다. 다시 말해서, 부모는 자녀가 보이는 문제행동의 모델이 되는 경우가 흔하다. ADHD 아동이 감정조절을 하지 못하고 분노 폭발을 하는 모습이 부모가 이미 자녀에게 보인 모습이 아닌지를 자문할 필요가 있다. 만일 부모 자신이 감정조절을 하지 못하여 욱하는 위협적인 행동을 보이거나 언어폭력을 보일 경우 자녀는 기질에 따라서 그것을 고스란히 학습하여 나이가 들었을 때 부모에게 그 행동을 그대로 하는 경우를 자주 보게 된다. 부모 역시 이러한 성향으로 성장과정에서 비난이나 지적을 받았을 가능성이 크고, 자신의 자녀가 같은 문제행동을 보이면 더욱더 화가 날 수 있다. 이러한 이유로 ADHD 아동이나 부모는 자녀의 변화를 위해서 ADHD의 어려움에 대해 깊이 이해하고 수용하는 것이 필요하다.

자녀는 부모의 기대나 욕구를 충족시켜야 하는 대리적 도구가 아니다. 동양 사회에서는 자녀를 자신의 분신으로 생각하거나 동일시하면서 자신의 기대와 바람대로 자녀가 행동하도록 요구한다. 부모는 아동의 발달에 대해 이해하고, 양육과 훈육에 대한 교육이나 공부를 하는 것이 필요하다. 특히 ADHD 아동을 둔 부모는 ADHD에 대한 정확한 이해를 바탕으로 그에 맞는 양육과 훈육 방식을 교육 혹은 전문가를 통해서 필히 알아 두어야 부모-자녀 간의 갈등을 줄일 수 있다.

이를 위해서 부모는 전문가와의 상담을 통해서 아동의 발달과정을 이해하고, ADHD 아동이 경험하는 어려움에 대해 깊이 이해하는 것이 필요하다. 많은 연구에서 ADHD 아동을 둔 부모들이 효과적인 양육이나 훈육에 대한 부모교육을 받은 후에 보다 높은 자신감을 가지게 되어 무력감이 줄어들었다는 결과를 보여 주었다. 부부간의 흔한 갈등 가운데 하나가 양육이나 훈육에 대한 불일치이다. ADHD 아동이 심리적으로 건강하게 성장하기 위해서는 일차적으로 부모가 ADHD에 대해 많은 이해를 하는 것이 필요하다. 상식적인 수준에서 ADHD 아동을 이해하는 것은 큰 낭패를 부르게 된다.

2) 어머니의 자기돌봄이 중요하다

주 양육자는 한 인간에게 심리적 안전기지 역할을 한다. 아동의 정서행동발달에 가장 크게 영향을 끼치는 요인은 어머니의 우울증과 불안증이라고 알려져 있다. 물론 아버지의 우울증 역시 아동의 정서행동 발달에 부정적인 영향을 미친다. 아동의 심리사회적 발달에서 가장 중요한 요인은 주 양육자와의 애착관계이다. 건강한 애착관계를 형성하기 위해서 주 양육자는 아동의 욕구를 민감하게 알아차리고 반응할 수 있는 심리적 안정이 필요하다. 주 양육자가 보이는 불안감과 우울감은 아동에게 생존이 달린 문제라 아동은 그것을 본능적으로 직감하게 된다. ADHD 아동 · 청소년 상담에서 심리적으로 가장 취약한 사람이 주 양육자인 어머니이다. 유아나 어린 아동에게 어머니는 생존에 절대적인 존재이다. 어머니의 우울과 불안 그리고 부부 갈등으로 인한 가출은 아동에게 공포심을 준다. 부부 갈등 및 가정폭력이나 다툼으로 인한 아동의 불안과 공포심을 설명하기 위해서 자주 사용하는 비유를 하나 들어 보자. 아프리카의 대평원에서 무리 지어 움직이는 초식동물 임팔라 떼를 상상해 보라. 우기를 따라 이동하는 임팔라 무리와 함께 이동하는 한 무리의 사자들을 상상해 보라. 사자들은 팀으로 사냥을 하지만 한 번의 시도에서 성공할 확률은 25% 미만이다. 이러한 이유로 사자들은 성공 확률을 높이기 위해서 먹잇감을 고르는 데에도 신중하다. 사냥의 확률을 높이기 위해 무리에서 늙고 병든 개체, 새끼를 임신한 개체, 어미에게 방치된 새끼, 무리에서 고립되었거나 방출된 개체를 먹잇감으로 노린다. 수천 마리의 임팔라가 바로 옆에서 뛰지만, 사냥감으로 찍은 개체를 향해서 집요하게 쫓는다.

이러한 이유로 어린 자녀 앞에서 부모가 싸우는 모습을 보이는 것은 그 자녀에게 자칫 방치된 새끼처럼 죽음의 공포심을 줄 수 있다. 부모의 갈등으로 인한 방치나 집단따돌림으로 인한 고립은 아동에게 죽음만큼이나 큰 두려움을 주게 되고, 청소년의 경우 자살충동이나 실제 자살로 이어지게 된다. 아동에게 어머니의 따듯한 품과 시선 그리고 관심은 생존에 필요한 욕구이다. 어머니의 성인애착 유형이 불안정한 유형이라면 아동이 채워야 할 정서적 욕구를 채워 주는 역량이 부족할 수 있다. 이를 위해 어머니는 자기돌봄의 과정으로서 개인상담이나 부부상담을 통해 자신의 상처나 미해결된 욕구를 채울 수 있도록 전문적인 도움을 받아야 한다.

어머니는 자녀에게 심리적이고 물리적인 안전기지이다. 자녀들에게 세상은 두려운 곳이지만 어머니와 안정되고 친밀한 관계를 형성한 아동들은 일차적으로 어머니에게서 심리적 욕구를 채우게 되어 서서히 외부 세계에 대한 호기심을 가지고 탐색을 하게 된다. 아동은 어머니라는 안전기지를 기반으로 서서히 더 멀리 세상으로 나가게 된다. 탐험과 도전에서 위축되고 좌절감을 경험한 아동들은 다시 어머니에게로 돌아와서 위로와 격려를 받고 용기 내어 다시 세상에 나아가게 된다. 어머니는 한 개인의 정신건강을 책임지고 있다.

흔히 어머니를 우산자루에 비유하곤 한다. 우산의 손잡이나 우산대가 부러지면 우산을 사용하지 못하듯이 어머니가 우울하고 불안하면 가족구성원 전체가 불안해지게 된다. 어머니의 스트레스와 정서적인 고통은 아동의 욕구나 필요를 민감하게 알아차리고 반응하는 데 큰 장애 요소가 된다. 민감하고 반응적인 어머니의 태도와 행동은 아동의 감정조절과 긍정적인 자기개념 및 사회성 발달에 중요하다. ADHD 아동의 충동적이고 반항적인 행동은 어머니와의 만성적인 갈등을 초래하고, 이로 인해 어머니는 심한 스트레스와 우울감을 가지게 된다. 이로 인해 어머니는 아동의 감정이나 욕구에 둔감하게 되어 만성적인 악순환의 고리가 형성된다. 아동의 문제는 또한 부부간의 갈등으로 이어지고, 심지어 가족구성원들의 우울과 불안감이 심한 가정이 일반 가정보다 부부의 이혼율도 높다는 연구 결과가 있다.

ADHD 아동 발달의 긍정적 예후는 부모와의 안정된 애착 형성과 또래들과의 원만한 관계이다. 이를 위해서 부모는 부모교육을 통한 발달지식과 ADHD 증상으로 인한 어려움에 대한 이해 및 이에 따른 바람직한 양육과 훈육 방식을 필수적으로 습득해야 한다. 부모의 모멸적이고 처벌적이며 강압적인 방식, 어머니의 불안과 우울 그리고 가정불화는 ADHD 아동들의 문제를 더욱 악화시켜 적대적 반항장애를 발현시킬 가능성을 높이게 된다. 이는 아동 중심의 개입보다는 부부상담이나 가족상담을 통해서 보다 근원적인 문제해결이 필요함을 시사한다.

3) 부부상담이나 가족상담을 통해 갈등 해결하기

ADHD 아동의 부모 역시 ADHD 성향을 가지고 있어, 성장 배경에서 자신의 부모와의 관계에서 불안정한 애착을 형성했을 소지가 높다. 이는 부부 사이의 갈등은 물론이고 자녀와의 갈등을 증폭시킨다. ADHD 아동의 상담에서 부부상담이나 가족상담은 필수적인 부분이다. ADHD 아동의 부모가 건강한 가정에서 성장하지 못했을 경우, 자녀와의 관계에서 건강한 상호작용을 하는 것은 다소 어려울 수 있다. 어린 시절부터 부모에게 이해와 존중을 받은 사람들은 부모가 되어서도 자녀들에게 체득한 경험에서 비롯된 자연스러운 행동을 하게 된다. 부부상담을 통해서 각자가 자녀로 인해 힘들어하는 부분과 부부 서로 간에 원망하는 부분을 들어보는 것이 중요하다. ADHD 아동의 형제자매 그리고 조부모가 있는 경우 ADHD

아동의 부모가 그들과의 관계에서 가지고 있을 법한 불만 사항을 전문가의 중재하에 논의하는 것도 ADHD 아동의 상담개입에 필수적이다. 실제 사례에서 조부모가 ADHD 아동의 문제행동을 강화시키는 경우도 많다. 조부모와 부모의 훈육 방식 차이가 아동의 문제행동을 개선하는 데 걸림돌이 되기도 한다.

ADHD 아동의 심리사회적 발달에서 긍정적 예후가 주 양육자와의 건강한 애착 형성과 원만한 또래관계라고 앞서 언급하였다. 주 양육자가 자녀와 건강한 애착을 형성하기 위해서는 심리적으로 안정된 상태를 유지하는 것이 필수이다. 남편인 배우자와의 지속적인 갈등과 양육 및 훈육 방식의 불일치는 아동을 효과적으로 양육하고 훈육하는 데 어려움을 주게 되고 일관된 행동을 하는 데에도 지장을 주게 된다. 부모가 보이는 모든 행동은 자녀가 습득하여 또래들에게 그대로 하게 될 소지가 높다. ADHD 아동이 보이는 가장 미숙한 행동이 분노를 폭발하는 행동이나 거칠고 무례한 행동이다. 자신의 감정을 알아차리고 표현하는 능력과 타인의 감정에 공감하고 반응하는 능력 그리고 스스로 옳지 않은 행동을 조절하는 능력을 사회적 지능 혹은 정서지능이라 부른다. 지적 능력 못지않게 부모가 자녀들에게 길러 주어야 할 인격적인 자질이 정서지능이다. 문제는 대다수의 부모가 자녀들이 정서행동 문제를 보이게 될 때 마치 학원에 보내듯이 상담센터에 보내 상담사가 아동의 문제를 치료해 주기를 기대한다는 것이다. 지적 능력은 학원이나 책을 통해서 배울 수 있지만, 정서지능과 사회적 지능의 개발은 일차적으로 부모와의 관계에서 배우기 시작한다. 자녀들이 보이는 모든 문제행동은 부모와의 관계에서 발생하기 때문에 이에 대한 해결책에서도 부모와의 관계 개선뿐만 아니라 효과적인 양육 및 훈육 기술의 습득이 우선되어야 한다.

이를 위해서 부모가 부부상담이나 부모교육을 통해 심리적으로 건강하고 성숙한 모습을 보여 줄 필요가 있다. 부모가 서로 갈등하기보다는 자신의 불편한 감정을 차분하게 표현하는 모습을 보여 주는 것이 중요하다. 부모 역시 자신의 감정을 바람직하게 표현하는 방법을 성장과정에서 배우지 못했기 때문에 부부상담을 통해서 효과적이고 건강하게 자신을 표현하는 기술을 배울 필요가 있다.

정서지능의 핵심 역량은 자신의 감정을 알아차리고 표현하는 것이고, 동시에 타인의 감정을 알아차리고 공감하는 능력이다. 타인의 측면에서 볼 수 있는 능력을 타인 조망능력이라 부른다. 자신의 감정을 알아차리고 억압하는 대신에 표현하는 능력은 일차적으로 부모와의 상호작용에서 기를 수 있다고 본다. 아동의 경우 성인에 비해 내적 성찰능력이 부족하기 때문에 감정을 명명하는 능력이 약하다. 이런 이유로 부모가 아동의 비언어적인 혹은 언어적인 감정표현을 반영해 주는 미러링의 역할이 중요하다. 미러링을 통해서 아동은 자신의 감정을 이해하고, 수용되는 경험을 통해서 감정을 조절하게 된다. 아동의 마음을 공감하는 미러링 못지않게 부모가 보여 줘야 할 중요한 행동은 부모 자신이 느끼는 감정과 생각을 자녀에게 차분하게 전달하는 법을 보여 주는 것이다. 강렬한 감정을 알아차리고 언어로 표현하는 능력은 부모가 길러야 하는 필수 역량이다.

- 부부가 서로 무엇을 비난하고 있는가?
- 부부가 자녀의 문제를 개선하기 위해 서로 협조하고 있는가?
- 부부는 자녀에게 바람직한 방식으로 반응하고 있는가?
- 부부는 ADHD 아동의 행동에 대해 충분하게 이해를 하고 있는가?
- ADHD 아동과 형제자매 간의 갈등요인은 무엇인가?

부모는 자녀가 성장하는 토양이다. 배우자와의 갈등으로 인해서 문제가 일어난다면 부부는 자녀의 건강한 심리적 성장을 위해서 우선 자신들의 문제를 해결하는 것이 급선무이다. 부부가 갈등을 보일 때 내성적인 아동의 경우 더욱더 불안해하고 부모의 갈등을 자신의 탓으로 돌리는 경우도 있다. 성격이 다소 강한 아동들은 더욱더 문제행동을 일으키게 된다. 임신한 순간부터 어머니의 심리적인 안녕은 배우자인 아버지와 직접적으로 관련이 있다. 여성이 가장 취약한 순간이 임신을 한 상태이거나 아이를 출산했을 때이다. 흔히 이 시기에 남편이 잘못한 행동은 평생을 갈 수 있다. ADHD 아동을 둔 부모는 아동으로 인해 심각한 우울감과 불안을 경험하게 된다. 부주의나 산만성 그리고 충동적인 행동으로 인해 거의 모든 상황에서 부모 및 다른 형제자매들과 잦은 갈등을 유발한다. 아동은 ADHD 증상으로 인해 여러 측면에서 어려움을 보이고, 부모에게 잦은 비난이나 지적을 듣게 된다. 반복적인 지적이나 설득에도 불구하고 아동은 여전히 문제행동을 보이게 되어, 부부는 아동과의 관계에서뿐만 아니라 부부 사이에서도 갈등을 겪게 된다. ADHD 아동을 효과적으로 양육하고 훈육하기 위해서는 전문가의 자문이나 상담은 필수이다. 아동이 보이는 문제행동에 대한 지적이나 비난 혹은 부모의 자책은 문제행동 개선에 전혀 도움이 되지 않는다.

3. ADHD 이해하기: 실행기능의 결함

실행기능은 인간의 인지능력에서 가장 중요한 기능이라 할 수 있다. 일상에서 해야 할 일을 잊지 않고 수행하고, 외부 정보에 대해 과거의 경험이나 기억을 불러내어 분석과 판단을 하고 예측한다. 과제 수행을 위해 필요한 자료들을 준비하고 조직화하며, 일단 과제를 시작하면 주의집중하고 불필요한 행동을 하지 않는다. 이러한 실행기능에 결정적으로 장애를 주는 가장 큰 원인으로 행동억제능력의 결함을 들고 있다. 실행기능은 마치 기업의 CEO나 오케스트라의 지휘자로 비유된다. 다시 말해, 기업의 CEO로서 시장의 흐름을 이해하고, 소비자의 구매 성향에 바탕을 두어 분석하고 예측하는 능력을 요구한다. 오케스트라의 지휘자 역시 다양한 악기를 연주하는 단원들과 의사소통을 하면서 연주곡을 선정하고 곡의 순서를 정한다. 이는 가장 중요한 작업으로서 악기들의 소리가 잘 조율되어 청중들에게 감동을 주는 것이다.

ADHD 아동은 전두엽의 실행기능에 결함이 있다고 가정한다. 흔히 실행기능은 네 가지로 구분하고 있다. 비언어적 작업기억, 언어적 작업기억, 감정이나 각성의 조절과 동기부여 그리고 재조합 기능으로 구성된다. 러셀 바클리(Russell A. Barkley) 박사가 제시한 이론에 의하면, 이러한 네 가지 실행기능의 원활한 작동을 하는 데 장애요인으로 행동억제능력의 결함을 가정하고 있다. 실행기능이 원활하게 작동하기 위해서는 우선 '멈추는 능력(행동억제능력)'이 있어야 하는데, ADHD 아동의 경우 선천적으로 이에 대한 결함이 있다고 가정한다. 제동기능을 구체적으로 들여다보면, 첫 번째가 외부나 내부 자극에 대한 반응을 멈추는 능력이다.

두 번째는 진행 중인 행동을 멈추고 다른 행동으로 전환하는 능력이다. 세 번째는 방해나 간섭하는 경쟁 자극을 차단하는 능력이다. 다시 말해, ADHD 아동의 경우 외부와 내부에서 일어나는 자극(생각, 감정, 욕구, 소리 등)에 생각할 틈도 없이 반사적으로 반응을 한다는 의미이다. 두 번째에서 언급한 진행 중인 행동을 멈추고 다른 행동으로 전환하는 데에서의 어려움을 비유하자면, 자동차 제동장치의 결함으로 인해 속도를 줄이는 데 어려움이 있고, 이로 인해 방향을 전환하는 경우에도 어려움을 겪는다는 것이다. 이러한 이유로 ADHD 아동의 경우 하던 일을 중단하고 다른 일을 하도록 지시받으면 신속하게 행동하지 못하고 뭉그적거리고 다소 반항하는 듯한 행동을 보일 수 있다. 세 번째에서 언급한 방해하는 자극을 통제하는 능력의 결함을 살펴보면, 일반 아동의 경우 수업시간에 교사의 말에 집중하는 동안 밖에서 나는 소리나 주변 또래들로 인해 쉽게 산만해지지 않을 것이다. 이는 하는 일에 대해 주의를 유지하게 하고 경쟁 자극을 배경 처리하는 기능에서 나온다.

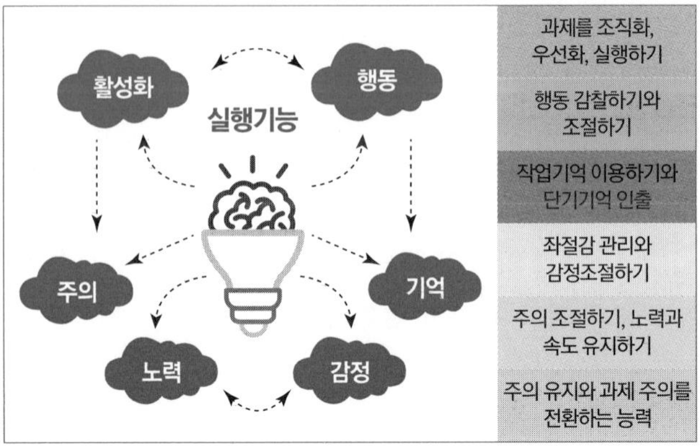

[그림 3-3] 실행기능

ADHD의 주요한 특징은 부주의와 과잉행동 및 충동성 조절의 어려움이다. 이러한 증상으로 인해 일상생활의 다양한 측면에서 어려움을 경험하게 된다. 다음의 증상 항목들은 『정신질환의 진단 및 통계 편람(제5판)』(DSM-5)에서 제시하는 증상군이다. 아동의 경우 9개의 증상 중 6개 이상의 증상을 보일 때 임상적으로 유의미한 수준이라 할 수 있다.

1) ADHD의 주요 증상과 진단기준

(1) 부주의

• 자세한 사항에 주의를 기울이지 못하거나, 숙제, 일 또는 다른 활동에서 부주

의한 실수를 한다.

- 과제나 놀이에서 주의를 집중하는 데 어려움을 자주 보인다.
- 직접적으로 말해도 듣는 것 같지 않아 보인다.
- 지시를 따르는 데 아주 어려움을 보이고, 숙제나 과제 수행에 어려움을 보인다(반항하거나, 또는 지시를 알아듣지 못해서가 아님).
- 숙제나 과제를 여기저기에 늘어놓고 정리하는 데 어려움을 보인다.
- 지속적인 집중을 요구하는 과제(숙제, 학교 과제) 수행하기를 자주 회피하고, 싫어하고, 꺼린다.
- 과제나 활동에 필요한 물건들(장난감, 과제물)을 자주 잃어버린다.
- 불필요한 자극으로 쉽게 주의가 분산된다.
- 매일 해야 하는 일을 자주 잊어버린다.

(2) 과잉행동 및 충동성

- 자리에 앉아 있을 때 자주 손발을 움직인다.
- 수업 중 또는 앉아 있어야 하는 상황에서 자주 자리를 이탈한다.
- 부적절한 상황인데 아주 많이 돌아다니거나, 과도하게 기어오른다.
- 조용하게 오락이나 놀이를 하지 못한다.
- 항상 움직일 태세가 되어 있거나, 마치 모터가 달린 것처럼 행동한다.
- 말을 자주, 너무 많이 한다.
- 질문이 끝나기도 전에 충동적으로 대답한다.
- 자기 차례를 기다리는 것을 어려워한다.
- 다른 사람들 말에 자주 끼어들거나 방해하는 행동(대화나 게임에 갑자기 끼어듦)을 한다.

(3) ADHD의 진단기준

- 부주의, 과잉행동, 충동성의 증상을 보여야 한다.
- 상기 증상이 적어도 두 장소 이상에서 나타나야 한다(예: 학교, 가정, 대인관계 상황 등).
- 12세 이전에 6개월 이상 증상이 나타나야 한다.

- ADHD 증상으로 인한 곤란이 사회적 · 학업적 · 직업적인 면에서 나타나야 한다.
- ADHD 증상은 부주의 우세 표현형(부주의 증상 9개 중에서 6개 이상), 과잉행동-충동성 우세 표현형(9개 중에서 6개 이상), 복합형(부주의와 과잉행동-충동성이 각각 6개 이상의 경우)의 세 가지 유형으로 분류한다.

2) 부주의 우세 표현형의 특징

주의집중에 대한 어려움과 산만함의 정확한 원인은 아직 밝혀지지 않았지만, 신경전달물질의 불균형으로 추측하고 있다. 도파민과 노르에프네프린이라는 신경전달물질이 인간의 쾌락과 동기부여에 관여하는 대표적인 호르몬이다. ADHD를 가진 아동의 경우 이러한 신경전달물질 호르몬의 불균형으로 인해 반복적이고 지루한 일에 지속적으로 주의를 기울이는 것이 어렵다고 한다. 현재 널리 사용되는 ADHD 치료 약물은 중추신경 자극제(psycho-stimulant)로서 동기부여를 높여 주는 약물이다. 부주의 증상을 진단하는 문항을 보면 쉽게 주의가 산만하고, 말을 해도 듣지 않는 것처럼 보이고, 필요한 물건을 자주 잃어버리거나 부주의하여 실수를 자주 한다는 내용이 전형적인 부주의 증상을 가리킨다.

부주의로 인한 문제행동이 두드러지게 나타나고 과잉행동이나 충동성의 문제는 없거나 경미할 수 있다. 부주의 문제가 있는 아동은 조용한 아이로 생각되는 경우가 많아 아동이 학교에 들어가기 전까지는 부주의 문제에 대한 인식이 약하다. 초등학교에 들어가면서 수업시간에 집중하는 데 어려움을 보이고, 교사의 지시를 이해하거나 따르는 데 어려움을 보일 수 있다. 학교 과제물이나 준비물을 챙기지 못하고 잊어버리거나 물건을 잃어버리는 경우가 다반사이다. 또래들과 어울리지 못하고 내향적인 성격을 보이고, 주의집중의 어려움과 주의산만으로 인해서 학습에 심각한 어려움을 보고할 수 있다. 특히 읽기과제나 수학 문제풀이에 어려움을 보인다. 이로 인해 과제를 마무리하는 데 오랜 시간이 걸리고 학습의 어려움을 경험하게 되어 학습부진이나 학습장애를 경험할 수 있다.

3) 굼뜬 인지적 템포

굼뜬 인지적 템포(sluggish cognitive tempo: SCT)는 ADHD의 부주의 증상과 비슷하지만 분명하게 차이가 나는 주의집중 장애로서 과도하게 공상에 빠지는 행동을 보이고, 사고나 행동이 느리고, 무기력하고 무관심해 보이고, 늘 피곤하고 졸린 모습을 보이며, 머릿속에 안개가 낀 상태를 보고한다. 흔히 조용한 ADHD 아동들이 여기에 해당한다. ADHD 아동의 30%가 SCT를 동시에 가지고 있는 것으로 나타났다. 많은 연구 결과에서 SCT가 ADHD와 이질적인 장애로 구분되는 특성을 보이고 있으므로 독립적인 장애로 구분되어야 한다는 목소리가 있지만, 동시에 반대의 목소리도 있어서 공식적인 장애로 분류되어 있지는 않다. ADHD의 주요 증상 중 하나인 주의력 결핍은 부주의성, 집중력 부족, 주의산만성, 과제완수의 어려움을 반영하는 반면, SCT 장애가 주의력 결핍과 확연한 차이를 보이는 것 중 하나는 SCT를 가진 아동이 자신의 세계에 갇혀 외부와의 소통에 관심이 없어 보이는 행동을 한다는 것이다. 이러한 증상으로 인해 가끔 자폐 스펙트럼 장애로 오인하는 경우도 있다.

과잉행동이나 충동성 문제로 인해 주변 사람들과 갈등을 낳는다면, SCT를 가진 아동의 경우 외부 세계와의 단절감이나 고립감을 경험하게 될 것이고, 또래들과의 사회성 개발이나 학업 수행에서 심각한 어려움을 경험할 수 있다. 연구 결과에 의하면 SCT는 내현화 장애, 즉 우울과 불안장애를 동반하는 것으로 나타났다. 따라서 주의력 결핍의 문제보다 굼뜬 인지적 템포 문제가 더 심각한 문제를 낳는 것으로 보인다. SCT 역시 실행기능의 결함으로 보고 있으며, 시간관리에서의 어려움, 자기조직화나 문제해결능력에서의 어려움으로 인해 목표를 세우고 성취하는데 어려움을 경험하게 된다.

SCT는 공식적인 진단 명칭은 아니지만 ADHD 아동에게 관찰되는 장애적인 증상이다. SCT의 특징적인 증상은 다음과 같다.

- 행동이 느리다.
- 마음이 안개 속에 있는 느낌이다.
- 허공을 멍하니 쳐다본다.

- 낮에 졸거나 하품을 한다.
- 공상에 빠진다.
- 할 말을 잊어버린다.
- 낮은 활동성 수준을 보인다.
- 혼자만의 생각에 빠진다.
- 쉽게 피곤하고 지친다.
- 하려던 말을 잊어버린다.
- 쉽게 혼란에 빠진다.
- 동기가 부족해서 과제를 마치지 못한다.
- 멍한 상태를 보인다.
- 착각을 한다.
- 사고가 느리다.
- 자신의 생각을 표현하는 데 어려워한다.

지금까지 SCT의 정확한 원인에 대해서는 밝혀지지 않았지만, ADHD와 같이 유전적 소인으로 보고 있다. 다수의 전문가가 주장하는 치료적 개입으로는 기존의 ADHD 치료 약물인 중추신경 자극제나 비신경자극제 계열의 약물을 권하고 있다. 한편, 동반되는 우울이나 불안감을 줄이기 위해서는 선택적 세로토닌 재흡수 차단제(selective serotonine reuptake inhibitors: SSRIs)인 항우울증 약물과 인지행동 치료를 권고하고 있다. 무기력감을 줄이기 위해서는 건강한 수면 습관과 균형 잡힌 식사 그리고 운동을 권고한다.

4) 과잉행동-충동성 우세 표현형의 특징

부주의 문제는 다소 가볍고 과잉행동-충동성 문제가 우세한 양상으로, 부모들은 유치원 시절부터 아동의 또래관계에서의 어려움과 문제행동으로 인해 교사에게 자주 전화나 면담 요청을 받을 가능성이 높다. 이러한 아동은 교사의 지시에 따르지 않고 돌아다니거나, 또래들과의 놀이 활동에서 순서를 기다리지 못하거나, 자기중심적인 행동을 보일 수 있다. 심지어 또래 아이들을 때리거나 무는 행동을 보이는 경우도 있다. 과잉행동과 충동성을 가진 아동의 경우 외현화 장애를 가질 소지가 높다. 대표적으로 적대적 반항장애나 품행장애와 같은 행동문제를 동반하게 된다. 초등학교 고학년이 되면서 청소년기에 이르면 과잉행동 문제는 외관상 줄어들지만, 여전히 충동성은 높아서 충동적으로 물건을 훔치거나 대인관계에서 타인과의 갈등을 유발하게 된다. 부주의와 마찬가지로 충동성은 성인이 되어서도 유지되는 경우가 많아서 충동적인 성향으로 인해 폭력적인 행동을 하거나 난폭한 운전 등 반사회적인 행동을 보일 소지가 크다.

- 만족 지연의 어려움을 보이고 즉각적인 보상이나 자극적인 것을 필요로 한다.
- 자신의 말이 상대방에게 어떤 영향을 줄지에 대해서 생각하지 않고 말을 하게 된다.
- 대화 시에 상대의 말이 끝나기 전에 끼어들고, 질문이 끝나기 전에 대답하려는 경향이 높다.
- 또래 집단으로부터 비난, 회피, 집단따돌림을 자주 당한다.
- 자신의 순서를 기다리는 것을 아주 어려워한다.
- 수업시간에 광대 짓을 자주 하고, 주목받는 행동을 자주 한다.
- 자주 싫증을 내고 도중에 자주 그만두는 경향이 높다.
- 과잉행동이나 충동성 통제의 어려움이 있으나 주의력 결핍이 다소 경미하기 때문에 학업기능은 정상 아동과 유사하다.

5) 복합형의 특징

부주의와 과잉행동-충동성 둘 다의 증상을 가진 아동의 경우 행동문제를 보이는 외현화 장애(반항장애와 품행장애)와 동시에 정서적인 고통을 경험하는 내현화 장애(우울, 사회불안, 강박충동장애 등)를 경험하게 된다. 학교 아동을 대상으로 한 연구에서 교사들의 보고에 따르면, 복합형의 경우 우울과 불안이 높고, 또래들에게 거부당하는 경험이 부주의 우세 표현형보다 높다고 한다. 부주의 우세 표현형의 경우 자기주장의 어려움과 고립감으로 인해 스스로 불안하고 우울하지만, 복합형의 경우 자기조절의 어려움으로 인해 또래로부터 집단따돌림과 거절의 경험을 당할 소지가 크다. 반복적인 실패와 따돌림의 경험으로 인해 청소년이나 성인이 된 후 많은 정신과적 장애(편집증이나 적대감 등), 반사회적 태도나 행동을 보일 가능성이 높다.

4. 학교장면에서 교사를 위한 코칭

ADHD 아동이 가장 많은 시간을 보내는 곳은 가정과 학교이다. 다른 아동에게도 마찬가지이지만, 특히 ADHD 아동의 경우 부모의 양육과 훈육 기술이 중요하며, 동시에 많은 시간을 보내는 학교에서 교사와 상담교사의 역할이 부모 못지않게 중요하다. 학교장면에서 교직원들의 ADHD에 대한 이해와 효과적인 대처방식에 대한 적용능력은 필수이다. 가정에서 부모로부터 비난과 처벌을 경험하고, 학교에서 또래와 교사에게 처벌받거나 무시당하는 경험은 한 개인이 감당하기에 가혹한 고통이다. ADHD를 실제 존재하지 않는다고 믿거나 이해하는 데 부족한 모습을 보이는 것은 ADHD로 인해 발생하는 부주의나 과잉행동-충동성에서 기인하는 모든 행동을 부정적인 시선으로 보거나 처벌에만 의존하게 할 수 있다. 부모교육을 통해서 부모들이 아동의 문제를 이해하고 효과적인 양육과 훈육 방식을 이해하면서 자신감을 회복하고 무력감에서 벗어나듯이, 학교장면의 교직원들 역시 ADHD에 대해 이해하고 효과적인 대처 방식과 기술을 습득하게 되면 ADHD 아동을 효과적으로 지도할 수 있게 된다.

아동의 유년기 삶에서 부모는 생존과 직결된 절대적인 존재이고 선택할 수 없는 존재이다. 마찬가지로 교사 역시 아동이 선택할 수 있는 대상이 아니다. 비록 가정 형편이 어렵고 힘들지만, 자신을 이해해 주고 배려해 주는 교사를 만나는 것은 한 개인에게는 축복이며 삶의 전환점이 될 수 있다. 실제 미국의 한 고등학교에서 ADHD 여학생을 상담했는데, 자신의 삶에서 공부가 가장 재미있었던 적은 초등학교 5학년 때라고 하였다. 방과후에 교사가 자신에게 개인지도를 해 준 것이 자신에게는 잊지 못할 기억으로 남아 있다고 하였다. 이를 통해서도 알 수 있듯이 부모 못지않게 중요한 인물이 바로 학교 교사라고 할 수 있다. 현장에서 교사와 상담을 하면서 부모들은 교사에게 양육과 훈육을 기대하는 것으로 보인다. 다시 말해, 교사는 더 이상 지식전달자에만 머무르는 것이 아니라 또 다른 양육자와 훈육자의 역할로까지 기대되고 있는 것이다. 가정에서 부모와의 갈등은 가정에 국한되는 문제가 아니며, 학교에서 교사나 또래들과의 관계에도 고스란히 영향을 주게 된다. 즉, 가정에서 부모의 권위에 순종하지 못한 아동이나 소심하게 위축된 아동은 학교에서 여러 부정적인 모습을 보인다. ADHD 아동이 학교에서 성공적으로 적응하기 위해서는 교사의 적극적인 배려와 지도가 필수이다. 학업을 수행하고 원만한 또래관계를 형성하고 유지하기 위해서는 교사의 특별한 관심과 배려 그리고 조력이 필요하다.

여기서는 학교장면에서 ADHD 아동과 직접적으로 대면하는 교사와 상담교사의 효과적인 개입방법에 대해 소개하고자 한다. 무엇보다 교사는 ADHD에 대한 충분한 이해와 아동이 경험하는 어려움에 대해 충분히 이해하고 공감해야 한다. 다음에 열거한 내용들은 학교장면에서 교사나 상담교사가 알아 두어야 할 내용이다.

- 아동과의 관계 유지하기 및 배려하기
- 부모와 협조적 관계 형성하기
- 분명한 규칙과 제재의 중요성 이해하기
- 행동수정 원리 및 기술 이해와 적용하기: 행동조성, 연속강화와 간헐강화, 소거 및 처벌하기
- 기능적 행동분석하기
- 잦은 피드백 제공하기(긍정 vs 부정: 3 vs 1)
- 아동의 흥미와 관심 파악하기
- 주변 자극에 노출이 덜 되는 교실 안쪽에 아동의 자리를 배정하기
- 학업 수행과 집중을 잘하는 차분한 학생 근처에 배정하기
- 지시를 들은 아동에게 들은 내용을 반복하게 하기

- 아동의 눈을 보고 이야기하기
- 말보다는 때로 종이에 적어 주기

앞에서 언급한 내용이 다 중요하지만 가장 우선할 사항은 교사가 학기 초부터 ADHD 아동에게 관심과 배려를 통해 신뢰로운 관계를 형성함과 동시에 부모와 협력적인 관계를 형성하는 것이다. 부모교육에서 강조한 것과 마찬가지로 교사에게도 부모와의 협력적인 관계형성 및 지속적인 소통의 중요성을 강조해야 한다. 부모가 가진 교사에 대한 분노와 불신은 아동의 문제를 더욱 악화시키기 때문이다.

1) 학급관리

교사는 우선 ADHD가 장애이며 이로 인해 아동이 경험하게 되는 어려움을 이해해야 한다. 일반 아동과 달리 ADHD 아동은 수업시간에 교사의 지시에 순응하여 주어진 과제를 수행하는 데 어려움이 있다는 사실을 받아들여야 한다. 아동의 행동과 학업 수행능력의 어려움에 대한 현실적인 기대를 가져야 한다. 수업시간에 아동이 문제행동을 보일 때 길게 잔소리나 훈계를 하기보다는 짧고 간단한 말로 하는 것이 효과적이다. 가급적이면 문제행동 초기에 경고를 은밀하게 주어 아동이 스스로 자제하도록 하는 것이 바람직하다. 경고에도 불구하고 계속 문제행동을 보일 경우에는 문제행동의 기저 원인과 목적에 대한 분석이 필요하다. 예를 들어, 방해되는 행동을 할 경우 단호하게 경고를 한 다음 재차 문제행동을 하면 처벌하는 것이 바람직하다. 물론 문제행동의 기능이나 목적이 도피나 회피일 경우 이에 대한 선행적인 조치가 필요하다. 예를 들어, 수업내용과 과제가 어려워 수업을 방해하는 행동을 하는 것이라면 처벌은 전혀 도움이 되지 않는다.

단순히 과잉행동으로 인해 수업에 방해되는 행동을 할 경우 아동에게 잠시 일어나서 몸을 스트레칭하도록 허락하거나 밖에 잠시 나갔다가 오도록 허락하는 것도 대안이 될 수 있다. 과잉행동 문제는 단순히 억압한다고 해서 해결될 문제가 아니라 두뇌 관련 생물학 장애라는 인식이 필요하다. 과잉행동 아동의 대다수는 충동조절의 어려움도 보인다. 따라서 단순히 억압하기보다는 조절하지 못하는 에너지를 보다 건설적인 활동으로 해소하도록 도와줄 필요가 있다. 예를 들어, 학급의 학생들을 위해 자료를 나누어 주거나 수거하고, 교사의 일을 도와주게 함으로써 책임감도 가지게 하고 자존감을 높여 줄 수 있다.

이미 가정이나 학교에서 비난과 질책을 많이 받은 ADHD 아동의 자존감에 상처를 주지 않기 위해서 공개적인 질책을 하기보다는 비밀스럽게 경고하거나 필요한 경우에는 개인상담을 통해서 아동에게 주의를 주는 것이 바람직하다. 보다 예방적인 차원에서 ADHD 아동에게 상기시켜 줄 수 있도록 게시판이나 칠판 옆에 규칙을 붙여 두는 것도 좋은 방법이 될 수 있다.

학급관리 예시는 다음과 같다.

- 수업시간에 옆 사람과 얘기하지 않는다.
- 앉아 있기 힘들면 허락을 받고 잠시 뒤에 가서 몸을 푼다.
- 선생님의 허락 없이 자리에서 일어나지 않는다.

[교실의 규칙과 구조]

- 전형적인 교실 규칙의 예
  - 타인을 존중한다.
  - 어른의 말에 순종한다.
  - 조용히 과제를 한다.
  - 정해진 자리에 앉는다.
  - 말을 하거나 도움이 필요할 경우 손을 든다.
- 규칙을 벽에 붙여 두고 아동들이 숙지할 때까지 모든 수업 전에 반복하기
- 아동의 연령과 발달에 맞게 규칙 정하기

2) 교사의 주의 주기 전략

ADHD 아동의 내적인 동기부여와 바람직한 행동 강화를 위해 교사는 아동이 바람직한 행동을 보일 때마다 미소 짓기 또는 어깨나 등 두드리기, 머리 쓰다듬기, 고개 끄덕이기 등의 긍정적인 주의 주기나 인정하기의 메시지를 전달하여야 한다. 반면에 교사나 또래들의 관심을 끌려고 하는 가벼운 부정적 행동은 적극적인 무시하기를 통해 관심을 주지 말아야 한다. 적극적인 무시하기 혹은 계획된 무시

하기는 바람직하지 않은 행동의 소거를 위한 구체적인 기술로 아주 효과적인 기술이다. 특히 기억해야 할 중요한 점은 ADHD 아동의 부정적인 행동은 수업이 진행되고 나서 어느 시점에서 주로 시작된다는 것이다. 다시 말해서, 수업을 시작하고 처음 얼마 동안은 바람직한 행동을 한다는 의미이며, 교사는 아동의 바람직한 행동을 놓치지 않고 긍정적인 주의 주기나 인정하기를 표현해야 한다. 이를 통해 ADHD 아동은 다시 내적 동기부여를 받고 수업에 주의집중하게 된다. 이는 마치 마라톤 선수가 중간중간 물을 마시며 달리는 것과 유사하다. 비유적으로 말한다면, ADHD를 가진 아동·청소년, 심지어 성인도 단거리 선수라고 보면 된다. 스스로 동기부여하는 능력이나 자기조절력의 결함이 있는 ADHD 아동이 일반 아동들이 쉽게 지루해하지 않고 참고 인내하는 과제나 일을 수행하기 위해서는 외부에서 강화물이 주어져야 하며, 자주 쉬면서 심리적인 재충전을 하는 것이 필요하다. 특히 부정적인 행동에 대해서 교사는 사전에 아동과 미리 비밀신호를 정하는 것이 효과적이다. 이를 통해서 아동은 부정적이고 바람직하지 않은 행동을 사전에 인식하고 다소 조절할 수 있게 된다.

3) 교사의 심리상담 지원하기

실제 학교장면에서 학생지도 이외에 행정 관련 업무 스트레스, 대인관계나 가정에서의 문제로 교사 역시 심리적 고충이 있을 수 있다. 이로 인해 보다 관심과 배려가 필요한 ADHD 아동을 대상으로 한 세심한 지도에 어려움이 있을 수 있다. ADHD 아동이 가장 많은 시간을 보내는 곳이 가정과 학교이다. 개인의 심리사회적 발달은 가정에서는 부모와의 관계에서, 학교에서는 교사와 또래와의 관계에서 많은 영향을 받는다. 부모에게 적절한 양육과 훈육을 받지 못한 아동에게 교사의 역할은 지식전달자 그 이상으로 기대되고 있는 상황이다. 교사는 아동의 부모가 주지 못한 돌봄과 동시에 훈육도 해야 하는 상황이 되었다. 이를 위해서 전문상담교사는 교사에게 아동의 문제행동에 대한 효과적인 행동수정 기술 자문을 제공함과 동시에 그들의 심리적 고충에 대한 상담도 제공해야 한다.

특히 원가정에서 불안정한 애착으로 인해 거부회피 성인애착 유형을 가진 교사의 경우 아동에 대한 공감적인 태도나 돌봄의 태도보다는 ADHD 아동에게 일방적인 복종이나 순종을 강요하거나 처벌적인 태도로 대할 수 있다. 문제는 ADHD 아동 대다수가 부모와의 갈등으로 인해 불안정한 애착유형을 가지고 있기 때문에 무관심하거나 처벌적인 교사와의 관계에서 성격이 소심한 ADHD 아동의 경우 더욱 위축되고 불안과 우울이 가중될 수 있으며, 반면에 기질이 강한 아동의 경우 교사에게 반항적이고 무례하게 행동할 수 있다. 따라서 ADHD 아동의 문제행동에 대해서는 처벌의 사후조치보다는 예방적인 선행조치가 더 효과적이다. 이에 대한 교사의 심리적 지원과 더불어 효과적인 행동수정 기술이나 응용행동분석 기술에 대한 지속적인 교육이나 연수가 필요하다.

4) 전향적이고 예방적인 접근의 필요성

반응적인 처벌을 통해 문제행동이 당분간은 감소될 수 있을지 모르지만, 바람직한 대체행동을 가르치는 데는 실패하게 되며, 처벌을 통한 문제행동의 감소는 정적 강화의 효과로 인해 자칫 교사나 부모의 처벌 강도와 빈도수가 높아지는 결과를 초래하게 된다. 처벌은 학생과의 관계에 부정적인 영향을 미친다. 특히 ADHD 아동 · 청소년은 실제적인 학업기술의 부족 또는 사회성 기술의 부족으로 인해 문제행동을 일으킬 소지가 높기 때문에 보다 전향적(proactive)이고 예방적(preventive)인 조치가 더욱 필요하다.

다음은 교실장면에서 교사가 취할 수 있는 전향적인 조치방법이다.

- 아동과 개인적인 관계 형성하기: 가장 간과하기 쉬운 부분으로 아동과의 친밀한 관계형성은 아동이 교사의 지시에 자발적이고 순응하도록 만드는 가장 중요한 기본 작업이다. 특히 인정이나 관심에 대한 강한 욕구를 가진 ADHD 아동 · 청소년에게 교사의 관심과 지지는 문제행동 관리 그 이상의 의미를 지니고 있다. ADHD 아동 · 청소년은 교사의 관심과 개인적인 지도를 통해 학교장면에서 잘 적응하는 경우가 있다.
- 과제 부여의 다양성: ADHD 아동 · 청소년은 일반 아동과 달리 주의집중의 어려움과 정보처리의 어려움을 겪으므로 과제를 나누어 부여하여 압도되지 않

도록 하고, 소화할 수 있는 쉬운 과제를 주도록 한다.

- 과잉행동에 대한 건설적인 허용: ADHD 아동 · 청소년은 주의를 지속적으로 유지하는 데 어려움이 있고, 산만성/충동성으로 인해 오랫동안 자리에 앉아 과제를 하는 데 어려움이 있다. 이를 위해 교사는 아동이 해야 할 과제를 마친 후에 잠시 화장실을 다녀오거나 물을 마시고 오도록 하는 등의 일시적인 휴식을 취할 기회를 주는 것이 바람직하다. 상황에 따라서는 잠시 일어났다가 앉도록 할 수도 있다. 최근 연구에서는 ADHD 아동 · 청소년이 인지적 과제를 수행할 때 다리를 흔들거나 의자를 흔들면서 하는 행동이 주의 각성을 높이고 수행을 향상시킨다고 보고하였다. 일반 아동이 그럴 경우에는 수행이 악화되었다.
- 문제행동에 대해 비언어적으로 신호 보내기: 사전에 아동과 약속을 하고 아동이 바람직하지 않은 행동을 보일 때 교사가 신호로 알려 주는 것이다.
- 잦은 피드백과 신체접촉을 통한 바람직한 행동 강화: 문제행동을 지적하는 것보다 바람직한 행동을 보일 때 놓치지 않고 칭찬하고 격려하는 것이 훨씬 더 바람직하다. ADHD 아동 · 청소년이 바람직한 행동을 유지할 수 있는 시간을 파악한 후 문제행동이 일어나기 전에 이들에게 잘하고 있다는 신호나 신체적인 접촉을 통한 피드백을 줄 경우, ADHD 아동 · 청소년은 다시 동기를 얻게 되어 바람직한 행동을 유지할 수 있게 된다. 마치 연료 탱크의 기름이 소진되기 전에 다시 재충전하는 원리와 같다. 기억해야 할 사항은 ADHD 아동 · 청소년의 경우 장거리 선수가 아니기 때문에 잦은 피드백과 격려를 통해 재충전이 필요하다는 것이다.
- 바람직하지 않은 행동에 대해 공개적인 비난이나 질책보다는 안전한 상황에서 처벌하기: ADHD 아동 · 청소년은 이미 오랜 기간 주변으로부터 부정적인 피드백이나 처벌을 받았기 때문에 내면에 낮은 자존감이 형성되어 있다. 이런 이유로 공개적인 상황에서 교사로부터 받는 지적과 훈계는 수치감을 불러일으키며, 심한 분노감과 동시에 반항적인 태도와 행동을 유발한다.

5. 자녀와의 친밀감과 신뢰감 회복하기

많은 부모는 아동의 문제행동에 대해 더 이상 부모 자신들이 감당할 수 없다고 판단하는 시점에 상담센터나 아동·청소년 정신과를 방문하게 된다. 이미 부모는 심리적으로 지치고 우울하고 불안한 상태에 있으며, 전문가의 도움을 받아서 아동의 문제를 해결하기를 바란다. 마치 학업성적이 떨어지면 학원에 보내 성적 향상을 기대하듯이, 아동의 심리적 문제도 상담센터나 병원의 전문가가 고쳐 주기를 기대하는 것 같다. 노력을 했지만 더 이상 개선이 되지 않아 절망적인 마음에서 도움을 기대하는 심정이라 본다. 그리고 현장의 상담사들도 놀이치료나 미술치료를 통해 아동 중심의 치료 개입에 초점을 두는 것 같다. 문제는 국내 연구 결과에서도 언급하였지만, 아동의 변화된 행동이 가정이나 학교에서 일반화가 되지 않는다는 사실이다. 이러한 문제는 청소년의 경우도 마찬가지이다. 그룹홈 시설이나 병원에서의 개인이나 집단 상담을 통해 변화를 보이지만, 가정으로 돌아가서 몇 개월의 허니문 기간이 끝나면 이전의 문제행동을 다시 보이게 된다. 다시 말해, 아동의 궁극적인 변화는 아동이 실제 생활하는 가정과 학교 그리고 또래와의 관계에서 변화나 진전이 없을 경우 좀처럼 일어나지 않는 것으로 보인다. 다음에 소개하는 놀이치료는 증거 기반의 치료로서 국내에도 이제 전문가들이 양성되고 있고, 다행히 치료사들이 현장에서 적용하고 있는 중이다. 이것은 필자가 미국에서 위기가정을 방문하여 부모에게 시연한 후에 부모가 자녀들과 실제 적용할 수 있도록 코칭을 한 놀이치료이기도 하다. 일명 부모-자녀 상호작용 놀이치료(parent-child interaction therapy: PCIT)라고 부른다.

PCIT는 셰일라 아이버그(Sheila Eyberg) 박사가 3~6세 아동을 위해 개발한 부모 행동훈련 프로그램으로서 증거 기반의 놀이치료이다. 기존의 놀이치료와 달리 치료사는 부모가 아이와 장난감을 가지고 놀 때 치료적인 상호작용을 하도록 돕고,

나아가 부모는 아동에게 효과적인 명령이나 지시하는 법을 치료사에게 코칭을 받는다. PCIT는 아동주도 놀이방식과 부모주도 놀이방식의 두 부분으로 구성되어 있다. 대부분의 놀이치료 핵심 기술에는 반영하기나 기술하기 그리고 따라 하기 등의 기술이 포함되어 있다. 이는 건강한 아동의 발달과정에서 양육자가 자주 보이는 기본적인 반응양식이다. 일반적으로 건강한 양육자들은 아동이 말문이 트여 말을 하기 시작할 때, 아동의 말을 반복적으로 따라 하고, 아동의 비언어적인 행동에 대해 기술하는 반응을 보인다. 아동의 말을 반복적으로 반영하고 아동의 행동을 묘사해 주는 것은 마치 반향판이나 거울의 역할을 하여 아동이 자신의 존재감을 형성하게 하고, 양육자와의 깊은 신뢰감과 건강한 애착 형성 및 발달에 도움이 된다.

특히 ADHD 아동의 경우 유년 시절부터 부모에게 끊임없는 지적이나 잔소리 그리고 비난을 자주 받기 때문에 자신에 대한 자존감이 아주 낮다. 여기서 소개하는 두 가지의 치료기술은 부모-자녀 간의 친밀감과 신뢰감을 높이고, 아동의 자존감 증진에 아주 효과적인 핵심 기술들이다.

아동주도 상호작용(child-directed interaction: CDI) 놀이치료의 핵심 기술은 흔히 P.R.I.D.E 기술이라 부르는데, P(Praise)는 칭찬하기, R(Reflection)은 반영하기, I(Imitation)는 따라 하기, D(Description)는 묘사하기, E(Enthusiasm)는 열정적으로 반응하기이다. 아동주도의 놀이치료를 통해서 아동의 자존감과 친밀감이 향상된 후 놀이시간에는 부모주도 상호작용(parent-directed interaction: PDI) 기술을 사용하여 부모가 아동에게 효과적인 명령하기와 타임아웃을 시행하는 연습을 한다. 실제 현장에서 효과적으로 적용하기 위해서는 상담실무자들이 PCIT 훈련과정을 통해 치료원리를 숙련하는 과정이 필요하다.

1) 아동주도 상호작용 놀이치료

핵심 기술	설명과 예시
칭찬하기(Praise)	• 칭찬하기는 명시적인 칭찬하기와 비명시적인 칭찬하기의 두 가지 유형으로 나뉜다. • 명시적인 칭찬하기: “집중해서 블록을 잘 쌓고 있구나.” • 비명시적인 칭찬하기: “잘했어.” “훌륭해.” • 구체적인 행동을 언급하면서 칭찬하는 것이 효과적이다.

반영하기(Reflection)	• 아동의 말이나 감정을 반영하는 기술이다. 아동의 말을 마치 반향판처럼 되돌려 주는 기술이다.
따라 하기(Imitation)	• 아동의 놀이를 옆에서 따라 하는 기술이다.
묘사하기 (Description)	• 비언어적인 행동이나 태도, 모습을 묘사하는 기술이다. "빨간색 블록을 노란색 블록과 연결하는구나."
열정적으로 반응하기 (Enthusiasm)	• 자녀의 긍정적인 행동에 열정적인 놀라움을 보이는 행동이다. 아동의 자기애적인 욕구에 부합하는 반응이다.

(1) 칭찬하기

부모-자녀 상호작용 놀이치료 연습에서 부모들이 가장 어려워하는 기술이다. 아동과의 만성적인 갈등으로 인해 부모들은 자녀의 부정적인 행동에만 선택적 주의를 기울이는 경향이 있다. 이러한 이유로 놀이에서 부모들은 칭찬해야 할 행동을 찾는 게 어렵다고 한다. 이에 치료사가 아동이 개발해야 할 바람직한 행동에 대해 칭찬하기 기술을 시연해서 도움을 준다. 아동과의 친밀감과 신뢰감을 회복하기 위한 기초 단계가 칭찬하기 기술이다. 칭찬은 비명시적인(unlabeled) 칭찬과 명시적인(labeled) 칭찬이 있다. 비명시적인 칭찬은 강화시킬 행동에 대해 구체적으로 기술하지 않고 그냥 "잘했어." "멋진데." 등과 같이 막연하게 칭찬하는 방식이다. 반면에 명시적인 칭찬은 "집중해서 블록을 잘 쌓고 있구나." "아주 기발하게 다리를 만들었네." 등과 같이 구체적인 행동을 기술하면서 칭찬하는 방식이다. 자녀의 바람직한 행동을 강화시키기 위해서 부모는 놀이치료에서뿐만 아니라, 일상생활에서도 바람직한 행동을 구체적으로 기술하면서 칭찬하는 연습이 필요하다. 부정적인 피드백을 자주 듣는 ADHD 아동에게 긍정적인 행동에 대한 칭찬은 아동의 자존감을 높이고 부모와의 친밀감을 회복하는 데 아주 중요하다.

(2) 반영하기

반영하기는 말 그대로 반향판처럼 아동의 말을 되돌려 주는 기술이다. 놀이를 하면서 아동이 하는 말을 그대로 거울 반영하기 하는 기술이다. 이를 통해 아동은 부모에게 자신의 경험에 대해 이해받고 수용되는 느낌을 갖게 되고, 자신의 경험을 긍정적으로 받아들이게 된다. 부모의 반영하기는 아동의 자존감 향상과 더불어 자신의 생각과 감정을 이해받게 되어 아동이 더 많은 사고와 감정을 표현하도록 도우며, 아동의 사고력 및 표현력의 향상과 더불어 감정의 인식과 조절에도 도움이 된다.

(3) 따라 하기

아동의 놀이행동을 따라 하는 것을 통해 아동은 자신의 놀이가 부모에게 인정받는 경험을 하게 된다. 따라 하기는 아동과 동일하거나 비슷한 장난감을 가지고 아동이 노는 것을 따라 하는 것이다. 부모는 아동이 하는 놀이의 한두 단계 뒤에서 따라가면서 아동의 놀이가 관심의 초점이 되도록 해야 한다. 자칫 부모가 놀이를 앞서 가면서 놀이의 초점이 되어서는 안 된다.

(4) 묘사하기

묘사하기는 아동의 비언어적인 행동을 기술하는 반응이다. 반영하기는 자녀가 한 말의 내용이나 감정을 되돌려 주는 기술이지만, 묘사하기는 말 그대로 부모가 자녀가 하고 있는 행동을 스포츠 앵커가 경기를 중계하듯이 묘사하는 기술이라는 점에서 차이가 있다. 놀이치료 장면에서 묘사한다면, 아동이 장난감을 가지고 노는 모습을 그대로 기술하면 된다. 예를 들면, "빨간 블록을 노란 블록 위에 쌓고 있구나."와 같은 것이다. 반영하기나 묘사하기 같은 기술은 반향판이나 거울의 역할을 함으로써 아동이 부모에게 자신의 존재를 확인받고 수용되는 경험을 하게 되며, 이를 통해 자존감과 친밀감을 형성하게 된다.

(5) 열정적으로 반응하기

부모가 아동과 함께 하는 놀이 시간이 정말 즐겁다는 메시지를 주는 것이다. 열정적으로 반응하기는 우울한 부모에게는 다소 어색하고 힘든 작업일 수 있다. 다양하고 활기찬 목소리로 아이의 놀이에 대해 부모가 함께 즐기고 기뻐하고 있다는 반응은 부모-자녀 간의 친밀감과 연결감을 높여 준다.

2) 이마고 관계 대화기술 사용하기

이마고 관계치료(imago relationship therapy: IRT)는 미국의 하빌 헨드릭스(Harville Hendrix) 박사와 그의 아내 헬렌 헌트(Helen Hunt)가 개발하였다. 이마고 대화기술은 아동과 부모가 진지한 대화를 나누거나 서로가 이해가 필요한 상황에서 의도적으로 사용하면 유용할 것으로 보인다. 대화방법이 구조화된 절차를 따르기 때문에 ADHD 증상의 어려움으로 인해 차분하게 대화가 되지 않는 부모와 자녀에게 안정감을 주면서 서로의 말을 온전하게 이해하고 전달하는 데 있어 아주 유용한 기술이 될 수 있다. 이마고 대화에서는 먼저 대화를 신청하는 사람(sender: 보내는 사람)과 말을 받아 주는 사람(receiver: 받는 사람)이 있다. 다음에서 이마고 대화의 순서를 간략하게 소개한다. 보다 자세한 정보는 이마고 부부치료 관련 서적 읽기를 권한다.

(1) 일단 보내는 사람이 대화를 요청하는 말을 건넨다

보내는 사람	받는 사람
이마고 대화 신청하기 "엄마가 지금 너와 잠시 얘기할 수 있겠니?"	**대화 받아 주기** "좋아요."
표현하기 "엄마가 좀 화가 나는 게 있는데 그게 뭐냐 하면, 네가 학교에서 돌아온 후에 숙제도 하지 않고 게임만 하는 것 같다는 거야."	**거울 반영하기(mirroring)** "엄마 말씀은 제가 학교에 돌아와 숙제를 하지 않고 게임만 하는 것 같아 화가 난다는 거죠? 제가 잘 이해했나요?"
"응, 맞아."	"좀 더 이야기해 주실래요?"
"엄마가 여러 번 얘기했잖아. 학교에서 돌아오면 먼저 숙제를 마치고 게임을 하라고……."	"엄마 말씀은 제가 학교에서 돌아오면 먼저 숙제를 끝내고 게임을 하라는 거죠? 제가 잘 이해했나요?"
"응, 맞아."	"더 하실 말씀 있으세요?"

"응, 엄마가 여러 번 너한테 얘기를 했는데 따르지 않아서 네가 엄마를 무시하는 것 같아 속상하고 화가 나."	"엄마 말씀은 엄마가 저에게 여러 번 얘기를 했는데 제가 따르지 않아서 제가 엄마를 무시하는 것 같아 화가 난다는 거죠?"
"그래, 맞아. 엄마는 네가 스스로 좀 잘 알아서 하면 얼마나 좋을까 하는 마음이 들고…… 스스로 알아서 못하니까 점점 걱정도 되고……."	"엄마 말씀은 제가 스스로 알아서 하면 좋겠다는 것이고, 제가 알아서 하지 않으니까 걱정이 된다는 거죠? 제가 바르게 이해했나요?"
"응, 바르게 이해했어?" "아니, 다 했어."	"더 하실 얘기 있나요?" **요약하기(summary)** (지금까지 거울 반영하기 한 말을 요약하여 엄마에게 되돌려 준다.) "그럼 제가 지금까지 엄마 말씀을 잘 이해했는지 요약해 볼게요." "제가 잘 이해했나요?" **인정하기(validation)** "엄마 말이 이해가 돼요. 뭐가 이해가 되냐하면, ____________." **공감하기(empathy)** "아마도 그때 엄마의 기분이 ________했을 것 같아요. 제가 잘 이해했나요?"

(2) 각각의 기술에 대한 설명

기술	설명
거울 반영하기	(보내는 사람의 말을 최대한 그대로 되돌려 주는 연습이다. 보내는 사람의 말에 대해 받는 사람의 의견이나 판단을 내려놓고 상대의 말에 집중하는 작업으로 어려운 작업이다.) "엄마 말은 ____________라는 거지요? 제가 바르게 이해했나요?" 혹은 "네 말은 ____________라는 거지? 엄마가 잘 이해했니?"

요약하기	(지금까지 반영한 내용을 전체적으로 다시 요약정리해서 되돌려 주는 작업이다.) "지금까지 제가 바르게 이해했는지 요약해 볼게요." "엄마 말씀은 _______________ 했다는 것이고, 또 _______________ 했다는 것이지요? 제가 잘 이해했나요?"
인정하기	(보내는 사람의 말의 내용과 감정을 그 사람의 관점에서 이해가 된다는 메시지를 전한다.) "엄마 말씀이 이해가 돼요. 뭐가 이해가 되냐 하면, 엄마가 제게 여러 번 이야기를 했는데 따르지 않아서 제가 엄마를 무시하는 것 같다는 게 이해가 돼요."
공감하기	(상대방 말의 내용과 감정을 이해하고 나서 그 당시 상대방의 감정이 어떠했으리라 추측을 한다.) "엄마를 이해하니까, 그때 엄마가 속상하고 슬펐을 것 같아요. 제가 잘 이해했나요?"

솔루션

6. 부주의 문제를 줄이는 방법

Q1 가정에서 부주의한 문제를 어떻게 도와주어야 하나요?

① 일상의 규칙 세우기

일상의 규칙을 세우는 것을 구조화라고 한다. 구조화는 환경을 예측 가능하게 하고 아동이 심리적으로 안정감을 갖도록 돕는다. 구조화를 하고 이를 지키는 연습은 아동에게 자기조절력을 길러 주는 아주 중요한 부분이다. ADHD 자녀를 둔 부모는 자녀에게 끊임없는 지적과 잔소리를 할 가능성이 높다. 부모는 ADHD 아동이 해야 할 일이나 지시사항을 따르지 않아서 만성적인 갈등을 경험하게 된다. 이를 예방하기 위한 방법 가운데 하나가 가정의 구조화 작업이다. 가장 흔한 어려움 가운데 하나가 제시간에 일어나서 가방을 챙기고 아침을 먹고 학교에 가는 일이다. 가정에서 아동을 위해 가장 먼저 해야 할 일이 구체적인 기상시간, 아침 식사 시간, 학교로 출발하는 시간, 귀가 후에 해야 하는 일을 순서대로 작성하는 것이다. 부주의한 아동의 경우 시간 감각에 대한 인식이 약해서 한 가지 일에 빠져 다른 기본적인 수행을 놓치는 경우가 많기 때문이다.

② 시각적인 리마인더 붙이기

내면 성찰능력인 메타인지적 사고의 결함으로 인해서 ADHD 아동은 일상적인 활동을 순서대로 일관되게 수행하는 데 어려움을 보인다. 이로 인해 부모는 매일 같은 잔소리를 하게 되어 아동과 반복적인 갈등을 경험한다. 아동의 부주의함과 절차적인 인지능력의 어려움을 보완하기 위해서는 시각적인 리마인더가 필요하다. 아주 사소한 일도 절차적으로 내면에서 이미지로 떠올려서 파악하는 데 어려움이 있으므로 이를 위해 아침 기상의 이미지와 등교의 이미지를 방문에 붙여 둘 수 있다. 그리고 적어도 3개월은 ADHD 아동이 해야 하는 일상의 루틴을 따르는 연습을 해서 그것이 습관이 되도록 도와주어야 한다.

③ 타이머 사용하기

시간 감각에 대한 인식의 어려움으로 부주의가 심한 아동에게는 시간을 알려 주는 타이머 사용이 유용하다. 특히 흥미나 재미가 있는 일은 과몰입하게 되어 해야 하는 다른 일을 놓치게 되므로 타이머 사용이 도움이 된다. 이와 반대로 재미가 없거나 하기 싫은 일의 경우도 시간을 설정하여 시간 내에 끝내도록 하는 연습을 시키는 것이 중요하다. 흥미나 관심이 없는 일을 하는 것을 아주 고통스러워하기 때문에 시간을 설정하여 제시간에 끝내는 것을 마치 놀이처럼 하는 것이 중요하다. 제시간에 끝낼 경우 아동에게 적절한 토큰이나 보상을 통해서 동기부여를 하는 것도 중요하다. ADHD 아동은 단시간에 빨리 처리할 수 있는 과제나 식사 등 하던 일에 집중을 하지 않고 주변의 다른 일에 주의를 빼앗겨 하던 일을 마무리하는 데 늦장을 부리는 경우가 흔하다. 따라서 이런 문제를 해결하기 위해 타이머를 사용하여 시간 내에 끝내는 연습을 시키도록 한다.

④ 자기감찰 훈련하기

ADHD 아동의 경우 주의가 쉽게 산만해지거나 충동성으로 인해 자신의 생각이나 행동에 대한 자기인식이 아주 약하다. 부주의로 인해 물건을 자주 잃어버리거나 자신이 해야 하는 일을 잊어버리는 경우도 흔하다. 내면 성찰능력의 결함으로 인해 동일한 실수를 반복하는 것 또한 흔하다. 따라서 ADHD 아동에게는 반복적인 자기감찰 훈련을 하도록 권유해야 한다.

⑤ 아동의 이해사항 확인하기

말을 하기 전에 항상 ADHD 아동의 주의를 환기시키고, 그런 다음 아동의 눈을 보면서 천천히 말을 한다. ADHD 아동은 쉽게 산만해지므로 부모는 자신이 한 말을 아동이 제대로 이해했는지 여부를 확인하기 위해서 아동에게 들은 말을 다시 말해 보게 해야 한다.

⑥ 학업이나 과제물 도와주기

ADHD 아동들이 가장 힘들어하는 부분이 학업 수행과 과제물을 챙기는 일이다. 부주의 문제로 인해서 학교에서 내 준 숙제나 과제물을 기억하지 못해 지적을 받는 경우가 많다. 학교에서 내 준 과제물과 학업 수행을 위해서 부모가 자녀에게 숙제를 하는 방법을 가르쳐 주거나 그것이 어려울 경우에는 가정방문 교사를 통해서 도움을 받을 수 있다. 부모가 ADHD 성향이 높아서 자녀에게 오히려 해가 될 경우는 외부 전문가의 도움을 받는 게 나을 수 있다.

⑦ 바람직한 행동 강화하기

아동이 규칙을 따르고 노력하는 행동에 대해 적절한 보상을 해 주어야 한다. 나이가 어릴수록 토큰을 모아서 원하는 보상을 해 줄 수 있다. 이러한 물질적인 보상뿐만 아니라 바람직한 행동에 대해 구체적으로 칭찬하는 것도 중요하다. 동기부여를 높이기 위해서, 바람직한 행동을 강화하기 위해서 시각적인 토큰 시스템을 만들어 지속적으로 아동의 진전사항에 대한 적절한 보상을 제공함으로써 아동이 바람직한 일상의 루틴을 형성하도록 도와야 한다. ADHD 아동의 경우 부적절한 행동을 지적하고 비난하기보다는 아동이 보이는 사소하지만 바람직한 행동을 놓치지 않고 칭찬하는 것이 아동이 앞으로 바람직한 행동을 더 하게 만드는 동기가 될 수 있다. ADHD 아동의 경우 내적 동기부여능력이 부족하므로 외부에서 주는 긍정적인 피드백은 처벌이나 비난보다 훨씬 강한 동기를 준다.

⑧ 약물 사용

약물의 경우 흔히 안경에 비유를 한다. 많은 부모나 아동이 약물에 대한 거부감을 보이는 것이 사실이지만, 약물은 눈이 나쁠 때 안경을 끼는 것처럼 부주의한 증상을 개선하는 데 도움이 된다. 물론 약물에 전혀 반응을 보이지 않거나 부작용을 보고하는 예도 있으나, 약물의 도움으로 주의력이 개선되는 경우도 많다. 아동이 잊지 않고 약물을 복용하도록 부모가 챙겨 주는 것이 중요하다.

Q2 숙제를 제때 하지 않고 자꾸 미루는 행동을 하는데 어떻게 도와야 할까요?

ADHD 아동은 해야 할 일을 미루는 경우가 흔하다. ADHD 아동 · 청소년, 심지어 성인도 일상에서 회피하는 방어전략을 사용한다. 특히나 재미없고 주의를 기울여서 해야 하는 일이 있으면 하기 전부터 벌써 심리적인 압박감을 느껴 무조건 피하고 나중에 하려고 하는 성향이 높다. 다시 말해, 모든 일을 시작하는 것에 무척 부담을 느낀다. 심리적인 부담감을 줄이는 것이 관건이다. 동기부여를 위해서는 해야 하는 일을 다소 놀이처럼 만들 필요가 있다. 아이가 좋아하는 음악을 틀어서 기분을 들뜨게 하는 것도 좋을 수 있다. 시각적으로 민감한 아동에게는 15분이나 30분 모래시계를 사용해서 시간 내에 해야 하는 일을 끝마치게 할 수 있다. 일단 아동이 일에 집중하면 모래시계를 보는 것을 잊어버리는 경우가 있어서 키친타이머나 알람시계를 사용하는 것이 효과적일 수 있다. 휴대폰 알람은 바람직하지 않다. 모래시계나 알람시계를 사용해서 마치 게임을 하는 것처럼 시간을 제한하여 시간 내에 마치도록 하는 것도 아동이 좋아할 수 있다.

동기부여 호르몬이 부족한 아동에게는 게임을 하고 난 후에 숙제나 해야 할 일을 하도록 절대 허용하지 마라. 게임을 통해서 동기부여 호르몬인 도파민을 사용해 버리면 재미없는 일은 더욱더 하기 싫어지고, 아동은 더 짜증을 부리게 된다. 게임이나 아동이 좋아하는 일은 보상으로서 해야 할 일을 마치고 난 후에 하도록 허용하라.

Q3 학교에서 교사는 ADHD 아동을 어떻게 도울 수 있나요?

① 분명한 규칙과 기대 세우기

최우선으로 해야 할 일은 바로 ADHD 아동이 지켜야 할 규칙과 교사가 기대하는 것을 알려 주고 반복적으로 상기시키는 것이다. 이를 위해 교사는 가정에서처럼 아동이 자주 볼 수 있는 교실 앞 벽면에 지켜야 할 규칙을 붙여 둔다. 그리고 ADHD 아동에게 자주 큰 소리로 읽도록 하는 것이 유용하다. 또 다른 방식으로는 인덱스카드에 규칙을 적어서 아동의 책상 위에 붙여 두어 자주 보도록 하는 것이 있다.

② 구체적인 단계별 절차와 지시 내리기

많은 ADHD 아동은 구체적인 단계별 지시와 직접적인 소통이 필요하다. ADHD 아동은 주의산만이나 충동성으로 인해 여러 절차를 이해하고 수행하는 데 어려움을 경험한다. 또한 작업기억에 어려움이 있으므로 모든 지시와 명령은 구체적으로, 나누어서 하는 것이 효과적이다.

③ 물리적 근접성

가급적이면 창가에서 멀리 떨어진 곳에 자리를 배치하는데, 가장 바람직한 위치는 교사 바로 앞이다. 뒤에 앉을 경우 앞에 있는 또래에게 신경을 쓰게 되어 쉽게 산만해질 수 있다. 반면에 교사와 가까운 위치에 자리를 배정할 경우 자주 경고를 주거나 주의를 빼앗기는 자극이 상대적으로 줄어들게 된다. 아동에게 기억하기를 바라는 내용을 전달하고자 한다면 가까이 다가가서 부드럽게 천천히 말하는 것이 효과적이다. ADHD 아동의 경우 잦은 비난과 처벌을 받은 경험이 많기 때문에 긴장된 목소리에서 불안을 느끼게 되어 교사의 말을 이해하는 데 더 어려움을 경험할 수 있다. 상황에 따라서는 아동의 어깨를 손으로 부드럽게 잡고 눈을 맞추면서 말을 하는 것이 효과적이다.

④ 잦은 피드백 제공하기

ADHD 아동이 주의력을 유지하는 시간은 일반 아동보다 훨씬 짧다. 일반 아동이 500미터를 쉬지 않고 달린다면, ADHD 아동은 100미터를 달리고 쉬고 다시 달려야 하는 단거리 선수로 생각하면 쉬울 것이다. ADHD 아동이 주의를 유지하는 데 어려움을 보이기 전에 지속해서 주의를 기울이는 행동에 대해 긍정적인 피드백을 주어야 한다. 가장 효과적인 방법 중 하나는 ADHD 아동의 바람직한 행동에 대해 주기적으로 토큰이나 도장 혹은 스티커를 노트에 붙여 주면서 그날 수업을 마치는 종례시간에 받은 토큰이나 도장 혹은 스티커 개수에 해당하는 물질적인 보상을 제공해 주는 것이다. 교사는 각 아동이 좋아하는 보상의 종류에 대해 잘 알고 있어야 한다. 바람직하지 않은 행동에 대해서 토큰이나 도장 혹은 스티커를 주지 않는 것은 처벌의 효과를 주기 때문이다.

⑤ 교사가 한 말을 반영하기

ADHD 아동에게 지시사항을 이야기할 경우 아동이 이해를 한 것처럼 보이지만, 외부나 내부의 자극에 의해서 주의를 기울여 상대의 말을 정확하게 듣는 경우는 드물다. 아동이 정확하게 이해했는지를 확인하기 위해서 교사는 자신이 한 말을 아동에게 거울 반영하기를 하도록 한다. 거울 반영하기를 흔히 미러링이라고 부르는데, 반향판처럼 교사가 한 말을 얼마나 이해했는지 말해 보도록 하는 것이다. 예를 들면, "선생님 말씀은 수업시간에 이해가 되지 않거나 지루해지면 손을 들고 선생님에게 알려 달라는 것이죠?" 등이다.

⑥ 신체 활동을 위한 시간 주기

부주의가 심한 학생의 경우 주의력을 다시 회복하기 위해서 잠시 일어나서 뒤쪽에 앉아 있거나, 잠시 뒤에 서서 수업을 듣거나, 잠시 스트레칭을 하는 것도 주의를 다시 환기하는 데 도움이 될 수 있다. 과잉행동이나 충동성 문제를 가진 학생의 경우도 잠시 일어섰다가 앉거나, 잠시 교실 뒤에 서 있다가 다시 자리에 돌아오는 것이 좋은 방법이 될 수 있다.

⑦ 적절한 과제 부여하기

일반 아동들과 달리 ADHD 아동에게는 아동이 이해하고 풀 수 있는 과제를 부여하는 것이 바람직하다. 우선, 수업시간에 나누어 주는 과제의 경우 학생이 이해하고 있는지를 파악하고, 가급적이면 작은 단위로 나누어서 작업하도록 하는 것이 효과적이다. ADHD 아동의 경우 주어진 과제에 대한 이해의 어려움과 함께 지속적인 주의력을 요구하는 작업일 경우 압도감을 가지게 되어 쉽게 포기하는 경우가 흔하다.

솔루션

7. 과잉행동과 충동성을 줄이는 방법

Q1 아이가 짜증도 잘 내고 부모에게 반항적입니다. 어떻게 지도해야 하나요?

ADHD 아동 · 청소년 가운데 50% 이상이 부모나 권위자에게 반항하는 태도나 행동을 보인다. 대표적인 행동장애가 적대적 반항장애와 품행장애이다. 적대적 반항장애의 경우 부모와의 상호작용에서 형성되지만, 품행장애는 다소 유전적인 성향이 높다. ADHD 아동 · 청소년을 둔 가정의 부모는 자녀가 일반 아동 · 청소년과 달리 정서조절이나 행동조절의 어려움이 있다는 사실을 인식해야 한다. 자녀가 ADHD를 가지고 있다는 사실은 받아들이기 힘들겠지만, 자녀의 어려움을 수용하는 것이 변화의 시작이다. 부모교육이나 행동수정 기술을 구체적으로 적용하는 방법을 전문가에게 조언을 받고, 적어도 3~4개월간 적용하며 피드백을 주고받으면서 부모가 우선 변화하는 것이 가장 효과적인 개입방법이다.

자녀가 짜증을 내고 반항적인 행동을 하는 상황이나 사건을 우선 파악해 보자. 때로는 아동이 초등학교 고학년이 되면서 그리고 10대로 접어들면서 하는 반항적인 행동은 정상인 경우도 있다. 부모 자신이 너무 잔소리를 하거나 간섭을 하는지도 자문해 봐야 한다. 흔히 하는 실수 가운데 하나는 자녀가 심리적인 독립과 자율성을 추구함에도 부모는 여전히 어린아이 대하듯 하는 것인데, 자녀를 대하는 방식에서 이전과는 달리 선택과 책임에 보다 초점을 두어야 한다. 그리고 지나치게 길게 잔소리하거나 흥분하는 행동은 자녀에게 시비를 거는 행동과 같다. 자녀가 짜증을 내는 상황에 부모가 일조를 하고 있는지, 단순히 자녀가 이유 없이 짜증을 내는지 파악하고 이유 없이 짜증을 내는 경우에는 경고 신호를 주는 것이 바람직하다. 짜증을 내거나 분노를 폭발하는 경우, 자신의 감정을 이해받고 수용받은 경험이 없거나 부모 자신이 평소에 그런 행동을 보였다면 아이들이 보이는 행동이 학습이 된 경우가 많다.

폭력적인 행동에 대해서는 단호하게 타임아웃이나 합당한 대가를 치르도록 처벌을 시행해야 한다. 주로 부모들이 흔히 하는 실수 가운데 하나가 잔소리와 설득하는 행동이다. 일명 빈 협박이다. 이것은 자녀들의 폭력적인 행동을 더 악화시켜 어머니들이 구타를 당하는 경우가 자주 발생하게 된다. 허용이나 타협이 되지 않는 행동은 단호하게 대처하고 처벌을 시행하면 된다.

Q2 아이가 너무 덤벙거리고 행동과 말에서 실수가 잦습니다. 동생과도 자주 싸우고 장난도 심해서 상대방의 마음을 읽지 못하고 남 탓을 자주 합니다.

① 내 안의 야생마 길들이기

과잉행동이나 충동성을 보이는 아동은 마치 순치가 되지 않은 야생마라 비유한다. 실제 ADHD 성인들의 경우 부주의 문제는 반복적인 좌절감이나 실패감을 안겨 주지만, 과잉행동이나 충동성을 에너지로 사용할 경우 일에 있어서 추진력의 원동력이 된다. 문제는 과유불급의 행동이다. 하버드 의대 정신과를 졸업한 에

드워드 할로웰(Edward M. Hallowell) 박사는 페라리 승용차 엔진에 자전거 브레이크를 장착한 것으로 비유한다. 실제로 대학생을 대상으로 한 연구를 살펴보면, ADHD 대학생들 가운데 과잉행동이나 충동성은 보다 적극적인 행동으로 나타나서 긍정적인 부분도 있으며, 기업의 총수들 가운데는 ADHD 성인들이 많다. 이들의 지칠 줄 모르는 에너지와 열정이 끊임없이 세상을 바꾸는 원동력이 되는 경우가 흔하다.

달리는 고속버스나 KTX 열차 안에서 창밖의 풍경을 상상해 보자. 아마도 풍경들을 자세히 들여다보기도 전에 휙휙 뒤로 날아갈 것이다. 실행기능의 활성화를 돕기 위해서 최우선으로 해야 할 작업은 '멈추고 생각하기(stop and think)'이다. 멈추고 생각하는 태도나 행동은 자기조절력을 높이기 위한 가장 기본이자 중요한 태도이다. 아동이 날마다 '잠깐 멈춤'한 후 자신의 신체 상태를 확인하고 감정과 생각을 들여다보는 연습을 하도록 도와주라. 그리고 동시에 자신의 행동이 타인에게 어떻게 영향을 줄지에 대해 생각하는 시간을 가지는 습관을 길러 주라.

② 무술이나 스포츠 활동하기

무술을 배우거나 스포츠 활동에 참여하는 것은 신체적인 건강뿐만 아니라 신체활동을 통해서 두뇌를 발달시키는 데 아주 효과적이다. 그리고 과잉행동과 충동성으로 인한 에너지를 분출하는 데 아주 효과적이다. 특히 무술의 경우 일정한 형식의 동작을 외워야 하고, 기본 동작 수련에서 자세를 멈추고 유지하는 연습을 해야 하는데, 이를 통해서 절제와 인내심을 배우게 된다. 현재 미국 부모들에게 태권도가 아주 인기가 많다. 자녀들이 태권도를 배우면서 예절과 절제를 배우게 되고 사회성도 개선되어 부모들이 감동하는 모습의 영상을 유튜브를 통해 볼 수 있다.

Q3 학교 수업에서 과잉행동을 보이는 학생들에게는 어떤 방법이 효과적인가요?

① 시각적 리마인더 사용하기

ADHD 아동의 경우 비언어적인 심상이나 이미지를 불러내는 데 어려움을 가진다. 회상능력과 미래의 결과를 심상으로 떠올리는 능력의 결함으로 인해 이전에 지적받거나 처벌받은 행동을 반복적으로 하는 경향이 높다. 이는 마치 전후 맥락을 고려하지 않고 바로 그 순간에 일어나는 행동과 감정에 함몰되는 것처럼 보인다. 숲속에서 개별적인 나무를 파악하는 동시에 숲 밖에서 숲의 모습을 파악하는 자기관찰적인 자기개발이 필요하다. 자기관찰적인 자기를 다른 말로 메타인지능력이라 할 수 있는데, 이를 키우기 위해서 아동은 항상 멈추고 자신의 내면과 밖을 바라보는 마음챙김(mindfulness) 자세를 가져야 한다.

② 신체감각이나 감정 알아차리기

자기 동기부여의 결함으로 인해서 ADHD 아동은 외부의 자극을 추구한다. 부주의가 심한 아동의 경우 백일몽에 쉽게 빠지거나 주의가 산만해져서 외부 자극에 주의를 빼앗기게 된다. 반면, 과잉행동과 충동성이 높은 아동의 경우 심리적인 초조함과 조바심으로 인해서 끊임없이 움직이려고 한다. 따라서 신체감각이나 자신의 감정에 대해 알아차리는 연습을 하는 것이 중요하다.

Q4 지시나 명령에 즉각적으로 순응하지 않고 고집을 피우는 경우 어떻게 대처해야 하나요?

ADHD 아동의 특징 가운데 하나가 고집이 세고 반항적인 행동을 보이는 성향이 높다는 것이다. 특히 재미있는 일을 하는 도중에 그만두고 다른 일이나 과제를 지시받았을 때, 지시사항이 어렵거나 재미가 없을 경우 반항적인 행동을 하고 분노 폭발을 하는 경우가 흔하다. 지시사항을 회피하기 위해서 아동은 분노를 표출하거나, 반항적으로 대들거나, 논쟁을 벌이려고 한다. 이에 맞서 부모나 교사는 아동과 논쟁을 하거나 흥분하여 훈계를 하는 경우가 많다.

아동의 바람직하지 못한 행동에 대한 효과적인 반응은 카운팅을 통해 경고하는 것이다. 제2장에서 언급한 1-2-3 매직기술을 사용하면 된다. 지시사항에 순응하지 않고 반항적인 태도를 보일 경우, 단호한 태도로 차분히 '하나'를 세면 된다. 그리고 5초 정도 기다려라. 그리고 나서도 여전히 지시에 순응하지 않을 경우, 다시 '둘'을 세고 다시 5초를 기다려라. 두 번의 경고에도 여전히 순응하지 않을 경우 아동을 타임아웃 장소로 데리고 가면 된다. ADHD 아동은 실행기능의 결함으로 인해 하나의 활동에서 다른 활동으로 전환하는 것이 쉽지 않다. 그래서 경고를 통해 마음의 준비를 하도록 하게 함과 동시에 지시에 순응할지 말지에 대한 선택과 책임을 묻는 연습을 하도록 돕는다. 아동의 경우 적어도 3개월 정도 반복적인 연습이 필요하다. 막상 1-2-3 매직기술을 적용해 보면 두 번 카운팅을 하고 난 후에 아동이 타임아웃 장소로 가라고 해도 반항하면서 순응하지 않을 것이다. 이런 경우 부모나 교사는 흥분하거나 잔소리, 훈계를 절대 하지 말고 아이를 안전하게 뒤에서 안아 강제로 데리고 가면 된다. 그리고 자신의 방에 들어가면 조용히 하는 순간부터 정해진 타임아웃 시간이 시작된다. 타임아웃 시간은 통상 아동의 나이만큼 시행하면 되지만, 나이에 비해 발달지연이 있다면 5~10분 정도면 된다.

Q5 수업시간에 장난치고 가만히 있지 못하는 학생을 어떻게 해야 하나요?

이것은 초등학교 저학년 교사들이 가장 힘들어하는 점이다. 우선, 아동과의 대화를 통해서 수업시간에 왜 장난을 치게 되는지 물어보라. ADHD 아동의 경우 늘 부정적인 피드백을 받기 때문에, 교사는 이를 염두에 두고 아동을 도와주려고 하니 어려운 점에 대해 솔직하게 말해 주기를 바란다고 하면서 도와주려는 진정성을 보여 주는 것이 중요하다. 미리 교사와 아동이 약속을 하고 과잉행동이나 충동성으로 인해 옆의 아동에게 장난을 치는 경우 교사가 은밀하게 신호를 주어 아동이 잠시 화장실이나 밖에 나갔다가 들어오도록 한다. ADHD 아동의 경우 특정한 상황에 처해 있을 때 자신의 행동에 대해 객관적인 태도로 바라보는 내성적인 사고가 부족하기 때문에 상황에서 벗어나거나 시간이 지나서 자신을 돌아볼 경우 자신의 부정적인 행동에 대해 알아차리게 된다. 가장 중요한 사실은 아동과 교사가 신뢰롭고 친밀한 관계를 형성하는 것이다.

솔루션

8. 사회성 기술을 높이는 방법

ADHD 아동의 경우 또래들보다 정서적 발달이 늦다. 다시 말해, 10세 ADHD 아동의 경우 7세나 8세 아동처럼 행동할 수 있고, 또래들과 친하게 지내고 관계를 유지하는 데 어려움을 보인다. 일부 부모는 자녀가 또래와 어울리지 못해 아예 또래

와의 관계를 단절시켜 버리는 경우도 있다. 하지만 ADHD 아동이 또래와 어울리면서 사회성 기술을 개발하는 것은 절대적으로 중요하다. 사회성 기술의 개발은 오직 대인관계에서 경험을 통해 체득하는 것이지 책으로 배울 수 있는 것이 아니다. ADHD 아동은 일반 아동보다 자신의 사회성 기술에 대해 객관적으로 바라보는 데 어려움이 있다. 또래와의 관계에서 분위기를 파악하거나 자신의 행동이 타인에게 미치는 영향에 대해 인식하는 것을 어려워한다. 부모는 ADHD 아동이 자신의 행동이나 사회성 기술에 대한 자각을 높이도록 도와줄 수 있다.

Q1 아동이 바람직하지 않은 자신의 행동에 대해 어떻게 자각하도록 도울 수 있나요?

부주의나 과잉행동 및 충동성으로 인해 쉽게 상황에 매몰되어 일어나는 주변 상황을 감찰하는 것은 ADHD 아동에게 아주 어렵다. 일상생활에서 부모는 ADHD 아동이 바람직하지 않은 행동이나 사회적 상황에서 분위기 파악을 하지 못하는 행동을 보일 때 즉각적인 피드백을 제공해야 한다. ADHD 아동의 경우 실시간 상황에 매몰되어 객관적으로 자신을 바라보는 것이 어렵지만, 상황에서 벗어나 시간이 지난 뒤에는 자신의 바람직하지 않은 행동에 대해 인식할 수 있다. 실시간으로 자신을 바라보는 관찰하는 자기가 약하기 때문에 부모는 ADHD 아동이 자신의 미숙한 행동을 객관적으로 평가할 수 있도록 부드럽게 아동의 행동을 기술해 주면서 바람직한 행동에 대해 안내해 주어야 한다. 평소에 다양한 상황에서 일어날 수 있는 여러 상황에 대해 아동과 역할놀이 연습을 해 볼 수도 있다.

Q2 또래 아이들과 어떻게 하면 잘 어울려 놀게 할 수 있나요?

ADHD 아동은 미숙한 행동으로 인해 또래에게 배척당하거나 거절당하는 경우가 잦다. 이를 지켜보는 부모의 마음은 자녀보다 더 아플 것이다. 또래의 생일에 자신의 자녀만 초대를 받지 못할 경우 부모로서 너무 큰 자괴감과 자책감이 들 것이다. 이에 아동이 특별히 어려워하는 몇 개 영역에 초점을 두고 상황극 연습을 해 볼 수 있다. 예를 들어, ADHD 아동이 놀이 활동에서 문제를 보이거나 친구들을 괴롭히는 행동을 보인다면, 가정에서 부모와 아동이 보드게임이나 기타 놀이 활동을 함으로써 아동에게 규칙을 따르는 연습을 하게 하고, 바람직하지 않은 행동을 보일 때 자신의 행동이 타인에게 어떤 영향을 주게 될지 함께 생각하는 연습을 해 본다. 무엇보다도 아동이 부모와의 게임 활동을 통해서 친사회적인 행동을 보일 때 즉각적인 피드백을 제공하는 것이 효과적이다. 가정에서 부모와 놀이 활동을 할 때 아동에게 잦은 피드백을 제공함으로써 자신의 행동에 대한 아동의 자각력을 높여 주고, 상황상 여건이 되지 않을 경우 상담센터에서 치료사와의 놀이 활동을 통해서 아동의 바람직하지 않은 행동이나 바람직한 행동에 대해 즉각적인 피드백을 제공한다. 또래관계에서는 우선 여러 명의 친구보다는 한두 명의 친구와 놀이 활동을 통해서 사회성 기술을 습득하도록 돕는다. 한두 명의 친구의 경우 ADHD 아동에게 좋은 모델이 될 수 있는 친구들이 바람직하다. ADHD 아동이 바람직한 사회성 기술을 보일 때 칭찬하라. 보다 즐겁게 신체를 사용하면서 사회성 기술을 기를 수 있는 활동을 소개하라.

Q3 평소에도 짜증을 자주 내는데, 또래들과의 관계에서 감정을 잘 조절하는 방법이 있나요?

ADHD 아동의 경우 감정조절력이 아주 약하다. 사소한 일에도 분노 폭발을 하는 경우가 잦다. 이것이 또래들에게 배척당하거나 거절당하는 흔한 이유 가운데 하나이다. 기질적으로 감정조절에 어려움이 있을 수도 있지만, 가정에서 부모가 감정을 표현하는 방식을 보고 아이가 무의식으로 모델링을 했을 수도 있다. ADHD 아동의 실행기능에서의 결함 가운데 하나가 감정표현과 감정조절의 어려움이다. 우선, 가정에서 부모가 자신의 감정을 차분하게 표현하는 모습을 보여 주는 것이 중요하다. 동시에 아동의 감정을 읽어 주는 반영하기 연습도 필요하다. 감정조절을 하기 위해서는 일차적으로 자신의 감정이 일어나는 것을 알아차려야 한다. 아동에게 화가 나기 전에 신체나 마음에 어떤 신호가 오는지를 자각하는 연습을 하게 한다. 감정은 항상 우리의 신체에서 일어나기 때문에 화나 분노를 터뜨리기 전에 우선 감정을 알아차리고 표현하는 연습을 해야 한다.

[워크시트 1] 구조화된 환경 제공하기

ADHD 아동의 경우는 특히 자기조절력이 부족하므로 어린 시절부터 구조화된 환경을 제공하는 것은 두말할 필요 없이 중요합니다. 구조화된 환경이란 예측 가능한 환경으로 흔히 아동이 무엇을 해야 하고 무엇을 하지 말아야 한다는 규칙적인 일상을 말합니다. 구체적인 예로 정해진 기상과 취침 시간, TV 시청 시간대, 규칙과 제재, 숙제와 놀이 시간 등이 있습니다. 아동은 본능적으로 예측 가능한 환경을 편하게 느낍니다.

◆ **자녀가 따르기를 원하는 구조화된 일상의 활동을 기입하세요.**

오전

시간	내용
7:30~7:45	침대에서 일어나기
7:45~8:00	세수하기
8:00~8:15	옷 입기
8:15~8:30	아침 식사하기
8:30~9:00	학교 등교하기

오후

시간	내용
1:00~2:00	
2:00~3:00	
3:00~4:00	
4:00~5:00	
5:00~6:00	
6:00~6:30	저녁식사
6:30~8:00	숙제하기
8:00~9:00	자유시간
9:00~9:30	양치하기, 잠자리에 들기

[워크시트 2] 부모의 합의된 가치관 세우기

부부 각자가 중요하다고 생각하는 가치관을 기술하세요. 그리고 서로 교환하여 확인한 후에 왜 중요한지를 논의하고 타협해서 다음 다섯 가지로 정합니다.

◆ 부모가 중시하는 가풍이나 가치관을 기술하세요(부부가 각자 작성하세요).

1. _____
2. _____
3. _____
4. _____
5. _____
6. _____
7. _____
8. _____
9. _____
10. _____

◆ 가정에서 자녀가 지켜야 할 중요한 규칙들을 기술하세요.

1. _____
2. _____
3. _____
4. _____
5. _____

규칙은 가능한 한 자녀가 잘 볼 수 있는 곳에 붙여 두어야 합니다. 문을 열고 들어올 때 바로 보이는 곳이 가장 좋습니다. 원색의 도화지에 규칙을 적어 두는 게 효과적입니다.

[워크시트 3] 부모양육 질문지

1	식사시간이 얼마 남지 않았는데도 당신의 아이가 군것질거리를 먹겠다고 조르자 시어머님(장모님)께서 먹으라고 허락한다면?		
	a	그대로 먹게 내버려 둔다.	
	b	안 된다고 하며 못 먹게 한다.	
	c	밥을 먹고 난 다음에 후식으로만 먹게 한다.	
2	당신의 여섯 살 난 아이가 청소년들이 볼 수 있는 만화영화를 보겠다고 떼를 쓴다면?		
	a	보도록 내버려 둔다.	
	b	보지 못하게 TV를 끄거나 채널을 다른 프로그램으로 돌린다.	
	c	아이에게 적합한지 판단하기 위해 직접 시청한 다음 보게 할 것인지를 결정한다.	
3	당신의 아이가 반짇고리(바느질고리)를 뒤집어 엎어 온 방 안에 헤쳐 놓았다면?		
	a	아이니까 그러려니 하고 손수 치운다.	
	b	화를 내며 지금 당장 치우라고 소리를 친다. "당장 치워!!!"	
	c	화를 내지는 않지만 아이에게 치우게 하고, 다 치울 때까지 다른 일을 못하게 한다.	
4	아이가 당신이 아끼던 꽃병을 깨 놓고선 옆집 친구가 그랬다고 거짓말을 했다면?		
	a	아깝지만 괜찮다고 이야기한다.	
	b	깨뜨린 것과 거짓말한 것 모두에 대해 야단을 치거나 벌을 준다.	
	c	거짓말한 것에 대해 야단을 치고, 만일 솔직히 이야기했더라면 꽃병을 깬 것에 대해 혼내지 않았을 것이라고 말한다.	
5	당신의 일곱 살짜리 아이가 서너 살짜리 아이들과 노는 것을 보았다면?		
	a	속은 상하지만 그냥 놀게 내버려 둔다.	
	b	당장 놀지 못하게 한다.	
	c	같이 놀 또래 친구들을 찾아보도록 도와준다.	
6	당신의 아이가 다른 친구를 때려서 상처를 냈다면?		
	a	아이들 싸움이려니 하고 그냥 내버려 둔다.	
	b	화가 나서 야단치거나 때로는 체벌을 한다.	
	c	왜 싸웠는지에 대해 이야기를 나누되, 그래도 싸움은 나쁘다고 따끔하게 꾸중한다.	
7	당신의 아이가 유치원(학교)에서 내준 숙제를 이번에도 또 잊고 안 해 간다면?		
	a	선생님께 전화를 해 준다.	
	b	그 자리에서 혼을 내고 다시는 그러지 못하도록 다짐해 둔다.	
	c	더 이상 잊어버리지 않도록 타이르고 다음부터는 알림장을 꼭 확인하도록 도와준다.	
8	당신의 아이가 크레용으로 온 방바닥에 낙서를 했다면?		
	a	낙서할 수 있는 종이를 한 묶음 갖다 주며 웃어넘긴다.	
	b	아이에게 화를 내며 당신이 직접 낙서를 지운 다음, 크레용을 모두 없애 버린다.	
	c	아이 스스로 지우게 하고, 다음에 크레용을 가지고 놀 때는 세심하게 지도한다.	

9	당신의 아이가 유치원(학교)에서 친구를 사귀는 데 문제가 있다면?		
	a	친구들을 불러서 파티를 열어 주고 선물을 나누어 주며 당신의 아이와 사이좋게 지내 달라고 부탁한다.	
	b	바보처럼 친구 하나도 못 사귀냐고 야단을 친다.	
	c	자녀와 친구관계에 관해 이야기를 나누고, 친구를 사귈 수 있도록 단체활동 프로그램 등에 가입시킨다.	
10	당신의 기분이 언짢은데 자녀가 당신의 관심을 받고자 보챈다면?		
	a	언짢은 기분은 뒤로 하고 자녀에게 관심을 기울인다.	
	b	아이에게 짜증 내며 남편(아내)을 불러 떠넘긴다. “네 아빠(엄마)한테나 가 봐!”	
	c	아이에게 당신의 기분이 언짢다는 것을 이야기해 주고, 좀 나아지면 함께 놀아 주겠다고 한다.	
11	당신의 아이가 블록 쌓기 놀이를 하는데 원하는 대로 잘 되지 않아서 짜증을 부린다면?		
	a	아이의 짜증을 멈추게 하기 위해 옆에서 도와준다.	
	b	짜증 부리지 말라고 야단을 친다.	
	c	아이에게 짜증을 부리는 대신 말로 표현하도록 이야기해 주고 짜증 난 이유에 대해 이야기를 나눈다.	
12	당신이 좋아하는 수제비를 특별히 준비하였는데 아이가 먹기 싫다고 한다면?		
	a	귀찮더라도 아이를 위해 밥을 따로 준비한다.	
	b	억지로라도 먹게 한다.	
	c	수제비를 조금이라도 먹어 보게 한 다음 그래도 싫다고 하면 아이를 위해 밥을 따로 준비한다.	
13	자야 할 시간이 훨씬 지났는데도 아이가 하고 있던 놀이를 더 하고 자겠다고 고집을 피운다면?		
	a	놀 만큼 더 놀다 자게 한다.	
	b	당장 가서 자라며 야단치거나 불을 꺼 버린다.	
	c	그 시각부터 20~30분만 더 놀다 자게 한다.	
14	당신의 아이가 다른 어른의 말을 잘 따르지 않는다면?		
	a	아직 어리니까 그러려니 하고 내버려 둔다.	
	b	화를 내며 어쨌든 어른의 말을 따르지 않는다는 건 나쁜 일이기에 야단친다.	
	c	어른에 대한 공경심과 그 어른의 말을 왜 따라야 하는지에 대해 이야기를 나눈다.	
15	아이와 함께 쇼핑할 때, 쓸모없어 보이는 것들을 이것저것 사 달라고 조른다면?		
	a	가능한 한 다 들어준다.	
	b	화를 내면서 아이의 손목을 잡고 그 상점을 떠난다.	
	c	안 된다고 딱 잘라 말하고, 쇼핑을 계속하면서 아이에게 적합한 것을 골라 사 준다.	
16	당신은 얼마나 자주 자녀에게 화를 냅니까?		
	a	거의 드물다.	
	b	매일 같이	
	c	일주일에 한 번 정도	
17	당신의 아이가 자다가 무서운 꿈을 꾸어 당신의 방에서 자겠다고 오는 경우에는 어떻게 합니까?		
	a	함께 자도록 한다.	
	b	당장 네 방에 가서 자라고 소리를 지른다.	
	c	일어나서 아이를 달래 준 다음 아이를 방으로 데려가 재운다.	

18	당신의 아이를 생각할 때, 당신이 원하는 가정의 분위기는?		
	a	자유롭고 개방적인 가정	
	b	규율과 질서가 잡힌 가정	
	c	대화와 화합이 있는 가정	

▶ 채점요령

◆ 앞의 채점 결과에서 가장 높은 점수에 해당하는 알파벳이 곧 당신의 양육태도 유형입니다. 만일 가장 높은 점수가 2개라면 그 두 가지에 해당되는 유형을 모두 읽어 보십시오.

▶ 결과 해석

A형: 허용적 양육태도 (permissive parenting style)

자녀에 대해 허용적 태도를 보이며, 자녀가 원하는 것은 무엇이든지 들어주려 하고 자녀에게 "안 돼."라는 말을 하지 않으며 자녀가 하고 싶은 대로 내버려 두는 양육방식을 말합니다. 자녀에게 어떤 규칙(예: 잠자는 시간, 먹어야 할 음식의 종류 등)을 강요하지 않습니다. 문제는 자제하는 능력을 개발하지 못해 충동적이고 감정조절을 하지 못하여 뜻대로 되지 않을 경우 분노를 폭발시킵니다. 이러한 아동은 어른에게 반항적이며 불복종하고 공격적 행동을 하게 됩니다. 충동적이고 즉각적인 만족을 얻고자 하기 때문에 참을성이 약하고, 크고 작은 목표를 이루는 데 어려움을 겪게 됩니다.

B형: 권위주의적 양육태도(authoritarian parenting style)

자녀에게 일방적으로 명령이나 강요를 하지만 자녀의 욕구나 필요에는 민감하지 않습니다. 일명 독재적인 양육방식이라 합니다. 아동은 자신의 생각이나 감정을 무시받거나 억압받으며 성장하면서 자신에 대한 정체감을 갖기가 어렵습니다. 이로 인해 내면의 자기확신이 부족하고 부정적인 자기상을 가지게 될 소지가 높습니다. 이러한 아동의 특징으로 권위자에 대한 공포와 두려움이 많으며, 기질이 강한 아동의 경우 반대로 권위자에 대해 불신과 반항적인 태도를 가질 수 있습니다. 또한 자존감이 낮고 부정적인 자기상을 가질 소지가 높습니다. 부모의 일방적인 강요와 순종으로 인해 자신에 대한 긍정적인 정체성을 갖는 것이 어렵습니다.

C형: 권위 있는 양육태도(authoritative parenting style)

자녀의 욕구를 민감하게 알아차리고 채워 주는 양육과 동시에 자녀의 행동에 대한 옳고 그름의 훈육도 합니다. 부모-자녀 간의 관계는 사랑과 신뢰로 이루어져 있으며, 부모로서 자녀에게 본이 되는 삶을 보입니다. 자녀는 이러한 가정 분위기 속에서 자신에 대한 긍정적인 자기상과 타인에 대한 신뢰감을 갖게 되어 또래나 권위자와 원만한 관계를 형성합니다. 동시에 가정에서 부모가 자녀의 생각이나 감정에 대해 공감해 주어 자녀는 자신에 대한 표현과 타인에 대한 공감력도 높습니다. 이러한 아동의 특징은 자기와 타인에 대한 긍정적인 태도를 보이며, 자기조절력이 높고 협조적이고 또래 친구나 권위자와의 관계도 좋습니다.

출처: http://www.rusosoop.com/index.php?mid=Testing&document_srl=2620&listStyle=viewer

[워크시트 4] 행동 관리 기술 적용하기

의도적 칭찬하기	무시하기 행동	타임아웃 혹은 특권 박탈	경고하기 (1-2-3 매직기술)
예시: 제시간에 숙제를 마치기	예시: 칭얼거리거나 떼쓰기	예시: 부모나 동생 때리기	예시: 욕설하거나 지시에 불순종하기

[워크시트 5] 기능적 행동분석하기

선행 사건이나 상황	문제행동	결과
언제, 어디서, 누구와, 어떤 수업 시간	구체적이고 객관적인 행동으로 기술	주변의 반응과 아동의 행동
수학수업	옆의 친구와 장난치며 떠든다.	잔소리하거나 상담실로 보내기

1. 문제행동 분석하기

- 구체적인 문제를 파악하라.
- 문제행동을 하는 목적이나 기능은 무엇인가?
- 문제행동을 한 후에 교사나 주변의 반응은 어떠한가?
- 아동의 문제행동이 감소하였는지, 여전히 동일한 문제를 보이는지 파악하라.

2. 해결방안

- 수학 문제가 이해되지 않아서 장난을 치는 경우 일종의 심리적 고통을 회피하기 위한 반응이다. 교사는 아동이 수업내용을 이해하고 있는지 확인이 필요하다.
- 아동의 문제가 지속될 때 주로 교사의 대처반응이 아동의 문제를 강화시키는 경우가 흔하다.
- 주의력 유지의 한계로 인해서 주의가 산만해지고 자극을 추구하는 경향이 있다. 교사는 아동이 바람직한 행동을 유지하고 있는 순간에 필히 칭찬이나 강화 토큰을 부여하라.
- 과잉행동이나 충동성 조절이 한계 상황일 때 아동이 미리 교사에게 말을 하고 잠시 일어서거나 잠시 나갔다가 들어오도록 허용하라.
- ADHD 아동은 장거리 선수가 아니라 단거리 선수임을 기억하라.
- 내적 동기부여가 약하기 때문에 외부적인 칭찬이나 토큰이 필요하다.
- ADHD 아동의 경우 문제행동에 대한 처벌보다는 항상 전향적인 조치에 초점을 두는 것이 바람직하다.

[워크시트 6] 일일행동카드 작성하기

일일 행동 체크는 아동의 행동과 학업 수행을 지속적으로 평가하는 데 효과적입니다. 이러한 일일행동카드를 통해서 부모와 교사가 소통하는 계기를 마련할 수 있고, 문제행동을 보일 경우 학교에서 적절한 처벌을 시행할 뿐만 아니라 가정에서도 교사의 처벌에 동의하면서 아동의 문제행동에 대해 경고나 처벌을 주는 것이 필요합니다. 동시에 아동의 문제행동이 감소하거나 보이지 않을 때 가정에서는 아동에게 적절한 보상이나 칭찬을 해 주어야 합니다. 즉각적인 보상이나 피드백에 민감한 ADHD 아동들에게 일일행동카드를 통한 피드백은 아주 효과적입니다. 문제는 부모나 교사들이 이것의 중요성을 인식하고 지속적으로 일관되게 주의와 노력을 기울이는 일입니다. 아동이 자신의 행동을 매 순간 의식적으로 관찰하는 연습을 통해서 보다 충동적인 행동을 감소시키는 데 효과적입니다.

〈일일행동카드 예시〉

이름:	날짜:				
목표행동	1교시:	2교시:	3교시:	4교시:	5교시:
1.					
2.					
3.					
4.					
5.					
6.					
7.					

교사의 피드백:

[워크시트 7] 애착과 친밀감을 높이는 놀이 활동(아동중심의 놀이기술)

1. 아동주도 상호작용 놀이치료

핵심 기술	설명과 예시
칭찬하기	• 명시적인 칭찬하기: "집중해서 블록을 잘 쌓고 있구나." • 비명시적인 칭찬하기: "잘했어." "훌륭해." • 구체적인 행동을 언급하면서 칭찬하는 것이 효과적이다.
반영하기	• 아동의 말을 그대로 되돌려 주듯이 말하는 기술이다.
따라 하기	• 특히 장난감을 가지고 놀 때 아동과 유사한 장난감을 가지고 따라 하거나 참여한다.
묘사하기	• 비언어적인 행동이나 태도, 모습을 묘사하는 기술이다. "숙제를 열심히 하고 있구나."
열정적으로 반응하기	• 자녀의 긍정적인 행동에 열정적인 놀라움을 보이는 행동이다. 아동의 자기애적인 욕구에 부합하는 반응이다.

2. 부모-자녀 상호작용놀이 연습방법

① 부모가 번갈아 가면서 아동과 서너 번 5~10분 정도 놀이를 한다.

② 우선, 부모가 장난감 바구니를 가지고 와서 아이에게 '특별한 놀이시간'이라 한다. 아이가 원하는 것을 가지고 놀면 된다고 한다. 단, 아이가 장난감을 집어 던지거나, 지나치게 욕을 하거나, 소리를 지를 경우 중단한다고 한다.

③ 아이가 장난감을 고르는 순간부터 부모는 아이의 행동에 대해 묘사하기 기술을 사용할 수 있다.

※ 주의사항: 질문하기, 명령이나 지시하기, 비난하기는 금물이다.

참고문헌

강민주, 심미경(2011). 어머니의 부모역할지능과 유아의 자기조절능력 및 공감능력과의 관계. 아동학회지, 32(4), 203-216.

김진경, 강은희(2017). 성별 및 부모의 양육태도에 따른 유아의 자기조절력. 한국보육지원학회지, 13(2), 81-96.

김혜순, 강기숙(2006). 유아의 지능, 가정양육환경 및 자기조절능력과의 관계. 한국가정관리학회지, 23(4), 17-26.

안동현, 김봉석, 두정일, 박태원, 반건호, 신민섭, 신윤미, 양수진, 이성직, 이소영, 이재욱, 임병호, 정유숙, 천근아, 홍현주(2015). ADHD의 통합적 이해. 서울: 학지사.

이상신, 유병국, 김양태, 김희숙(2007). 안와전두피질의 기능. 생물치료정신의학, 13(1), 36-44.

이성직(2020). ADHD 전문가를 위한 치료 지침서. 서울: 학지사.

이소연(2014). 굼뜬 인지적 템포(SCT): 임상적 의의와 유용성에 대한 개관. 한국심리학회지: 일반, 33(2), 327-355.

이시형(2013). 아이의 자기조절력. 서울: 지식채널.

이은희(2019). 4차 산업혁명시대 가정과교육의 역할. 한국가정과교육학회지, 31(4), 149-161.

이지선, 정옥분(2002). 부모의 정서표현 수용태도와 유아기 자녀의 정서지능과의 관계. 아동학회지, 23(1), 17-35.

정지나, 김경희(2015). 유아의 자기조절력과 교사-유아 관계가 유아의 사회적 행동에 미치는 영향. 한국생활과학학회지, 24(5), 617-625.

조영경, 하은혜(2019). 아동의 ADHD 증상과 굼뜬 인지적 속도(SCT)가 내재화 · 외현화 문제 및 학업적 · 사회적 기능에 미치는 영향. 정서 · 행동 장애연구, 35(2), 311-336.

최윤영, 김지혜, 조선미, 홍성도, 오은영(2002). 주의력결핍과잉행동장애 아동 어머니의 우울감, 양육 스트레스 및 양육 관련 태도가 양육 행동에 미치는 영향. 소아 청소년 정신의학, 13(1), 153-162.

Bandura, A. (1991). Social cognitive theory of self-regulation. *Organizational Behavior and Human Decision Processes*, *50*(2), 248-287.

Barkley, R. A. (1997). Behavioral inhibition, sustained attention, and executive functions: Constructing a unifying theory of ADHD. *Psychological Bulletin*, *121*(1),

65–94.

Barkley, R. A. (2005). *Taking charge of ADHD: The complete, authoritative guide for parents*. New York: Guilford Press.

Baumrind, D. (2012). Differentiating between confrontive and coercive kinds of parental power-assertive disciplinary practices. *Human Development*, *55*(2), 35–51. doi: 10.1159/000337962.

Casey, B. J., Somerville, L. H., Gotlib, I. H., Ayduk, O., Franklin, N. T., Askren, M. K., Jonides, J., Berman, M. G., Wilson, N. L., Teslovich, T., Glover, G., Zayas, V., Mischel, W., & Shoda, Y. (2011). Behavioral and neural correlates of delay of gratification 40 years later. *Proceedings of the National Academy of Sciences of the United States of America*, *108*(36), 14998–15003. https://doi.org/10.1073/pnas.1108561108.

Eyberg, S. M., Nelson, M. M., & Boggs, S. R. (2008). Evidence-based psychosocial treatments for children and adolescents with disruptive behavior. *Journal of Clinical Child and Adolescent Psychology*, *37*(1), 215–237.

Gagné, M., & Deci, A. E. (2005). Self-determination theory and work motivation. *Journal of Organizational Behavior*, *26*, 331–362.

Jacobson, L. A., Geist, M., & Mahona, E. M. (2018). Sluggish cognitive tempo, processing speed, and internalizing symptoms: The moderating effect of age. *Journal of Child Psychology*, *46*(1), 127–135.

McNeil, C. B., & Hembree-Kigin, T. L. (2010). *Parent-child interaction therapy: Issues in clinical child psychology* (2nd ed.). 이유니 역(2013). 부모-아동 상호작용치료. 서울: 학지사.

Park, Y., Kim, K., & Lee, J. H. (2020). Time perspective in individuals with sluggish cogntive tempo. *Korean Journal of Clinical Psychology*, *39*(1), 53–63.

Robbin, C. A. (2005). ADHD couple and family relationships: Enhancing communication and understanding through Imago Relationship Therapy. *Journal of Clinical Psychology*, *61*(5), 565–577.

Shoda, Y., Mischel, W., & Peake, P. K. (1990). Predicting adolescent cognitive and self-regulatory competencies from preschool delay of gratification: Identifying diagnostic conditions. *Developmental Psychology*, *26*(6), 978–986. https://doi.org/10.1037/0012-1649.26.6.978.

제4장

자녀의 스마트폰 리터러시 능력 기르기

Q1 중학교 2학년 외동아들을 둔 맞벌이 엄마입니다. 아들은 초등학교 5학년 때부터 평균 6시간 정도 스마트폰 게임을 하였습니다. 혼자 지내는 시간이 많은 아들은 주로 게임을 하며 시간을 보냈으며, 중학교 1학

년 때 키가 갑자기 크면서, 목이 불편하고 다리가 저려 앉은 채로 수업 듣는 것을 힘들어했습니다. 병원 진단 결과, 거북목과 척추측만증으로 현재 치료를 받고 있습니다. 제가 더 힘든 점은 아들이 암기를 어려워하고, 수학 기호만 보아도 잠이 와 수업시간에 조는 경우가 잦다 보니 선생님들께 자주 혼이 난다는 것입니다. 그래서 학교 가는 것을 거부할 뿐만 아니라 공부의 필요성도 느끼지 못하며, 게임 유튜버가 되겠다고 하니 답답합니다.

Q2 초등학교 4학년 손자를 양육하는 할머니입니다. 손자가 스마트폰을 사용하기 시작하게 된 시기는 초등학교 1학년부터이며, 코로나19로 비대면 수업을 하면서 더 심각해졌습니다. 밤 11시부터 스마트폰을 끄고 취침에 들자고 사정하지만 손자는 짜증을 내며 울거나, 언어 및 신체 폭력을 하는 경우가 있어 그냥 내버려 둡니다. 결국 2시 정도에 취침을 하면 아침에 일어나지 못해 등교에 어려움이 많습니다. 초등학교 2학년 때는 구구단을 외워 수학을 잘했는데, 현재는 구구단을 잘 기억하지 못하며, 수학을 이해하는 것이 힘들어 방과후에 수학, 국어 보충수업을 억지로 받고 있습니다. 손자의 관심은 게임으로, 게임 속에서만 친구들과 만나는 것을 좋아하니 걱정입니다.

21세기 디지털 문명은 급격히 발전하고 있으며, 스마트폰은 현대인들의 일상생활에 중요한 필수품이 되고 있다. 스마트폰에는 애플리케이션(application)을 기반으로 인터넷, TV, 라디오, 학습, 게임, 금융거래, 내비게이션, 쇼핑, 다양한 예약서비스, MP3, 사진, 메일, SNS 등의 다양한 기능이 있다. 장소와 상관없이 언제 어디서나 이용할 수 있으며, 신속한 업무처리, 유익한 정보 공유, 소통 등으로 우리의 생활이 편리할 뿐만 아니라 즐거움도 함께 누릴 수 있다. 이러한 기능을 스스로 조절하여 사용할 경우 다양하고 유익한 정보로 학업, 진로, 세계의 문화 이해, 역사, 소통 등 삶에 긍정적 영향을 미치게 된다.

하지만 자녀가 스마트폰 사용을 스스로 조절하지 못하고 과의존적 생활을 할 때 학업, 운동, 식사, 씻기, 가족과의 대화, 또래관계 등 다양한 문제가 생길 수 있다. 실제로 게임 과몰입, 사이버 도박, 사이버 성폭력, 집단따돌림에 노출되고, 신체적으로 거북목, 척추측만증, 비만, 손목터널증후군, 안구건조증 등이 나타나고 있다. 이로 인해 자녀의 학습능력 저하, 학교부적응, 가족과의 소통거부, 학교폭력 등으로 가정, 학교에서 고민이 증가하는 추세이다.

현시대의 아동·청소년은 디지털 네이티브로, '포노 사피엔스'라고 표현할 만큼 스마트폰 안에서 소비뿐만 아니라 생산까지 다양한 기능을 자유자재로 사용한다. 특히 코로나19로 온라인 수업이 시작되면서 사이버세계 안에서 친구들과 소통하는 것이 더 자연스럽고, 온라인 게임, 쇼핑, 동영상 등이 일상생활에서 필수가 되고 있다. 따라서 부모는 자녀에게 스마트폰을 사용하지 말라고 할 것이 아니라 어떻게 사용하는 것이 바르게 사용하는 것인지 함께 이야기를 나누고 지도하여야 한다.

이 장에서는 부모와 자녀의 스마트폰 리터러시 능력을 기르기 위해 자녀의 스마트폰 세상을 알아보고, 발달단계별 영향과 부모의 사용 습관이 자녀에게 어떠한 영향을 미치는지에 대해 살펴보고자 한다. 자녀의 사용 습관을 점검하여 사용규칙을 세우고 지키는 방법들을 구체적으로 살펴보며, 스마트폰에 과의존하는 자녀의 욕구를 탐색하여 대처하는 방법을 제시하고자 한다. 또한 콘텐츠 중 자녀들이 주로 사용하고 있는 SNS, 게임, 도박, 유튜브, 웹툰의 특징을 알아보고, 과몰입하는 자녀들을 위해 정보를 제공하고자 한다.

1. 자녀의 스마트폰 사용 문화

문화란 자연 상태의 사물을 사회구성원이 일정한 목적을 이루고자 생활양식과 행동양식 과정에서 이루어 낸 물질적 · 정신적인 것을 의미한다. 스마트폰 문화는 스마트폰을 사용하면서 가상공간뿐만 아니라 현실에서 개인의 행동, 정서, 사고 및 사회에 영향을 미쳐 언어, 풍습, 종교, 학문, 예술, 제도 등에까지 변화가 나타나는 정도를 뜻한다.

자녀가 사용하고 있는 스마트폰은 과거에 사용했던 전화의 기능을 뛰어넘어 인터넷이 연결된 기기로, 즉시성, 적소성, 관계성, 오락성 등 언제 어디서나 편리하게 접속할 수 있다. 스마트폰을 이용해 타인들과 소통하면서 오락을 즐기고, 다양한 정보를 공유하며, 주제에 따른 영상을 제작하거나 이용하는 새로운 문화가 형성되어 가고 있다. 사이버 공간 안에서 자녀가 주로 이용하고 있는 관계 중심의 SNS(social network service)와 성인 오락게임, 사이버 도박, 유튜브, 웹툰 등은 가상세계뿐만 아니라 현실세계에서 긍정적 · 부정적 영향을 미치므로 자녀가 사용하는 스마트폰의 문화를 살펴보고자 한다.

1) 스마트폰 사용 문화의 변화

2009년에 아이폰이 국내에 들어오면서 PC(personal computer)에서 인터넷을 이용했던 플랫폼(platform)이 점진적으로 스마트폰으로 이동하였다. 2010년 카카오톡 이후 밴드, 인스타그램, 페이스북 등 새로운 SNS 앱들이 등장하여 이용자들이 증가하였으며, 스마트폰 문화가 자리 잡게 되었다. 2021년 8월 기준 전체 인구수가 5,182만 명이고, 스마트폰 가입자 수는 2021년 6월 기준 5,577만 명으로 국민 1인당 1폰을 넘는 시대에 살고 있다.

2020년 인터넷 이용 실태조사(과학기술정보통신부, 2021) 결과, 가구당 인터넷 접속률이 99.7%, 국민 이용률은 91.9%로 전년도와 거의 같으나, 개인별 이용시간은 주 평균 20.1시간으로 전년도에 비해 2.7시간이 증가하였다. 만 3세 이상 국민 5,097만 명 중 91.9%인 46,818,750명이 인터넷을 이용하고, 성별 인터넷 이용률은 남성이 94.0%, 여성 89.7%로 남성이 높게 나타났다. 스마트폰 이용률은

91.5%이며, 연령에 따른 이용률은 3~9세가 91.2%, 10대가 100%, 20대와 30대는 99.9%, 40대와 50대는 99.8%, 60대는 91.5%, 70대는 40.3%로 나타났다. 스마트폰 이용자의 주 이용 콘텐츠는 유·아동은 1순위가 영화, TV, 동영상이고 2순위가 메신저이며, 청소년은 1순위가 영화, TV, 동영상이고 2순위는 스마트폰 과의존일 경우 게임으로 나타났으며, 일반군은 메신저로 나타났다. 성인은 1순위가 영화, TV, 동영상이고 2순위는 상품/서비스 구매, 60대는 1순위가 메신저이고 2순위가 영화, TV, 동영상으로 나타났다.

이를 통해 대부분 세대에서 스마트폰을 필수품처럼 사용하고 있으며, 콘텐츠로는 영화, TV, 동영상을 주로 시청하고, 자녀들은 유튜브, 게임, 메신저를 주로 사용하고 있음을 알 수 있다.

2) 디지털 네이티브 자녀의 특징

교육학자 마크 프렌스키(Marc Prensky)가 '디지털 네이티브(Digital Native)'라는 용어를 처음 제시하였으며, 디지털이 정보습득과 가치관을 변화시키므로 디지털 네이티브 세대에게는 기존의 교육에서 벗어나 새로운 교육 환경이 필요하다고 주장하였다. 경제학자 돈 탭스콧(Don Tapscott)은 '디지털 네이티브'는 어린 시절부터 디지털 환경에서 자란 세대로 스마트폰, PC 등 디지털을 거부감 없이 자유자재로 활용하며 새로운 문화를 형성한다고 하였다.

디지털 네이티브 세대의 기준은 주로 1991년생 이후로 보고 있으며, Z세대(Generation Z, 1990년대 중반~2010년), 알파세대(Generation Alpha, 2011년 이후)라고 부르며, 스마트폰이 낳은 신인류라는 포노 사피엔스, 디지털 네이티브, 모모(more mobile) 세대라고도 부른다.

디지털 네이티브 세대의 특징을 살펴보면 다음과 같다.

(1) 네트워크를 통해 소통하고 협업하는 데 익숙하다

네트워크를 통해 일방향이 아닌 양방향으로 소통하기를 원한다. TV와 라디오가 일방적인 미디어 콘텐츠라면, 사이버 공간에서는 플랫폼을 통해 다양한 콘텐츠를 사용하면서 나만의 콘텐츠를 만들어 서로에게 영향을 주고받는 것에 익숙하다. 시공간을 뛰어넘어 네트워크 안에서 사진을 공유하고 맛집, 여행지를 추천하며, 게스트하우스, 호텔, 쇼핑, 진로 코칭, 학습정보 등의 블로그를 운영하고, 직접 만든 동영상으로 자유롭게 소통하며 협업한다. 멀티태스킹(multitasking)에 능숙해 음악을 들으면서 동영상을 보고, 정보를 찾고 댓글로 표현하는 등 두 가지 이상의 작업을 즐긴다.

(2) 자신이 좋아하는 것을 자유롭게 선택한다

자기 생각을 자연스럽게 표현하며, 원하는 것에 대해 자유롭게 선택한다. 동영상이 재미가 없거나 취향이 아니면 넘기면서 관심 있는 것만을 시청하며, '구독'이나 '좋아요'를 누르는 데 익숙하다. 기존에 있는 것에 맞추는 것이 아니라 자신이 원하는 것으로 바꾸는 것을 좋아해 스마트폰 바탕화면도 론처(launcher) 등을 이용해 취향에 따라 꾸미기도 한다. 선호하는 음악을 선택하여 언제 어디서나 즐기며, 기존 세대와 다르게 규범과 제약이 있는 업무보다 즐기면서 일하고 시간을 조절하는 자유로운 직업을 선호한다.

(3) 즉각적이고 빠르게 변화하는 것에 익숙하다

디지털 안에서 정보를 즉각적으로 찾고, 반응이 신속하며, 글을 읽고 생각하는 시간보다 영상과 음성에 익숙하므로 오랫동안 머물지 못하고 지루함을 자주 느끼는 세대이다. 영상을 시청할 때 재미없는 장면을 넘기면서 빠르게 정보를 처리하므로 생각하는 힘이 부족해 평상시에도 생각하기를 싫어하며, 질문을 했을 때 '모른다' '기억이 안 난다' '재미가 없다' '심심하다'는 말을 자주 한다. SNS에서 자신의 글이나 사진 등에 대해 상대가 빠르게 반응하지 않으면 무시한다는 생각을 하며, 상대에게 빠르게 반응하기 위해 깊이 읽지 않으므로 문맥을 이해하는 능력이 떨어지기도 한다. 신속하게 대처하는 능력이 있는 반면, 자기조절능력과 집중력이 떨어지고 충동적이며, 문제 상황이 생겼을 때 참는 것이 부족한 경우도 있다.

(4) 자신에 대해 표현하는 것을 즐거워한다

카톡의 프사를 매일 바꾸고, SNS에 내용들을 업로드하는 것을 좋아한다. 자신의 소소한 이야기, 여행 장소, 항공권, 맛있는 음식, 요리하는 장면 등 자신이 좋아하는 것을 적극적으로 표현하는 세대이다. 직접 유튜버가 되어 동영상을 찍거나, 게임, 제페토, 로블록스 등 캐릭터를 만들어 표현하는 것을 놀이의 문화로 즐긴다. 댓글 문화에 익숙하여 자신의 생각과 감정을 사이버 공간 안에서 자연스럽게 표현한다.

(5) 기존의 생활방식과 다르게 살아간다

과거에는 현금과 카드를 주로 사용하며 은행을 이용하였지만, 디지털 네이티브 세대는 스마트폰의 앱으로 카카오페이, 통신사 결제, 인터넷뱅킹 등을 하면서 은행에 가지 않고도 스마트폰 안에서 결제를 한다. 또한 메타버스(가상초월+세계우주)인 가상세계 안에서 아바타를 통해 새로운 3D 공간 안으로 들어가 집을 꾸미고, 옷을 디자인하고 판매하며, 쇼핑을 즐기면서 원하는 물건들을 구입한다. 그리고 전 세계의 친구들과 파티를 즐기며, 가고 싶은 여행지를 선택하여 원하는 대로 여행을 할 수 있고, 회의, 학습 등 현실세계와 가상세계를 넘나드는 보다 확장된 공간을 경험하게 된다. 이들은 빅데이터, 자율주행, 로봇, 드론택시 등으로 일상생활을 현재보다 더 편리하고 편안하게 살아갈 것이다.

3) 자녀들이 사용하는 스마트폰 문화

우리의 일상생활에 큰 변화를 일으킨 매체들을 살펴보면 다음과 같다. 1920년대에는 라디오가 등장하면서 유성기 음반으로 들었던 노래를 라디오로 들을 수 있었다. 매일 새로운 소식과 스포츠 중계, 아동극, 영화이야기 등의 프로그램을 들었으며, '요술쟁이' '귀신의 장난'이라고 표현할 만큼 상상할 수 없었던 새로운 세상의 문화가 정착하였다. 라디오 문화는 주파수를 통해 사연과 음악이 흘러나오면서 긍정적 정서 회복에 도움을 주었다.

1956년에는 방송국이 설립되고 텔레비전이라는 네모 상자가 등장하면서 시청의 놀라운 경험을 할 수 있었다. 광고, 뉴스, 스포츠, 드라마, 영화, 음악, 오락 등 다양한 프로그램을 통해 정보를 얻을 수 있었을 뿐만 아니라 즐거운 시간을 보낼 수 있었다. 많은 사람이 빠르게 바뀌는 화면에 눈을 떼지 못했으며, 상대의 이야기를 듣지 못할 정도로 집중하다 보니 자녀들의 생각을 멈추게 하고 학업을 방해하는 매체라는 의미로 '바보상자'라는 말이 유행하기도 하였다. 드라마를 시청하다 보면 다음 편이 궁금해 또 보게 되는 유혹, 광고를 보면서 물건을 사고 싶은 욕구, 외모지상주의, 폭력적인 장면, 불륜 드라마 등이 자녀의 정서, 사고, 행동에 부정적 영향을 미친다는 이유로 시청하지 못하게 했지만 우려했던 만큼 부정적이지 않았다.

1990년대 후반부터 초고속 인터넷망이 전국적으로 보급되면서 인터넷 사업이 폭발적으로 성장하고 온라인 게임이 대중화되었다. 특히 PC방 문화는 저렴한 비용과 높은 접근성으로 인해 PC가 없어도 누구나 인터넷과 온라인 게임을 이용할 수 있었다. 이로 인해 '게임중독'이라는 용어가 나타났으며, 미성년자의 PC방 이용시간과 게임시간을 제한하는 셧다운제(shutdown)를 정하여 규제를 하기도 하였다. 하지만 자기조절력이 약한 자녀는 게임으로 인해 학업에 부정적 영향을 받았으며, 부모의 걱정은 늘어났다.

2009년 이후 스마트폰의 등장은 현대 과학문명의 극치라고 할 정도로 끝없이 발전하고 있다. 스마트폰은 시공간 상관없이 사용할 수 있고, 즉각적으로 연결이 가능하여 원하는 시간에 소통할 수 있는 관계가 이루어지며, 즐거움도 함께할 수 있다.

디지털 네이티브 세대인 자녀의 스마트폰 문화는 스마트폰 하나로 영화, 동영상, TV, 라디오, 게임, SNS 등을 이용할 수 있게 되었다. SNS에서 소통과 공유로 협업하며, 넷플릭스로 영화와 드라마를 보고, 수없이 생성되는 유튜브를 시청하며 자신의 취향에 맞는 유튜브를 만들면서 즐긴다. 게임 안에서 또래뿐만 아니라 연령과 공간의 한계를 뛰어넘어 소통하면서 스트레스를 해소하고, 종이로 된 책보다 eBook을 읽으며, 만화책보다 웹툰을 본다.

반면에 홍수처럼 쏟아지는 다양한 정보 중에는 가짜 뉴스, 불법 동영상도 상당수 있는데, 이를 비판적으로 판단하지 못하고 그대로 믿기도 한다. 또한 익명 또는 가명으로 가입한 SNS 안에서 자신을 포장하여 거짓된 내용을 보여 주며, 남들보다 행복해 보이지 않으면 무가치하다고 생각하기도 한다. 댓글문화에 익숙한 세대는 타인의 글이나 사진, 동영상에 좋아요나 추천을 누르는 것에 익숙하며, 비난의 글로 상처를 주고받기도 한다. 현실세계와 마찬가지로 사이버 공간 안에서도 사이버 언어폭력, 사이버불링, 사이버 성폭력, 사행성 게임, 사이버 도박 등 범죄에 노출되며, 이는 현실세계에서의 우울, 불안, 짜증, 분노 등으로 나타나 대인

관계 갈등, 가족갈등, 학습능력 저하, 학교부적응 등 다양한 형태로 영향을 미친다.

과거에는 라디오와 TV에 의해 자녀들이 영향을 받으면서 자연스럽게 성장하였다면, 현재는 스마트폰에 의해 변화가 나타나고 있다. 사이버 공간 안에서 일어나는 다양한 일이 현실세계의 언어, 풍습, 종교, 학문, 예술, 제도 등까지 깊숙이 들어와 문화를 형성하는 데 영향을 미치고 있다. 스마트폰 기능이 끊임없이 발전하고 변화하는 세상에서 우리 자녀들은 적응하며 살아가고 있다.

오늘날은 4차 산업혁명 시대로 과학기술과 정보통신기술이 융합되어 나타난 스마트 도시, 지능형 로봇, 자율주행 자동차, 유전자 특성을 분석하는 유전체분석, 모든 전자제품의 인터넷이 연결된 커넥티드 홈 등의 사물인터넷이 우리의 일상생활을 편리하게 하고 있다. 신속하게 변화하고 있는 시대에 살아가는 디지털 네이티브 세대인 Z세대, 알파세대가 현실세계에서 적응하기 위해서는 스마트폰을 금지하여 사용하지 못하게 하는 것이 아니라 어떻게 바르게 사용하여 긍정적 문화를 정착시킬 것인지에 대해 함께 고민하고 도와주는 부모역할이 필요하다.

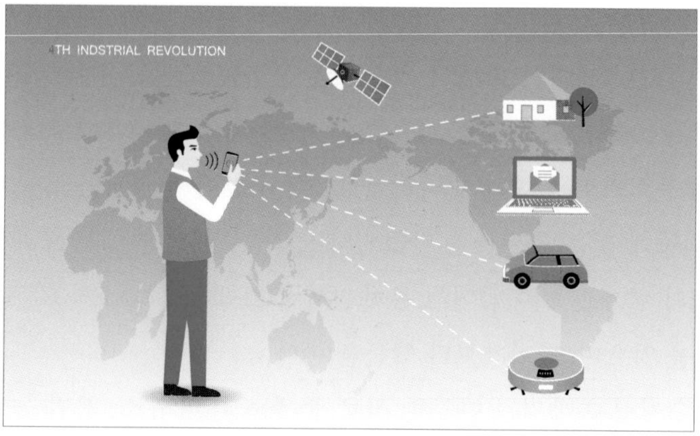

[그림 4-1] 사물인터넷

2. 자녀의 발달단계별 스마트폰 사용에 대한 부모역할

스마트폰은 첨단 정보통신기술(ICT)이 발전함에 따라 방송, 통신뿐만 아니라 사용자가 원하는 가정, 직장, 학교 등에서 일상적으로 사용되는 도구로서 산업 발전에 중요한 역할을 하고 있다. 자녀들이 스마트폰으로 다양한 콘텐츠를 이용할 때 긍정적인 영향이 있는 반면, 과도하게 사용했을 때는 인지적 · 정서적 · 언어적 · 행동적 발달에 부정적인 영향을 미칠 수 있다는 연구 결과가 있다. 따라서 부모가 자녀의 성장과정에 따른 발달특성을 이해하고 발달단계별로 스마트폰을 바르게 사용하도록 지도한다면 바람직한 방향으로 이용하게 될 것이다. 영아기부터 청소년기까지 발달단계별 특성을 살펴보고, 이를 기초로 스마트폰을 어떻게 사용하는 것이 효율적이며, 부정적 영향을 최소화할 수 있을지에 대해 제시하고자 한다.

1) 영아기의 스마트폰 사용에 대한 부모역할

영아기(출생 후~만 2세)는 신체발달, 인지발달, 언어발달, 사회정서발달이 급속도로 이루어지는 시기이다. 뒤집고 걷기 시작하며, 물체를 잡고 감각기관을 통해 이해능력과 기억능력이 발달하고 언어를 사용하게 되며, 애착과 기본적 신뢰감이 형성되는 시기이다.

영아기는 부모나 양육자에게 전적으로 의존하는 시기로 다양한 감각적 자극, 협응력을 제공하는 것이 중요하므로 시각, 청각, 후각, 미각, 촉각 등 다양한 자극을 제시하는 것이 필요하다. 또한 영아기는 뇌가 발달하는 가장 중요한 시기라고 할 수 있다.

영아기에 스마트폰에 많이 노출되면 좌뇌와 우뇌의 발달 불균형의 원인이 될 수 있다. 뇌가 형성되는 시기에 빛이 강하고 빠르게 화면이 움직이는 스마트폰에 노출된다면 팝콘 브레인(popcorn brain) 현상이 발생할 수 있다. 팝콘 브레인은 크고 강한 자극에만 뇌가 반응하는 현상으로, 현실에 무감각해지고 주의력이 떨어져 전두엽의 기능을 저하시킬 수 있다.

전두엽은 생각하고 판단하는 인지기능을 담당하는 곳으로, 만 2세까지 부모가 오감을 자극해 줄 때 활성화되기 때문에 이 시기에 스마트폰에 노출시키는 것은 매우 위험하다. 또한 교육도구와 학습방법으로 스마트폰 화면에 집중하는 상황은 눈 깜박임 횟수를 감소시켜 안구 건조 및 눈 피로도가 증가하게 되어 눈 건강에 영구적인 영향을 줄 수 있으므로 만 2세 이전에는 스마트폰에 노출시키지 않아야 한다. 2019년 세계보건기구(WHO)는 12개월 이하 영아의 경우 스마트폰, TV, 게 읽기, PC 등 전자기기 화면에 노출되는 것을 삼가도록 하였다.

영아기의 부모에게 자녀와의 신뢰감 형성과 자녀의 자율감 발달은 중요한 과업이므로 여러 가지 욕구에 대해 민감하게 반응하고 충족시켜 주어야 한다. 그러기 위해서 부모는 스마트폰에 과의존하지 않고 자녀의 양육에 집중하면서 자녀의 욕구에 반응해 주어야 한다. 부모의 반응에 의해 자녀는 세상에 대한 두려움과 불신을 갖지 않게 되며, 안정된 애착을 바탕으로 긍정적인 자아개념을 형성하여 부모와 세상에 대해 신뢰를 갖게 된다.

2) 유아기의 스마트폰 사용에 대한 부모역할

유아기(만 2~6세)는 움직임이 많아지고, 어휘를 습득하여 다른 사람과의 의사소통이 활발해지면서 자율적 · 독립적으로 자기주장을 하는 시기이다. 놀이를 통해 새로 습득한 기술을 실제로 적용하고 발전시켜 나가며 정체성이 형성되어 가는 시기로 부모의 태도나 가치관을 자신의 것으로 받아들이는 동일시가 강하게 나타난다.

유아기도 스마트폰을 접하는 것이 늦어질수록 좋으며, 시청해야 할 경우 부모가 함께 시간을 보내는 것이 중요하다. 미디어 교육 프로그램이 긍정적 영향을 미친다는 연구도 있지만 부모가 함께 시청하면서 생각하고 표현하는 시간을 갖지 않으면 좋은 프로그램이어도 효과가 없음을 강조한다. 따라서 스마트폰이나 태블릿 PC로 교육 프로그램을 시청할 경우, 혼자가 아닌 부모의 통제하에서 정해진 시간 안에 이루어져야 하며, 시청한 내용에 대해 함께 대화를 나눌 때 전두엽과 전전두엽이 발달하여 인지 · 언어 · 정서 · 행동 발달에 긍정적 영향을 준다. 그리고 책을 읽어 줄 때 AI가 아닌 부모의 다정한 목소리로 직접 읽어 주면 정서를 느끼면서 좌뇌와 우뇌가 골고루 발달한다. 또한 자녀가 직접 읽으면서 그림이나 이야기에 머물 수 있도록 도와준다면 대뇌의 70%에 이르는 영역이 활성화된다. 대뇌는 뇌 전체 무게의 80%를 차지하는 좌우 2개의 반구로 이루어져 있으며, 전두엽, 두정엽, 측두엽, 후두엽으로 구분된다. 전두엽에서는 인격과 태도, 학습, 사고, 문제해결능력, 기억력, 감정조절 등이 발달하며, 두정엽에서는 신체 반대편에서 들어오는 감각을 받아들이고 물체의 크기, 형태, 무게 등 물건을 식별하는 능력이 발달한다. 측두엽은 청각중추가 있어 소리를 받아들이고 의미를 판독하여 구어의 뜻을 이해하며, 후두엽은 시각적 정보를 받아들이고 해석하는 역할을 한다. 이와 같이 대뇌의 기능이 활성화되기 위해서는 언어를 기반으로 형성되고 관리 및 조절되므로 자녀가 혼자서 미디어를 보는 것은 뇌 발달에 부정적으로 영향을 미친다고 할 수 있다.

유아기에 교육용 프로그램을 시청한다면, 스마트폰보다 태블릿 PC를 사용하며, 1시간 이하, 분 단위로 나누어 이용하는 구체적인 규칙을 세우는 것이 좋다. 자녀의 발달단계에 맞는 애플리케이션을 설치하고, 사용시간을 점검하여 15~20분 단위로 이용하면서 5~10분 정도 오감을 움직일 수 있는 스트레칭 습관을 길러 주는 것이 좋다.

유아기의 부모역할은 운동, 산책, 등산, 보드게임, 끝말잇기, 종이접기, 찰흙놀이, 요리하고 함께 먹기, 책 읽기, 그림 그리기 등 스마트폰보다 더 재미있는 활동을 함께 하는 것이다. 또한 인내심을 가지고 언어적 상호작용이 이루어질 수 있도록 눈을 마주 보고 상호작용을 하는 의사소통이 필요하다. 2019년 WHO는 만 2~4세의 어린이는 스마트폰, TV, 게임기, PC 등 전자기기를 1시간 미만으로 사용하도록 정하였다.

3) 아동기의 스마트폰 사용에 대한 부모역할

아동기(만 6~12세)는 학교생활을 통해 또래와의 사회관계를 형성해 나가는 시기로 상호작용하는 능력을 배우고, 논리적 사고와 가역적 사고로 기억력과 사고력이 현저하게 발달한다. 유아기의 언어능력을 바탕으로 아동기에 어휘와 문법이 확장되어 자신의 생각한 것을 글로 쓰고 표현하는 능력이 발달하는 시기이다. 또한 사회적 정서발달로 도덕성이 발달하는데 사회문화 규범에 따라 행동하도록 배우며, 자기중심적 사고에서 벗어나 타인의 관점을 이해하는 인지적 성장이 이루어지는 시기이다.

아동기는 스마트폰을 최대한 2시간 이하로 조절하여 사용하는 것이 좋다. 초등학교 1~3학년의 저학년 아동은 1시간 30분 이상을 넘기지 않으며, 부모가 있을 때 사용하도록 한다. 게임을 선택할 때는 연령에 맞는지와 사행성 · 폭력성 · 선정성 정도를 확인해야 한다. SNS는 누구와 어떤 내용을 주고받는지, 유튜브와 웹툰 등에 대해서는 이용해도 되는 주제인지를 살펴보아야 한다. 저학년 아동은 도덕적 기준 판단능력이 떨어지므로 상대가 호의적이면 믿고, 자신과 가족, 친구들의 정보를 제공하거나 몸캠피싱에 속아 신체 일부를 찍어 제공할 수도 있다. 따라서 부모가 지속적으로 관리해야 하며, 도덕적 발달이 이루어질 수 있도록 지도가 필요한 시기이다.

초등학교 4~6학년의 고학년 아동은 부모와 함께 이야기를 나누는 시간도 좋아하지만, 또래관계를 맺고 또래와 지내는 것을 더 선호하며 또래에게 영향을 많이 받는다. 또래 집단과 지내는 것을 더 좋아하는 자녀에게 규율 지키기, 타인과 협력하고 타인을 배려하는 방법, 효율적 의사소통, 옷차림, 바른 행동 등을 가르쳐 주어야 한다. 현실세계에서 또래관계와 의사소통능력, 사회문화 규범을 지키는 능력을 배워 관계를 긍정적으로 형성한다면, 사이버세계 안에서도 합리적으로 생각하려고 하며, 잘못된 상황에 대해 판단하는 능력이 형성될 수 있다.

신경가소성 이론에 의하면 우리 뇌는 경험을 통해 반응하고 강화되며, 스스로 신경회로를 바꾸는 능력을 가지고 있어, 환경요인에 따라 특정 방향으로 변화한다고 한다. 자녀가 스마트폰의 콘텐츠를 오랫동안 시청할 경우 논리적 사고, 가역적 사고 등이 발달하지 않고 시각적으로 정보를 빠르게 받아들이는 후두엽이 더 발달할 수 있다. 예를 들어, SNS로 또래와 연락을 할 때 생각하지 않고 빠르게 응답하는 것이 습관화되면 논리적이고 합리적으로 생각하는 능력이 떨어져 이해력이나 글로 표현하는 데 어려움이 있을 수 있다. 즉, 빠르게 움직이는 영상, 게임, SNS는 정보만 받아들이는 데 집중하므로 생각하고 판단하는 전두엽의 기능이 떨어져 기억력, 수리력, 어휘력, 문장이해력, 운동능력, 정서표현에 부정적 영향을 미칠 수 있다. 따라서 인지·정서·신체·행동 발달이 균형 있게 발달할 수 있도록 신체적으로 움직이는 운동, 독서, 정서표현, 함께 하는 놀이, 체험학습 등의 경험이 필요하다. 다양한 경험을 통해 대뇌가 활성화되면서 대인관계, 의사소통능력, 자기조절, 충동성 조절, 성실성, 문제해결능력, 학습능력 등이 증진되기 때문이다.

아동기의 부모역할은 격려자와 지지자 역할 그리고 어긋난 행동을 바로 잡을 수 있도록 훈육하는 것이다. 아동기에는 생활태도에서 책임감을 갖고 성실하게 수행하며, 또래관계에서 타인을 이해하고, 작은 성공경험을 통해 자기효능감을 가질 수 있도록 격려와 지지가 필요하다. 부모는 자녀 앞에서 스마트폰 사용을 최대한 줄이며, 스스로 조절할 수 있도록 함께 규칙을 정할 필요가 있다. 언제, 어디서, 어떻게 사용해야 하는지에 대한 지침을 세울 때 지킬 수 있는 규칙을 스스로 선택하고 가족 모두 실천할 수 있도록 부모가 모델이 되어야 한다.

아동기 자녀에게도 최대한 스마트폰 사용을 늦추는 것이 좋으며, 스마트폰을 스스로 조절할 수 있는 습관을 기를 수 있도록 환경을 조성하는 것이 매우 중요하다. 스마트폰은 학업보다 흥미로운 내용이 너무 많기 때문에 아동기 자녀가 스스로 절제하고 학업에 집중한다는 것은 힘들다고 볼 수 있다. 따라서 부모가 관심을 가지고 자녀가 조절할 수 있는 환경과 습관을 길러 줄 때 청소년 시기에 자율적으로 조절할 가능성이 높다.

4) 청소년의 스마트폰 사용에 대한 부모역할

청소년기(만 12~19세)는 아동기에서 성인기로 옮겨 가는 시기로 2차 성징의 발달이 일어나며 또래관계가 더 중요한 시기이다. 부모에 대한 의존 욕구뿐만 아니라 심리적으로 독립하고자 하는 욕구가 강하며, 자기정체성에 대한 혼란을 느껴 불안정하기 쉬운 시기라고 할 수 있다. 자아정체감은 아동기부터 형성되는 과정으로 자신의 독특성과 특별함 그리고 능력, 욕구, 태도, 행동 등을 통합하고, 유의미한 동일시를 경험하며 성장한다. 형식적 조작기로 추상적인 논리적 사고를 하며, 부모가 일관되게 행동하지 않을 때 의문을 강하게 주장하게 된다. 그리고 급격한 호르몬의 변화로 인해 이성과 성에 대한 관심이 높아지므로 성에 대한 바른 인식이 필요하다.

청소년기에 스마트폰에 과몰입하는 이유는 자기표현의 욕구, 소통의 욕구, 독립의 욕구가 있어 다양한 간접경험을 통해 자신의 취향과 개성을 발견하고 표현하고 싶어 하기 때문이다. 청소년기는 누구에게도 구속되지 않고 아무런 제재 없이 호기심을 발휘하며 다양한 시도로 욕구를 채우고 싶어 하는 시기이다. 부모의 강압적 태도와 비난적 의사소통은 신뢰관계를 형성하는 데 부정적 영향을 미치므로 자녀의 욕구에 귀 기울이려고 노력해야 한다. 청소년기는 또래관계가 중요한 시기이기 때문에 무조건 억압할 경우 갈등이 심화되며 대화를 거부하거나 폭력적으로 대응할 수 있다. 스마트폰 사용 규칙을 정할 때 자녀가 지킬 수 있는 기준으로 1~2개 정도부터 실천해 본다. 예를 들어, '식탁에서 스마트폰 보지 않기' '화장실에 스마트폰 가지고 들어가지 않기' '밤 11시가 되면 거실에 스마트폰 충전하고 취침하기'와 같이 구체적으로 규칙을 세우고, 지키기 어려운 점이 있다면 융통성 있게 조율하는 방법이 필요하다.

규칙을 부모의 기준으로 정하지 않고 자녀가 스스로 선택한 후 실천한다면 책임감과 자기조절능력을 기르는 데 효과를 거둘 수 있다. 청소년기는 전두엽과 전전두엽이 발달하는 과정에 있으므로 자신이 받아들이기 힘든 기준은 동의하지 못하고, 충동적으로 감정을 표현하며, 보이지 않는 곳에서 스마트폰을 사용할 수 있다. 자녀가 부모 모르게 스마트폰을 사용하는 경우 즐거움의 욕구는 채울 수 있지만 부모를 속이고 있다는 죄책감 때문에 양가감정이 생겨 짜증과 분노, 우울 등 반복된 심리적 어려움을 겪게 되고, 이로 인해 학업, 진로, 대인관계 등에 악영향을 미친다.

청소년기의 부모역할은 말과 행동이 일치하는 일관된 양육태도로 자녀의 의견을 존중하고 공감하는 상담자와 격려자, 조력자이다. 부모가 자녀의 표현에 대해 비난하지 않고 욕구를 표현할 수 있도록 자녀 입장에서 공감하며, 부모의 경험을 함께 나누는 쌍방향 의사소통이 이루어질 때 서로 신뢰가 형성된다. 가정 안에서 부모만 말하는 일방향 의사소통이 아닌 쌍방향으로 정서적 소통을 한 자녀는 또

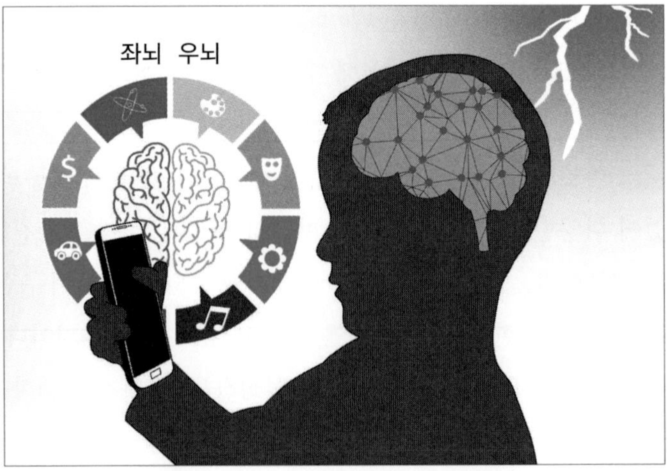

[그림 4-2] 스마트폰에 의한 뇌 발달

래관계에서도 감정을 억압하거나 비난하는 의사소통을 하지 않으려고 노력할 것이다. 또한 현실세계에서 인정받고 존중받은 자녀는 사이버세계 안에서도 자신을 과장하거나 타인을 비난하지 않을 것이며, 애착 대상을 찾기 위해 무분별하게 행동하지 않을 것이다.

3. 부모와 자녀의 스마트폰 사용 습관

정부에서는 스마트폰 과의존을 예방하기 위해 「지능정보화 기본법」 제54조(지능정보서비스 과의존 관련 교육) 제2항에 해당되는 어린이집, 유치원, 초·중·고등학교, 공공기관, 대학교는 연 1회 이상 스마트폰 과의존 예방교육을 의무적으로 이수하도록 하는 정책을 펼치고 있다. 정보화 역기능 예방교육에서 아이들은 "우리 아빠는 TV를 켜 놓고 소파에서 스마트폰만 보고 있어요." "우리 엄마는 화장실에 스마트폰을 가지고 들어가서 오래 있다 나와요." "엄마, 아빠는 누워서 게임을 하면서 우리한테만 화내요." "식사할 때도 스마트폰만 보고 말도 안 해요." "아빠, 엄마는 하시면서 우리만 혼내요." 등으로 억울함을 호소한다.

한 연구에서는 자녀의 스마트폰 과의존의 원인 중 하나로 부모의 스마트폰 과의존 경향성을 제시하였는데, 부모의 스마트폰 과의존 경향성이 높았을 때 자녀의 과의존도가 높다는 결과가 나왔다. 심리학자들은 부모가 스마트폰에 집중하지 않고 자녀와 많이 소통하였을 때 자녀의 부정적 행동을 예방할 수 있다고 말하고 있다. TV, 컴퓨터, 스마트폰을 멀리하고 자녀와 눈을 마주 보며 진정성 있게 대화를 할 때 자녀도 편안하게 감정을 표현하게 되면서 자아존중감, 의사소통능력, 사회적응기술이 향상된다고 말한다. 따라서 부모와 자녀가 스마트폰을 어떻게 사용하고 있는지 점검해 보고자 한다.

1) 스마트폰 과의존

스마트폰 과의존이란 일상생활에서 과도하게 스마트폰을 사용함에 따라 스마트폰에 대한 현저성이 증가하고, 사용조절력 실패로 인해 문제적 결과를 경험하는 상태를 의미한다. 현저성(salience)이 증가한다는 것은 개인의 삶에서 스마트폰을 이용하는 생활 패턴이 다른 형태보다 두드러지고 가장 중요한 활동이 되는 상태를 의미한다. 또한 자기조절 실패(self-control failure)는 스마트폰 이용자가 주관적 목표를 세웠으나 스스로 조절능력이 떨어져 조절에 실패하는 것이다. 문제적 결과(serious consequences)는 이러한 스마트폰 이용으로 인해 심리적 · 신체적 · 사회적으로 문제를 경험함에도 불구하고 스마트폰을 지속적으로 이용하는 것이다. 심리적 증상은 불안, 초조, 우울, 강박, 주의집중력 저하 등으로 나타나며, 신체적 증상으로 안구건조증, 시력저하, 거북목증후군, 척추측만증, 손목터널증후군, 팝콘 브레인, 디지털 치매, 비만 등이 나타나는 것을 의미한다. 사회적 증상으로 사회부적응, 사이버불링, 사이버 도박, 사이버 폭력, 학습능력 저하, 등교거부 등이 나타나는데, 이에 따라 사회에서 소외되고, 학업의 흥미가 낮아지며, 법적 문제가 나타날 수 있다.

2) 스마트폰 과의존 현황

2020년 스마트폰 과의존 실태조사(한국지능정보사회진흥원, 2020)를 살펴보면 스마트폰 이용자 43,828천 명 중 23.3%가 과의존 위험군으로 조사되었다. 과의존 정도의 분류는 일반군, 잠재적 위험군, 고위험군으로 나뉘며, 잠재적 위험군과 고위험군을 포함하여 나타난 결과이다. 잠재적 위험군이란 스마트폰에 과도하게 의존하는 것은 아니지만 과의존의 상태로 갈 확률이 높은 것을 의미한다. 고위험군은 스마트폰 사용이 다른 활동보다 가장 중요한 활동이 되어 일상생활이 방해받고 있다고 할 수 있다.

스마트폰 과의존도는 2019년에 비해 2020년은 3.3%로 큰 폭으로 증가하였다. 세대별로 살펴보면 유아동(만 3~9세)은 2019년 22.9%에서 2020년 27.3%로 4.4%, 청소년(만 10~19세)은 2019년 30.2%에서 2020년 35.8%로 5.6%가 증가하였다. 성인(만 20~59세)은 2019년 18.8%에서 2020년 22.2%로 3.4%, 60대 이상은 2019년 14.9%에서 2020년 16.8%로 1.9% 증가하였으며, 유아동과 청소년이 다른 세대보다 더 상승한 것으로 나타났다. 또한 맞벌이 여부별로 살펴보면 맞벌이 가정이 외벌이 가정보다 과의존 위험이 높게 나타나 부모의 지속적인 관리가 필요한 것을 알 수 있다.

유아동과 청소년은 5명 중 1명 정도가 과의존이며, 점진적으로 연령이 낮아지고 있는 것을 알 수 있다. 영아기는 부모에 의해 스마트폰을 처음 접하는 것이 12~24개월 때이며, 식당에서 식사를 하거나 이동해야 할 때, 자녀가 조용히 있기를 바랄 때, 집안일을 하고 있을 때 등 부모의 양육부담을 해소하거나 여가시간을 확보하기 위해 영상을 보여 주는 것으로 나타났다.

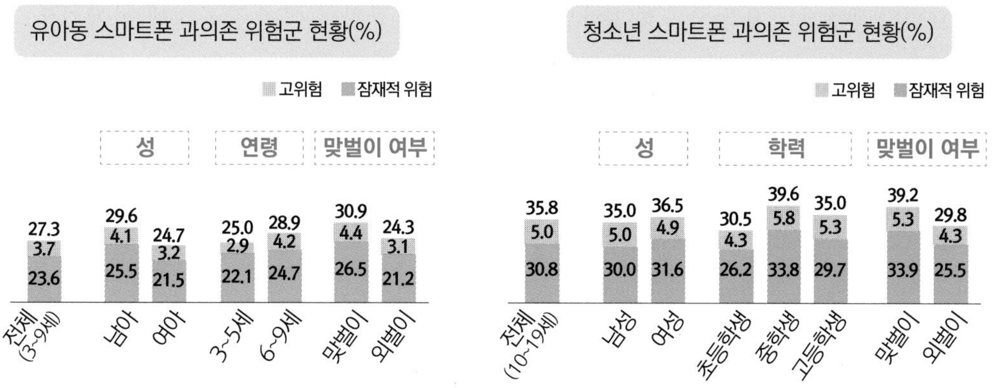

[그림 4-3] 스마트폰 과의존 위험군 현황

3) 부모의 스마트폰 사용 습관 들여다보기

아침에 일어나면 스마트폰으로 SNS부터 확인하면서 하루를 시작하고, 스마트폰이 옆에 없으면 불안해하며, 업무를 하면서도 스마트폰을 자주 확인하거나, '그만해야지'라고 생각하지만 계속해서 보고 싶다면 과의존을 의심해 보아야 한다. 신체적으로 목과 허리가 아프고, 눈이 침침해지며, 20~30분 동안 집중하기 어렵거나, 심리적으로 불면증, 무기력, 우울 등을 겪고 있으며, 일상생활에서 스마트폰을 다른 활동에 비해 많이 사용하고 있다면 과의존일 가능성이 크다.

스마트폰 문화가 정착되면서 여러 분야에서 다양한 용도로 편리하게 사용하다 보니 조절하는 것이 쉽지는 않다. 부모는 가정 안에서도 업무뿐만 아니라 목적 있게 사용할 때가 있을 수 있다. 하지만 부모가 TV를 틀어 놓고 스마트폰으로 유튜브를 보고 있거나 스마트폰을 가지고 들어가서 화장실에서 오랫동안 나오지 않는 등의 모습을 보면 자녀들은 불만이 생긴다. 자녀도 스마트폰을 보고 싶은 욕구를 절제하며 규칙을 지키고자 노력하고 있을 때 더욱더 부모에게 화가 난다고 한다.

가정에서 부모도 스마트폰 조절에 대해 고민해 보아야 한다. 자녀의 자기조절 능력을 향상시키기 위해서는 부모도 자기조절능력이 있어야 한다는 것이다. 부모가 자녀를 의식하지 않고 스마트폰을 언제 어디서나 편안하게 사용하고 있다면 자녀 또한 스마트폰 과의존 가능성이 높다. 따라서 부모가 가족회의를 통해 스마트폰 사용 규칙에 관한 계획을 세웠다면 부모도 똑같이 지켜야 하며, 지속적으로 모니터링하면서 융통성을 발휘하여 지킬 수 있는 규칙의 어려움에 대해 이야기를 나누고 수정하며 다시 세우는 것이 필요하다. 가정 안에서 일어나고 있는 상황들을 부모가 알고 있을 때 자녀의 생활 태도를 바르게 지도할 수 있다.

부모가 스마트폰을 사용할 때 자녀 앞에서 지켜야 할 규칙은 다음과 같다.

- 자녀들 앞에서 스마트폰 사용 최대한 줄이기
- SNS에서 타인을 존중하는 언어를 사용하기
- 지인에게 전화가 왔을 때 거부하거나 비난하지 않기
- 유익한 동영상 시청하기
- 운전 중에 스마트폰 사용 줄이기
- 게임할 때 시간을 지키며 욕하지 않기
- 식탁에서 스마트폰 사용하지 않기
- 스마트폰을 보면서 이야기하지 않고, 가족들과 눈을 마주 보며 대화하기
- 화장실에서 스마트폰 보지 않기
- 밤 10시 이후에는 스마트폰을 사용하지 않고 거실에 두기
- 거북목, 척추측만증을 예방하기 위해 턱을 숙이지 않고 수평을 유지하며 허리를 곧게 펴기
- 스마트폰 사용 후 스트레칭으로 눈운동, 목운동, 어깨운동하기

부모는 자녀에게 스마트폰을 보지 못하게 하면서 자신은 스마트폰으로 게임, 동영상 시청, 검색, 업무를 지속적으로 하는 경우가 자주 있다. 자녀가 스스로 스마트폰을 바르게 사용하기를 원한다면 부모는 자녀 앞에서 스마트폰 사용을 최대한 줄이고, 대처 활동을 하는 것이 필요하다. 부모가 스마트폰 리터러시를 실천하면서 모델링(modelling)이 되었을 때 자녀도 무분별하게 사용하지 않을 것이다.

4) 자녀의 스마트폰 사용 습관 들여다보기

일상생활에서 해야 할 일이 있는데도 스마트폰을 보고 있거나, 공부할 때 스마트폰이 옆에 없으면 불안해하며, 스마트폰을 할 때 말을 걸면 짜증을 내고, 사용시간을 줄이려고 해도 조절하기 힘들다면 과의존을 의심해 보아야 한다.

평상시보다 용돈을 더 많이 원하거나 용돈보다 비싼 물건을 구입하는지 관심을 가져야 한다. 사행성 게임을 하는 경우 확률형 아이템을 사기 위해 평상시보다 용돈을 더 요구할 수 있으며, 사이버 불법 도박을 하는 자녀는 용돈에 비해 비싼 물건을 소지하는 경우가 있다. 무분별하게 사이버 도박을 하는 자녀는 친구들에게 돈을 빌리는 경우가 많은데 돈을 잃어버렸을 때 갚지 못하게 되면 불안해하거나 초조해한다. 또한 빌린 돈을 갚기 위해 현실세계에서 물건을 훔치거나 또래의 돈을 갈취하며, 학교부적응까지 나타날 수 있다.

주로 SNS로 시간을 보내는 자녀 중에는 사진, 동영상, 글을 보며 자신의 상황과 비교하면서 자존감이 낮아져 무력감을 느끼는 경우도 있다. 또한 정보 유출, 사이버불링, 몸캠피싱, 사이버 도박 등으로 인해 정서적으로 불안정하여 가족들과 대화를 거부하며 혼자 있고 싶어 하는 경우도 늘어나고 있으므로 관심을 가져야 한다.

부모는 자녀들이 사용하고 있는 스마트폰 생활에 대해 지켜보며, 어떤 일이 일어나고 있는지 살펴봐야 한다. 이용하는 게임의 종류뿐만 아니라 시청하는 동영상의 내용을 알고 있어야 하며, 오픈채팅방에서 어떤 사람과 어떤 이유로 소통하고 있는지 알고 있어야 어려움이 생겼을 때 부모, 전문가가 도움을 줄 수 있다.

자녀가 처음 스마트폰을 사용하는 습관은 매우 중요하다. 부모는 '자녀가 스스로 알아서 할 것이다.' '기계를 다루는 것이 힘들어 모르겠다.' '직장에 다녀오면 너무 피곤하다.' '이 시기면 말하지 않아도 나쁜 것이 무엇인지 알고 조절할 것이다.' 등과 같이 생각하며 자녀를 믿고 무작정 스마트폰을 사 준다. 하지만 자녀의 사용 습관을 지켜보다가 "스마트폰 좀 그만 해라." "그것만 보고 있니?" "책 좀 읽어라." "공부는 언제 하니?" "그만 하고 자라." "현질 좀 그만 해라." 등과 같이 말하면서 자녀와의 갈등이 심화되어 스마트폰을 강제로 압수하거나 갑자기 공용 와이파이를 끄고 차단하는 행동을 취한다. 자녀에게는 게임 안에서 각자의 역할을 맡아 플레이를 하고 있거나, SNS 안에서 즐겁게 대화를 나누고 있는 중요한 순간일 수 있다. 갑자기 스마트폰이 꺼지는 순간 함께 플레이를 하고 대화했던 상대들에게 비난을 받을 수 있고 소외될 수 있다는 생각에 두려움과 불안이 생겨 부모에게 분노를 보인다.

스마트폰을 사용하기 전에 부모가 먼저 교육을 받거나 관련 서적을 읽어 보고 충분히 준비된 상태에서 사 주는 것이 자녀의 과의존을 예방할 수 있다. 규칙을 세워 지키겠다고 약속을 한 자녀도 또래 중심의 문화에서 조절하는 것은 쉽지 않다. 부모는 스마트폰의 기기와 기능에 대해 기본 지식을 습득한 후 자녀에게 스마트폰을 바르게 사용하는 방법을 지도하면서 스스로 실천하는 것이 필수요건이다.

4. 자녀가 스마트폰에 과몰입하는 이유

학교로 찾아가는 정보화 역기능 예방교육 수업 중 자녀들은 스마트폰을 "분신과 같다." "보물이다. 왜냐하면 소중한 사람과 연락할 수 있기 때문이다." "재미를 주는 장난감이다." "생명과 같다." "연결시켜 주는 고리다." 등과 같이 일상생활에서 없어서는 안 되는 도구라고 표현한다. 부모 세대는 스마트폰을 주로 전화로 사용하는 데 익숙했다면, 자녀 세대는 전화뿐만 아니라 SNS, 게임, 유튜브 안에서 정보를 공유하고 오락을 즐기면서 소통하는 도구로 신체의 일부처럼 소중하게 생각하고 있다.

스마트폰 과의존인 아동 · 청소년을 대상으로 개인상담에 개입하였을 때 부모, 학습, 또래로 인한 스트레스가 높다고 호소하였다. 스트레스가 쌓였을 때 게임 안에서 친구 또는 유저들과 소리 지르며 욕하는 것으로 억압되었던 감정들을 해소한다고 한다. 또는 SNS 오픈채팅방에서 익명의 사람들과 고민을 이야기하다 보면 마음이 편해져 시간 가는 줄 모르고 새벽까지 하게 된다고 한다.

자녀는 성장하면서 가족, 친구, 성적, 학업, 외모, 경제적 이유 등으로 스트레스를 받게 되는데, 스스로 해결할 수 없거나 해결방법을 모르고, 진솔하게 나눌 수 있는 대상이 없을 때 게임이나 SNS, 동영상 시청 등을 통해 해결하려는 경향이 있다. 또한 자유롭게 놀고 싶고, 타인으로부터 자신이 누구인지 확인받고 싶으며, 정보에 대한 호기심으로 스마트폰에 빠지기도 한다. 이러한 복합적이며 다양한 내외적 요인으로 인해 스마트폰 사용을 스스로 조절하지 못하고 과의존하게 되므로 이와 관련한 이유를 구체적으로 살펴보고자 한다.

1) 자녀의 기질적 요인

기질은 유전적 요인에 의해 타고난 성격으로 외부의 자극과 정보를 받아들일 때 개별적으로 다르게 나타나는 정서반응이라고 할 수 있다. 스마트폰 과의존 가능성이 있는 기질에 대한 연구 결과, 자극추구(novelty seeking)와 위험회피(harm avoidance)가 높은 경우로 나타났다.

자극추구가 높은 자녀는 새로운 자극에 호기심을 가지고 충동적으로 관심을 갖기 때문에 '산만하다' '집중력이 약하다'는 말을 자주 듣게 된다. 특히 반복적인 학습에 지루함을 느끼며, 한 가지에 집중하지 못해 싫증을 빨리 느끼기 때문에 흥미롭고 자극적인 게임, 유튜브, SNS에 몰입할 가능성이 높은 것으로 나타났다. 자극추구가 높은 자녀에게 부모는 위험한 상황이 아닌 안전한 환경에서 최대한 호기심을 발휘할 수 있도록 허용해 주며, 바람직하지 않는 행동을 할 경우에는 그 상황만 훈육할 필요가 있다. 에너지가 넘치는 자녀이므로 신체적으로 움직일 수 있는 운동을 통해 에너지를 표출할 수 있도록 도와주며, 긍정적인 자원을 격려해 주고 지지해 주면서 이해하고 공감해 준다면 조절능력이 증진될 것이다.

위험회피가 높은 자녀는 두려움이 많고 수줍어하며 미리 걱정을 하는 성향이 있어 우울이나 불안에 취약하다. 양육자나 타인에게 부정적인 정서를 느끼기 쉬워 제약이나 규범이 없는 스마트폰에 과몰입할 가능성이 높다고 한다. 민감성이 높은 자녀는 수줍음이 많아 새로운 환경에 적응하는 것을 힘들어하므로 현재 느끼는 감정을 충분히 경청해 주는 것이 필요하다. 예를 들어, 신학기에 친구를 만나는 것이 불안하다고 할 때 어떤 이유로 불안한지 표현하도록 기다리며, 자녀의 입장에서 이해하고 공감해 주어야 한다. 위험회피가 높아도 자신을 수용해 주는 분위기에서 편안한 마음으로 표현하면 불안지수가 낮아지므로 부모는 자녀가 정서적으로 안정이 되도록 조력해야 한다. 특히 부모와 기질이 다르더라도 자녀의 성향이 다름을 인정하고 비난이나 처벌이 아닌 관심과 격려로 존중해 줄 때 스마트폰 세상에서 자신의 욕구를 채우고자 무분별하게 애착 대상을 찾지 않을 것이다.

2) 자녀의 정서적 요인

교류분석이론에서 에릭 번은 인간은 태어나는 순간부터 소중한 존재이며, 생각하는 능력을 가지고 있고 변화하겠다고 재결정하면 변화가 가능하다고 하였다(James & Jongeward, 2005). 우리는 태어날 때부터 존중받을 가치가 있는 소중한 존재이지만 자신이 무가치한 사람이라고 생각하는 순간 우울과 불안, 열등감, 두려움, 분노 등의 부정적 정서로 인해 심리적으로 불안정하게 된다. 자아존중감이 낮은 사람은 일상생활에서 감당하기 힘든 문제에 직면했을 때 해결능력이 떨어지고 회피하면서 대인관계에 어려움을 겪게 된다.

주 양육자인 부모가 자녀에게 가장 크게 영향을 미치는데, 그중 애착의 문제를 들 수 있다. 부모와 안정적으로 애착이 형성되지 못했을 때 불안정한 애착이라고 하는데, 타인과의 관계에서도 불안을 느끼고 소극적으로 행동하며 자신에 대한 자아존중감이 낮을 수 있다.

많은 자녀가 현실세계에서 인정을 받지 못할 때 사이버세계 안에서 타인에게 의존하며, 진짜 모습이 아닌 가짜 모습으로 자신을 포장하기도 한다. SNS를 지속적으로 보면서 반응이 없으면 무시한다고 생각하고, 인정받고 싶은 욕구를 채우고자 끊임없이 노력하면서도 타인을 믿지 못해 반복적으로 우울, 불안, 분노의 감정에서 생활하게 된다. 게임 속에서도 자신의 캐릭터를 힘세고 강하게 만들기 위해 강력한 아이템을 사고 싶어 현질을 하며, 확률형 게임에서 원하는 아이템이 뽑히지 않으면 절제하지 못하고 현금을 과감하게 사용하여 책임지지 못할 때도 있다. 현금을 무책임하게 사용하여 부모, 양육자에게 부정적 피드백을 받게 되면, 외로움, 우울, 불안, 두려움이 생겨 자신뿐만 아니라 타인을 탓하는 등 부정적 정서가 반복되는 악순환이 나타난다.

자아존중감은 주 양육자인 부모가 자녀를 조건 없이 격려하고 인정해 줄 때 높아진다. 부모와 기질, 성향, 가치관이 다른 경우 서로 다름을 인정하고 수용하며 자녀가 실수했을 때 비난하는 것이 아닌 현재 상황에 대처할 수 있는 문제해결능력을 기르도록 기다려 주어야 한다. 자녀도 스스로 생각하는 능력을 가지고 있다는 것을 모르는 부모가 많다. 자녀가 의견을 말하려고 하면, "네가 뭘 알아!" "엄마가 경험해 본 거니까 넌 따라서 해." "넌 뻔해. 또 끝까지 못할 거잖아." "넌 공부도 못하면서 요구하는 건 많더라." "넌 양심도 없니? 그렇게 짜증 내 놓고 해 주라는 말이 나와?" 등처럼 부정적 피드백부터 한다. 그리고 자녀가 실수를 할 때는 "넌 생각도 없이 사니?" "생각 좀 해라."라며 생각을 안 한다고 비난을 한다.

부모는 자녀가 생각을 표현하려고 시도할 때 충분히 들어 주며, 이해와 공감을 하면서 부모의 의견을 강요하는 것이 아니라 자녀가 이해할 수 있도록 구체적으로 표현하는 의사소통이 필요하다. 부모가 자녀를 마음대로 할 수 있다고 생각하는 경우 갈등은 심화되고, 자녀는 대화를 회피하면서 혼자만의 시간으로 스마트폰에 과의존할 가능성이 높다.

3) 가정적 · 환경적 요인

(1) 외벌이보다 맞벌이 부부가 자녀의 과몰입에 영향을 미친다

2020년 스마트폰 과의존 실태조사(한국지능정보사회진흥원, 2020)에 의하면 외벌이 부부보다 맞벌이 부부의 자녀가 과의존이 높은 것으로 나타났는데, 혼자 있을 때 스마트폰에 많이 의존하고 있다는 것을 알 수 있다. 맞벌이 부부는 자녀의 양육과 직장 업무를 병행하다 보니 외벌이 가정보다 스마트폰을 더 빨리 사 주거나 조절할 수 있도록 관리하는 데 어려움이 있을 수 있다. 자녀는 '가정에서 혼자 지낼 때' '대화할 사람이 없을 때' '함께 놀이를 할 사람이 없을 때' '심심하고 지루할 때' '외롭고 무서울 때' 스마트폰을 자주 보게 된다고 표현하였다. 따라서 가정에서 부모의 통제 없이 자녀들만 있는 경우 스스로 조절하기 힘든 것을 알 수 있다.

(2) 부모가 스마트폰 사용을 조절하지 않고 사용할 때 영향을 미친다

부모가 장소나 시간에 상관없이 수시로 스마트폰을 보고 있는 모습을 보면서 성장한 자녀는 스마트폰을 접하는 시기가 빠르며, 과의존 경향성이 높다. 알파세대의 부모인 M세대(Millennial Generation)는 1982~1995년에 출생한 세대로 어렸을 때부터 PC문화를 자연스럽게 접하였기 때문에 컴퓨터, 노트북, 태블릿, 스마트폰을 자유롭게 활용한다. M세대 부모는 PC로 직장 업무를 처리하는 것이 익숙하며, 인터넷, 게임과 SNS도 거부감 없이 편리하고 유용하게 사용한다. M세대의 자녀인 알파세대는 유아 때부터 스마트폰을 접하는 세대이기 때문에 부모가 자녀 앞에서 무분별하게 스마트폰을 사용하고 있다면 유아동 때부터 스마트폰의 기능을 자유롭게 다루면서 조절하지 못할 가능성이 높다.

(3) 부부의 갈등, 가족 해체 등이 영향을 미친다

부부의 갈등으로 심리상태가 불안, 우울, 무기력할 경우 자녀들은 극심한 외로움, 두려움, 공포를 느끼게 된다. 부부는 결혼과 동시에 해결해야 할 문제에 직면하는데, 시댁과 친정 문제, 자녀양육, 경제적 문제, 성격 차이 등으로 인해 갈등이 유발된다. 서로 다른 문화에서 자란 두 사람이 가족이 되면서 의견과 성격의 차이 등으로 시행착오가 발생하고, 이를 좁히기까지는 시간이 필요하다. 하지만 서로의 의견만 주장하고 대립되는 경우 부부간의 갈등이 심화되어 자녀들은 안전과 생존에 불확실함을 느끼고 두려움과 불안으로 생활에 집중하지 못한다. 자녀는 부부가 서로 사랑을 나누면서 행복하게 생활하는 모습을 보고 자랄 때 정서적·신체적으로 안정되게 자란다. 부모의 갈등이 점점 심화되면 자녀는 실망하면서 자연스럽게 거리를 두고 대화를 거부하며 혼자만의 시간을 보내고자 한다. 불안하고 외로운 마음을 털어놓고 이야기를 하고 싶지만 주변에 아무도 없다고 생각할 때 오픈채팅방이나 페이스북, 인스타그램 등에서 욕구를 채우고자 대상을 찾을 수 있다.

(4) 부모의 양육태도가 영향을 미친다

부모의 양육태도가 허용적이고 권위적이며 일관성이 낮을 때 부정적 영향을 받는다. 허용적 양육태도는 자녀가 해도 되는 것과 하면 안 되는 것에 대한 기준이 없어 무엇이든 원할 때 들어주기 때문에 자녀가 자기조절능력이 낮고 자기중심적일 수 있다. 스마트폰을 조절하도록 훈육할 때 부모에게 자기 감정대로 행동하고 분노를 폭발하며, 과몰입할 수 있다. 권위적 양육태도를 가진 부모가 자신들의 기준으로 규칙을 강요하며, 지키지 않으면 소리를 지르고 비난하면서 폭력적 행동을 하는 경우 자녀는 자신을 소중하지 않은 존재로 인식하게 된다. 그로 인해 자아존중감이 낮아지며, 타인에게 의존하거나 눈치를 보면서 솔직한 감정을 표현하지 못하고 억압하여 우울, 슬픔, 분노, 짜증 등을 사이버세계 안에서 표현할 수 있다. 또한 일관성이 낮은 양육태도는 자녀의 행동이나 말에 일관된 반응을 보이지 않고 부모의 감정에 따라 다르게 반응하는 것이다. 예를 들어, 스마트폰 사용 규칙에서 하루에 2시간 동안 사용하기로 약속했을 때, 어떤 날은 2시간을 넘어도 관대했던 부모가 다른 날은 2시간도 못했는데 화를 내면서 처벌을 한다면 자녀는 혼란스러움을 겪게 되고, 부모의 언어와 비언어에 민감해지며, 긴장하고 불안해할 수 있다. 자녀는 부모에 대한 신뢰가 낮아지면서 자신을 이해하고 격려해 주는 대상을 찾기 위해 사이버세계에 몰입할 가능성이 있다.

4) 다양한 사회적 요인

자녀는 가정 외에도 사회에서 다양한 경험을 하는데, 또래관계, 학교생활, 성적, 지나친 경쟁, 진로 미결정, 외모지상주의, 빈부격차 등의 영향을 받으면서 성장한다. 학교생활을 할 때 또래관계에서 소외되거나 갈등이 반복되면 학교부적응이 나타나고, 우울증에 걸리거나 자살까지도 생각하게 된다. 지속적으로 따돌림을 당하는 자녀는 현실에서 타인과 관계 맺는 것을 두려워하며, 회피하기도 한다.

또한 학습할 때 이해도가 낮거나 높은 목표를 세워 원하는 성적을 얻지 못했을 때, 하고 싶은 꿈을 부모나 선생님이 비웃고 반대할 때, 진로에 대

한 미결정으로 미래에 대한 불안을 느끼면서 학습적 동기가 낮아질 때도 무력감을 느끼게 될 수 있다. 그리고 '외모도 경쟁력'이라고 말할 정도로 외모지상주의로 인해 연예인이나 타인들과 비교하면서 자신의 외모를 비관하는 경우도 늘어나고 있다. 자녀는 또래들과 함께 어울리기 위해 식사를 해야 하고 카페에서 이야기를 나누며, 노래방, 볼링, 취미 등 다양한 활동을 할 때 돈이 필요한데 경제적으로 어려움이 있는 자녀들은 또래와 관계를 맺지 못하고 포기하는 경우도 있다.

이러한 다양한 요인으로 인해 현실세계를 회피하고 비대면과 익명인 사이버세계에서 욕구를 채우고자 몰입하게 되는 자녀가 증가하고 있다고 볼 수 있다.

5. 부모와 자녀의 스마트폰 리터러시

리터러시(literacy)의 뜻은 글자를 읽고 쓰는 능력뿐만 아니라 변화하는 사회에서 적응 및 대처하는 능력을 의미한다. 따라서 스마트폰 리터러시는 스마트폰 기기 자체뿐만 아니라 다양한 콘텐츠 기능을 습득하며, 사회적 맥락에서 합리적이고 비판적인 사고로 판단하여 책임감 있게 이용하는 능력이다. 개인이 스마트폰의 문제를 인식하고 해결해 나갈 수 있는 능력을 향상시켜, 사회에서 바르게 사용함으로써 긍정적인 영향을 미치는 것을 의미한다.

현재는 제4차 산업혁명과 지능정보화사회 시대로 회의, 학습, 업무, 놀이 등에서 언택트 문화가 생활화되어 있어 스마트폰은 중요한 매체가 되고 있다. 그러므로 자녀에게 스마트폰을 '사용하면 안 된다'고 할 것이 아니라 '바르게 사용하는 방법'을 함께 고민하고 실천할 수 있는 조절능력을 길러 주는 것이 필요하다. 사회에서 스마트폰을 효율적이면서 효과적으로 사용하기 위해 부모와 자녀는 스마트폰 리터러시 능력을 기르기 위해 노력해야 한다.

1) 부모와 자녀의 스마트폰 리터러시 역량 기르기

부모는 자신에게 필요한 스마트폰 기능만 배우는 것이 아니라 자녀가 이용하고 있는 게임, 유튜브, SNS, 웹툰 등의 콘텐츠에 관심을 가지고 배워야 한다. 스마트폰의 기능을 비판적이고 합리적으로 판단하여 자녀에게 어떠한 영향을 미치는지 살펴봐야 한다. 빠르게 변화하고 있는 기능을 다 습득하기는 어렵지만 부모가 먼저 스마트폰 리터러시 능력을 길러 교육을 하는 것이다.

첫째, 부모 세대는 오프라인에서 친구와 놀이를 한 세대이지만, 자녀는 사이버 세계 안에서 게임을 하면서 소통하고 놀이를 즐긴다. 자녀가 하고 있는 게임을 금지하는 것이 아니라 관심 갖는 게임의 종류를 알아보고 나이에 맞는 등급인지 확인하며, 폭력성 · 선정성 · 사행성의 정도를 확인하고 기준을 정하여 게임을 선택할 수 있도록 한다.

둘째, 다양한 사람과 소통하고 정보를 공유하는 인스타그램, 페이스북, 트위터, 카카오톡 등의 SNS에 대해 좋은 점과 나쁜 점을 함께 생각한다. 함께 하는 대상, 사진 공유의 범위, 정보유출의 위험성, 도덕성의 기준, 타인과의 의사소통 등에 대해 구체적으로 함께 나누며, 지키지 않았을 때 일어날 수 있는 문제들을 구체적으로 알려 줌으로써 자녀가 스스로 자신을 지킬 수 있도록 한다.

셋째, 유해한 동영상으로 인해 언어폭력, 성폭력, 도박, 자살이나 자해 유도 등 위험한 상황에 노출될 수 있으므로 이러한 동영상을 구별하도록 도와주어야 한다. 부모와 함께 선별하여 시청하고, 유해한 동영상으로 인해 발생할 수 있는 문제점에 대해 이야기를 나누어야 한다. 유해한 콘텐츠를 차단하는 기능 설치방법을 습득하며, 비판적으로 판단하고 생각하는 힘을 기를 수 있도록 도와주어야 한다.

2) 스마트폰 자기조절능력 기르기

반두라는 사회인지학습이론에서 자기조절(self-regulation)은 자신이 목표한 바를 이루기 위해 행동을 스스로 주도하여 성공적으로 이루는 것이며, 자기효능감이 자기조절에 영향을 미친다고 하였다(Bandura, 1997). 자기효능감(self-efficacy)이란 자신이 어떤 일을 성공적으로 수행할 수 있는 능력이 있다고 믿는 기대와 신념으로, 인지적 · 사회적 · 행동적 기능을 통합하고 적용하는 것이다. 스마트폰이 일상생활을 방해하지 않고 스스로 조절하려는 행동의 변화가 습관화되려면 자기효능감이 증진되어야 한다. 자신이 스스로 조절할 수 있는 능력이 있다고 믿고 노력할 수 있도록 부모의 관심과 격려가 지속적으로 필요하다. 스마트폰을 스스로 조절하려고 하지만 또래관계, 게임, 소통의 욕구 등의 장벽이 높아 실패할 때 부모가 작은 노력의 변화를 공감하고 격려해 주면 포기하지 않고 실천하려고 시도하게 된다.

부모는 자녀가 스스로 생각할 수 있는 능력이 있음을 인정하고 스마트폰에 대해 스스로 조절할 수 있는 목표를 세우도록 기회를 주는 것이 필요하다. 고든(Gordon, 1975)의 '무승부법(no-lose-method)'은 부모와 자녀가 함께 해결방안을 모색하므로 양쪽 갈등이 해결되어 만족을 성취하는 방법이다. 가족회의에서 부모는 자녀에게 '무승부법'에 대해 설명하고, '스마트폰을 순기능적으로 사용하기 위해 규칙을 세워야 한다'는 것을 뚜렷하고 간결하게 이야기한다. 자녀와 부모의 마음에 드는 해결방법을 찾는 과정에 자녀가 동참하기를 바란다는 것을 분명하게 말하고 언제 시작할지 합의한다. 이때 중요한 점은 부모와 자녀가 신뢰관계가 형성되었을 때 가능하다는 것이다.

'무승부법'은 다음과 같은 6단계로 구성된다.

- 1단계-문제를 정의한다. 스마트폰을 사용하는 데 어떤 문제가 있는지 이야기를 나눈다: 이때 자녀와 부모의 욕구가 정확하게 표현되어야 한다. 스마트폰의 사용 규칙을 정하는 데 욕구를 제대로 표현하지 않으면 잘못된 방향으로 가게 되고, 부모의 힘으로 지시하려고 하면 문제를 해결할 수 없게 된다. 자녀에게 분명하고 확실하게 부모의 감정을 나-전달법으로 표현한다. 나-전달법은 상황, 감정, 욕구를 표현하는 것으로 "나는 네가 스마트폰으로 인해 건강이 나빠질까 봐 걱정이 된단다. 그래서 스마트폰을 사용하는 규칙이 필요하다고 생각해."와 같이 정확하게 표현한다. 자녀를 깎아내리거나 비난하지 않으면서 자녀의 욕구를 분명하게 표현하도록 적극적으로 경청한다. 이 단계에서 스마트폰 사용에 대해 해결할 문제가 무엇인지 자녀와 부모 모두 충분히 이해할 수 있도록 한다.
- 2단계-가능한 해결책을 생각한다. 스마트폰을 어떻게 사용할 것인지 이야기를 나눈다: 자녀가 스마트폰을 어떻게 사용할 것인지 방법을 먼저 들으며, 부모의 생각은 나중에 이야기한다. 제안된 해결책을 평가하거나, 비판하거나, 경시하지 않는 것이 무엇보다도 중요하다. 이 단계에서는 부모의 욕구를 만

족시키지 않는 해결책이 있다고 하더라도 그 점에 대해 언급하지 않는다. 여러 명의 자녀와 문제를 해결하려고 할 때 한 자녀가 아무런 해결책도 내놓지 않는다면 그 자녀의 생각도 보탤 수 있도록 지지해 준다. 더 이상 아무것도 나올 것이 없는 것처럼 느껴질 때까지 계속해서 다른 대안을 생각해 보도록 격려한다. 부모가 지켜야 할 점은 다급하게 재촉하지 않고 기다려 주는 것이다. 자녀는 부모의 비언어적인 얼굴 표정, 손짓, 자세, 행동 등에 민감하여 눈치를 보며 표현을 억압할 수 있으므로 언어와 비언어가 일치하여야 한다. 자녀가 충분히 의견을 표현할 때까지 이해하며 공감해 주는 부모의 역할이 필요하다.

- 3단계–각 해결책을 평가한다. 스마트폰을 어떻게 사용할 것인지 평가한다: 이 단계에서는 다양한 방안을 놓고 평가할 수 있다. 부모나 자녀 양쪽 모두를 만족시키지 않는 것들을 제거해 나가다 보면 한두 개 정도로 좁혀지게 된다. 이 단계에서는 부모가 자기 감정을 솔직하게 표현하는 것이 필요하다.
- 4단계–최선의 해결책을 결정한다. 스마트폰을 사용하는 데 있어 최선의 방법을 결정한다: 자녀에게 질문을 던져서 다른 해결책에 대한 자녀의 생각을 확인해 본다. 자녀가 수행할 수 있는 능력이 있다는 것을 믿고 수행할 수 있도록 부모는 먼저 말하지 않는다. 결정된 방법에 여러 가지 지침이 포함되는 경우에는 잊어버리지 않게 적어 놓는 것이 좋다. 서로 가장 좋은 해결책을 선택하며, 결정된 것을 각자 모두 지키기로 약속했다는 것을 명확히 한다.
- 5단계–스마트폰을 어떻게 사용할 것인지 실천할 구체적인 방법을 마련한다: 결정이 내려진 후에 결정된 사항을 어떻게 시행할 것인지에 대해 구체적인 사안을 명확하게 할 필요가 있다. 부모와 자녀 모두 장소, 시간, 바른 자세, 콘텐츠의 종류 선택 등 실천할 구체적인 방법을 기록한다. 결정된 사항에 대해 1주일 또는 2주일 동안 실천해 보고 결과를 확인하기로 한다.
- 6단계–결과가 어떠했는지를 확인한다: 무승부법을 통해 실천하지만 결과는 다를 수 있다. 따라서 가족회의를 통해 잘 수행되고 있는지 확인해 보는 것이 필요하다. 수행하는 데 어려움이 없을 경우 그대로 실천하고, 어려움이 있다면 이전 단계의 방법대로 다시 해결방안을 구상해 본다. 가족에 따라 다양한 갈등 상황이 있을 수 있으므로 여섯 단계를 거쳐야 한다는 규정은 없으며, 상황에 맞게 진행하면 된다.

가족회의에서 무승부법의 6단계는 서로 동등한 입장으로 진행할 때 만족스러운 의견과 실천하고자 하는 동기가 촉진된다. 가족회의는 가족구성원에게 문제를 해결하고자 꾸준히 노력할 수 있는 습관을 길러 주며, 인지적 사고와 문제해결능력을 길러 준다. 언어와 비언어가 일치하는 적극적 경청, 격려, 나-전달법 의사소통으로 회의를 진행할 때 효과적이다.

적극적 경청이 필요한 이유는 스마트폰이 자녀의 어떤 욕구를 채워 주며, 감정은 무엇인지 등이 이해될 때 '무승부법'으로 진행할 수 있기 때문이다. 문제해결 과정에서는 부모나 자녀가 감정이 격해지는 일이 있을 수 있기 때문에, 나-전달법으로 감정을 표현하고 해소할 수 있도록 한다. 또한 자녀가 지키기 위해 노력하며 실천하는 태도를 부모가 격려해 주었을 때 작은 성공을 경험하므로 자기효능감이 증진된다. 부모가 비난의 말을 자주 하였다면 자녀는 스마트폰 자기조절이 실패하였을 때 자신에 대한 실망과 부모의 말에 방어하고자 거짓말 또는 폭력적 언어나 행동으로 대처할 수 있다. 따라서 부모와 자녀가 완벽한 인간이 아니며 실수할 수 있다는 생각을 하고, 실천하고자 하는 자녀의 노력에 대해 격려를 하며 어려운 점에 대한 해결방안을 수정할 수 있는 융통성을 발휘해야 한다. 자녀는 스마트폰 자기조절을 성공하기도 하고 때로는 실패하는 경험을 통해 생각이 성장하고 습관이 형성되어 일상생활에서 자율적으로 이용할 수 있게 될 것이다.

3) 스마트폰 리터러시 실천하기

스마트폰을 일상생활에서 바르게 사용하기 위해서는 구체적인 실천방안이 필요하다. 예를 들어, 저녁 식사 후 7시부터 8시까지 게임은 3판하고, 30분은 동영상 2개를 시청하고, 친구들과 연락하기, 10시까지 스마트폰을 끄고 거실 바구니에 넣기, 식탁과 화장실에서는 사용하지 않기, 길거리를 걸어갈 때는 스마트폰을 호주머니나 가방에 넣기 등 시간과 장소, 바른 자세, 콘텐츠를 정하여 그 외에는 사용하지 않도록 한다. 지키지 않았을 때 처벌로서 스티커를 주거나, 지켰을 때 보상으로서 요리해 주기, 캠핑 가기, 친척집 가기 등 원하는 것을 1주일 단위로 하게 해 주면 효과적이다. 규칙을 지키지 않았을 때는 다음 날 스마트폰을 사용하지 않기, 더 많이 사용한 만큼 다음 날 적게 사용하기 등의 규칙을 마련해 두어 실행해야 한다. 예를 들어, 2시간만 하기로 약속한 게임을 3시간째 하고 있다면 다음 날 1시간만 하거나 다음 날 사용하지 않기 등의 규칙을 정하고, 감정대로 허용하거나 비난하지 않고 일관되게 실행해야 한다.

그리고 미성년자로서 협상이 불가능한 규칙은 안전문제 때문이므로 유해한 동영상, 정보유출, 오픈채팅방, 사행성 게임, 사이버 도박 등을 차단하도록 지도한다. 스마트폰을 시간과 장소를 정해 보관 바구니에 넣어 두는 것을 의무로 정하고 가족이 함께 보내는 시간을 늘린다. 공용 와이파이를 설치하는 가정이 많은데, 미성년자 자녀가 있는 경우에는 설치를 지양하는 것이 과의존 예방에 도움이 된다.

자녀가 가장 행복할 때는 부모와 함께 시간을 보낼 때이다. 스마트폰 과의존 학생들은 "할 일이 없다." "심심하다." "외롭다." "말할 사람이 없다."라는 말을 가장 많이 하는데, 이는 스마트폰을 대체할 만큼 즐거운 일, 기쁜 일이 없다는 것을 의미한다. 부모도 스마트폰과 거리를 두고 자녀에게 관심을 가지며, 함께 다양한 활동을 하고 대화를 나누는 시간을 자주 갖는 것이 필요하다. 뇌는 신체적 움직임, 다양한 경험을 통해 학습되면서 인지가 발달하고, 정서인 조망능력이 길러진다. 조망능력이 낮은 자녀는 자신이 잘못을 하고도 남 탓을 하며, 폭력적인 행동이나 비난을 하는 경우가 많고, 관계에 어려움을 느껴 타인들을 회피하는 은둔형 외톨이가 되는 경우도 있다. 심리학자들은 끊임없이 정서의 중요성을 강조하고 있으며, 21세기에는 정서발달의 필요성이 더욱더 강조되고 있다. 자신의 현재 감정을 알고 타인의 감정을 느끼며, 존중하고 협력하면서 윤리기준에 어긋나지 않는 좋은 인성을 길러 주어야 한다. 사이버세계는 시공간을 뛰어넘어 정보가 유출되기 쉽다. 자녀가 학교폭력, 사이버불링, 집단따돌림, 사이버 도박 등으로 가해자, 방관자, 독려자의 역할을 하게 되면 성인이 되어서도 악영향을 미칠 수 있다. 자녀가 현실세계와 사이버세계 안에서 자율적 사고로 자신을 소중히 여기고, 타인을 존중하며, 책임 있는 행동과 성실함을 배울 수 있도록 부모의 모델 역할이 더욱더 필요한 시대이다.

솔루션

6. 모바일 메신저와 SNS에 과몰입하는 자녀 돕기

모바일 메신저 및 SNS는 디지털 세대에게 중요한 의사소통 도구로서 일방향이 아닌 양방향 소통으로 상호 영향을 주고받는다. 사이버 공간 안에서 친구들과 대화하기 위해서는 댓글을 빠르게 읽고 응답해야 하며, 대응하지 못했을 때 핀잔을 듣거나, 처벌을 받거나, '카퇴(카톡퇴장)'를 당한다. 또한 SNS에는 자신을 과시하거나 인정 욕구를 충족하기 위해 타인의 부러움을 자극하는 다양한 사진, 명품, 성공담 등을 올려 자신의 모습을 사실과 다르게 표현한다. 자신이 남들보다 행복해 보이지 않으면 좌절감, 열등감, 상실감을 느껴 즐거움을 과장하는 자기과시와 인정 욕구에 집착하게 되므로 악순환이 반복되는 상황이 증가하고 있다.

모바일 메신저와 SNS를 통해 충동성이 강하고 여과 없는 정보가 확산되면서 다양한 피해가 나타나고 있다. 청소년 대상 성범죄의 85.5%가 모바일 메신저 및 SNS에서 시작되며, 언어폭력, 성폭력, 스토킹, 따돌림, 갈취 등 온라인상에서 일어나는 사이버폭력 사건은 삭제하는 것이 어려워 영원히 남을 가능성이 있다. 부모는 자녀가 모바일 메신저 및 SNS로 사이버 공간 안에서 집단따돌림 또는 괴롭힘을 당하거나 익명, 가명의 사람으로부터 성범죄에 노출되지는 않을까 하는 걱정을 주로 한다. 코로나19 이후 SNS를 통한 만남이 일상화되면서 사이버폭력, 성폭력이 점진적으로 급증하고 있다.

Q1 스마트폰으로 모바일 메신저와 SNS만 하고 있는데 어떻게 해야 할까요?

디지털 세대는 자기표현 욕구, 인정 욕구를 충족하기 위해 낯선 사람들과 모바일 메신저나 SNS에서 친밀감, 경험, 가치를 나누면서 자기정체성을 형성해 가고 있다. 이러한 영향이 긍정적일 수도 있지만, 무가치한 정보 확산으로 인해 자기정체성 형성에 악영향을 미칠 수 있으므로 SNS를 비판적 사고로 접근해야 한다. 또한 SNS에 바로바로 글을 올리고 댓글을 쓰는 패턴이 익숙해지면 글을 쓰거나 말로 표현할 때 논리성, 창의성, 집중력, 문장을 이해하는 능력이 떨어지게 된다.

부모는 자녀가 메신저와 SNS 안에서 어떻게 지내고 있는지 관심을 가지고 대화할 필요가 있다. 자녀의 학업, 진로에는 관심을 가지는 부모가 많지만 신체의 일부처럼 가지고 생활하는 스마트폰 세계에는 무관심하다. 부모는 부정적 시각으로 버럭 화부터 내지 않고 SNS의 즐거운 점과 좋아하는 것은 무엇인지, 어떤 사람과 자주 소통하는지, 관심 분야는 무엇인지 등을 함께 공유할 수 있는 신뢰를 형성해야 한다.

자녀는 현재 당면하고 있는 과제의 어려움이 있을 때 공감해 주는 대상이 없으면 대화의 대상을 찾고자 한다. 하지만 부모는 자신의 신념대로 성장하지 않는 자녀에게 만족하지 못하고 비난하며 '네가 없어도 된다'는 언어적 · 비언어적 표현을 하는 경우가 있는데, 자녀는 무기력, 우울로 인해 따뜻한 말을 해 주는 대상을 찾고 만남을 원할 때가 있다. 가정에서 혼자 지내거나 인정을 받지 못하고, 정서적으로 결핍된 자녀들이 SNS의 오픈채팅방에 익명의 사람들과 시간을 많이 보내면서 위험에 노출되는 경우가 많다.

부모는 자녀가 모바일 메신저나 SNS에 과몰입하는 이유를 살펴보고 자녀의 발달단계에 따른 부모역할을 수행하기 위해 훈련을 해야 한다. 가정 안에서 부부가 서로의 생각, 감정, 행동을 존중하면서 대화를 나누는 모습을 보고 자란 자녀는 감정을 억압하지 않고 표현하는 것이 익숙하다. 오프라인 세계에서 감정을 억압하지 않고 자연스럽게 표현할 수 있다면 SNS에서 자신을 행복한 모습으로 포장하기 위해 애쓰지 않을 것이다. 부모가 디지털 세대의 문화를 충분히 이해하고, 부모의 경험과 가치관을 자녀와 자연스럽게 나누며 정서적 소통을 이룬다면, 자녀는 SNS에서 표현의 욕구와 인정의 욕구를 채우고자 많은 시간을 투자하지 않을 것이다.

자녀가 부모에 대한 신뢰를 가지고 있을 때 교육, 훈육의 개입 효과가 있다. 자녀가 SNS에 대한 의견을 표현할 때 부모가 생각하는 기준대로 정답을 정하거나 급하게 결론을 내려 강압적으로 지시하지 않도록 조심하여야 한다. 자녀에게 SNS에서의 인간관계도 중요하지만 오프라인에서의 또래관계와 가족관계도 소중한 것임을 알려 주고, SNS의 댓글이 긍정적 혹은 부정적일 때 타인에게 어떤 영향을 주는지, 비난의 말과 익명의 사람과의 만남 등으로 인해 생길 수 있는 법적 문제에 대한 윤리적 · 교육적 개입도 필요하다.

Q2 사이버 집단따돌림으로 힘들어하는데 어떻게 도움을 주어야 할까요?

사이버폭력은 사이버 공간 안에서 이루어지는 욕설, 험담, 허위사실 유포, 따돌림, 괴롭히는 것 등을 말하며, 사이버 공간 안에서의 집단따돌림 또는 괴롭힘을 사이버불링(cyber bullying)이라고 한다. 대부분 자녀들이 사용하고 있는 카카오톡에서 일어나고 있다. 카카오톡에서 집단으로 친구를 초대할 때 초대받은 친구가 원하지 않으면 나갈 수 있는데 나간 사람을 다시 초대하고 나가지 못하게 협박하는 경우가 카톡 감옥이다. 집단이 한 사람에게 욕을 하거나 험담, 허위사실을 유포하는 것을 '떼카'라고 하며, 한 사람만 남겨 두고 모두 나가는 것을 '카톡 방폭'이라고 한다.

사이버불링으로 괴롭힘을 당하는 자녀는 오프라인에서도 우울하고 무기력하게 지내며, 학교에 가고 싶어 하지 않는다. 학교에서도 또래의 눈치를 보며, 자신을 욕하고 있을 거라고 생각하다 보면 무기력해지고 학습능력도 저하된다. 자녀가 학교 등교를 거부하거나 힘들어하고, 스마트폰만 보면서 우울하거나 불안해 보인다면 사이버불링을 의심해야 한다.

사이버불링이 일어나는 이유는 단체 톡에서 빠르게 댓글을 쓰다 보면 의도치 않게 타인들의 기분을 상하게 할 수 있으며, 상황에 따라 바로바로 댓글에 응답하지 못할 수도 있기 때문이다. 이러한 경우 누군가 주도적으로 욕설을 하거나 처벌을 하고자 할 때 아무 말 못하고 방관하는 경우가 많이 있으며, 누가 피해자이고 가해자인지 구별하기도 어렵다. 특히 초등학생 자녀들이 카톡 안에서 반복적으로 집단에게 따돌림을 당하는 경우가 늘어나고 있다.

다양한 문제로 사이버 공간 안에서 문제가 발생했다면 오프라인에서 직접 만나거나 전화를 하는 것이 해결에 도움이 된다. 친구의 말에 기분 나쁜 댓글을 썼거나 사정이 있어 응답하지 못한 것 등의 이유를 글로 표현하다 보면 더 오해가 생길 수 있는데, 직접 얼굴을 보고 대화를 하면 오해를 풀 수 있기 때문이다.

부모가 사이버불링을 당하는 자녀에 대해 대처하는 방법으로는 자녀가 스스로 해결할 수 있도록 부모가 관심을 가지고 자녀의 말을 경청하고, 현재 또래와의 관계에서 힘든 점에 공감해 주며 격려해 주는 것이 필요하다. 부모는 자녀가 사이버 불링을 당하면 '어떻게 행동을 했느냐?' '네가 뭐가 부족해서 당했냐?' 등과 같은 식으로 자녀를 탓하거나 또래에게 전화하여 협박하듯 비난의 말을 하게 되는 경우가 있다. 부모의 기분대로 행동한다면 집단따돌림에 처한 자녀는 더 위축되고 학교 등교를 회피하게 된다. 자녀가 스스로 생각하여 표현할 수 있도록 들어 주고, 친구들과 어떻게 지내면 좋을지 대책을 함께 나누어 보면서 도움을 주는 것이 필요하다. 친구를 만날 때 불안해하는 자녀에게 용기를 주며, 부모는 항상 지지자임을 믿도록 해 줄 때 자아존중감이 증진되어 스스로 문제를 해결할 수 있는 능력이 길러진다. 그러나 자녀가 친구들과의 관계를 회복하고자 노력했음에도 지속적으로 따돌림, 욕설, 험담이 반복된다면 선생님, 부모, 학교의 도움을 받을 필요가 있다.

Q3 사이버 성폭력에 노출되지 않으려면 어떻게 해야 할까요?

사이버 성폭력의 유형으로는 사이버 성희롱, 사이버 스토킹, 사이버 성매매, 언어 성폭력, 영상 및 음향 성폭력이 있다. 익명의 사람들과 SNS로 다양한 정보를 공유하면서 서로 친밀감이 형성되면 개인적으로 호감을 표현한다. 그리고 자신의 얼굴, 특정 부위 등을 찍어 사진을 보내고 상대가 신뢰를 갖도록 칭찬을 아끼지 않는다. 그 후 얼굴이 보고 싶다거나 진짜인지 궁금하다고 하면서 얼굴이나 특정 부위의 사진을 보내도록 유도한다. 상대가 거부할 경우 관계를 끊겠다면서 함께 공유했던 내용을 게시판에 올린다는 협박을 하면 자녀는 두려워 요구를 들어주게 된다. 사진을 동영상으로 제작해 금품을 갈취하거나 성폭력, 성범죄까지 노출될 수 있으며, 우울하거나 무기력해지고, 자해나 자살까지 하게 되는 경우가 있다.

자녀를 성적으로 착취하고자 온라인 대화를 유인하거나 성적인 행위를 유도하는 것을 '온라인 그루밍'이라고 하며, 범죄자는 5년 이하의 징역이나 3,000만 원 이하의 벌금을 내야 한다. 부모는 자녀에게 스마트폰을 사 주기 전에 사이버 성폭력에 대한 지식을 정확하게 알고, 자녀에게 대처하는 방법까지 알려 주어야 한다. 자녀는 정보공유와 소통을 위한 목적으로 모바일 메신저 및 SNS를 이용하지만 가해자는 목적이 다르다. 가해자는 성적인 사진, 성적인 동영상, 언어 성폭력 등 자신의 욕구를 이루고자 연락하기 때문에 몸캠피싱을 원하거나 부모 모르게 만남을 요구할 수 있는데, 그럴 경우 차단하고 삭제해야 한다. 또한 사진을 보냈거나 성범죄에 노출되어 있다면 부모에게 알리고 전문기관의 도움을 받아야 한다.

Q4 자녀의 개인정보가 노출되지 않으려면 어떻게 대응해야 할까요?

개인정보는 SNS 접속 ID와 비밀번호, 학교, 나이, 주소, 휴대폰 번호 등을 말한다. 자녀에게 도움을 주겠다며 다양한 방법으로 개인정보를 제공하도록 유도하는 것이 전형적인 수법이다. 이유 없이 문화상품권, 게임아이템 등을 주면서 개인적으로 연락하자고 하거나, 어떠한 상황이라도 상대방이 개인정보를 요구하면 의심하고 연락을 끊어야 한다.

자녀들은 개인정보가 무엇인지 알지 못하는 경우도 있으므로 개인정보가 어떤 것인지 이야기를 나누고, 이에 대해 적어 보는 것이 좋다. 온라인에서 공개 가능한 정보는 어떤 것이 있는지, 공개하면 안 되는 것은 무엇인지 알려 주어야 한다. 또한 다른 사람의 개인정보도 공개하면 안 된다는 것과 타인이 나오는 영상물이나 이미지를 허락 없이 게시하거나 유포하지 않도록 알려 주어야 한다. 모르고 게시하거나 유포한 경험이 있다면 삭제하도록 하고, 그러한 행동으로 인해 타인이 상처를 받을 수 있으며 피해를 볼 수 있음을 알려 주어야 한다.

개인정보를 이미 알고 있는 상태에서 접근하는 경우도 있는데, 내 개인정보를 직접 알려 주지 않더라도 주고받은 대화나 사진을 통해 상대방의 개인정보를 알아낼 수도 있다. 상대가 이를 악용해 사진과 영상 등을 유포하겠다고 협박하는 경우, 일단 상대에게 반응을 보이지 말고 전문기관에 의뢰하여 상담을 신청하는 것이 좋다.

솔루션

7. 게임과 도박에 과몰입하는 자녀 돕기

'2020 게임이용자 실태조사'에서 만 10~65세의 게임(PC, 모바일 콘솔, 아케이드) 이용 여부를 조사한 결과, 70.5%가 게임을 이용한 것으로 나타났으며, 이는 전년도 결과의 65.7%보다 4.8% 증가한 수치이다. PC 게임 59.1%, 모바일 게임 91.1%,

콘솔 게임 20.8%, 아케이드 게임 10.1%로, 스마트폰 모바일 게임이 가장 높게 나타났다. 평균 주 1회 이상 PC방을 이용하는 게임이용자들은 PC방을 월평균 6.2회, 1회 평균 157분 이용하였으며, '친구나 동료와 어울리기 위해' 이용한다고 응답하였다(한국콘텐츠진흥원, 2020).

취학 자녀가 있는 부모를 대상으로 자녀의 게임 이용에 대한 인식을 조사한 결과, 51.6%가 학업에 지장을 주지 않는 범위 내에서 허락한다고 하였다. 43.0%가 정해진 시간 내에서만 하게 한다, 3.9%는 게임을 하는 것에 대해 신경 쓰지 않는다, 1.4%는 절대 못하게 한다고 응답하였다. 자녀와 함께 게임을 이용하는 여부를 묻는 조사에서는 45.0%는 가끔 한다, 22.5%는 거의 안 한다, 21.2%는 전혀 안 한다, 9.6%는 자주 한다, 1.7%는 상당히 자주 한다고 응답하였고, 56.3%는 자녀와 부모가 함께 게임한 적이 있는 것으로 나타났다. 게임 이용률은 10대가 91.8%로 가장 높았으며, 남성이 여성보다 높게 나타났다. 게임문화가 여가 활동의 일부분으로 우리 사회에 정착되면서 가정, PC방, 학교, 교통수단 등에서 자연스럽게 게임을 하는 자녀를 볼 수 있다. 게임을 허용하면서도 한편으로는 우려의 목소리도 크다. 게임을 오랫동안 하다 보면 스스로 조절하지 못하며, 사행성·폭력성·선정성으로 인해 위험에 노출될까 걱정하는 부모가 늘어나고 있다. 사이버상의 도박도 게임으로 포장하여 자녀들을 유혹하고 있어 범죄에 쉽게 노출되고 있으므로 차단하는 방법 등 대처능력을 기르도록 하는 지도가 필요하다.

Q1 나이에 맞는 등급, 게임 장르를 알고 싶어요. 조절하지 않는 아이는 어떻게 해야 하나요?

게임 등급분류의 기준은 선정성, 폭력성, 범죄 및 약물, 언어, 사행성의 다섯 가지 요소를 고려한다. 선정성은 성적 욕구 자극 정도이며, 폭력성은 폭력을 주제로 선혈과 신체 훼손 정도, 언어는 저속어와 비속어의 정도, 범죄 및 약물,

사행성과 공포는 유무와 강도를 기준으로 한다.

게임의 등급 기준은 전체 이용가, 12세 이용가, 15세 이용가, 청소년 이용불가, 평가용으로 나뉜다. 전체 이용가는 누구나 이용할 수 있고, 12세 이용가는 12세 미만은 이용 불가, 15세 이용가는 15세 미만은 이용 불가, 청소년 이용불가는 성인용으로 청소년은 이용할 수 없으며, 평가용은 시험용 게임물이다.

「게임산업진흥에 관한 법률」 제33조에서는 상호, 연령등급 등 '게임물내용정보' 표시를 의무화하고 게임의 등급을 누구나 확인할 수 있도록 하여, 청소년을 보호하고 있다. 자녀가 나이에 맞는 게임을 하고 있는지 등급을 확인해야 하며, 성인용 게임을 부모의 주민등록번호로 가입하여 사용하는 자녀가 늘고 있으므로 관심을 가지고 확인해야 한다.

2011년부터 만 16세 미만 청소년은 밤 12시부터 다음날 오전 6시까지 온라인 게임에 접속할 수 없도록 '셧다운제'를 실시하였는데, 2021년 8월 10년 만에 폐지되었다. 부모들이 게임에 대해 부정적 인식을 갖고 있으며, 우려의 목소리를 높이고 있어 정부는 청소년 게임 이용에 대해 지도하고 환경을 개선하겠다고 한다. 게임의 폭력성, 선정성, 사행성 요소를 최소화하기 위해 확률형 아이템 정보공개, 청소년 유해광고 차단 등을 위한 법 개정을 실시하겠다고 하였다.

게임의 장르에 따른 특징을 살펴보면 다음과 같다.

- MMORPG(Massive Multiplayer Online Role Playing Game, 대규모 다중 사용자 온라인 역할수행 게임): 수십 명 이상의 플레이어가 인터넷을 통해 동시에 가상공간에서 즐기는 게임이다. 각자의 역할을 수행하는 놀이를 통해 캐릭터의 성격을 형성하고 문제를 해결해 나가는 온라인 롤플레잉 게임으로 과거 두세 명이 게임했던 것과는 다르다. 이러한 게임물로는 바람의 나라, 리니지, 메이플스토리, 그랑엔젤, 협무, 용의 분노, 아이온, 월드 오브 워 크래프트 등이 있다.
- RTS(Real Time Strategy, 실시간 전략게임): 실시간으로 진행되는 전략게임으로 플레이어가 자원을 채취하고 생산한 병력을 이용해 다른 경쟁자를 무너뜨리는 게임이다. 실시간으로 전략을 세우고 수정할 수 있는 게임으로 승리를 할 경우 흥미를 더 유발한다. 이러한 PC 게임물로는 스타크래프트, 컴퍼니 오브 히어로즈 등이 있으며, 모바일 게임물로는 캐슬 크래프트, 워패스 게임 등이

있다.

- FPS(First-Person Shooters, 1인칭 슈팅게임): 도구를 이용해 전투하는 게임으로 '1인칭 슈팅'게임이다. 플레이어는 조작하는 캐릭터와 동일해야 하므로 3D 방식으로 제작되며, 사실적이다. 이러한 PC 게임물로는 서든어택, 오버워치 등이 있으며, 모바일 게임물로는 브롤스타즈, 인피니티 옵스 등이 있다.
- AOS(Aeon Of Strife, 실시간 전략 액션게임): 플레이어들이 2개의 진영으로 나누어 각각의 영웅 캐릭터로 상대의 진영을 침공하여 파괴하면 이기는 게임이다. 5:5, 10:10, 7:7로 전략을 세워 게임을 실시한다. 이러한 모바일 게임물로는 리그 오브 레전드, 포켓몬 유나이트, 캡틴파이어 등이 있다.

게임의 장르를 살펴보면 1인칭 슈팅게임과 다수의 플레이어와 함께 전략을 세워 상대를 이기기 위해 협력하는 게임이 있다. 디지털 네이티브 시대의 자녀들은 게임을 통해 스트레스를 해소하고 즐기는 놀이문화를 가지고 있다. 자녀가 가상세계에서 플레이어들과 게임을 하면서 소통하고 있을 때 부모가 말을 하면 상대 플레이어들이 들을 수도 있고, 단체로 전략을 세워 게임을 하고 있는데 자신의 실수로 질 수도 있기 때문에 매우 예민해진다. 그래서 게임 중에 부모가 그만하라고 다그치거나 공용 와이파이를 꺼 버리면 분노의 감정으로 인해 폭력성이 나타나기도 한다. 따라서 부모가 자녀가 선호하는 게임 장르의 특징을 알고 대화를 하면서 규칙을 정한다면 갈등이 줄어들 것이다.

부모는 1시간이 되었으니 빨리 끄라고 하고 자녀는 10분만, 20분만 하며 짜증을 내게 되는데, 게임 중에 마무리를 하는 것은 어려운 일이다. 따라서 10분 전에 시간을 알려 주거나 알람을 설정하며, 게임의 마무리 시간이 필요하다면 융통성을 발휘하여 허락해 주는 것도 갈등 유발을 막을 수 있는 방법이다. 그리고 게임을 할 때 플레이어들에게 "나는 3판 할 수 있어." 또는 "1시간을 할 수 있어."라고 미리 말하고 시작할 수 있도록 하는 습관을 길러 주는 것도 좋은 방법이다.

Q2 중학교 2학년 아들이 스마트폰 게임만 하고 학교도 가기 싫다고 하는데 어떻게 해야 할까요?

스마트폰은 게임 설치가 쉽고, 항상 옆에 둘 수 있으며, 언제 어디서나 사용할 수 있기 때문에 습관적으로 게임을 할 수 있다. 자녀가 일상생활에서 다른 것에 비해 스마트폰 게임을 두드러지게 하고 있다면, 함께 원인을 살펴봐야 한다. 부모와 자녀의 갈등이 심화되어 서로 대화가 힘들다면 전문가의 도움을 받는 것도 필요하다.

① 심리적 어려움을 살펴본다

부모와 친밀하게 지내던 자녀도 사춘기가 되면 혼자 있고 싶어 하며, 말수가 줄어든다. 대화를 하면서도 마음과 다르게 감정이 부정적으로 표현되고, 자기조절 능력이 힘들 때가 자주 있다. 특히 부모의 바쁜 일상생활, 비합리적 신념, 부부의 갈등 등으로 인해 자녀와 정서적 교류가 없었다면 사춘기에는 정서적 교류나 의사소통을 하는 것이 더욱더 힘들어진다. 부모의 사랑이 필요했던 영아기, 유아기, 아동기 때 격려와 지지 없이 비난의 말을 자주 듣고 자랐다면 자녀는 부모를 신뢰하지 못할 것이다.

청소년기 자녀를 둔 부모는 정서적 교류를 하면서 상담자, 격려자, 조력자의 역할을 해야 한다. 사춘기 자녀에게 부모의 기준을 정하고 비난하거나 강압적으로 지시한다면, 자녀는 혼자만의 시간을 보내며 게임 안에서 스트레스를 해소하고자 몰입할 수 있다.

게임에 몰입하고 있는 자녀의 버릇을 고치겠다는 생각으로 강압적이고 지시적으로 행동할 경우, 자녀는 더욱더 게임에서 벗어나지 못하고 폭력적 행동을 하게 되며 학업에 집중하지 못할 수 있다. 따라서 자녀의 인격을 무시하는 비난의 말을 하지 않고 기대를 낮추며 조력자의 역할로서 도움을 주는 것이 효율적이다. 부모가 자녀의 욕구를 듣고자 하는 마음으로 정서적 교류를 한다면, 자녀의 자아존중감이 증진되고 정서적으로 안정되면서 학업에도 집중할 수 있을 것이다.

② 또래관계와 학교생활에 대해 살펴본다

사춘기 자녀는 가족과 지내는 시간보다 학교에서 또래들과 운동, 게임, 친교 등을 하는 것을 더 좋아한다. 학교 등교를 원하지 않는 이유 중에는 또래관계 또는 교사와의 갈등이 있을 수 있으므로 확인해 볼 필요가 있다. 또래에게 소외되거나 왕따 경험이 있는 경우 솔직하게 표현하지 못하고 또래들에게 맞추거나 감정을 억압하며 지내 보려고 해도 소외가 반복되면 '노력해도 안 된다'는 무력감이 생겨 등교를 거부할 수 있다.

또한 학교의 규율을 지키지 않는다는 이유로 혹은 교사의 신념으로 인해 지적이 반복될 때 학교생활에 흥미를 느끼지 못하는 경우도 있다. 교사가 '학생은 공부를 잘해야 한다.' '학생은 선생님 말에 무조건 순응해야 한다.' '공부를 못하면 미래가 뻔하다.' '공부를 못하는 아이는 학교에서 문제아이다.' '공부를 못하는 아이는 친구가 없거나 못하는 애들하고만 논다.' 등과 같은 비합리적 신념을 기준으로 평가하여 지적을 하면 자녀는 인격적으로 모멸감을 느껴 학교를 떠나고 싶어 한다.

이로 인해 가상세계인 게임 안에서 소통하며 인정을 받으려고 시간과 돈을 투자하면서 레벨을 올리기 위해 노력한다. 현실적 문제를 스스로 해결하기보다 자신을 모르는 익명의 사람들과 만나기를 원하는 자녀가 늘어나고 있으므로 학교생활에 어려움이 있는지 살펴보아야 한다.

③ 학습의 어려움이 있는지 살펴본다

자녀는 현재 당면하고 있는 학업에서도 영향을 받을 수 있다. 중학교 1학년 때까지는 성적에 대한 부담이 없지만 2학년이 되면서 중간고사, 기말고사에 대한 압박감을 느끼게 된다. 학습에 관심을 가지고 있는 부모라면 자녀가 성실하게 꾸준히 노력하여 높은 성적을 얻기를 기대할 것이다. 자녀도 학습을 잘하고 싶지만 높은 목표로 인해 실망하고 있을 수 있으며, 부모의 욕구를 만족시키지 못할 수 있다는 불안으로 포기할 수도 있다.

부모는 자녀가 어려워하는 점이 무엇인지 경청하는 상담자 역할모델로서 진실한 마음으로 대화를 하는 것이 필요하다. 학습장벽이 높아 '해도 안 된다'는 생각으로 자녀의 자기효능감이 낮다면, 선수학습보다 이전 학년의 단원을 보충하면서 단계별 학습을 할 수 있도록 조력해 주어야 한다.

자녀의 능력에 맞게 작은 목표를 세워 실천하도록 하는 것이 필요하다. 작은 성공경험을 통해 자기효능감이 증진되면, '나도 할 수 있다'는 유능감을 가지게 된다. 부모가 목표를 세워 자녀를 다그치지 말고, 자녀 스스로 계획을 세워 실천할 수 있도록 인내와 끈기를 가지고 지속적인 관심으로 격려해 주면 동기가 촉진되면서 학습에 흥미를 가지게 될 것이다.

자녀가 또래관계, 학교생활, 학습 등으로 힘들 때 진실되게 경청하고 공감해 줄 수 있는 사람이 한 명이라도 있다면 스마트폰 게임에만 몰입하지 않을 것이다. 자녀는 힘들고 답답한 마음을 표현했을 때 거부당했거나, 지금 대화할 수 있는 사람이 없어 답답하고 우울하여 스마트폰 게임에 몰입하고 학교를 회피할 가능성이 있다. 자녀가 부모와의 관계에서 신뢰성이 낮고, 갈등 상황으로 인해 부모와의 대화를 거부할 경우 담임교사, 위클래스 상담교사, 스마트쉼센터의 가정방문상담사 등 전문기관의 상담전문가에게 도움을 요청하는 것도 좋은 방법이다.

Q3 게임에 지는 이유가 아이템 때문이라고 짜증을 내는데 어떻게 해야 할까요?

우리나라 게임은 무료와 유료로 제공하고 아이템 판매 또한 유료이며, 전체 이용 등급에서도 유료 아이템인 '확률형 아이템'을 제공하고 있다. '확률형 아이템'이란 결과를 알 수 없는 랜덤의 아이템으로, 이용자가 지급한 금액보다 더 가치가 있거나 없을 수 있다. 이는 아이템의 종류, 성능 등이 우연적으로 정해지는 것을 의미하며, 현금을 사용해야 한다.

과거에는 오랜 시간을 투자하면 강한 아이템을 가질 수 있었지만, 현재는 확률적으로 아이템을 사야 하는 진행방식으로 바뀌면서 자기조절력이 약한 자녀는 원하는 아이템이 나올 때까지 시도하게 된다. 사업자는 플레이어가 상대를 부러워하고 질투하며 이기고 싶은 선망의 심리를 이용하여 확률을 조작함으로써 현금을 사용하도록 유혹하고 있다. '페이 투 윈(pay to win)'은 돈을 쓰면 쓸수록 아이템의 능력이 강해지는 구조이며, 아이템과 아이템을 합성하여 새로운 아이템이 생기는 다양한 방식의 '현질'을 유도한다. 플레이어는 원하는 아이템을 갖고 싶을 때 다시 돈을 투자하면서, 이번에는 원하는 아이템을 얻을 수 있을 것이라고 믿으며 사행

행위를 멈추지 못한다.

자녀가 아이템, 쇼핑 등 결제를 할 때 자녀의 계정으로 카드를 등록하여 사 주는 경우가 있는데, 부모 모르게 결제를 하고 싶은 유혹을 뿌리치지 못하고 사용하다 고액을 지불해야 하는 사건이 자주 발생하고 있다. 이러한 문제를 예방하기 위해서는 부모가 직접 계정을 만들어 결제하거나, 머니카드를 사 주는 것이 자녀가 조절할 수 있도록 도와주는 방법이다. 스마트폰 자체에도 암호를 설정하고 어린 자녀가 사용할 때는 '키즈락'과 같이 별도의 안전장치를 사용해 무분별한 유료 결제를 막는 것도 예방법 중 하나이다.

자녀의 아이템 사용 금액은 스마트폰 사용 규칙에서 정해야 한다. '2020 게임이용자 실태조사'에 따르면, 아이템 구입으로 인한 현금 지출은 평균 1~3만 원 정도이며, 1만 원이 가장 많이 사용하는 금액인 것으로 나타났다(한국콘텐츠진흥원, 2020). 자녀가 아이템을 더 사고 싶다고 해도 정한 금액을 넘지 않아야 하며, 떼를 써도 부모가 단호하게 훈육해야 한다.

자녀 스스로 용돈을 모으는 방법도 도움이 된다. 노동의 가치를 알 수 있도록 집안일을 도와주는 방법으로 설거지하기, 구두 닦기, 청소기 밀기, 음식물쓰레기 버리기, 저녁 준비 함께 하기 등의 다양한 경험을 통해 성취감을 느끼게 하면 신체적 · 정신적 성장에 도움이 된다. 부모와 함께 하는 가사 활동을 통해 정서적 교류를 하면서 협력한다면, 자녀의 의사소통능력, 자기조절능력, 사회적응능력 등이 증진되며 스마트폰에 대처하는 활동이 될 수 있다.

Q4 초등학생인데 사이버 도박을 하고 있습니다. 어떻게 대처해야 할까요?

스마트폰을 통한 사이버 도박은 접근이 쉽고 특별한 제약 없이 접속할 수 있어 사용 연령이 점점 낮아지고 있다. 사이버 도박의 이용률은 2018년 8.2%에서 2020년 11.7%로 3.5%p 증가하였으며, 초등학생 경험률은 6.2%로 급증하고 있는 추세이다. 사이버 도박은 모바일 메신저와 SNS 등을 통해 확산되고 있기 때문에 통제하는 데 더 어려움이 있다.

사이버 도박은 인증절차가 단순하거나 클릭 몇 번으로 쉽게 플레이가 되므로 매우 짧은 시간에 설정되어 충동적으로 참여하게 된다. 자녀들은 사이버 도박을 주로 스마트폰으로 하는데, 도박이 아닌 게임의 종류로 생각하다 돈을 잃게 되면 도박으로 인식하기도 한다. 또래끼리 도박정보를 공유하는 과정에서 친구 중 높은 수익을 낸 경우를 보며 '나도 돈을 딸 수 있다'는 잘못된 생각을 가지고 사이버 도박을 시작하기도 한다. 그리고 갖고 싶은 것은 많고 용돈은 부족하다고 생각하는 자녀들이 더 쉽게 환상을 가지며, 도박에 과몰입하는 경우도 있다. 한편으로, 사이버 도박을 하면서 긴장감을 즐기고 싶은 마음으로 시작하다 돈을 잃게 되는 경우도 많다.

가장 인기 있는 사이버 도박으로는 사다리 게임, 달팽이 게임, 소셜그래프 게임이 있는데, 이 게임들은 단순한 게임처럼 실행되기 때문에 빠지기 쉽다. 처음에는 용돈으로 5,000원에서 10,000원 정도를 투자해 높은 배당을 받아 이익을 올릴 때도 있지만, 더 많은 이익을 올릴 수 있다는 잘못된 생각으로 더 많이 투자하게 되고 결국에는 손해를 볼 수밖에 없다. 손해를 만회하기 위해 친구들에게 돈을 빌리게 되는데, 1만 원에 대한 이율이 50%여서 1만 5천 원을 갚아야 하는 경우가 많다. 도박으로 돈을 벌 수 있다는 확신을 가지고 빌리지만 갚지 못하게 되고 이자는 눈덩이처럼 커지면서 학교폭력으로까지 이어지고 있는 현실이다.

부모는 자녀에게 사이버 도박의 종류, 확률형 게임은 사업자에게 유리하게 조작·운영되고 있으며, 불법이라는 점을 반드시 교육해야 한다. 알지 못하는 문자가 왔을 때 확인하지 않도록 하며, 스마트폰 안에 거부하는 안전장치를 설치해야 한다. 초등학생 시기는 발달단계상 사회정서발달이 이루어져 도덕성이 발달하는데, 이를 바르게 인식하지 못하고 도박을 할 경우 청소년기, 성인기까지 영향을 미치므로 부모의 단호한 결단이 필요하다. 사이버 도박은 협상 불가능한 규칙 중 하나로 스마트폰 사용을 중지하고 바른 습관이 길러질 때까지 금지해야 한다. 또한 도박전문기관에 의뢰하여 전문상담사의 상담개입을 통해 치료를 받는 것도 효과가 있다.

솔루션

8. 유튜브와 웹툰에 과몰입하는 자녀 돕기

등하굣길에 이어폰을 끼고 스마트폰으로 유튜브, 웹툰 등을 보면서 걸어가는 자녀들을 자주 보게 된다. 정보통신정책연구원(2019)이 국내 주요 OTT 동영상 서비스별 이용 여부를 조사한 결과, 유튜브(87.8%)를 가장 많이 이용하는 것으로 나타났다. OTT(Over The Top)는 온라인 동영상 서비스로 인터넷을 통해 영화, 드라마, 애니메이션 등 미디어 콘텐츠를 제공하는 서비스이다. 연령별 시청 비율을 살펴보면, 10~20대는 일반이용자 제작 동영상, 인터넷 개인방송, 국내외 뮤직비디오를 즐겨 보고 있으며, 50~60대는 뉴스, 스포츠중계 등에서의 시청률이 큰 폭으로 증가하고 있다. 유튜브 이용률이 높아지고 있는 이유 중 하나는 개인이 다양한 콘텐츠를 직접 제작하고 업로드할 수 있는 1인 크리에이터가 가능해졌기 때문이다. 인터넷 개인방송 시대로 관심 분야에 대해 자신만의 동영상을 제작하는 1인 미디어 플랫폼을 만들 수 있어 더욱 대중화되고 있다.

웹툰은 인터넷인 웹(web)과 만화를 뜻하는 카툰(cartoon)을 합성한 것으로 만화적 요소와 IT를 활용한 문화콘텐츠 산업이다. 웹툰은 소재와 장르가 다양하여 10대들의 99%가 즐겨 보는 콘텐츠로서 성장하는 자녀의 가치관에 영향을 미치고 있다. 이에 웹툰의 선정성과 폭력성에 대한 민원이 계속해서 증가하고 있는 추세이다.

Q1 초등학생 아들이 게임 유튜버가 되겠다고 하는데 어떻게 해야 할까요?

우리나라 2020 초 · 중등 진로교육 현황조사 결과를 살펴보면, 초등학교 희망 직업은 2018년 5위가 유튜브를 진행하는 유튜버, 2019년 3위가 크리에이터, 2020년 4위가 크리에이터로, 1인 크리에이터가 되고 싶은 자녀가 증가하고 있는 것으로 나타났다(교육부 보도자료, 2021. 2. 24.).

아이스크림에듀(2019)에서 전국 초등학생 2만 7,317명을 대상으로 유튜브 사용 실태를 조사한 결과, 초등학생이 가장 좋아하는 유튜브 영상 분야는 게임방법을 알려 주고 소개하는 영상이며 이것이 33%를 차지하였다. 자녀가 현재 게임에 흥미를 가지고 있는 만큼 게임 유튜버에 관심을 가질 수 있다. 초등학생들이 유튜브를 보는 이유는 '좋아하는 크리에이터의 영상을 보는 것이 좋아서'가 39.9%, '관심 있는 분야의 영상을 찾을 수 있어서'가 35.1%로 나타났다. 따라서 현재 관심이 있는 분야의 동영상을 보며 진로를 생각할 수 있다. 자녀가 게임 유튜버가 되고 싶거나, 다른 관심 분야의 유튜버가 되고 싶다고 한다면 안 된다는 생각에서 벗어나 하고 싶은 이유에 대해 이야기를 나누어 본다. 그리고 유튜버가 되기 위해 어떤 역할을 해야 하는지 정보를 찾아보고 도전할 수 있도록 함께 준비해 1인 크리에이터로 영상을 직접 찍어 보는 경험을 한다면 자기효능감이 증진될 수 있다. 오늘날 많은 10대의 꿈이 나도 '갓튜버(GOD+유튜버)'가 되고 싶다고 할 만큼 유튜브에 많은 흥미를 가지고 있다. 자녀가 관심을 가지고 있는 소재에 대해 충분히 정보를 찾아보고 준비하여 1인 유튜버로 영상을 제작하고 올려 보는 경험을 함으로써 자신을 이해하는 시간을 가질 수 있을 것이다. 동영상을 찍고 편집을 할 때 자녀 혼자 하는 것이 아니라 부모와 함께 의견을 나누면서 제작한다면 유익한 콘텐츠와 진로에 대한 생각을 확장시켜 줄 수 있다. 자녀가 유튜버를 경험한 후 좋은 점과 힘든 점, 알게 된 점 등에 대해 이야기를 나누면서 성실성, 창의성 그리고 건강한 인성에 대한 교육적 개입을 할 수 있다. 현실세계에서 책임감, 성실한 학교생활, 또래관계, 창의력을 위한 독서 습관 등이 갓튜버가 되는 밑거름이 될 수 있다는 것을 자녀가 인식하도록 부모의 조력자 역할모델이 필요하다.

Q2 유튜브를 보다 보면 계속 보고 있어요. 어떻게 하면 조절할 수 있을까요?

유튜브에는 진로, 학습, 코칭, 역사, 취미, 유머, 만화, 뉴스 등 다양한 소재의 정보를 얻을 수 있는 흥미로운 콘텐츠가 풍부해 시간 가는 줄 모르고 계속 이용하게 된다. 또한 유튜브 알고리즘(algorithm)에 의해 사용자가 관심 있는 주제의 콘텐츠를 시청하면 그 자료를 토대로 계속 정보를 제공하는 추천 동영상이 뜨는 경험을 해 보았을 것이다.

이렇게 자동으로 동영상이 업로드되는 것을 막고 기록 및 개인정보를 보호하기 위해서는 시청기록 및 검색했던 기록을 삭제하도록 한다. 또한 유튜브 시크릿 모드로 나의 활동이나 개인정보가 노출되지 않는 시스템을 설치하면 사용자가 자주 보는 영상을 추천하지 않아 정보를 보호받을 수 있다.

또한 자녀를 위해 모바일 연령제한 모드 설정 및 해제를 설치한다면, 유해한 동영상을 차단할 수 있다. 크리에이터들이 구독자 수와 조회 수를 올리기 위해 선정성과 폭력성을 자극하는 영상을 점점 더 많이 업로드함에 따라 자녀에게 유해한 동영상이 노출될까 염려하는 부모가 적지 않다. 따라서 유해한 동영상을 필터링할 수 있도록 스마트폰을 구입할 때부터 미리 설치하면 좀 더 안전한 공간에서 자녀들이 유튜브를 이용할 수 있을 것이다.

어린 자녀가 유튜브 콘텐츠를 이용할 때는 부모와 함께 동영상을 보는 것이 좋다. 그리고 언제, 어떤 곳에서 하루에 몇 편을 볼 것인지 미리 규칙을 정해야 한다. 기준 없이 보게 되는 경우는 스스로 조절할 수 있는 능력이 저하되고, 이로 인해 학년이 올라갈수록 갈등이 심화되어 관계를 회복하는 데 어려움을 겪을 수 있다. 자녀가 먼저 해야 하는 중요하면서도 급한 것이 무엇인지 결정하고 어렸을 때부터 그것을 실행하는 습관을 길러 주었을 때, 성인이 되어서도 스마트폰으로 인해 일상생활에 방해를 받지 않을 것이다.

Q3 자녀가 음란물 동영상을 보는데 어떻게 해야 할까요?

다양한 음란물 사이트가 운영되고 있으며, 무료로 쉽게 접할 수 있는 기회가 많아지면서 어린 자녀도 호기심으로 음란물을 접할 수 있게 되었다. 특히 SNS를 통해 음란물을 접할 수 있어서 부모의 통제 없이 보게 되는 경우가 많이 늘어나고 있다. 음란물의 대부분이 비정상적인 내용이기 때문에 성장하는 자녀가 지속적으로 접하게 되면 성에 대한 인식이 왜곡되며, 모방하고자 하는 욕구로 인해 성범죄에 노출될 수 있다.

미국의 심리학자 빅터 클라인(Victor B. Cline)은 음란물 중독을 4단계로 분류하였다(1996).

- 제1단계-호기심으로 본다: 처음 음란물을 접할 때는 놀라면서도 강한 호기심을 가지고 보게 된다. 죄의식을 가지고 보지 않으려고 하지만 호기심에 다시 음란물을 보고자 하는 욕구가 강하게 나타난다.
- 제2단계-더 자극적인 것을 찾는다: 호기심을 자극하고 흥분시켰던 음란물도 자주 보면 흥미가 떨어지고 점차 더 자극적인 장면이나 노골적인 장면의 음란물을 찾아 욕구를 충족하고자 한다.
- 제3단계-음란물을 일반적인 것으로 생각한다: 음란물의 장면이나 내용이 대부분 비현실적인 사례인데도 자녀들은 일반적인 성에 대한 표현이라고 잘못 인식하게 된다.

• 제4단계–실제로 실행하고자 한다: 음란물을 통해 다양한 형태의 성행위를 접하면서 이것을 현실에서 경험하고 싶은 강한 욕구를 느껴 시도하고자 하며, 성범죄에까지 노출되는 경우가 많아진다.

이와 같이 한번 음란물을 접하게 되면 멈추지 못하고 지속적으로 집착할 가능성이 있다. 자극적인 음란물을 접하면 가족, 친구, 운동, 학업 등 다른 활동에 대한 흥미가 떨어지고 혼자만의 시간을 보내면서 욕구를 충족하고자 하므로 사회적응능력이 낮아질 수 있다.

음란물 중독을 예방하기 위해 PC일 경우는 공개된 공간에서 사용할 수 있도록 하며, 목적이 있을 때 검색하도록 하고, 유해 사이트를 차단하는 설치를 해야 한다. 또한 스마트폰에도 유해 사이트 차단 앱을 설치하고, 음란물을 자동으로 필터링해 주는 안전 검색과 직접 선택하여 걸러 낼 수 있는 웹 필터를 이용하는 것이 건강한 습관을 길러 주는 데 도움이 된다. 부모와 자녀가 함께 설정하는 패밀리링크, 자녀폰안심, 자녀지킴이 등의 앱은 관심 있는 분야가 무엇인지, 유해한 사이트 접속 여부, 위치 등을 살펴볼 수 있다. 자녀에게 이러한 설정을 하는 이유가 감시가 아닌 보호를 위한 것임을 충분히 설명해 주는 것도 필요하다.

음란물을 접하는 경우는 대부분 혼자 있을 때가 많고, 심심해서, 친구의 추천으로, 광고 장면이 생각나서 등 호기심으로 보게 되는 경우가 많다. 자녀가 혼자 있을 때 심심해서 보다 보면 조절하기 힘들 수 있으므로 혼자 있는 시간을 줄이고 바깥 활동으로 신체적 운동, 악기, 미술 등의 취미 활동을 하도록 하는 것이 도움이 된다. 음란물에 대한 예방은 외적인 환경뿐만 아니라 내적 동기도 매우 중요하다. 부모는 자녀가 음란물을 접했을 때 스스로 조절하고 판단하는 능력을 기를 수 있도록 도와주어야 한다. 성적으로 호기심을 갖는 것은 잘못된 것이 아니고, 발달단계에서 자연스럽게 나타나는 과정이며, 일상생활에 지장이 없으면 걱정할 필요는 없다고 설명해 준다. 하지만 음란물에 익숙해지다 보면 수위가 낮은 자극에는 별다른 것을 느끼지 못하여 센 자극을 원하기 때문에 음란물을 자주 보게 될 뿐만 아니라 기본적인 생활을 하지 못하고 집착하게 될 수 있으므로 조절할 필요가 있음을 알려 주어야 한다.

한 초등학교에서 반 친구들에게 재미있는 것을 보여 주겠다고 동영상을 SNS로 보냈는데 성인 음란물이었던 사례가 있었다. 음란물을 제작하거나 유포한 경우 법적으로 처벌을 받게 되므로 자녀들에게 이에 대한 구체적이고 반복적인 교육이 필요하며, 이와 함께 성교육도 이루어져야 한다.

Q4 초등학교 3학년 딸이 웹툰만 보고 책은 읽지 않는데 어떻게 지도할까요?

초등학교 때의 독서 습관을 통해 풍부한 어휘력, 표현력, 논리적 · 합리적으로 사고하는 능력이 길러진다. 또한 호기심을 자극하여 상상력이 키워지고 창의적인 능력과 다양한 세상에 대한 개방적 가치관을 갖게 되며, 학습의 밑거름으로 개념 이해, 문제를 풀기 위한 아이디어, 자료 해석, 연계된 문제해결능력이 생긴다. 따라서 초등학교 때는 다양한 장르의 좋은 책을 읽고 논리적으로 생각하면서 글을 써 보는 훈련이 필요하다.

부모 세대는 종이로 된 책을 읽거나 만화로 된 역사책과 과학책을 읽었던 경험을 가지고 있을 것이다. 현재 자녀들은 디지털 시대에 태어나 미디어로 웹툰을 보는 것이 익숙하고, 이것이 또래 간의 이야깃거리가 되고 있다. 종이로 된 책이 아닌 웹툰을 보고 싶어 하는 자녀에게 무조건 금지령을 내려 강제로 책을 읽으라고 하면 책을 거부하거나 몰래 웹툰을 볼 수 있다.

웹툰만 보겠다는 자녀에게는 가족이 함께 약속한 스마트폰 사용 규칙 중 시간, 장소, 바른 자세, 콘텐츠 범위 안에서 볼 수 있도록 허용한다.

자녀가 웹툰을 스스로 조절할 수 있는 능력을 기르기 위해 다음과 같이 노력해야 한다.

- 웹툰 산업이 성장하면서 스마트폰만 있으면 언제든지 웹툰을 볼 수 있어 가치관에 영향을 미칠 수 있으므로 아동에게 맞는 장르를 볼 수 있도록 지도해야 한다. 그리고 성인 인증 없이 무료로 볼 수 있어 선정성, 폭력성에 노출되기 쉽기 때문에 협상 불가능한 규칙으로 정해 학년에 맞는 웹툰을 고를 수 있도록 한다.
- 부모와 함께 선정한 웹툰을 선택하면 부모도 읽어서 서로 공유한다.
- 부모와 자연스럽게 웹툰 내용을 표현하면서 어휘력, 상상력, 창의력을 기르도

록 조력한다.

- 그림, 만화, 글을 쓰고 표현해 본다.

처음부터 자녀의 독서 습관을 기른다고 웹툰으로 독후감을 써 보라고 강요한다면 자녀가 부담을 느껴 갈등이 유발될 수 있다. 부모는 자녀가 읽고 있는 웹툰에 관심을 갖고 읽어 보면서 서로 내용에 대해 소통하고, 재미있었던 점과 유익한 점 등을 표현하는 것이 좋다. 자녀가 내용을 표현할 때 그 정도밖에 표현하지 못하냐는 핀잔을 주게 되면 자녀의 불안이 높아지면서 표현력이 떨어지고, 함께 나누고 싶어 하지 않을 것이다. 부모가 원하는 내용을 파악하지 못하더라도 격려해 주며 자녀가 생각할 수 있도록 기다려 준다면 표현력이 점점 풍부해지고 상상력과 창의력이 증진될 것이다.

자녀가 흥미를 느끼는 웹툰 내용과 관련이 있는 주제의 책을 부모가 미리 읽어 본 후 자연스럽게 책을 접할 수 있도록 하는 것도 좋은 방법이 될 수 있다. 또한 부모와 자녀가 함께 도서관에서 책을 직접 선택하여 빌려 보고, 가장 흥미를 느끼는 만화책부터 시도해 보는 것도 좋다. 또래들과 공유하는 웹툰을 보는 것도 허용하면서 책을 읽는 습관도 길러 주면 고학년이 되어서도 책에 대한 거부감 없이 독서를 즐길 수 있을 것이다.

<스마트폰 과의존으로 상담이 필요할 때 도움을 받을 수 있는 기관>

- 스마트폰 과의존 전문상담 기관: 스마트쉼센터♥ 1599-0075
- 디지털성범죄 피해자 지원센터(https://women1366.kr/?menuno=222) 02) 735-8994
- 청소년사이버상담센터: 1388, #1388(24시간 문자/카카오톡 상담)
- 사이버도박 헬프라인 상담전화(국번없이 1336)
- 온라인 상담(도박문제 넷라인) https://netline.kcgp.or.kr/index.do
- 자살예방 상담전화 1393
- 청소년 상담 1388
- 청소년 모바일상담센터 1661-5004
- 전국 학교폭력상담전화 1588-9128
- 학교폭력신고센터 117
- 가족상담전화 1644-6621
- 패밀리 서울(가족상담) 1577-9337

[워크시트 1] 부모와 자녀가 생각하는 스마트폰이란

◆ 부모와 자녀가 생각하는 스마트폰은 무엇일까요? 신체의 일부처럼 사용하고 있는 스마트폰이 각자에게 어떤 의미인지 적어 보세요.

부모

나에게 스마트폰은 ______________________ 이다.

그 이유는 ______________________ 때문이다.

자녀

나에게 스마트폰은 ______________________ 이다.

그 이유는 ______________________ 때문이다.

출처: 광주광역시교육청 〈학교로 찾아가는 정보화 역기능 예방교육〉.

[워크시트 2] 자녀의 발달단계에 따른 스마트폰 사용방법

◆ 자녀의 발달단계별로 스마트폰 사용방법이 다름을 알 수 있습니다. 자녀의 발달단계를 적어 보고, 스마트폰을 바르게 사용할 수 있도록 부모의 역할을 적어 보세요.

자녀의 발달단계	
현재 사용 습관	
발달단계별 바른 사용방법	
바르게 실천하고 있는 점	
변화할 점	
느낀 점	

[워크시트 3] 부모와 자녀의 스마트폰 사용 습관 점검하기

◆ 부모와 자녀가 일상생활에서 다른 활동보다 스마트폰 사용을 중요하게 생각해 조절능력이 떨어질 때 신체적·정서적·사회적으로 문제가 나타납니다. 자신이 스마트폰을 사용하고 있는 행동적·정서적·사회적 상황에 맞는 문항에 표시(✓)하고 응답한 후 의존도를 적어 보세요.

부모

번호	항목	확인
1	아침에 일어나자마자 SNS부터 확인하면서 하루를 시작한다.	
2	스마트폰을 '그만 해야지' 하면서도 계속하고 있다.	
3	시간을 줄이려고 하지만 잘 안 된다.	
4	스마트폰을 사용하다가 계획한 일을 제대로 하지 못한다.	
5	업무를 하면서도 스마트폰을 자꾸 보게 된다.	
6	스마트폰을 많이 해서 두통이 있고, 목과 어깨가 아프다.	
7	스마트폰이 없으면 하루가 무의미하고 지루하다.	
8	화장실에 가거나 밥을 먹을 때 스마트폰만 보고 있다.	
9	스마트폰을 보고 있는데 누군가 방해하면 짜증이 나서 화를 낸다.	
10	스마트폰을 보지 않으면 자꾸 떠올라 보게 된다.	
분류		

자녀

번호	항목	확인
1	버스나 지하철, 자가용을 타면 스마트폰부터 꺼낸다.	
2	아침에 일어나자마자 SNS부터 확인하면서 하루를 시작한다.	
3	배터리를 100% 충전해도 금방 방전된다.	
4	화장실에 가거나 밥을 먹을 때 스마트폰만 보고 있다.	
5	연락 올 곳이 없어도 스마트폰을 자주 확인한다.	
6	TV를 보면서 동시에 스마트폰을 사용한다.	

7	잠들기 전에도 스마트폰을 만지다가 잠을 잔다.	
8	공부할 때도 스마트폰을 꼭 책상 위에 둔다.	
9	친구들과 직접 대화하는 것보다 문자나 SNS가 편하다.	
10	친구들끼리 만나도 서로 스마트폰만 보고 있다.	
분류		

◆ 스스로 점검해 보세요.

해당 개수	의존하는 정도	분류
0~2개	스마트폰 의존도가 낮음	일반군
3~6개	스마트폰 과의존 초기	잠재적 위험군
7~10개	스마트폰에 과의존하고 있음	고위험군

출처: 광주광역시교육청 〈학교로 찾아가는 정보화 역기능 예방교육〉.

[워크시트 4] 부모, 자녀가 스마트폰으로 자주 사용하는 콘텐츠와 사용시간 확인하기

◆ 부모와 자녀가 스마트폰 사용 점검 애플리케이션을 다운로드 받고, 사용하고 있는 콘텐츠를 확인한 후 시간을 적어 보세요. 어떻게 사용하고 있는지 서로 이야기를 나누고 자신의 의견을 표현하여 적어 보세요.

요일 / 시간	월	화	수	목	금	토	일
01~06시							
07~11시							
12~18시							
18~24시							

시간대별	자주 사용하는 콘텐츠
느낀 점	

[워크시트 5] 부모와 자녀가 스마트폰에 몰입하는 이유 알아보기

◆ 부모와 자녀가 스마트폰을 사용할 때 어떤 욕구들이 있는지 살펴보세요. 시간을 조절하지 못하고 지속적으로 스마트폰을 사용하는 상황카드에 동그라미를 쳐 봅시다. 자신이 원하는 카드가 없으면 빈칸에 적어 보고 함께 나누어 보세요.

친구와 만날 수 있다.	스트레스가 해소된다.	도전할 수 있다.	심심하지 않다.
정보를 얻을 수 있다.	두려움이 사라진다.	즐겁다.	이기고 싶다.
인정을 받을 수 있다.	대화를 할 수 있다.	외롭지 않다.	성취감이 생긴다.
친구를 사귈 수 있다.	소외되고 싶지 않다.	짜증이 사라진다.	시간이 금방 간다.
멍 때린다.	취미를 배울 수 있다.	궁금한 것이 많다.	대리만족을 한다.
돈을 벌 수 있다.	희망이 있다.	잘하는 것이 있어 좋다.	추억이 생긴다.

[워크시트 6] 스마트폰의 좋은 점과 나쁜 점 빙고게임

◆ 스마트폰은 우리의 생활을 편리하게 변화시키고 있지만 조절을 하지 않고 과의존으로 사용할 때는 신체적·정서적·사회적으로 문제가 나타나고 있습니다. 부모와 자녀가 스마트폰의 좋은 점과 나쁜 점을 찾아보고 빙고 3줄을 만드는 게임을 하면서 역기능적으로 사용했을 때 어떤 문제점이 있는지 알 수 있습니다.

스마트폰의 좋은 점

스마트폰의 나쁜 점

자신의 스마트폰 사용으로 인한 이득과 손실

구분	내용
이익된 점	
손해된 점	
해결방안	

출처: 광주광역시교육청 〈학교로 찾아가는 정보화 역기능 예방교육〉.

[워크시트 7] 부모와 자녀가 함께 스마트폰 리터러시를 위한 계획 세우기

◆ 스마트폰을 바르게 사용하기 위해서는 자신이 지킬 수 있는 시간, 장소, 바른 자세, 콘텐츠의 규칙을 정하고 잘 지켰는지 확인을 해야 합니다. 규칙을 세우고 나면 사용했던 구체적인 목록을 적고, 부모님이 지속적으로 확인할 때 자기조절능력이 증진되고 습관화됩니다.

날짜	사용시간	사용 용도	부모 확인	자녀 확인
10/23	• 2시~2시 40분 • 7시~8시 30분 • 10시	• 영어 회화 동영상 강의 • 거실에서 게임 3판, 동영상 1개, 웹툰 3편 • 휴대폰 바구니에 넣기		

[워크시트 8] 스마트폰을 대신하고 싶은 것 찾아보기

◆ 스마트폰 사용시간을 조절하면 남는 시간을 어떻게 보내야 할지 막막하고 심심해서 다시 하게 된다고 합니다. 스마트폰 디톡스를 위해 독서, 취미, 운동 등으로 시간을 보내게 되면 대뇌발달뿐만 아니라 신체적·정서적으로 긍정적 변화가 나타날 것입니다. 자신이 하고 싶은 활동 목록을 적고 가장 하고 싶은 것부터 순위를 정해 봅시다.

하고 싶은 활동 목록	순위

대안 활동 목록 예시

번호	목록	번호	목록
1	등산하기	21	야외에서 사진 찍기
2	바둑 두기	22	밖에서 쇼핑하기, 시장 구경하기
3	그림 그리기	23	손게임(3 · 6 · 9게임, 마피아, 쥐를 잡자, 시장에 가면, 바니바니, 눈치)
4	산책하기	24	자전거, 싱싱카 타기
5	요리하고 함께 먹기	25	찰흙놀이
6	영화관에서 영화 보기	26	십자수, 뜨개질하기
7	전통놀이(윷놀이, 공기놀이, 실뜨기)	27	클레이아트 소품 만들기
8	보드게임(우노, 젠가, 할리갈리, 원숭이, 루미큐브, 로보77, 클루)	28	식물, 구피 등 키우기
9	봉사활동하기	29	색칠하기
10	퍼즐 맞추기	30	줄넘기
11	볼링장, 캐치볼, 야구, 농구, 축구, 발야구, 족구, 배드민턴, 탁구, 피구	31	레고블록 쌓기
12	클라이밍	32	과학실험하기
13	야외 캠핑	33	음악 듣기
14	종이접기	34	친구 만나기
15	여행	35	댄스, 요가, 스트레칭 하기
16	애완동물 키우기	36	낚시
17	독서	37	인라인스케이트, 스케이트보드 타기
18	노래 부르기	38	손으로 즐기는 스케이트보드 놀이
19	악기연주하기	39	친척집 가기
20	라디오 듣기	40	도미노놀이

참고문헌

과학기술정보통신부(2021). 2020 인터넷 이용 실태조사.

교육부 보도자료(2021. 2. 24.). 2020 초·중등 진로교육 현황조사 결과 발표.

김경희, 김광재, 이숙정(2019). 모바일 환경에서의 미디어 리터러시 구성 요소와 세대 간 미디어 리터러시 격차. 한국방송학보, 33(4), 5-36.

김상균(2021). 메타버스: 디지털 지구, 뜨는 것들의 세상. 경기: 플랜비디자인.

김송이, 김현수(2016). 유아의 자극추구 및 위험회피기질과 스마트폰 과다사용과의 관계에서 모-유아 애착안정성의 매개효과. 한국아동심리치료학회지, 11(3), 45-63.

김수경(2016). 고등학생의 자극추구, 사회적민감성과 SNS 중독경향성과의 관계: 또래 동조성을 매개변인으로. 한양사이버대학교 휴먼서비스대학원 석사학위논문.

박진주(2019). 어머니가 인지한 영아의 스마트폰 사용실태 및 영아발달에 미치는 영향, 그리고 영아의 스마트폰 사용과 영아의 자아탄력성 간의 관계 분석. 중앙대학교 대학원 석사학위논문.

아이스크림에듀(2019). 전국 초등학생 유튜브 사용 실태율 설문조사.

오주현, 박용완(2019). 영유아의 스마트 미디어 사용 실태 및 부모 인식 분석. 육아정책연구, 3(3), 3-26.

이소원(2018). 부모의 양육태도와 스마트폰 이용 패턴이 유아의 스마트폰 사용에 미치는 영향: 유아의 스마트폰 과몰입과 학습효과를 중심으로. 서강대학교 대학원 석사학위논문.

이승연(2018). 청소년의 또래애착이 스마트폰 과의존에 미치는 영향: 사회적 위축의 매개효과를 중심으로. 숭실대학교 대학원 석사학위논문.

신용주, 김혜수(2018). 다음 세대를 위한 부모교육. 서울: 학지사.

정보통신정책연구원(2019). 국내 주요 OTT서비스의 영상콘텐츠 제공 및 이용현황분석, 24-32.

조민식(2021). 1인 미디어와 음란물에 관한 연구. 글로벌사회복지연구, 11(1), 57-72.

최미정(2019). 부모·조부모의 미디어 리터러시가 유아 스마트폰 과의존에 미치는 영향. 서강대학교 대학원 석사학위논문.

최윤경(2013). 청소년의 기질과 게임 이용동기가 게임 몰입과 중독에 미치는 효과. 계명대학교 대학원 석사학위논문.

최윤정, 이종혁(2021). 부모 중재와 미디어 교육이 청소년 유튜브 이용에 미치는 영향: 학년에 따른 효과의 차이 분석. 방송통신연구, 113, 141-171.

최재붕(2019). 포노 사피엔스: 스마트폰이 낳은 신인류. 서울: 쌤앤파커스.

한국갤럽조사연구소(2020). 2020 게임이용자 실태조사.

한국정보화진흥원(2016. 12.). 정보문화포럼 정책연구보고서.

한국지능정보사회진흥원(2016). 정보문화포럼 정책연구보고서.

한국지능정보사회진흥원(2020). 스마트폰 과의존 실태조사.

한국콘텐츠진흥원(2020). 2020 게임이용자 실태조사.

Bandura, A. (1997). *Self-efficacy: The exercise of control*. New York: W. H. Freeman.

Berne, E. (1961). *Transactional analysis in psychotherapy*. New York: Grove Press.

Berne, E. (1966). *Principles of group treatment*. New York: Oxford University Press.

Cline, V. B. (1996). Pornography and sexual addictions. *Christian Counseling Today, 4*(4), 58.

Gordon, T. (1975). *Parent effectiveness training*. New York: Macmillan.

James, M., & Jongeward, D. (2005). 아이는 성공하기 위해 태어난다 [*Born to win: Transactional analysis with gestalt experiments* (25th Anniversary ed.)]. (이원영 역). 서울: 샘터사. (원저는 1996년에 출판).

Stewart, I., & Joines, V. (2016). 현대의 교류분석(개정판) [*TA Today: A new introduction to transactional analysis* (2nd ed.)]. (제석봉, 최외선, 김갑숙, 윤대영 공역). 서울: 학지사. (원저는 1987년에 출판).

WHO. (2019). *The world health report*.

제5장

비대면 학습에서 더욱 빛을 발하는 '자기주도학습' 역량 키워 주기

Q1 중학교 2학년 자녀를 둔 학부형 입니다. 초등학교 때까지는 학원도 잘 다니고 숙제도 잘 챙겨서 나름대로 공부를 하던 아이인데, 중학교 입학 이후 게임을 접하더니 거의 공부를 하지 않습니다. 중학교 입학 시기에 코로나로 인해 비대면 학습을 하게 되었는데, 이 시기를 거치며 스마트폰 사용과 게임 사용량이 더 많아지기 시작했습니다. 예민한 성격이라 스트레스 주지 않으려고 크게 잔소리도 하지 않고 있는데 이러다 보니 더욱 생활관리가 어렵게 되었습니다. 아빠의 회사 상황이 여의치 않아 최근 저도 작은 가게를 오픈하게 되었는데 아침부터 출근을 해야 하다 보니 아이의 학습관리를 도와줄 시간이 부족합니다. 억지로 집에 있어 봤지만 임대료만 나가고 아이와는 갈등이 생겨 이도 저도 못하고 있습니다. 어떻게 해야 아이가 자기 공부를 챙겨서 하도록 도와줄 수 있을까요?

Q2 중학교 3학년 자녀를 둔 엄마입니다. 아이가 일주일에 국영수 학원을 번갈아 거의 매일 다니고 있고 숙제도 2~3시간씩 하고 있습니다. 주말에는 못 끝낸 숙제를 하고, 휴대폰이나 게임은 스스로 조절하는 편입니다. 항상 숙제가 많아 늦게 자고, 그러다 보니 아침도 제대로 못 먹고 학교에 가는 경우가 많습니다. 이렇게 애를 쓰지만 외우는 것을 어려워하고 시험을 봐도 도통 성적이 오르지 않습니다. 속상해서 공부를 제대로 하는 것인지 다그치게 되는데, 아이는 나름대로 노력하고 있는데도 비난한다며 화를 내고 최근에는 대화를 거부하고 있습니다. 어떻게 해야 아이가 제대로 공부하고 노력한 만큼의 성과를 낼 수 있을까요?

코로나 팬데믹을 거치며 비대면 학습이 증가하면서 학생들이 가정 내에 머무는 시간도 함께 늘어났다. 수업준비, 수업 듣기, 필기, 과제, 시험준비 등을 스스로 챙겨야 하는 상황이 되었지만 '주도성'에 대한 경험이 부족한 아이들에게 갑작스러운 자기주도학습의 증가는 큰 부담이 되었다. 불안한 마음에 사교육을 늘려 보지만 이 역시 낮은 동기와 기계적 학습으로는 성적 변화에 의미 있는 변화를 주지 못한다. 분명히 아침부터 늦은 밤까지 그 많은 수업과 숙제를 버텨 내고 있는데 성적의 변화도 없고, 공부는 점점 더 재미없게 느껴진다. '왠지 해도 안 될 것 같은' 답답하고 불안한 마음에 스마트폰의 유혹만 커져 가고 부모와의 갈등은 심해져 간다.

하지만 어떤 학생들의 경우에는 전혀 새로운 관점과 방식에서 학습이 이루어진다. 그저 열심히 하는 것과는 차원이 다른 과정이 일어난다. 이런 학생들은 대체로 목표의식이 뚜렷하다. 자신이 무엇을 하고 있고 무엇을 위해 공부하고 있는지 정확히 알고 있다. 또한 단기적으로 현재 주어진 학습과정이 무엇을 요구하고 있으며 핵심과 요지가 무엇인지도 이해하고 있다. 계획수립과 시간관리를 통해 노력의 과정을 최적화하며, 전략적 학습을 통해 한 번 공부한 내용을 깊이 있게 이해한다. 이런 방식의 학습은 지능의 영향을 압도할 정도의 학습효과를 가져오며 학업적 성취도 탁월하다.

1. 자기주도학습의 개념과 주도성 향상을 위한 부모의 기초 역할

1) 자기주도학습의 이해

자기조절학습(self-regulated learning)은 인간이 어떻게 효과적으로 목표를 달성할 수 있는지에 대한 사회인지이론에서 출발한 것이다. 교육학에서는 주로 '자기주도학습(self-directed learning)'이라는 용어로 더 많이 알려져 있다. 이 개념은 간단히 '학습자가 스스로 목표와 계획을 세우고 효과적인 전략에 따라 학습과정을 능동적으로 조절하는 상태'로 요약할 수 있다.

자기주도학습은 자신의 학습과정에 대한 메타인지(meta-cognition)를 기반으로 하는데, 다음과 같은 특징을 가지고 있다.

- 자신의 학습과 기억 용량에 대한 이해와 성취해야 할 학습과제에 대한 인식
- 기계적 학습을 벗어난 효과적인 학습전략에 대한 인식
- 학습과제 달성에 필요한 방법을 찾고 계획함
- 효과적인 학습전략의 실제적인 적용
- 현재 지식수준을 점검하여 필요한 지식의 고리 탐색
- 과거에 저장된 정보를 효과적으로 인출하기 위한 단서 만들기

자기주도학습은 한순간에 발생하는 어떤 현상을 의미하는 것이 아니라 일련의 전략적 단계로 이루어져 있다. 대표적 사회인지 이론가인 짐머만(Zimmerman & Martinez-Pons, 1992)은 자기주도학습의 핵심 요소를 다음과 같이 제안하고 있다.

첫 번째 단계는 목표설정이다. 자기주도 학습자는 자신이 무엇을 달성하기 위해 읽고 공부하는지 알아야 한다. 예를 들어, 특정 사실을 학습하거나, 전반적인 이해를 원하거나, 단지 학교 시험을 잘 보는 데 필요한 지식획득이 목적일 수 있다. 자신의 목표를 특정한 학습 활동과 연결시켜 궁극적 목표에 도달하기 위해 노력한다.

두 번째 단계는 계획수립이다. 학습과제 수행에 허용되는 시간을 최선으로 사용하기 위한 방법을 찾는다. 자기주도 학습자는 학습과제와 관련하여 미리 계획을 세우고 그 목표를 달성하기 위해 시간을 효과적으로 사용한다. 대체로 어려운 과제에 더 많은 시간을 할애할 수 있다.

세 번째 단계는 자기동기화이다. 학습과제를 완수하기 위해 동기를 유지한다. 또한 학습과제 수행에 대한 자신의 능력과 관련하여 높은 자기효능감을 가지고 있다. 만족을 지연하는 능력도 발달되어 있어 즐거운 활동에 앞서 과제를 우선시한다. 과제를 지속하기 위한 다양한 전략도 사용되는데, 예를 들어 과제를 재미있게 윤색하기도 하고, 완수한 순간의 성취감을 상상하기도 한다.

네 번째 단계는 주의조절이다. 학습과제에 최대한 주의를 기울인다. 현재 주어진 과제에만 집중하고 불필요한 요소는 깨끗이 정리한다.

다섯 번째 단계는 학습전략의 적용이다. 학습과제를 인지적·효과적으로 처리하는 방법을 찾는다. 여기에는 읽기전략, 이해전략, 요약전략, 기억전략 등이 포함된다.

여섯 번째 단계는 자기점검이다. 학습 활동의 목표를 달성하기까지 진전 상황을 주기적으로 점검한다. 자기주도 학습자는 학습 활동을 하는 동안 자신의 과업 진행을 지속적으로 점검하고 필요한 경우 학습전략을 바꾸거나 목표를 수정한다.

일곱 번째 단계는 도움의 탐색이다. 학습을 촉진시킬 수 있는 도움을 구한다. 자기주도학습은 전적으로 혼자의 힘으로만 이루어지는 것이 아니다. 과제의 완수와 특정 능력의 숙달을 위해 언제 도움이 필요한지를 알며 필요한 경우 적극적으로 도움을 받는다.

여덟 번째 단계는 자기평가이다. 노력한 최종 결과를 평가한다. 특히 스스로 세운 목표에 도달했는지 판단한다.

마지막 단계는 자기반성이다. 자신의 학습 전략과 목표가 어느 정도 성공적이고 효과적인지를 판단하고 앞으로의 학습 상황에서 더 효과적일 수 있는 방법을 찾아낸다.

2) 자녀와 신뢰감 형성하기

주도성의 근원은 기본적인 신뢰(basic trust)에 있다. 사람들은 환경에 대한 믿음을 형성해야 자신의 행동에 대한 결과를 믿을 수 있다. 따라서 자녀의 주도성을 높이는 일차적 역할은 애착과 신뢰감을 형성하는 것이다.

부모-자녀 간의 긍정적인 관계는 아동에게 안전 기지를 형성해 줌으로써 아동으로 하여금 새로운 환경을 탐색하고 도전하는 것을 지지해 주는 역할을 한다. 자녀는 부모의 보호 아래 편안함을 느끼고 환경을 탐색하고 이해하려는 적응적인 노력을 시도하게 되며, 이러한 시도는 환경과 환경 속에 속한 자신을 더 발전시키고자 하는 동기와 직간접적으로 연결된다.

따라서 부모는 자녀에게 믿을 만한 안식처를 제공하기 위해 힘써야 한다. 자녀에게 매력적인 물리적 환경을 제공하는 것보다 더 중요한 것은, 편안한 정서적 환경을 마련해 주는 것이다. 가정에서 부모-자녀 간에 서로를 존중하고 애정 어린 시선으로 바라볼 수 있는 따뜻하고 온정적인 분위기가 형성되어야 자녀가 '가정은 항상 편안하고 안전해.'라고 인식하고 일상에서 느끼는 긴장과 압박감에서 벗어나 에너지를 충전하는 온전한 휴식을 취할 수 있다. 또한 자녀가 고민이나 어려움에 직면하였을 경우에도 부모가 문제를 제거해 줄 수는 없지만, 믿을 만한 안식처를 제공하여 마음의 안정과 여유를 느낄 수 있도록 돕고, 다시 세상의 문제에 직면하여 해결할 수 있도록 정서적으로 지원해 주는 든든한 배경이 될 수 있다.

3) 명백한 행동 가이드라인 제공

자녀의 주도성을 돕기 위한 두 번째 역할은 일상생활 속에서 체계를 만들어 자녀 스스로 자신의 행동을 조절할 수 있도록 돕는 것이다. 자녀의 행동을 지도하는 데 있어 분명하고 합리적인 규준과 이유가 있어야 하며, 자녀의 어떤 행동이 용납되고 용납되지 않는지 명확하게 알려 주어야 한다. 즉, 자유롭게 행동할 수 있는 영역을 제한하고, 그 안에서 적절한 행동을 하도록 기대하는 것이다. 사람은 스스로 조절하는 능력을 갖고 태어나지 않으며, 이러한 능력은 자녀가 해도 되는 것과 그렇지 않은 것에 대한 부모의 규칙을 따르며 길러진다. 처음에는 부모의 규칙과 같이 외적인 힘에 의해 행동을 통제하나 시간이 지나면서 그 규칙을 스스로에게 부과하면서 자신의 행동을 통제하게 된다. 즉, 처음에 외적인 통제가 없다면 내적인 통제, 즉 자기조절능력은 발달하지 못한다고 볼 수 있다.

부모가 자녀에게 제공하는 기준은 구체적이고 명확해야 하며, 그러한 기대가 자녀의 능력수준에 적절해야 한다. 기대를 자녀의 수준에 맞추어야 하므로, 기대수준은 자녀가 달성했던 수준을 약간 넘어서면서도 노력한다면 충분히 도달할 수 있는 정도로 조정해야 한다.

4) 정확한 피드백 제공

수행은 행동에 대한 정확한 피드백을 제공할 때 증가된다. 피드백은 목표수준 그 이상으로 수행하고 있는 개인에게는 만족감과 효능감을 느끼도록 하여 더 높고 어려운 목표를 세우도록 이끌며, 목표수준 이하로 수행하고 있는 개인에게는 불만족감을 느끼게 하여 목표와 수행 간 불일치를 제거하고자 더 노력하게 한다.

자녀의 주도성을 높이기 위해서는 자녀의 행동에 대해 정확한 피드백을 제공해야 한다. 피드백을 제시할 때 팁은, 가능한 한 즉시, 한 가지 행동에 대해, 구체적으로 제공하는 것이다. 자녀가 잘못된 행동을 했을 경우에도, 애매한 피드백보다 구체적인 행동에 대해 피드백을 받아야 부모의 훈육이 자신에 대한 감정 그 자체가 아닌 행동에 따른 보상과 처벌임을 인식할 수 있고 잘못된 행동을 수정하려고 시도할 것이다. 자녀의 잘못된 행동에 대해서는 먼저 자녀의 설명을 듣고 보다 건설적인 대안행동은 없었는지 같이 탐색하려는 태도를 취해야 한다.

5) 적정한 자율성 허용

사람들은 자유롭고 자기결정적일 때 흥미를 추구하며, 기술을 연습하고 발전을 돕는 과제를 선택한다. 마찬가지로, 자녀가 스스로 학업에 몰입할 수 있으려면 자율성을 키워 줘야 한다. 같은 일이라도 자신이 선택했다는 느낌이 들어야 활동에 흥미를 느낄 수 있으며, 흥미 있는 일도 꼭 해야 하거나 강요당한다는 생각이 들면 그것에 대한 흥미는 급격히 줄어들고 시도 또한 멈추게 된다.

하지만 전적으로 자유를 부여하는 것은 위험한 일이다. 행동의 한계를 충분히 정하지 않으면 자녀는 적절한 자기통제 능력을 발달시키지 못할 것이며, 또한 자율성을 충분히 주지 않는다면 혼자서 제대로 일을 처리할 수 없게 된다. 따라서 부모가 자녀 스스로 선택의 결과에 책임을 질 수 있고 일탈범주를 넘지 않는 영역 안에서 자신의 행동을 선택할 수 있도록 할 때, 즉 선택권이 부여된 환경을 제공해 줄 때 자녀는 주도성을 키울 수 있다.

효과적으로 자율성을 부여하는 팁은 다음과 같다.

- 좋은 논쟁거리를 고르기: 자녀와 모든 문제로 논쟁을 일으키지 말고 사소한 것에 힘겨루기를 하지 말자. 정말 중요한 것이 아니라면, 자녀가 알아서 선택하도록 두는 것이 좋다(예: 옷 선택, 공부와 노는 시간 배치 등).
- 선택할 대안들을 미리 골라 놓기: 자녀가 올바른 결정을 하게끔 하는 확실한 방법은, 부모가 받아들일 수 있는 대안 중 하나를 선택하도록 제한하는 것이다. 자녀와 함께 대안들을 만들고, 그중 하나를 선택하도록 한다(예: 오늘 계획한 공부가 끝난 후 저녁 휴식시간에 할 수 있는 행동 선택하기-'간식 먹기, 1시간 동안 TV 시청하기, 부모님과 산책하기, 동생과 운동하기' 중에서 선택).

- 자녀의 결정을 칭찬하기: 자녀가 결정을 내리고 난 후에는, 자녀 스스로 좋은 결정을 내릴 수 있다는 자신감을 갖도록 돕기 위해 자녀의 선택에 대해 칭찬한다.
- 자녀가 결정하도록 돕기: 자녀의 선택이 부모가 보기에 명백하게 올바른 선택이 아닐 수도 있다. 이럴 경우, 자녀를 대신해 바른 선택을 해 주기보다 어떤 점을 고려해야 하는지 제안하는 정도로 그친다.
- 실수를 통해 배우기: 자녀가 딱 보기에도 실천하기 어려운 일을 선택하고자 고집하다면, 일단 일정 기간 동안 실천을 하게 한 뒤 그 결과를 놓고 다시 선택을 조율한다(예: 자녀가 공부계획을 세울 때 3시간 연속으로 공부하기를 고집한다면, 일단 일주일간 실천해 보도록 함. 그런 다음, 실천 정도를 같이 확인하고 더 나은 계획을 생각해 볼 수 있도록 돕기).

6) 시행착오학습 격려

자녀가 선택을 잘못하여 실패하거나 좌절할까 봐 자율권을 주지 못하는 경우가 있다. 그러나 자녀 스스로 선택하고 그 결과를 받아들이는 경험이 쌓여야만 주도성을 키울 수가 있다.

그러기 위해서는 먼저, 부모가 실패를 용인하는 분위기를 형성해야 한다. 부모가 실패에 대해서 여유를 가지고 실패 수용의 중요성을 알려 줘야 자녀들도 실패로 인한 비난이나 자괴감에 빠지지 않고 실패를 발전의 기회로 인식하여 도전할 수 있게 된다. 즉, 부모가 실패를 비난하지 않고 이를 앞으로의 발전을 위한 당연한 과정인 동시에 자기 성장의 기회로 삼을 수 있도록 격려할 때, 자녀들은 자신이 진정 원하는 것이 무엇인지 인식하고 과정 속에서 배우며 노력하는 태도를 형성하게 된다.

2. 학습동기의 이해

You can lead a horse to water, but you can't make him drink.

영어단어 중 'mot'로 시작하는 단어들은 대부분 움직임 혹은 동작이라는 뜻을 가지고 있다. 동기(motivation)란 우리로 하여금 무엇인가를 행하도록 하는 힘으로, 특정 방향으로 향하도록 하고 어떤 활동들을 지속하도록 하는 핵심적인 요소이다.

동기는 특히 학습에서 중요한데, '공부를 할까?' '얼마나 공부할까?'와 같은 물음에 영향을 미치기 때문이다. "말을 물가로 끌고 갈 수는 있어도 물을 마시게 할 수는 없다(You can lead a horse to water, but you can't make him drink)."라는 속담이 있다. 말이 물을 마시려면 목이 말라야 한다는 뜻이다. 이를 학습에 적용해 보면 아무리 좋은 환경이 주어져도 어떤 행위의 실행 여부를 결정하는 것은 자신의 동기에 달렸다는 뜻으로 해석할 수 있다. 동기는 학습 시작 여부 및 참여 수준을 결정하는 가장 중요하고 기본적인 요소이다.

1) 동기의 일반적인 영향

첫째, 개인의 에너지와 활동 수준을 증가시킨다. 주어진 일을 적극적이고 의욕적으로 하게 한다. 동기가 높은 학생은 더 많은 에너지를 학습에 사용하고, 더 효과적인 방법을 찾으려 노력한다.

둘째, 개인으로 하여금 특정한 목표를 지향하도록 한다. 목표의식 없이 노력을 하기도 어렵지만 외부의 압력이나 요구에 순응하기 위해 기계적으로 공부하는 것도 가능하다. 하지만 이런 경우 학습의 효율도 떨어지고 원하는 목표를 달성할 수도 없다. 목표 자체가 동기를 강화하기 때문에 동기는 곧 목표지향적 행동을 의미한다.

셋째, 활동의 추진력과 지속력을 증진시킨다. 동기가 있는 사람들은 어려움에 부딪혀도 쉽게 포기하지 않는다. 동기는 성실성에 영향을 미치며, 많은 경우 성실성을 보완하는 역할을 한다.

넷째, '뜻이 있는 곳에 길이 있다.' 개인이 과제에 들이는 학습전략과 인지과정에 영향을 미친다. 현재 자신이 하고 있는 일의 정확한 의미를 알게 하기 때문에 궁극적으로 메타인지가 가능하게 한다.

이처럼 동기는 유익한 영향을 미치기 때문에 아이들이 동기를 갖길 바라지만 그것은 매우 어려운 일이다. 동기가 없는 아이들에게 도움을 주기 위해서는 '동기를 유발하는 힘'인 동인에 대해 생각해 보아야 한다.

2) 동기의 유발요인

동인이란 학습과 같은 어떤 의도적 행동을 일으켜 변화를 유발할 수 있는 직접적인 원인으로서 동기를 유발하는 힘이다. 심리학적 관점에서 동인을 몇 가지로 구분할 수 있다.

(1) 의지

'정신일도하사불성(精神一到何事不成)'이라는 말처럼 우리가 굳은 마음을 먹으면 어떤 일을 해낼 수 있다. 하지만 동인으로서 의지라는 요소는 실제적인 동기를 발생시키기에는 매우 취약함이 밝혀졌다.

대표적인 방법이 만족을 지연시키도록 사람들에게 요구하는 것이다. 실험방법은 다음과 같다. 아이들에게 지금 하나의 쿠키를 먹을 것인지 아니면 10분 후에 2개의 쿠키를 먹을 것인지 선택하게 하는 것이다. 조금 참았다가 2개의 쿠키를 먹겠다는 의지가 있지만 대부분의 아이는 눈앞의 유혹에 저항하기 힘들어하고 당장 눈앞에 놓인 하나의 쿠키만을 먹는다. 그러나 일부 아이들은 기다리는 동안 쿠키를 쳐다보면서 그냥 참기만 하는 것이 아니라 충동을 조절하기 위해 다른 행동들을 함으로써 만족을 지연시킨 후 2개의 쿠키를 먹는다. 그냥 참는 것이 아니라 저마다의 전략을 사용한다는 것이 중요하다. 즉, 단순한 마음먹기를 넘어, 개인적인 의지력이 아니라 목표와 책략이 효과적 수행을 산출한다는 것을 알 수 있다.

(2) 추동

추동은 배고픔, 목마름과 같이 최적의 기능에 필요한 것이 없는 상태에서 나타나는 내적 욕구이다. 행동주의적 관점에서 추동이론을 살펴보면, 어떤 행동을 하도록 하기 위해 필요한 강화물은 욕구상태를 감소시키는 것이며, 추동을 감소시키는 수준에서만 효과적으로 작용한다. 강화가 되는 행동은 이후 동일한 욕구가 니타날 때 반복이 가능하다. 행동의 강도는 '습관×추동×유인가'로 나타낼 수 있다. '유인가'는 어떤 사물이나 현상이 지니고 있는 심리적 매력 또는 심리적으로 끄는 힘의 정도를 말한다.

추동이론을 학습에 적용해 보면, 학습을 얼마나 열심히 할지 결정하는 것은 평소의 학습 습관, 배우고자 하는 추동, 학습이 주는 유인가로 설명할 수 있다. 학습부진아는 학습행동의 강도가 '0'인데, 그 이유는 평소 학습 습관도 잘 되어 있지 않고 배우고자 하는 추동이 없으며 배움을 매력적으로 느끼지 않기 때문이다.

(3) 결핍 욕구와 성장 욕구

매슬로(Abraham H. Maslow)의 욕구 위계설은 인간의 욕구가 그 중요도별로 일련의 단계를 형성한다는 동기이론의 일종이다. 인간의 욕구를 '생리적 욕구, 안전 욕구, 사랑과 소속의 욕구, 자존감 욕구, 자기실현의 욕구'의 총 다섯 단계로 구분하였다. 높은 위계 욕구는 낮은 욕구가 충족된 후에만 나타난다. 하위 단계의 욕구가 두 가지 이상 충족되지 않으면 상위 단계로의 진행이 어렵다.

인간이 늘 '결핍'을 경험하게 되는 욕구에는 생리적 욕구, 안전 욕구, 사랑과 소속의 욕구, 자존감 욕구가 있다. 이러한 욕구는 '완전한 상태'에 도달하는 것이 불가능하고, 늘 결핍과 충족 사이를 오가는 욕구이며, 개인이 속한 환경과 발생사건 등의 외적 자원에 의해서만 충족이 가능하다. 가장 상위 단계인 자기실현의 욕구는 성장 욕구(growth needs)로, 개인의 이상적이고 행복한 삶을 통해 충족이 가능하다. 가장 이상적인 동기는 욕구단계이론을 바탕으로 자기실현과 성장의 욕구를 갖고 이를 학습에 적용하는 것이다.

3) 외재적 동기와 내재적 동기

(1) 외재적 동기

돈, 선물, 인정과 칭찬 같은 보상은 매우 손쉽게 어떤 행동을 이끌어 낼 수 있다.

외적인 힘에 의해 행동이 유발되기 때문에 외재적 동기라 한다. 효과적인 동기의 원천이기는 하지만 외적 보상이 사라질 경우 행동도 함께 중단될 가능성이 매우 높은데 이를 외재적 동기의 한계라고 한다. 외재적 동기의 한계는 1985년 데시(Edward L. Deci)와 라이언(Richard M. Ryan)의 실험 결과를 통해 확인할 수 있다. 자발적으로 어떤 활동에 참여하고 있는 아이에게 외재적 보상이 주어진다면 이 순간부터 내재적 동기가 감소한다는 것이다. 즉, 동기가 내재적인 것에서 외재적인 것으로 바뀔 가능성이 커진다.

(2) 내재적 동기

내재적 동기는 행위로 인한 보상 때문이 아니라 자신의 흥미와 욕구 때문에 어떤 일을 하는 것이고, 그 와중에 만족감과 성취감을 경험하는 것으로 선천적인 경향성이다. 자신의 흥미를 따르고 역량을 연습하는 중에 기술과 역량을 연습하고 발전시키는 데 필요한 노력을 하는 것이다. 내재적 동기에는 다음과 같은 다양한 장점이 있다.

- 자기주도적으로 과제를 추구한다.
- 생각하면서 과제를 수행한다.
- 과제에서 더 도전적인 역할을 맡는다.
- 학습의 내용을 이해하려고 노력하며 의미학습에 몰두한다.
- 창의적이다.
- 실패하더라도 지속한다.
- 수행하는 동안 즐거움을 느낀다.
- 과제를 수행하는 동안 스스로의 발전을 자신만의 기준으로 평가한다.
- 과제를 추구할 수 있는 기회를 탐색한다.
- 높은 성취를 이룬다.

4) 내재적 동기를 활성화시키기 위한 조건

(1) 지나친 학습자극을 주지 말아야 한다

과제가 압도적이라는 생각이 들면 즐거움을 느낄 수 없다. 대표적인 예로 선행학습을 들 수 있다. 교과 커리큘럼은 아이들의 인지 발달수준을 고려하여 받아들일 수 있는 수준으로 구성된다. 경쟁적 교육 체계에서 선행학습을 하다 보면 학습량과 난이도 모두 아이가 감당할 수 없는 수준이 된다. 따라서 흥미는 계속 감소할 수밖에 없다.

(2) 따뜻하고 수용적이며 지지적인 환경을 제공해야 한다

공부는 엄격한 분위기에서 해야 한다는 의견이 오랜 기간 지배적이었으나 최근의 교육심리학 연구 결과에서는 그렇지 않다는 것을 알 수 있다. 개방적이고 수용적인 분위기에서 양질의 학습이 이루어진다.

(3) 자율성을 부여해야 한다

아이들에게 적정 수준의 선택권을 부여하는 것이 필요하다. 능동적으로 선택했을 때 책임감을 갖고 더욱 열심히 할 수 있다.

(4) 필요한 만큼의 구조 속에서 학습할 수 있게 해야 한다

교사와 부모가 학습에 필요한 환경을 구성하는 것은 물론 수행의 기준과 절차에 대해 친절히 설명해 주어야 한다.

따라서 내재적 동기를 활성화시키려면 결과보다는 노력하는 과정 자체에 주목하고 칭찬해 주어야 한다. 즐거움은 과정에서 느껴야 하는데, 교사나 부모가 결과만 중시할 경우 성취감이나 즐거움을 느끼기 어렵다. '꼼꼼하게 복습을 하고 있다니 대견하구나.' '성적이 떨어졌지만 열심히 준비했으니 충분해.' '어려운 문제를 푸는데도 답안지를 보지 않고 애쓰는 모습이 보기 좋구나.'라는 식의 표현이 내재적 동기를 활성화시키는 표현의 예이다.

5) 동기의 하위 유형

동기는 지향성과 상태의 두 가지 축을 기준으로 분류한다. 지향성은 숙달 지향과 수행 지향으로, 상태는 접근과 회피로 구분한다. 따라서 동기는 숙달접근동기, 수행접근동기, 숙달회피동기, 수행회피동기로 분류된다.

(1) 숙달접근

숙달접근동기 학습자의 관심사는 '성장하는 자신'이다. 배움이 자기 자신을 성장시킬 수 있다고 생각하여 즐겁고 만족감을 느낀다. 학습에 대한 흥미가 높을 뿐 아니라 학습, 노력, 실패에 대해 건강하고 낙관적인 관점을 갖고 있다. 학습 자체를 목표로 하고 학습과정에 집중하기 때문에 흔히 '학습동기'라고 불린다. 상담 종결 후 내담자의 숙달접근동기가 향상되어 배움 자체에 즐거움을 느끼고 집중할 수 있는 상태가 되는 것이 가장 이상적인 학습상담이다.

(2) 수행접근

수행접근동기의 학습자는 결과를 중요시하며 남들에게 자신이 얼마나 똑똑한지를 보여 주는 것을 중요시한다. 결과만을 중시하는 환경에 놓일 경우 최소한의 노력으로 피상적으로 학습한다. 또한 부정행위의 가능성도 상승한다. 단기적인 성과는 가능할 수 있으나 개인 능력의 발달을 저해하고 결과에 대한 집착으로 불안을 높인다.

(3) 수행회피

수행회피동기 학습자는 자신의 무능함이나 성적이 떨어졌을 때 돌아올 불이익을 회피하려는 욕구가 강하고, 기본적인 관심사는 '열등한 자신'이다. 실패하면 비난받을 것 같아서 공부하거나 무능하다는 말을 듣는 것을 두려워하는 것이다. 따라서 실패 가능성이 있는 도전적 과제나 자신의 부족함이 드러날 수 있는 평가 상황을 피하려고 한다. 이런 태도로 인해 실제 성적이 낮은 경우가 많다.

(4) **숙달회피**

숙달회피동기 학습자는 '완벽한 자신'을 중시하고 이전만큼 잘하기 위해서 공부하거나 능력이 없는 자신의 모습을 회피하려 한다. 실패에 대한 두려움이 높고 자기결정권이 낮은 경우 이러한 경향을 보인다. 완벽주의적인 경향은 개인의 발달을 저해하는 요인이다. 또한 어느 정도의 성취로는 만족할 수가 없기 때문에 우울증에 취약하다.

3. 시간관리 향상 전략

1) 자기조절과 시간관리

시간관리능력은 자기조절의 핵심이다. 자기관리를 잘한다는 것은 시간관리를 할 줄 안다는 것과 같다. 넓은 의미에서 시간관리는 주어진 인생의 시간을 생산적으로 활용하는 것을 말한다. 좁은 의미로는 시간을 잘 조직하여 구체적인 목표를 달성하는 행위이다.

시간관리능력이란 어떤 사람이 자신의 규칙을 세우고 스스로의 힘으로 자신의 규범을 선택할 수 있는 것을 말한다. 시간을 효율적으로 관리하면 특정한 목표를 세우고 필요한 전략을 사용할 수 있으며, 할당된 시간 동안 과제를 수행하여 효능감을 경험할 수 있다(Zimmerman & Martines-Ponz, 1992). 또한 시간관리를 통해 스스로 단기 · 중기 · 장기의 목표를 설정한 후 계획을 세워 실천하고 자기점검을 꾸준히 함으로써 자신의 생활과 활동을 통제하고 관리하는 능력이 높아진다(김동일, 박경애, 김택호, 1995).

2) 자기주도학습에서 시간관리가 중요한 이유

첫째, 시간관리의 전제조건이 목표의 수립인 것처럼, 자기주도학습의 첫 단계도 목표설정이다.

둘째, 활동계획을 목표지향적으로 세울 수 있게 한다. 만약 하루에 10시간 이상 공부한다고 해도 그것이 무엇을 위한 것인지 명확하지가 않다면 활동계획을 세우는 것이 어렵다.

셋째, 행동적 목표를 자극한다. 애매하고 두리뭉실한 것이 아닌 구체적이고 누구에게나 설명할 수 있도록 선명한 목표를 세울 수 있게 한다.

넷째, 최단기 목표를 설정하도록 돕는다. 장기목표를 쪼개어 단기화하는데, 바로 지금 어떤 일을 언제 할 것인지 시간관리에 따라 결정할 수 있다. 최단기 목표에 집중하고 성취하는 과정을 통해 장기목표 달성에 접근해 가는 것이다.

다섯째, 행동 판단의 명확한 근거를 제공한다. 자기주도학습에서는 지금 내가 실제로 하는 일이 하려고 의도한 일과 일치하는지 비추어 보는 자기감찰이 중요하다. 계획이 자기감찰의 기준이 된다.

여섯째, 목표 수행 과정을 가시적으로 만들 수 있다. 거창한 목표는 부담스럽고 지속하기 어렵다. 그렇지만 하위 목표를 잘 설정하고 계획한다면 목표가 이루어지는 과정이 눈에 보여 동기가 강화된다. 이것은 장기목표를 달성하는 데 도움을 준다.

일곱째, 수행 실패 시 원인분석과 효과적인 대안탐색이 쉽다. 의도하고 계획한 일이 모두 성공하는 것은 아니다. 하지만 시간관리를 통해 계획적으로 했던 일은 실패하더라도 그 원인과 보완점을 찾을 수 있다. 크게 좌절하지 않고 도전할 수 있는 자극이 될 수 있다.

3) 시간관리와 학업성취 간의 관련성

시간관리와 학업성취는 대략 .45 정도의 상관관계를 보이는 것으로 보고되었다(박동혁, 2001). 시간관리가 잘 되는 학생들은 자기효능감이 높고 학교생활에 적응을 잘한다(홍성임, 2004). 대학생의 경우에서도 유사한 결과가 보고되고 있다. 대학생의 학업성취에 영향을 미치는 변인에 대한 연구에서 대학입학 시의 SAT 성적보다 시간관리능력이 더 높은 설명력을 가졌음이 밝혀졌다(Britton & Tesser, 1991). 또한 학습장애를 겪고 있는 대학생 집단에 대한 연구에서 해당 집단은 우선순위를 정하지 못하고 너무 많은 것을 이루려고 하며 서툰 공부방법을 사용한다는 결과를 확인할 수 있었다(Peniston, 1994). 즉, 시간에 대한 중요성을 깨달아 중요도, 긴급도에 따라 우선순위를 정하는 학생들이 교사나 친구와의 관계, 각종 행사 등의 학교생활에서 전반적으로 더 잘 적응하고 성적도 우수하였다.

필자가 진행한 서울, 경기 지역 학생들의 시간관리능력과 학업성취 간의 관련성에 대한 연구에서 시간관리 우수집단(상위 25%)이 저조집단(하위 25%)에 비해 현재 성적이 중상위권 이상일 확률은 3배 이상의 차이를 보였다. 또한 사교육비 경감을 위한 자기주도학습 확산방안 연구(박동혁, 2012)에서는 사교육을 받지 않고 자기주도학습 프로그램에 참여한 학생들의 시간관리 성취도가 60% 이상의 수준을 보였다. 시간관리능력의 향상이 자기주도학습지수 9.1%p 향상, 성적 약 2.5%p 향상, 학습량 260% 증가로 이어졌다.

4) 시간관리의 구성개념

(1) 브리튼과 글린(Britton & Glynn, 1989)이 설명한 시간관리의 요소

① 목표와 하위 목표 선택하기

② 우선순위 정하기

③ 목표로부터 과제와 하위 과제 만들어 내기: 과제는 목표와 다르다. 목표는 무엇인가를 지향하는 것이고, 그것을 달성하기 위한 과제들로 구성된다. 이 단계에서 장기목표를 단기목표로 나누고 단기목표를 구성하는 과제들을 구성한다.

④ 과제에 우선순위 부여하기

⑤ 할일 목록(to-do list) 만들기

⑥ 과제를 시간에 맞춰 계획하기

⑦ 과제 실행하기

(2) 마칸 등(Macan et al., 1990)이 설명한 시간관리의 요소

① 목표와 욕구 구체화하기: 먼저, 욕구가 존재해야 한다. 욕구에서 목표가 발생한다. 장기목표와 단기목표를 구체적으로 설정하여 언제 어디서든 다른 사람에게 설명할 수 있을 정도가 되어야 한다.

② 우선순위에 따라 분류하기: 우선순위를 정하고 그에 따라 순차적으로 처리할 수 있어야 한다.

③ 시간과 자원 할당하기: 시간과 자원은 한정되어 있으므로 적절하게 할당해야 한다.

④ 한 번에 하나씩 일을 끝내기: 여러 가지 일을 동시에 하려고 하면 집중력이 감소하여 한 가지에 몰입하지 못할 수 있음을 유의해야 한다.

⑤ 위임하기: 다른 사람에게 넘겨줘도 되는 일은 위임하는 것이 시간관리에 효과적이다. 해결하기 어려운 과제일 경우 전문가의 도움을 받는 것도 이에 해당한다.

(3) 스티븐 코비(Covey, 1989)의 4세대적 시간관리의 구분

1세대는 순서에 따라 시간관리를 한다. 2세대는 계획과 준비를 하여 시간관리를 한다. 3세대는 계획의 우선순위를 정하고 통제한다. 4세대는 이전 세대의 장점을 모두 포함하는 것으로 시간관리 매트릭스에서 긴급성과 중요성을 기준으로 활동을 나누어 네 가지로 시간을 분류한다. 시간관리를 실천하려면 우선순위를 정한 뒤 이에 따라 준비하고 계획을 수행해야 한다.

5) 우선순위와 파레토 법칙

효과적인 시간관리를 위해서는 우선순위와 파레토 법칙을 숙지하고 있어야 한다.

(1) 우선순위 세우기 기술

우선순위를 정하는 것은 쉽지 않기 때문에 중요도와 긴급도의 두 가지 기준으로 나누어 설정하는 연습을 해야 한다. 중요도는 목표와의 관련 여부로 결정한다. 목표와 관련된 일은 중요하고, 그렇지 않으면 중요하지 않다. 목표가 없는 경우 중요한 일이 없기 때문에 시간관리의 어려움을 겪는다. 긴급도는 그 일을 반드시 마쳐야 하는 시간적 한계, 즉 마감시간으로 결정한다.

중요도와 긴급도에 따라 우선순위는 네 가지로 나눌 수 있다. 1순위는 '중요하고 급한 일'로 시험, 숙세와 같은 당면과제이다. 2순위는 '중요하지만 급하지는 않은 일'로 장기적 계획이 요구되는 일들이 이에 해당한다. 3순위는 '중요하지 않지만 급한 일'이며, 주로 목표와 관련성이 낮은 일들이다. 4순위는 '중요하지도 급하지도 않은 일'로 목표와는 상관없는 게임, 잠, TV 시청 등을 포함한다.

(2) 파레토 법칙

파레토 법칙은 이탈리아의 경제학자인 빌프레도 파레토(Vilfredo Pareto)가 부의 분배 문제와 관련하여 고안한 것으로 전체 인구의 비중과 그들이 소유하고 있는 부의 정도 사이의 관계를 설명한다. 전체 인구의 20%에 해당하는 인구가 전체 부의 80%를 차지하고 있다는 것이다. 파레토 법칙은 부의 분배뿐 아니라 다양한 분야에 적용할 수 있다. 예를 들면, '국내 총생산의 80%는 인구의 20%가 만들어 냄' '백화점 전체 매출의 80%는 20%의 고객에 의해 발생함' '어떤 회사의 총 수익은 제품의 20%에서 발생함' 등이다.

파레토 법칙을 시간관리에 적용하면 내 목표와 직접 관련된 중요한 일을 하는 시간은 하루 깨어 있는 시간의 20%인 3~4시간 정도라는 것을 알 수 있다. 그렇기 때문에 시간관리를 통해 하루 3시간 정도의 자가 학습량을 유지하는 학생들은 대체로 상위권 성적을 유지할 수 있는 것이다.

6) 실천전략

시간관리는 의지만으로 성공할 수 없다. 요령과 전략이 필요하다. 개인에게 맞는 행동전략을 찾고, 성공 사례에서 모델링을 하는 것이 중요하다. 시간관리는 나이가 든다고 해서 자연스럽게 되는 것이 아니다. 효과적 방법을 습득한 후 실제 사용을 통해 효능감을 증가시킬 수 있는 수준의 반복이 필요하다.

(1) 자기감찰 기법

자기감찰 기법(self-monitoring technique)에서는 반응성 효과(누군가 자신의 행동을 관찰하거나 기록하기만 해도 사람들의 행동이 달라지는 것)를 이용한다. 즉, 자신의 행동을 스스로 관찰하고 기록하게 하여 행동을 수정하게 하는 것이다. 행동을 관찰하는 것 자체가 그 행동을 더 나은 방향으로 변화시키는 경향이 있고, 행동에 영향을 미치는 원인을 파악하여 자신을 더 효과적으로 관리할 수 있는 것이다. 관찰 결과가 피드백이나 보상으로 작용하기도 한다.

(2) 행동 조절 기법

우선 마감시간(deadline)을 정해야 한다. 파킨슨의 법칙에 따라 목표달성에 필요한 시간을 다소 빠듯하게 정해야 한다. 파킨슨의 법칙이란 시간이 많이 주어졌다 해도 해야 할 일을 미리 하기보다는 허용되는 시간의 끝까지 미루었다가 마지막에 일을 끝내는 경향을 말한다.

자기보상과 자기처벌도 필요하다. 자기보상이란 계획을 실천하였을 때 스스로에게 상을 주는 것이고, 자기처벌이란 마감시간까지 과제를 끝내지 못한 경우 즐기는 일을 하지 않거나 싫어하는 일을 하는 것이다. 계획을 공개하는 것도 실천력을 높여 준다. 공개된 약속에 조금 더 집중할 수 있기 때문이다.

(3) 사고 조절 전략

실패하거나 뜻대로 되지 않았을 때 합리화하려고 스스로에게 변명을 하는 경우가 많다. 다음에도 비슷한 생각으로 실천하지 못할 가능성이 있기 때문에 스스로를 객관화하여 이성적으로 통찰하는 이성적 자기진술이 필요하다.

스트레스를 많이 받고 공부를 하기 싫을 때에는 지금은 힘들지만 잘 해낼 수 있다는 긍정적 자기진술이 도움이 된다. 또한 미래의 결과가 좋지 않을 것에 대한 걱정은 그 자체로 실패하게 만들 수 있다. 부정적인 감정으로 과제에 집중할 수 없기 때문이다. 따라서 현재에 초점을 맞추고 집중하는 것이 중요하다.

(4) 집중 조절 전략

집중이 잘 되는 시간과 공간에서 공부하는 것이 중요하다. 또한 집중이 되는 시간만큼 계획하고 공부해야 효율성을 높일 수 있다. 여기에는 일정 수준까지는 투입량에 비례하여 수확이 증가하지만, 그 수준을 넘어서면 수확이 감소한다는 수확체감의 원리가 적용된다.

4. 집중력 향상 전략

학습상담 장면에서 아이들이 가장 많이 호소하는 어려움은 집중이 잘 되지 않는다는 것이다. "집중이 되지 않을 때 무엇을 하게 되는가?"라는 질문을 하면 많은 아이는 잡념, 딴짓, 졸음 등을 경험한다고 보고한다. 그렇다면 어떻게 해야 이러한 집중 이탈 현상을 줄일 수 있을까? 먼저, 집중이 무엇인지 정확하게 이해해야 잘 되지 않을 때의 해결방안을 찾을 수 있다.

1) 학습과 집중력

공부한 내용을 기억하지 못한다면 학습은 의미가 없을 것이고 학습 내용이 안정적으로 기억되려면 집중은 필수적 관문이다. 기억과정에서 주의의 역할은 단순화된 이중저장 기억모델로 설명할 수 있다. 정보가 입력되면 감각등록기에서 아주 짧은 시간 머무른 후 단기/작업 기억으로 이동하는데, 여기서의 유지 시간도 1분이 채 되지 않는다. 마지막 단계인 장기기억으로 넘어가야 오랫동안 기억이 가능하다. 입력된 정보가 장기기억까지 가는 과정의 핵심이 주의집중이다. 작업기억은 사고의 첫 단계로 정보를 의식적으로 처리하기 위해 짧은 시간 동안 붙들어 두는 기제이다. 감각등록기에서 작업기억으로 정보를 옮기려면 그 정보에 주의하는 것이 필요하고, 그렇지 않은 경우 정보는 곧바로 상실된다.

일반적으로 '주의'는 감각등록기의 정보를 선택적으로 기억에 입력하는 심리적 기제이며, 기억이 최초로 일어나는 과정이다. '학습에서의 주의'는 교과 내용을 처음 받아들이고 처리하는 과정으로, 이후의 인지처리과정의 기초 단계이다. 수업 시간에 집중하지 못하는 것은 학업 실패를 예언하는 변인 중의 하나이다. 학습에서 효율적인 주의조절능력이 있다면 변화하는 자신이 추구하는 목표를 성취할 수 있도록 과제에 집중하고 부정적인 정서를 효율적으로 관리할 수 있다.

2) 주의란 무엇인가

주의는 외부 환경이나 개인 내부의 많은 자극 중 특정한 자극을 분명하게 인지하거나 특정한 자극에만 반응하는 의식의 활동 및 상태이다. 주의는 뇌가 다양한 자극을 처리할 수 있도록 기본적인 통로를 여는 것으로, 필요 없는 자극을 걸러 내고 목표에 관련된 중요한 정보를 선택하는 과정이다. 따라서 주의력이 취약하다는 것은 불필요한 자극에 대해 쉽게 반응함을 의미한다.

안타깝게도 인간은 전지전능과는 거리가 먼 존재이며 주의는 매우 제한적이다. 주의가 제한되어 있음은 전경과 배경을 통해 설명될 수 있다. 전경은 주의를 받는 대상, 배경은 주의를 받지 못하는 대상이다. 주의를 기울이면 대상의 현저한 특징에 주목할 수 있다. 여러 자극이 주어지는 상황에서는 전경이 배경이 되기도 하고, 배경이 전경이 되기도 한다. 이때에는 주의를 하나에서 다른 하나로 재빨리 바꿀 수 있어야 한다. 학습이 진행되는 동안에는 교사의 설명과 학습과제가 전경이 되어야 할 것이다.

3) 정보처리의 방향에 따른 주의의 변화

주의과제에서는 상향처리(bottom-up processing)와 하향처리(top-down processing)라는 선택기제가 사용된다. 상향처리는 정보의 흐름이 감각기억에서 장기기억으로 진행되는 과정이다. 감각수용기에 등록된 자극들로부터 나온 개별 정보가 중요하며, 흥미를 끄는 자극에 주의를 둔다. 상향처리는 생소하고 사전지식이 부족한 내용을 학습할 때 작용한다. 학습이 부진한 아이들이 수업시간 중 집중에 어려움을 호소하는 이유는 기초학습의 부족으로 단어 하나까지 생소함을 느껴 다른 아이들보다 주의의 부하가 더 많이 걸리기 때문이다.

하향처리는 정보의 흐름이 장기기억에서 감각기억으로 진행되는 과정이다. 개인이 가지고 있는 개념과 기억의 영향을 받고, 스스로의 목표와 관련된 특정 자극에 주의를 둔다. 하향처리는 예전에 알고 있던 것을 학습할 때 작용한다. 따라서 기초학습이 충실하거나 예습을 습관화한 아이들은 수업시간에 하향처리가 가능하기 때문에 집중이 더 수월함을 경험할 수 있다.

4) 수동적 주의와 능동적 주의

수업시간에는 멍하니 있다가 게임할 때는 전력을 다해 집중하는 아이를 보고 "게임하듯이 집중하면 전교 1등도 할 텐데!"라는 아쉬운 말을 내뱉게 되지만, 안타깝게도 그런 일은 일어나기 어렵다. 왜냐하면 게임과 학습에서의 집중은 전혀 다른 과정이기 때문이다.

주의는 능동성의 정도에 따라 수동적 주의(passive attention)와 능동적 주의(active attention)로 나뉜다. 수동적 주의는 특별한 노력 없이 외부로부터의 감각이 수용되는 것이다. 수동적 주의를 쉽게 끄는 자극은 시각적이고 움직임이 있는 것으로 애쓰지 않아도 주의가 집중된다. 아이들이 많이 접하는 게임, 동영상에 의한 자극을 예로 들 수 있다.

능동적 주의는 의식적인 노력하에 외부로부터의 감각 정보가 선택되고 적극적으로 처리되는 과정이다. 공부할 때는 능동적 주의가 필요하다. 수동적 주의와 달리 학습자의 태도, 목표의식, 동기, 효능감에 의해 영향을 받기 때문에 자극을 수용하려는 노력과 에너지가 필요하다. 공부를 하기 어려워하는 아이들은 수동적 주의가 아닌 능동적 주의에 어려움을 겪고 있는 것이고, 이를 개선하기 위한 노력이 필요하다.

5) 주의력의 한계

인간의 주의력은 매우 명확한 한계가 있다. 따라서 주의집중 대상이 많아도 한 가지만 선택하여 주의를 할당하는데 이를 '선택적 주의'라고 한다. 양분 청취 과제(dichotic listening task, 실험 참가자에게 헤드폰을 착용하게 하고 양쪽 귀에 서로 다른 메시지를 들려주면서 그중 한쪽의 메시지를 따라 말하도록 하는 것) 실험에서 참가자는 집중 대상이 아닌 쪽의 메시지가 영어에서 독일어로 바뀌어도 인식하지 못하는 경우가 많았다. 한 가지 자극에 더 많은 주의를 기울이는 것이다. 만약 음악을 들으면서 공부한다면 선택적 주의가 일어나기 때문에 더 즐겁고 신나는 음악에 더 많은 주의를 할당하게 된다.

다양한 자극에 동시에 주의를 기울일 때 수행이 저조해지는 것을 '분할된 주의'라고 한다. 분할주의 과제(divided-attention task)는 일정량의 주의를 하나 이상의 과제에 나누도록 하기 위해 2개 이상의 동시적 메시지에 주의하도록 하고 필요에 따라 각 메시지에 반응하도록 요구하는 것이다. 분할주의 과제의 대표적인 실험은 운전하면서 다른 일을 수행했을 때 나타나는 결과를 분석한 것이다. 이 실험에서는 운전하면서 휴대폰을 사용하도록 하되, 핸즈프리를 사용한 집단과 사용하지 않은 집단으로 나누었다. 두 집단이 급작스러운 상황에서 브레이크를 밟기까지 걸리는 시간을 측정했을 때 교통 혼잡이 없는 경우에는 집단 간의 차이가 미미했지만, 혼잡스러운 상황에서는 핸즈프리를 사용한 집단의 반응속도가 빨랐다. 주의를 분할하여 처리해야 하는 자극이 많을수록 한 대상에 줄 수 있는 주의능력이 감소하는 것이다.

또한 책을 눈으로 읽는 동시에 그 책과 무관한 단어를 옆에서 들려주면서 받아쓰도록 한 실험에서 참가자들이 처음에는 두 과제를 동시에 수행하는 데에 어려움을 보였다. 6주 동안 반복했을 때에는 받아쓰기를 하면서 책 읽기는 가능해졌으나 회상할 수 있는 단어가 많지는 않았다. 연습과정을 통해 읽기와 받아쓰기라는 두 과제를 동시에 해낸 것처럼 보이지만, 정보처리에는 한계가 있는 것이다. 만약 TV를 보면서 숙제를 하는 경우 과제의 완수는 가능하지만 그 내용을 이해하고 저장하는 인지처리과정이 제대로 이루어지지 않아 회상해 낼 수 있는 정보는 얼마 되지 않을 것이다.

6) 집중력 향상에 대한 오해

집중력의 부족은 생물학적인 요인에 원인이 있기도 하므로 약을 먹으면 고칠 수 있다고 생각할 수 있다. 흔히 공부 잘하는 약으로 불리는 ADHD 치료제는 메틸페니

데이트를 주성분으로 한다. 이 약은 각성효과를 증진시키고 피로감을 감소시켜 주의력 향상에 효과가 있다. ADHD를 치료하기 위한 약이 각성효과가 있다는 점에 대해 의아하게 생각할 수 있으나 주의력의 기전을 생각해 보면 원리를 알 수 있다. 불필요한 자극을 억제하는 힘이 있어야 중요한 자극에 집중할 수 있는 힘이 생긴다. ADHD는 불필요한 자극을 억제하는 힘이 부족하기 때문에 각성효과가 있는 약으로 뇌를 깨우는 것이다. 만약 이 약을 일반 아이들이 먹는다면 각성효과만을 일으킨다. 또한 식욕부진, 두통, 감정변화, 수면장애, 위장장애 등 다양한 부작용이 따른다.

또한 뇌파를 이용하여 집중력을 높일 수 있다고 생각하기도 한다. 집중을 할 때 Mid-β파가 활성화되는 것에 착안하여 인위적으로 Mid-β파를 깨워 집중력 향상을 유도하는 것이다. 이처럼 뇌파를 조절, 유도하여 집중력을 향상시키는 방법을 뉴로 피드백이라고 한다. 뉴로 피드백은 지속적으로 발전되고 있는 학문이지만 그 효과의 개인차가 크며 뇌파를 인위적으로 유도할 수 있는가에 대한 논의는 여전히 진행 중이다.

ADHD와 같은 극심한 주의력 문제를 제외하면 대부분의 아이는 목표의식과 동기, 정서, 습관과 전략, 환경 요인 등에 따라 집중의 기복을 경험한다. 또한 집중은 관리하고 유지해야 하는 속성이 있기 때문에 단편적인 장치나 방법만으로 향상시키기는 매우 어렵다. 집중력 향상의 근본에는 '자기조절능력'이 있기 때문에 그 힘을 키우기 위한 노력을 기울이는 것이 장기적으로 가장 유익한 효과를 가져다준다.

7) 집중력 영향 요인

(1) 생물학적 요인

생물학적 요인이 주의력 결핍과 부족의 원인이 되는 것은 사실이나 구체적 발병 요인을 정확하게 설명하지는 못한다. 관련된 두 가지 연구를 살펴보면 다음과 같다. 첫째, 임신 중 태아와 관련된 연구에서 태내 환경, 출산과정과 관련된 것이다. 임산부의 영양부족, 흡연, 약물사용, 스트레스, 분만 시 조산에 의한 저체중 등이 있을 경우 주의력 결핍 발생 빈도가 높다. 둘째, 호흡기 질환과의 관련성이다. 집중은 뇌와 밀접한 관련이 있기 때문에 호흡이 매우 중요하다. 뇌의 에너지원은 포도당과 산소인데 호흡기 질환이 있는 경우 뇌에 산소가 충분히 공급되지 않을 수 있기 때문이다. 따라서 비염, 축농증 등의 질환이 있는 학생들이 책상에 오래 앉아 있을 경우 두통이나 집중이 되지 않는다는 어려움을 호소하는 것이다. 주의력이 현저히 떨어질 때에는 생물학적 요인이 있는지 살펴보아야 한다.

(2) 물리적 환경

공부 환경은 집중력에 크게 영향을 미친다. 만약 공부방이 장난감으로 가득 차 있다면 집중하기 어려울 것이다. 책상 구조와 조명도 중요하다. 책꽂이를 책상의 왼쪽에 두는 것, 학습에 방해되지 않는 파스텔 톤의 색조와 밝기를 유지하는 것 등이 중요하다.

(3) 심리적 환경

공부방과 같은 물리적 환경 외에 학습자의 심리적 환경 요인도 집중력에 매우 중요한 역할을 한다. 우울, 불안, 집중 등의 점수가 상승할 경우 대체로 집중에 어려움을 보고한다. 이러한 집중의 어려움은 학업 실패 가능성을 증가시키고, 이처럼 학습에서 반복적인 실패를 경험한다면 부정적인 자아개념이 형성된다. 공부를 해 봐야 안 될 것이라는 무력감이 생기기도 한다. 이러한 상태에서는 공부에 대한 부담이 가중되어 책상에 앉아 있기는 하지만 오히려 집중력이 저하된다. 심리적 요인은 전문적인 심리검사나 전문가와의 면담을 통해 파악해야 한다.

(4) 학습전략 요인

학습전략은 공부를 시작하기 전에 마음속으로 계획을 세우고, 자신이 계획한 방법으로 학습을 진행하며, 공부를 마친 후 학습목표에 비추어 평가하는 것이다. 개인의 주의력은 정해진 능력이 아니라 어떻게 사용하는지에 따라 발휘되는 정도가 다르다. 따라서 적절한 학습전략을 사용하면 주의력에 도움이 된다. 학습 시작 전 초인지 전략(메타인지)에 의한 '학습 자기교시 지시문'의 응용은 의미 있는 학습전략이다. 학습 자기교시 지시문은 자신이 지금부터 어떤 과정을 거쳐 공부할 것인지 되뇌어 보고 행동을 유도해 주는 말을 스스로에게 하는 것이다. 예를 들면, '이제부터 수학 문제를 풀어야지.' '1시간 동안 참고서 25쪽부터 35쪽까지 풀어야지.'와 같은 것이다. 또한 학습 후에는 '내가 오늘 공부한 내용이 뭐였지?' '오늘 계획한 것을 다 못했다면 그 이유는 무엇 때문일까?'라고 생각해 보아야 한다. 학습 전후에 매우 의도적으로 스스로에게 질문하는 과정을 통해 자기동기화와 자기평가를 하는 것이다. 이는 학습 효율성의 증가로 이어진다.

5. 기억 향상 전략

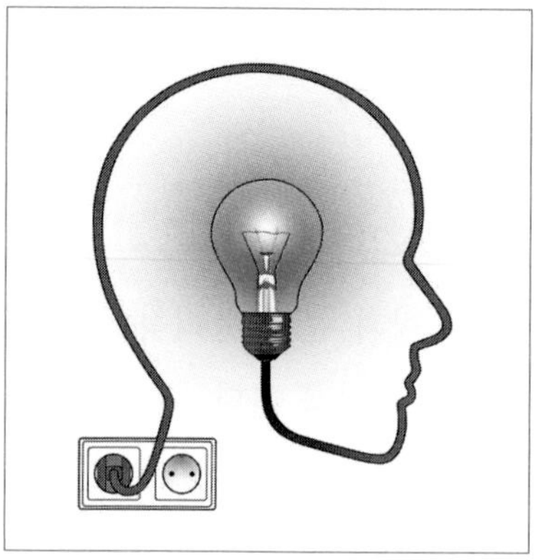

공부를 한다는 것은 새로운 정보를 받아들여 기존의 지식과 통합해 필요할 때 떠올릴 수 있을 정도의 안정적인 기억을 형성하는 과정이다. '반복'이 기억의 왕도이기는 하지만 현대사회에서의 정보량과 학습량은 충분한 반복에만 의존하기에는 시간적 한계에 부딪히기 때문에 기억의 절차와 효과적인 기억 형성과정을 이해하고 학습에 임해야 한다.

1) 기억 형성의 영향 요인

장기기억에 영향을 주는 첫 번째 요인은 작업기억이다. 기억은 네트워크 구조이기 때문에 새로운 정보를 기존의 기억과 연결시킬수록 장기기억은 더 효과적으로 만들어진다. 기존 기억과의 연결은 작업기억에서 이루어진다. 수업을 들으며 새로운 정보가 입력될 때 기존의 기억을 불러 연결시키는 것이다. 연결이 잘 되었을 때 이해가 된다는 느낌이 든다. 자동성을 습득하면 작업기억 용량의 한계를 높일 수 있다.

두 번째 요인은 사전지식이다. 알고 있는 것이 많을수록 새로운 정보를 이해하는 것이 쉬워진다. 기초학습이 잘 되어 사전지식이 풍부한 학습자는 공부를 할 때 기존에 알고 있던 것과 연결 짓는 유의미학습이 가능하여 공부가 더 쉽다. 공부를 잘하는 친구들은 지금 배운 내용이 내가 알고 있는 그것과 같은 것인지 떠올려 보고 스스로에게 질문한다. 반면, 사전지식이 부족하다면 연결시킬 것이 없으므로 정보는 따로따로 처리된다. 따라서 반복해서 외우는 기계적인 암기전략에 의존하게 된다.

공부에서도 빈익빈 부익부 현상이 일어난다. 알고 있는 게 많을수록 쉽고 그렇지 않다면 어려운 것이다. 교사의 입장에서는 기초학습이 부족한 학생들을 대상으로 수업 진행 시 충분한 배경 설명을 하고 새로운 내용에 들어가야 학습효과를 높일 수 있다.

세 번째 요인은 사전 오개념(misconception)이다. 내가 알고 있는 정보를 새로운 정보와 연결시키는 것은 기억에서 매우 중요한 과정이다. 그러나 이미 알고 있는 정보가 잘못된 것이라면 새로운 정보도 왜곡되고 틀어질 것이다. 항상 정확한 정보를 알고 있어야 하고 비교 시 주의를 기울여야 한다. 입력이 잘못된 정보는 인출 시에도 잘못되기 마련이다. 헷갈리는 정보는 반드시 다시 찾아보고 정확성을 높여야 한다.

네 번째 요인은 자동성이다. 글자의 순서를 섞어 놓아도 사람들은 글의 내용을 대략적으로 이해하는 것이 가능하다. 이것은 오랜 시간 한국어에 익숙해져 있어 문맥의 구성과 다음에 이어질 단어에 대해 예측과 기대를 갖고 있기 때문이다. 숙달된 독자나 성인은 전반적인 패턴을 통해서 의미를 추출하는 방식으로 글을 읽는다. 그래서 어떤 글에서 단어가 원래대로 적혀 있지 않더라도 읽을 수 있는 것이다. 반면, 초보 독자나 아이들은 책에 있는 단어 하나하나에 집중하기 때문에 읽는 데 시간이 오래 걸리고 의미파악에 어려움을 겪는다.

다섯 번째 요인은 언어화이다. '가르쳐 보면 더 잘 기억할 수 있다.'라는 말이 있다. 무엇인가를 배울 때 그것을 나의 언어로 표현하는 경험은 학습에 매우 중요하다. 학습은 말하거나 쓰는 것으로 자기설명의 형태를 취하는 것이다. 학생들에게 공부할 때 가만히 듣고만 있지 말고 외현적 자기표현에 참여하도록 격려해야 한다. 교사가 교과 내용을 모두 가르치지 않고 일정 부분은 아이들이 준비해서 친구들에게 설명할 수 있도록 하는 것도 좋은 방법이다. 그날 수업이 끝난 후 배운 내용을 책에 있는 그대로가 아닌 자기의 언어로 말해 보게 하는 것도 필요하다.

여섯 번째 요인은 실행이다. 관념적 · 언어적으로만 학습한다면 쉽게 지루해진다. 특정 분야에서는 학습 내용을 글로만 읽는 게 아니라 직접 그려 보고, 실험해 보는 등의 활동이 필요하다. 학습상담을 진행할 때에도 아이들과 학습 효율을 높이기 위한 전략을 직접 해 보는 것이 중요하다.

일곱 번째 요인은 반복과 검토이다. 기억은 취약한 구조이기 때문에 장기기억에 저장되는 것이 쉽지 않고, 저장되었다고 하더라도 유지하는 것은 더 어려운 일이다. 기억을 유지하기 위해서는 집단 연습보다 분할 연습을 해야 한다. 집단 연습은 일정 시간 동안 한꺼번에 연습하는 것으로 시험 기간에 벼락치기 하는 것을 예로 들 수 있다. 반면, 분할 연습은 과제를 분할하여 연습하는 것이다. 같은 지능을 갖고 있는 사람이 같은 시간을 공부한다고 했을 때 집단 연습에 비해 분할 연습이 훨씬 더 효과적이다. 분할 연습에서는 학습자가 추가적인 처리과정에 참여하면서 내용을 반복해야 하고, 기억 속에 있는 다른 정보와 더 강한 연합을 형성하기 때문이다. 또한 연습을 반복하면 자동성(automacity)이 촉진되는 것도 중요한 이유이다. 분할 연습에는 시간계획이 필수적이다. 효과적인 학습을 위한 전략은 통합적으로 연결하는 것이다.

2) 메타인지

자기주도적 학습이론에서 효과적인 학습자는 메타인지를 사용한다. 메타인지는 상위인지라고 하며, 학습자 스스로 자신의 학습과 인지 과정을 스스로 조절하는 것을 말한다. '생각에 대한 생각'으로 정의되기도 한다. 메타인지를 사용한다는 것은 학습자가 공부할 때 지금 내 머릿속에서 무슨 일이 일어나고 있는지 스스로 알아차리고 조절하는 것이다. 메타인지능력의 개인차는 생물학적 차이와 학습경험의 차이에서 비롯된다. 최근 연구 결과에서는 메타인지가 지능과는 독립되어 있는 것으로 밝혀졌다. 즉, 배워서 익힐 수 있는 것이다. 따라서 학습부진아를 대상으로 메타인지를 훈련시켜 학습과정을 조절할 수 있도록 돕는 것이 가능하다.

메타인지를 사용하는 아이들이 그렇지 않은 경우에 비해 더 많이 학습하고 더 잘할 수 있는 이유는 다음과 같다. 부모나 교사가 이런 내용들을 유도해 주면 나중에는 아이들이 경험에 의해 스스로 적용할 수 있을 것이다.

- 집중하지 않으면 기억할 수 없다는 것을 알고 있기 때문에 교실의 앞자리에 앉는 등 스스로 집중력을 높이려고 노력한다.

- 메타인지는 정확한 인지를 증가시킨다. 처음에 배울 때 정확하지 않은 내용이 입력되면 정보처리과정에 문제가 생긴다. 따라서 처음부터 정확하게 배우기 위해 질문, 반복 등의 노력을 한다.
- 메타인지는 작업기억을 통해 정보의 흐름을 조절하는 것을 돕는다. 전화번호를 외울 때 금방 잊어버리는 것을 방지하기 위해 어딘가에 적어 두거나 시연하는 것처럼 공부할 때에도 이런 원리들을 의식적으로 적용한다.
- 메타인지는 유의미한 부호화에 영향을 미친다. 정보를 각각 저장하는 것보다는 연결하는 것이 더 효과적으로 기억하는 방법이라는 것을 알고 있기 때문에 주제 간의 관련성을 찾기 위해 의도적으로 노력한다.

3) 학습한 내용을 잊어버리는 이유

기껏 애써서 공부한 내용이 시험 때 떠오르지 않는다면 이보다 안타까운 일은 없을 것이다. 하지만 망각이 무엇인지 이해하면 이에 대비하기가 한결 쉬워진다. 망각의 원인은 다음과 같다.

첫 번째 원인은 '소멸'이다. 쓰지 않는 칼에 녹이 생기듯이 시간이 경과함에 따라 사용하지 않은 기억이 사라지는 것이다. 이를테면 고등학교에서 배웠던 수학 공식 등을 지금 사용하려고 하면 잘 떠오르지 않는 것과 같다. 두 번째 원인은 '간섭'으로, 유사한 다른 기억정보와 혼동되어 제대로 인출하지 못하는 것이다. 발음이 유사한 영어 단어들의 뜻을 정확하게 기억하기 어려운 것이 이에 해당한다. 세 번째 원인은 '인출 실패'로, 기억은 되었지만 장기기억에서 작업기억으로 인출하는 데 어려움을 겪는 것이다.

망각을 예방하기 위해서는 공부할 때 최대한 집중해야 한다. 간섭을 막기 위해 학습 내용을 체계화, 조직화하는 동시에 복습과 비교를 통해 주제들 간의 관계를 강조해야 한다. 여러 가지 방법으로 새로운 정보를 학습하고 서로 관련지어 인출단서를 확실하게 만든다. 주소가 있어야 목적지를 찾아갈 수 있는 것처럼 목차, 제목이 잘 정리되어 있어야 정보를 떠올릴 수 있다. 망각을 막을 수 있는 가장 최선의 방법은 품을 들이는 것이며, 이것이 심리학에서 일컫는 과잉학습(overlearning)이다. 학습의 정도와 망각률은 깊은 역함수 관계에 있기 때문에 반복하고 공부를 더 많이 해야 망각을 줄일 수 있다. 실험 결과에 따르면, 200% 과잉 학습을 한 경우 공부한 내용을 거의 잊어버리지 않았다. 단어 100개를 완벽히 외우는 데 들어간 시간의 2배를 공부할 경우 기억의 효율은 10배에서 최대 20배까지 차이가 난다. 따라서 중요한 내용은 과잉학습이 필요하다.

4) 유의미학습

어떤 내용을 학습할 때, 특히 그 내용에 대한 흥미나 관심이 많을 때, 우리는 '재미있다'는 경험을 한다. 공부를 하는 행위 자체는 힘들고 어려워도 자신도 모르게 고개를 끄덕이고 빛나는 성취감을 느끼며 배운 내용이 머리에 쏙쏙 들어오는 경험을 하게 된다. 이것을 유의미학습(meaningful learning)이라고 한다. 배경지식을 알고 있거나 원래 흥미 있던 내용의 소설이 재미있는 이유는 계속 기존의 정보와 연결시키기 때문이다. 심리학자들은 학습할 때 하나 이상의 인지적 과정을 의도적으로 사용한다는 뜻으로 학습전략이라는 용어를 쓴다. 정확한 장기기억을 만드는 것은 쉽지 않기 때문에 메타인지 전략을 사용하는 것이 도움이 된다.

유의미학습은 지금 배운 것이 내가 기존에 알고 있는 것과 연합되어 장기기억에 저장되는 것이다. 배움의 즐거움은 이럴 때 일어난다. 학습과정에서 장기기억에 저장되어 있는 지식과 새로운 자료를 연결시키는 과정은 저장과 인출 모두를 촉진한다. 학습과제에 대한 기억의 정도를 측정하는 한 연구에서는 능력이 같은 대학생들을 두 집단으로 나누어 역사에 관한 내용을 공부하게 하였다. 한 집단에게는 사실을 기억하는 것이 중요하므로 외우도록 지시하였다. 다른 집단에게는 외울 필요는 없고 사건의 의미에 대해 생각해 보도록 하였다. 그 후 실시한 객관식 시험에서는 두 집단이 별 차이를 보이지 않았다. 그러나 서술형 시험에서는 유의미학습 전략을 사용한 집단이 질적으로 우수한 답안을 제출하였다(Van Rossum & Schenk, 1984). 정보라는 것은 통합되어야 의미가 생기고 추출이 가능하다. 그래서 유의미학습이 중요한 것이다.

5) 정교화와 조직화

정교화(elaboration)는 무작정 암기하는 것보다 추가 정보와 함께 윤색할 경우 더 잘 외울 수 있는 것을 말한다. 이를테면 태극기의 괘를 외우는 것이 어렵다면 S자를 왼쪽으로 눕혀 기억하면 쉽다. 정보를 그냥 외우는 것이 아니라 어떻게 하면 내가 외우기 쉽게 바꿀 수 있을 것인지 노력해야 한다.

조직화(organization)는 정보를 공통 범주로 묶는 과정이다. 한 연구에서 대학생들에게 광물, 식물 등과 같은 4개 범주의 112개 단어를 네 번에 걸쳐 학습시키는 실험을 진행하였다. 대학생들은 임의 학습 집단과 조직화 학습 집단으로 나뉘었다. 한 번 학습한 후에 조직화 학습 집단이 임의 학습 집단보다 3배 많은 단어를 기억하였다. 세 번 학습한 후에 조직화 학습 집단은 모든 단어를 기억했지만, 임의 학습 집단은 70개를 기억하였다. 공부를 할 때 정보의 양이 증가할수록 조직화가 필요하기 때문에 학습시간을 증가시켜야 한다. 교사가 표, 도식 등을 제공하기도 하지만 학습자 스스로 생성한 조직화가 더욱 효과적이다.

6) 심상화

아주 오래 전에 알던 사람을 우연히 마주쳤을 때 얼굴은 기억나지만 이름이 기억나지 않는 경우가 많다. 인간에게 시각적 기억이 오래 남는 것이다. 뇌의 4분의 1에 해당하는 후두엽이 시각 처리를 담당하기 때문이다. 글로 되어 있는 교과서 자체를 기억하는 것은 쉽지 않지만 시각적 심상을 사용하여 심상화(imaging)를 하면 더 오래 기억할 수 있다. 시를 외울 때에도 글자만 외우면 매우 어렵지만 관련된 이미지들을 떠올려 보면 도움이 된다. 어떤 아이들은 역사 공부를 할 때 드라마를 떠올리거나 그림을 그려 보기도 한다. 학습만화가 유행했던 것도 시각적 심상이 기억에 도움이 되는 것과 관련되어 있다. 시각적 심상도 오랫동안 기억하려면 스스로 만들고 그려 보아야 한다.

이와 관련된 유용한 학습방법은 도식화로 지도, 흐름도, 표 등을 만드는 것이다. 도식화하면 인출단서를 제공하기 때문에 어느 한 단어를 떠올리면 관련 개념들이 연관되어 떠오르는 효과가 있다. 마인드맵(mindmap)을 만들 때에는 핵심 개념을 가운데에 두고 관련된 내용을 일정한 범주로 나누어 그려 나가야 한다. 교과서, 참고서 등에 마인드맵이 많이 제시되지만 이것을 그대로 외우는 것은 기계적 습득에 지나지 않는다. 마인드맵을 그리려면 완벽히 이해하고 있어야 하기 때문에 스스로 그린 개념지도의 학습효과가 뛰어난 것이다.

솔루션

6. 시간관리능력 향상 전략

인생에는 짧은 시간 안에 눈에 보이는 성과를 얻을 수 있는 일도 있고 오랜 시간 동안 노력을 기울여야 성취가 가능한 일도 있다. 무엇을 성취하든지 그 성취의 가치는 투자한 노력의 양과 그 과정에 의해 판단된다. 학습의 경우도 마찬가지이다. 단기간의 성취를 위해 벼락치기와 암기에 의존하는 경우라면 학습자 스스로 실제적인 능력의 증가나 학습의 즐거움을 느낄 수 없다. 반면, 중장기적인 목표와 그것을 성취하기 위해 지속적인 노력을 기울이는 학습자는 현재의 성취가 미래에도 유지될 수 있고 그 성취의 결과물을 실제 능력 그 자체로 볼 수 있기 때문에 높은 자신감과 학습에 대한 흥미를 가지게 된다. 이러한 지속적 노력에서 작동하는 핵심 전략이 시간관리에 대한 것이다. 시간관리는 다음과 같은 전략적 요소를 포함한다.

Q1 무엇을 해야 할까요?

책상 앞에 앉아서 무엇을 해야 할지 고민을 하면 미루기 행동이 일어나기 쉽고 잡념에도 자주 빠지게 된다. 이것을 막으려면 구체적인 목표가 있어야 한다. 목표 세우기 기법을 SMART 기법이라고도 하는데, 구체적인 내용은 다음과 같다.

- S(Specific): 추상적인 목표보다는 구체적인 목표를 잡는다. 예를 들어, '방학을 알차게 보내겠다.'라는 생각을 하는 대신, '학원공부, 여행, 운동' 등과 같은 구체적인 목표 영역을 설정하라.
- M(Measurable): 측정 가능한 목표를 세운다. 예를 들면, '영어실력을 높이겠다.'보다는 '1일'에 영어 단어 '10개'씩 '50일'간 '500개'를 외운다는 목표를 세운다.
- A(Action-oriented): 실천으로 옮길 수 있는 목표를 설정한다. '수학 공부를 열심히 하겠다.'라는 목표보다는 '매일 저녁 책상에 앉아 수학 교과서를 2페이지씩 공부하겠다.'라는 목표가 실패할 가능성이 낮다. 사고중심적인 목표보다는 행위중심적인 목표를 설정한다.
- R(Realistic): 실현 가능한 목표를 세운다. 반에서 40등을 맴도는 학생이 한번에 반에서 1등을 하겠다는 목표는 현실적으로 달성하기 어렵다. 그러나 '이번 학기에는 등수를 10등만 올려보자.' 혹은 '다음 시험에서 평균을 5점 올리겠다.'라는 목표는 실현 가능하고 성공할 가능성도 높일 수 있다
- T(Timely): 목표를 정하고 그것을 이루는 과정에서는 반드시 시간을 고려해야 한다. 일단은 목표를 달성하는 마감시간을 설정해야 한다. '1학기에 배운 수학책을 다시 한 번 봐야지.'가 아니라 '1개월 내에 책을 한 번 복습하겠다.'라고 목표를 세워야 한다는 것이다. 그다음으로 마감시간의 설정이 적절한지를 검토해야 한다. 시간은 너무 적게 잡아도 문제지만 너무 많이 잡아도 목표를 달성하기 힘들다. 왜냐하면 사람들은 마감시간에 맞춰 행동하기 때문에 대개는 시간이 많을 때 더 나태해져서 목표달성과는 거리가 멀어진다.

Q2 무엇을 먼저 해야 할까요?

하루에 해야 할 과제는 한 가지 이상이며 대개 제한된 시간 안에 처리해야 한다. 그렇기 때문에 과제에는 반드시 우선순위가 부여되어야 한다. 우선순위를 정하는 것은 쉽지 않기 때문에 중요도와 긴급도의 두 가지 기준으로 나누어 설정하는 연습을 해야 한다. 중요도는 목표와의 관련 여부로 결정한다. 목표와 관련된 일은 중요하고, 그렇지 않으면 중요하지 않다. 목표가 없는 경우 중요한 일이 없기 때

문에 시간관리의 어려움을 겪는다. 긴급도는 그 일을 반드시 마쳐야 하는 시간적 한계, 즉 마감시간으로 결정한다.

중요도와 긴급도에 따라 우선순위는 네 가지로 나눌 수 있다. 1순위는 '중요하고 급한 일'로 시험, 숙제와 같은 당면과제이다. 2순위는 '중요하지만 급하지는 않은 일'로 장기적 계획이 요구되는 일들이 이에 해당한다. 3순위는 '중요하지 않지만 급한 일'이며 주로 목표와 관련성이 낮은 일들이다. 4순위는 '중요하지도 급하지도 않은 일'로 목표와는 상관없는 게임, 잠, TV 시청 등이 포함된다.

Q3 얼마나 해야 할까요?

목표가 뚜렷해지고 나면 이번에는 시간 사용의 출발점을 결정해야 한다. 거의 모든 사람은 어떤 일에 필요한 시간계획을 세울 때, 항상 할 수 있는 것보다 많은 양의 계획을 세우는 경향이 있다. 이것은 애써 만든 시간표를 지키지 못하게 되는 주된 이유 중의 하나이다. 이것을 방지하기 위해서는 계획표 없이 일주일 동안 어떤 일에 얼마만큼의 시간을 사용하고 있는지 일기를 쓰듯이 스스로 점검해 보아야 한다. 이것을 기록하면 수면시간, 통학시간, 친구들과 노는 시간, 컴퓨터나 TV를 보는 데 사용한 시간, 공부한 시간 등을 일목요연하게 알아볼 수 있기 때문에 헛되이 낭비되는 시간이 어디에 있는지 찾을 수 있다. 이것을 바탕으로 공부계획은 자신이 평소에 하던 것에서 20% 정도만 늘리는 수준으로 계획하는 것이 좋다. 예를 들어, 평상시 일주일에 3시간 정도 공부하던 학생이라면 계획을 세울 때는 1시간 정도만 분량만 늘리는 것이 실천 가능한 시간표를 만들게 해 준다.

Q4 언제 해야 할까요?

하루 중 집중이 가장 잘 되는 시간대를 선택해 규칙적으로 학습한다. 뇌의 각성도는 체온과 관련이 있는데 체온의 변화는 [그림 5-1]과 같다.

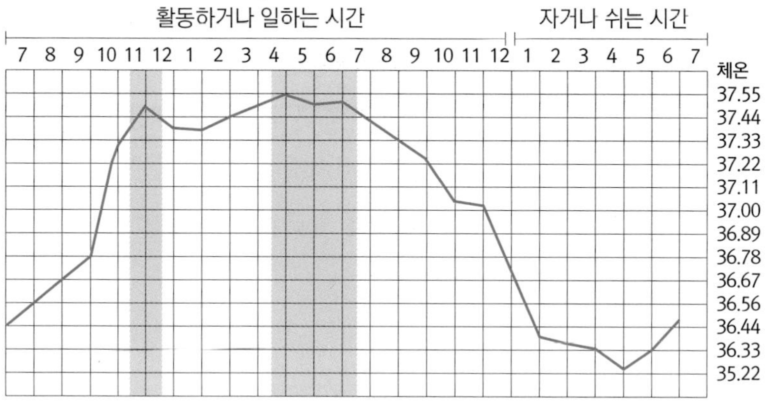

[그림 5-1] 체온에 관한 생체리듬

체온 리듬에 따르면 하루 중 각성과 집중도가 가장 높은 시간은 오후 3~6시 정도가 된다. 전날 수면에 문제만 없다면 이 시간이 가장 공부하기 좋은 시간적 구간이 된다. 하지만 낮 시간은 대부분 학교에서 수업을 들으며 보내기 때문에, 이 시간을 활용하기 어렵다. 그래서 나머지 시간 중 주변이 조용한 시간, 컨디션이 양호한 시간, 놀이에 대한 유혹과 방해가 적은 시간, 졸리지 않은 시간을 자신의 골든타임으로 설정할 수 있다.

Q5 어떤 원칙을 지켜야 할까요?

- 수업시간이 1시간이라면 이에 대한 학습시간을 2시간으로 정해야 한다(1:2 비율의 원칙). 만약 계속해서 수업만 듣게 된다면 수업 내용을 자기 것으로 만드는 학습시간이 부족하기 때문에 비효과적이다.
- 집중력을 고려하여 최대 1시간 단위로 공부 계획을 세워야 한다.
- 공부하는 패턴을 만들어야 한다. 밥을 먹는 것과 같이 정해진 시간에 공부하는 패턴이 생기면 그 시간에 자동적으로 공부하게 된다. 가능하다면 매일 같은 시간에 습관적이고 체계적인 방법으로 공부해야 한다.
- 수업 사이의 쉬는 시간, 휴식시간 등을 적극적으로 활용한다.
- 융통성이 필요하다. 계획한 학습을 모두 할 수 없기 때문에 여유 시간을 두어 보충해야 한다.

- 너무 많은 양을 짧은 시간에 하려고 하면 시간적 압박이 높아져 수행의 질이 떨어지기 때문에 여유 있는 시간계획을 세워야 한다.
- 속성이 비슷한 과목을 연속적으로 공부하면 공부하는 내용 간의 간섭이 일어날 수 있으므로 속성에 따라 교차하여 배치해야 한다.
- 잘 쉬어야 공부도 잘할 수 있기 때문에 학습계획과 함께 여가계획을 세워야 한다.

Q6 계획표는 어떻게 만들어야 하나요?

이렇게 자신의 시간 사용 내역을 검토하고 적당한 학습계획의 출발점을 결정했다면 남은 것은 계획표를 작성하는 것이다. 그런데 본격적인 학습계획을 세우기에 앞서 한 가지 명심해야 할 것이 있다. 많은 사람의 경우 계획은 잘 세우는데 실천에서 문제가 있다고 생각한다. 다시 말해, 시간관리에 있어서 자신의 문제가 계획을 어떻게 세우는지의 여부가 아니라 단지 실천을 제대로 못한다고 생각하는 것이다. 계획이 지켜지지 않는 것은 안타까운 일이지만 그보다 먼저 계획이 올바르게 세워졌는지를 확인해야 한다. 요령을 무시하고 운동을 하면 오히려 건강을 해치게 되듯이 시간관리도 원칙을 이해하고 지켜야 한다. 목표가 뚜렷한지, 무리한 목표를 가지고 있는 것은 아닌지, 학습량은 적절한지, 우선순위를 고려한 것인지, 과제중심의 계획인지 여부를 점검해 보아야 한다.

계획표에는 크게 두 종류가 있다. 하나는 초등학교 시절에 많이 그려 본 동그란 형태의 시간표로 '시간중심시간표'라고 부른다. 그 이유는 마치 시계처럼 해야 할 일을 시간을 중심으로 나열해 놓았기 때문이다. 다른 하나는 수첩 모양의 다이어리에 해야 할 일을 기록하는 '과제중심시간표'이다. 이 두 가지 시간표는 우리가 가장 흔히 사용하는 계획표로 나름의 장단점을 가지고 있다. '시간중심시간표'의 경우는 무엇을 언제 해야 할지 명확하지만, 수정이 어렵고 시계처럼 행동해야 하는 압박감이 있다. 반면, '과제중심시간표'는 간단하고 변경하기 쉽지만, 전체 계획을 한눈에 확인하기 어렵고 미루기 쉽다는 단점이 있다. 따라서 좋은 시간표를 만들려면 '시간중심'이나 '과제중심'의 한 가지 방법만 사용하는 것은 바람직하지 않다. 두 가지 방식의 장점이 고루 사용되도록 하는 것이 좋은데, 실천하기 좋은 시간표는 다음과 같은 기본 요소를 가지고 있다.

① 기본적으로 할 일 짜기-기본 시간표

주어진 시간은 이미 계획되어 있는 해야 할 일들과 내가 계획해서 쓸 수 있는 시간으로 나눌 수 있다. 이 중에서 내가 계획해서 쓰는 시간의 양을 정확히 알아야 여기에 맞춰 지킬 수 있는 계획을 세울 수 있다. 기본 시간표에는 기본적으로 해야 하는 일들(수면시간, 식사시간, 수업시간, 통학시간 등)을 기록해서 나머지 비는 시간의 양을 정확히 계산한다. 대부분의 학생은 한 주에 50~80시간 정도의 자기 시간을 가지고 있는데, 이 계산된 총 시간이 내가 계획해서 쓸 수 있는 가용시간이고, 이 시간에 맞게 주간계획과 일일계획을 세워 나가는 것이다. 공부계획은 가용시간의 50% 이하로만 계획해야 지킬 수 있다.

② 한 주간의 해야 할 일-주간 계획표

한 주 동안에 공부할 목표를 대략적으로 정한다. 공부목표는 앞에서 설명한 대로 SMART하게 잡아야 하며, 특히 우선순위에 따라 자신에게 중요한 과목을 우선적으로 계획표에 집어넣는다. 중요한 과목이란 전략적으로 성적목표의 성취에 도움이 되는 과목을 의미하는데 이는 주요 과목과는 다른 개념이다. 전략적으로 중요한 과목은 '취약 과목'으로 평상시 학습을 통해 미리 보완해야만 성적 향상이 가능한 과목을 뜻한다.

③ 매일 해야 할 일-일일계획표

이렇게 일주일간의 목표를 잡고 나면 이것을 실천하기 위해 목표를 쪼개어 하루에 할 수 있는 분량으로 나누어 준다. 하루의 공부계획은 세 가지 이하로 잡는 것이 좋으며, 우선순위에 따라 중요한 것부터 공부한다. 또한 공부시간은 하루 중 집중이 잘 되는 시간대로 배치해야 한다. 집중이 잘 되지 않는 시간에는 공부 외의 활동을 하는 것이 효과적이다.

솔루션

7. 집중관리 전략

학습량이 많아도 집중관리에 실패하면 그 노력은 좋은 성적으로 이어질 수 없다. 집중의 한계는 대부분의 아이에게 대동소이하기 때문에 집중을 준비하고, 유지하고, 향상시킬 수 있는 습관을 형성하는 것이 중요하다.

Q1 매일 잠을 자야 하는 이유는 무엇인가요?

수면 부족은 인지적 · 행동적 · 정서적 측면에 중요한 영향을 미친다. 인지기능의 기본이 되는 주의, 작업기억력 등이 저하되고 신진대사 호르몬의 균형이 파괴되는 등의 문제가 발생한다. 또한 비만과 ADHD에도 영향을 미친다. 청소년기에 우울증, 과식 등과 연관될 가능성이 높다.

미국 펜실베이니아 대학교의 데이빗 딘지스(David F. Dinges) 박사가 진행한 실험에서 수면 부족의 영향을 확인할 수 있다. 성인의 수면시간을 하루 6시간까지 줄인 결과, 2주 후에는 뇌의 상태가 꼬박 24시간을 자지 않은 사람과 같아진 것이다. 이처럼 수면 부족은 개인의 삶과 안녕에 위험을 초래하기도 한다.

학년이 올라가면서 수면시간이 줄어들면 기분이 나빠지고 치료를 요하는 우울증을 겪는 아이들의 비율이 상승한다. 미국 컬럼비아 대학교 메디컬센터에서 진행한 연구에 따르면, 자정이 넘어서 잠드는 청소년이 10시 이전에 잠드는 청소년보다 우울증에 걸릴 확률은 35%, 자살을 생각할 확률은 20%가 높았다. 또한 하루 5시간 이하로 자는 청소년은 8시간 자는 청소년에 비해 우울증에 걸릴 확률은 71%, 자살을 생각할 확률은 48%가 높았다. 이 연구 결과가 의미하는 바는 수면 부족이 감정조절능력에 많은 영향을 주고 일상적인 스트레스 대처능력을 떨어뜨린다는 것이다. 우울, 충동, 의욕 저하는 만성적 수면 부족의 증상이다.

우리나라 학생들은 전 세계에서 가장 늦게 잠들고 가장 적게 잔다. 평균 수면시간은 중학생은 6.7시간, 고등학생은 5.6시간이다. 또한 학년이 올라갈수록 수면시간을 줄이려고 한다. 수면 부족은 만성피로, 학습능력의 저하를 유발하며 정신건강을 해칠 수 있으므로 충분한 수면의 양을 확보할 수 있도록 수면관리가 필요하다.

Q2 좋은 수면 습관이란 무엇인가요?

- 적어도 8~9시간의 수면을 취해야 한다. 어릴수록 수면시간은 더 길어져야 한다. 특히 사춘기에는 아침에 충분히 자고 공부하는 것이 효과적이다.
- 잠들기 전에 과도한 자극을 피하고 불안을 줄여야 한다. 이완되지 않으면 숙면을 취할 수 없기 때문이다.
- 잠들기 90분 전에는 모든 활동을 마무리하고 조용한 시간을 갖는 것이 필요하다.
- 쉬는 날에 늦잠을 자면 수면 패턴이 뒤바뀔 수 있으므로 주의해야 한다.
- 잠자리에 들기 전 음식 섭취를 삼가야 한다.
- 저녁시간에는 카페인을 피해야 한다. 요즘 청소년들이 많이 마시는 에너지 음료에 다량의 카페인이 들어 있으므로 주의해야 한다.
- 실내는 선선하게 유지하고 손발은 따뜻하게 하는 것이 좋다.
- 저녁에는 밝은 빛을 피하고 어둡게 하여 잠자리에 들고, 아침에는 밝은 태양빛을 받을 수 있게 해야 한다.

Q3 딴짓을 줄이는 방법이 있을까요?

① 책상은 공부의 용도로만 사용되어야 한다

책상은 오직 공부만을 위해 사용되어야 한다는 사실을 분명히 해 두어야 한다. 만약 책상에 앉아서 졸거나 낮잠을 자면서 많은 시간을 보낸다면, 책상에 앉기만 해도 자꾸 졸릴 것이다. 이와 비슷한 증거로, 만약 여러분이 잠자리에서 종종 책을 읽거나 공부를 한다면, 자기 위해 이부자리에 누워도 쉽게 잠드는 것이 어려워진다. 심리학에서는 환경자극과 행동 간의 연합이 발생한다고 설명한다. 이렇게 되면 나중에는 자극이 행동을 일으키는 방아쇠가 되는 것이다. 그것이 공부면 좋겠지만 불행히도 딴짓일 가능성이 더 높다.

② 시간적인 유혹을 줄여야 한다

따분하게 노트나 책을 들여다보는 일에 비해 창밖의 풍경이나 연예인의 사진을 바라보는 것은 분명 더 즐거운 일이다. 정신을 집중할 수 있는 가능성을 높이기 위해서는, 다른 광경이 시선을 끌지 못하도록 해야 한다. 만약 공부 장소에 자꾸 시선이 가는 사진이 있다든지, 만지작거리고 싶은 물건이 손 가까이 있다든지, 아니면 만지고 싶게 만드는 책이나 잡지가 가까이 있다면, 공부를 끝마칠 때까지 그런 것들을 보이지 않는 곳에 치워 놓아야 한다.

③ 소음을 없애자

집중하여 공부할 수 있으려면 조용한 곳을 찾기 위해 최선을 다해야 한다. 소음은 효율적으로 공부하는 데 가장 심각한 방해물이 될 수 있다. 소음 때문에 읽고 있는 책에 몰두할 수가 없어서 같은 문장을 몇 번이고 자꾸 되풀이해서 읽게 되는 경우가 종종 있다. 이보다 더 낭비적인 일은 없다. 만약 집에서 공부해야 한다면, 공부하는 시간 동안 가족들에게 조용히 해 줄 것을 미리 부탁하거나 문 앞에 '공부중'과 같은 팻말을 걸어 놓을 수 있다. 도서관 등에서라면 귀마개를 착용하는 것도 한 가지 방법이 될 수 있다.

④ 음악을 끄자

공부할 때 음악은 소음이 된다. 어떤 학생들은 음악을 들으면서도 잘 공부했다고 이야기한다. 사람이 가지고 있는 주의의 능력은 분명한 한계가 있다. 특히 같은 내용의 정보를 두 가지 이상 처리할 때는 비효율적이고 느려진다. 운전을 하며(시각과 운동) 전화를 받을 때(시각과 운동) 사고 가능성이 높아지는 것이 그러한 예가 된다. 책에 있는 내용의 의미를 이해하려 하면서(의미처리), 동시에 가요의 가사(같은 의미처리)를 듣게 되면 당연히 효율성이 감소하게 되는 것이다.

⑤ 조명을 적절히 한다

공부를 할 때는 좋은 조명 아래에서 해야 한다. 조명이 나쁘면 눈이 쉽게 피로해지고, 머리가 아프고, 졸음이 오는 등 정신집중을 방해할 가능성이 많아진다. 만일 좋은 조명 아래에서 공부하는데도 눈이 피곤해진다면, 안과 의사에게 진찰을 받아야 한다. 깨끗하고 편안한 시각은 공부를 잘하기 위한 필수 요건이다. 백열등이든, 형광등이든, 그 밖의 어떠한 신형 조명기구이든 간에, 공부에 가장 좋은 조명은 밝고(Bright), 균일하고(Even), 안정적(STable)이어야 한다. 세 가지 조건을 의미하는 영어 단어의 머리글자를 따서 이를 올바른 조명을 위한 BEST 조건이라 부르기도 한다.

Q4 잡념을 줄이는 방법에는 무엇이 있을까요?

① 자기기록

행동수정 기법 중 자기감찰(self-monitoring)에서 사용되는 방법이다. 공부할 때 백지 한 장을 준비하고 딴생각이 날 때마다 종이에 그 횟수를 기록하는 것이다. 이러한 행동 자체가 다시 공부에 몰입할 수 있도록 도와준다. 처음 사용하면 책을 한 페이지 읽는 동안 수십 개까지 표시할 수 있지만 1, 2주 후에는 한두 개만 표시하게 된다. 이것이 가능한 이유는, 집중이 중간에 깨지는 것을 기록하다 보면 언제 집중이 흩어지고, 그 이유는 무엇인지에 대한 이해가 생기기 때문이다. 그리고 스스로 그러한 것을 조절하는 능력이 생기게 된다.

② 내용 기록하기

꼭 해야 하는 일이 있거나, 해결되지 않은 걱정거리가 있는 경우에는 집중이 흩어지는 횟수를 기록하는 것만으로는 부족하다. 이런 경우 방해가 되는 생각들을 일단 종이에 적어 놓고 나면, 홀가분해져서 다시 공부에 집중하게 되는 경우가 있다. 개인적인 약속이나 해야 할 일들을 잊어버리지는 않을까 걱정하지 않기 위해서는 그것을 계획표나 다이어리에 적어 놓는 것이 최선의 방법이다. 다른 걱정거리는 적어 놓은 다음, 공부가 끝나고 그때 다시 신경을 쓰면 된다. 혼자서 감당할 수 없는 문제가 있다면 전문 상담자에게 도움을 구하는 것도 좋은 방법이다.

Q5 집중을 위한 기본 습관에는 무엇이 있을까요?

① 신체적인 욕구의 해결

졸리거나 배고프고 목이 마른 것은 우리가 일상적으로 늘 경험하는 것으로 이러한 기본적인 욕구를 무시해 버린다면 나중에는 더 이상 공부를 할 수 없는 상황에 이르게 된다. 적절하고 규칙적인 수면은 집중력을 높이는 데 큰 도움이 된다. 그래도 졸린 경우에는 의자에서 일어나 간단한 맨손체조를 하거나 창문을 열어 바람을 쐬는 것이 좋다. 배가 고픈 경우에는 간단한 간식을 먹는 것이 좋다.

② 적절한 목표

공부 내용이 너무 어렵거나 분량이 많으면 그것에 압도되어 불안하고 쉽게 지치게 된다. 이와는 반대로 공부 내용이 너무 쉬우면 지루함을 느끼고 주의가 산만해진다. 내용의 난이도가 문제가 된다면 주변의 친구들이나 선생님께 자문을 구해서 자신에게 적절한 정도의 참고서를 구하도록 한다. 분량이 너무 많은 경우에는 자신의 계획을 수정하면 된다. 한번에 어느 정도 공부하고 나서 성급하게 좋은 결과를 기대하지 않는 것이 좋다. 지금까지 공부를 한 적이 없었다면, 점진적으로 습관을 바꿔 나가도록 한다.

③ 머릿속에 미래의 최악의 상황과 최선의 상황 상상해 보기

잠시 휴식을 취하는 효과도 있고, 자신의 목표에 대해 다시 한 번 생각하게 해준다.

④ 배수진 작전

마감시간이 있는 일에 사용하는 방법이다. 그 일을 끝내는 데 필요한 최소한의 시간을 계산해서 계획을 한다. 막바지에 몰리기 때문에 그 일이 정말 중요한 경우라면 집중을 할 수밖에 없다. 당연히 그 일을 시작하기 전에는 잠을 푹 잔다든지 해서 컨디션을 맞추어 놓아야 한다.

Q6 공부를 지루해하는 경우 어떻게 해야 할까요?

① 다른 과목들과의 칵테일 만들기

한 가지 종류의 일만 계속하면 뇌는 쉽게 피로해질 수 있다. 따라서 종류가 다른 과목을 섞어 가며 공부하면 집중력에 도움이 될 수 있다. 이를테면 국어나 영어, 외국어 같은 어학 관련 과목과 수학이나 과학 같은 수리, 논리 과목을 번갈아 가며 공부하는 것이다. 공부하는 시간은 1시간 정도가 적당하다. 그보다 짧으면 오히려 산만한 느낌이 든다.

② 골든타임 활용하기

하루 중에 집중이 가장 잘 되는 시간을 찾아본다. 이것은 사람마다 다를 수 있는데, 대체로 아침이나 저녁 시간이 흔하다. 이 시간을 미리 기본 시간표에 표시해 놓고, 골든타임에는 오로지 공부에만 집중한다. 그 외의 시간에는 집중이 비교적 덜 필요한 과목이나 다른 일을 처리하면 효과적이다.

③ 기분전환하기

정말로 공부가 하기 싫으면 하지 말아야 한다. 다만, 기분전환의 목적은 다시 공부에 집중하기 위한 것으로, 이것도 계획성 있게 해야 통제가 된다. 평소 좋아하는 활동이나 장소를 알고 있어야 하며, 너무 오랜 시간이 걸리거나 피로감이 큰 활동을 하는 것은 역효과를 일으킨다.

④ 공부하는 장소를 바꾸어 보기

자신이 주로 공부하는 장소가 있을 것이다. 한 장소에서 집중이 안 된다면, 한번쯤 장소를 옮겨 보는 것도 집중에 도움이 된다. 자신의 방에서 공부가 안 된다면, 많은 학생이 집중해서 공부하고 있는 도서관도 좋은 자극이 될 수 있다.

솔루션

8. 효과적인 학습기술

Q1 예습은 어떻게 해야 할까요?

① 이번 시간에 배울 내용의 제목에 대해 생각해 보기: 제목을 보고 그것이 뜻하는 바는 무엇인지, 어떤 내용이 나올 것인지 예상해 본다.

② 목차(차례) 읽기: 제목과 부제목의 계층적인 구조에 유의하며 차례를 읽는다.

③ 교과서에서 두드러지게 인쇄된 내용들에 주의하기: 굵은 글씨나 이탤릭체는 중요한 내용임을 의미한다. 잠시 이 부분을 훑어보는 것만으로도 배울 내용의 상당 부분을 이해할 수 있다.

④ 그림이나 표 눈여겨보기: 그림이나 그래프는 내용을 일목요연하게 요약한 것이다. 글보다 더 이해하기 쉽고 더 많은 의미를 담고 있는 경우도 있다. 이러한 자료도 간단히 살펴본다.

⑤ 예습은 적당히 하기: 효과적인 예습이란 짧은 시간 동안 수업에서 다룰 내용을 개략적이고 전반적으로 이해하는 것이다. 이러한 예습은 수업을 재미있게 만들어 주며, 주의집중을 할 수 있도록 도와주고, 이해력도 높여 준다.

Q2 수업시간을 효과적으로 활용하는 방법은 무엇인가요?

수업을 제대로 들었다는 것은 수업이 끝난 후 학습자가 다음과 같은 상태에 도달하는 것을 의미한다.

- 수업에서 다루어진 핵심적인 개념을 구분할 수 있다.
- 수업 내용을 대략적으로 자기 말로 설명할 수 있다.

• 시험에 나올 만큼 중요한 내용을 스스로 찾아내고 기록할 수 있다.

이것이 가능하려면 학습자는 다음과 같은 과정을 통해 수업을 준비하고 듣는 습관을 가지고 있어야 한다.

① Q1에서 다룬 예습하기 전략을 적용한다. 예습을 통해 대략의 수업 내용에 대한 예측, 핵심 개념과 모르는 개념이 무엇인지 확인하기, 의문점 만들기에 도달해야 한다.

② 수업 중에는 최대한 집중해야 한다. 특히 비대면 학습에서 집중이 어려운 이유가 교사와의 상호작용이 약해지기 때문인데, 실시간 온라인 수업이라면 반드시 카메라를 켜고 교사와 아이 콘택트를 유지해야 한다. 또한 적절한 긴장을 유지하기 위해 허리를 펴고 앉아서 모니터 방향을 향한다. '바른 마음에 바른 자세가 따라간다'는 것을 명심하자.

③ 파레토 법칙처럼 수업 중 중요도가 높은 내용은 전체 수업 내용에서 20% 정도밖에 되지 않는다. 학습자는 예습에서 확인했던 핵심 개념에 집중해야 하고, 수업 중 교사가 강조하는 언어적 · 비언어적 신호에 관심을 가져야 한다.

Q3 효과적인 필기방법은 무엇인가요?

'코넬노트'라는 기술에 대해 들어 봤을 것이다. 어떤 노트를 보면 왼쪽 부분에 3~4cm 정도의 구획이 그어져 있는 것을 볼 수 있는데 키워드를 별도로 정리하는 칸이다. 사용방법은 매우 간단하지만 공부를 매우 효과적으로 할 수 있도록 도와준다.

① 수업 내용 정리 칸

오른쪽의 넓은 영역이다. 여기에 기록하는 방식은 학생에 따라 그리고 수업에 따라 달라질 수밖에 없다. 가능한 한 선생님이 설명한 내용을 빼먹지 않고 기록하는 것이 중요하며, 다음과 같은 점들을 고려해야 한다.

• 그대로 받아 적기만 해서는 안 되며, 중요한 개념을 중심으로 적어 나간다.

- 상대적으로 중요한 개념이나 선생님이 강조한 내용에는 따로 표시를 한다.
- '때로, 가끔, 드물게' 혹은 '그러나, 어쨌든, 한편'과 같이 수업 내용의 중요성과 방향을 결정하는 단어에 주목한다.
- 가능하면 번호를 붙여 가며 내용을 조직화하고, 자기 나름대로의 약어와 상징을 사용한다[예: =(같다), ∴(따라서), ∵(왜냐하면), ≠(같지 않다), f(빈도), vs.(-대), cf(비교)].
- 나중에 빠진 내용을 채울 수 있도록 공간을 비워 둔다.

② 핵심 단어 칸

수업 내용을 기록하거나 혹은 수업이 끝난 직후에 왼쪽 칸을 이용해 수업 내용을 대표할 수 있는 핵심적인 단어, 개념, 용어를 찾아서 적어 놓는다. 수업 내용에 대한 기억이 가장 높은 수업 직후에 하는 것이 가장 좋으며, 수업이 있었던 날을 넘겨서는 안 된다.

Q4 효과적으로 복습하는 방법은 무엇인가요?

노트는 복습의 도구로 사용된다. 우선, 수업 내용에서 이해되지 않은 것이 있으면 친구들에게 물어보거나 참고서를 찾아본다. 그래도 알 수 없다면 다음 수업시간에 선생님께 질문한다. 그다음에는 왼쪽의 핵심 단어만 보고 그것이 설명하는 것이 무엇인지 암송해 본다. 이런 방식의 복습은 많은 시간을 필요로 하지 않으며 배운 내용을 쉽게 이해할 수 있도록 만들어 준다. 노트의 복습은 시간표에 기록해서 정기적으로 하는 것이 좋다.

수업이 끝난 후, 책이나 노트를 바로 덮지 말고 그 내용을 간단히 훑어보는 것은 오래 기억할 수 있는 한 방법이다. 코넬노트를 활용하는 것이 도움이 된다.

- 수업이 끝나면 필기한 내용(혹은 선생님이 나눠 준 복사물)의 왼쪽에 짧은 시간 동안 핵심적인 단어를 적어 본다. 이해되지 않는 내용은 따로 표시를 한다.
- 집에 돌아가면 먼저 노트의 정리 칸을 가리고 핵심 단어만 보고 어떤 내용을 배웠는지 상기해 본다. 이해되지 않는 내용은 교과서나 참고서를 통해 정확

히 이해한다.

• 한번 공부한 내용은 정기적으로 다시 읽어 봐야 한다. 주말이 되면 한 주간 배운 내용을 핵심 단어만으로 다시 한 번 상기해 본다. 한 주간 배운 내용을 복습하는 데 그리 많은 시간이 걸리지 않는다는 것을 알 수 있다.

Q5 외우는 방법을 모르는 아이를 돕는 방법은 무엇인가요?

암기과목이라는 말 속에는 '기계적이고 무조건적으로 외우기'라는 의미가 포함된다. 하지만 그런 기억은 단기적으로는 형성이 가능할지라도 노력의 양에 비해 기억 효과는 미비하다. 또한 응용에 한계를 가지기 때문에 학습에 한계를 드러낸다. 학습 내용을 기억하기 위한 가장 기본적 전략은 '암송'이다.

① 암송이란 무엇인가

학습 내용을 보지 않고 크게 소리 내어 자기말로 설명하는 것이다. 예를 들어, 교과서에서 한 단락을 읽고 난 후 책에서 눈을 떼고 그 내용을 설명하는 것이다.

② 암송의 과정

첫째, 읽어 가면서 중심 내용을 뽑아낸다. 노트를 암송하는 경우라면 일은 쉬워진다. 왜냐하면 필기한 내용이 중심 내용이기 때문이다. 교과서를 암송하는 경우라면, 핵심은 보통 한 단락에 하나밖에 없다는 사실을 명심한다. 둘째, 변환한다. 중심 내용을 뽑아냈으면, 그것을 한두 단어로 압축하거나 질문으로 바꾸어 본다. 이제까지 기억에 대해 배운 내용을 예로 들어 보자. 간단한 질문을 스스로에게 던지고 대답한다. 기억의 종류에는 어떤 것이 있는가? 셋째, 혼자 시험해 본다. 핵심적인 단어나 질문에 소리 내어 대답해 본다. 노트의 핵심 단어 칸을 보고 그 단어의 뜻을 스스로 소리 내어 설명해 보라.

③ 여러 번 짧게 나누어 공부한다

많은 연구는 한번에 파김치가 될 때까지 쉬지 않고 공부하는 것보다는 시간을 짧게 나누어 전력투구하는 것이 더 생산적이라는 결과를 보여 준다. 그 이유는 기억이란 결코 한번에 이루어지는 것이 아니며 여러 번 반복해서 이루어지는 것이기 때문이다. 이러한 것을 분할 학습이라 부른다.

그러나 한번에 많은 양을 공부하는 집약 학습이 필요한 경우도 있다. 시험 보기 하루, 이틀 전에 한 과목의 맥락을 잡는 경우라면, 나누어 공부하는 것보다는 전체를 하나의 덩이로 연결해서 이해하는 것이 더 효율적이다.

Q6 책 읽기에도 기술이 있나요?

같은 시간 동안 같은 내용의 책을 읽어도 사람마다 이해도와 기억의 정도가 다르다. 여기에는 배경지식의 수준 등 여러 요소가 영향을 미치지만 무엇보다 책을 읽는 방법과 절차가 중요한 영향을 미친다. 가장 널리 알려진, 잘 검증된 절차는 PSQ5R 전략이라고 불린다.

- 목표 확인(Purpose): 어떤 이유로 주어진 글을 읽으며, 무엇을 얻으려 하는가? 어떤 주제, 주요 개념, 주요 사실들, 증거, 논쟁과 예, 관계, 방법을 필요로 하는지에 대한 목적을 세우는 것은 최소한의 시간 동안 원하는 정보를 찾는 것을 촉진한다. 이러한 목적이 성취되면 읽기를 그만두는 것이다.
- 개관하기(Survey): 제목, 목차, 요약을 훑어봄으로써 전반적인 내용을 개관한다. 이렇게 하면 저자의 의도와 중심 주제를 파악할 수 있다.
- 질문하기(Question): 스스로 의문점을 만들면서 읽는다.
- 찾아 읽기(Read Selectively): 스스로의 의문점에 답이 될 수 있는 내용들을 찾아 세심히 읽는다.
- 암송하기(Recite): 책을 보지 말고 질문에 대해 자신의 말로 답을 암송한다.
- 요약하기(Reduce-Record): 핵심 단어를 사용하여 질문과 답에 대한 간략한 개요를 작성한다.
- 정교화하기(Reflect): 최근의 인지심리학적 이론에서 보면 이해와 기억은 새로운 정보를 정교화할 때 증가한다. 자신이 가지고 있는 기존의 지식과 연결시키고 비교하고 범주화하는 과정을 통해 학습한 내용을 숙고하고 정교화한다.
- 복습하기(Review): 정리하고 요약한 내용을 전체적으로 개관하고 조직화한다.

[워크시트 1] 시간관리 점검 질문지

◆ 다음 질문을 잘 읽고 해당하는 번호에 ✓표 하세요. 모든 질문에 응답이 끝나면 각각의 점수를 합한 후, 자신의 시간관리 수준이 어느 수준에 해당하는지 확인해 보세요.

번호	문항 내용	1	2	3	4
1	공부하기 위해 매일 일정한 시간을 정해 놓는다.				
2	나만의 공부계획표를 가지고 있다.				
3	나는 계획에 따라 규칙적으로 공부한다.				
4	공부계획을 세울 때, 쉽게 분량을 나눌 수 있다.				
5	책상에 앉으면 바로 공부를 시작하는 편이다.				
6	공부하는 시간이 일정하다.				
7	계획적으로 예습과 복습을 하고 있다.				
8	공부계획을 미리 세운다.				
9	쉬는 시간이나 통학시간 같은 자투리 시간도 활용하는 편이다.				
10	여러 가지 일을 해야 할 때에는 일의 순서를 정하고 난 다음에 시작한다.				
11	노는 것과 공부하는 것을 확실히 구분한다.				
12	오늘 하루 동안 해야 할 숙제나 공부가 무엇인지 잘 알고 있다.				
13	숙제나 시험공부는 미루지 않고 미리 하는 편이다.				
14	계획적으로 공부하기 때문에 마음이 편하다.				
15	매일 공부에 우선순위를 두고 행동한다.				
16	하루 중 공부가 잘 되는 시간이 언제인지 안다.				
17	친구들과 놀아도 숙제는 제때 꼭 한다.				
18	책상에 앉으면 무엇을 공부해야 할지 명확히 알고 있다.				
19	시험 때가 아니어도 규칙적으로 공부하는 편이다.				
점수 합계					

▶ 결과 해석

레벨 1: 19~37(0~25%)
레벨 2: 38~43(26~50%)
레벨 3: 44~49(51~75%)
레벨 4: 50~76(76~100%)

[워크시트 2] 현재 성적 분석하기

◆ 현재 성적에서 강점과 흥미는 무엇입니까? 평균을 중심으로 '비교적' 성적이 잘 유지되고 자신 있는 과목이 무엇인지 살펴봅시다.

상															
중상															
중															
중하															
하															
	국어	수학	영어	과학	사회	기가	미술	체육	도덕	음악	한문	컴퓨터			

	과목	이유는?
성적이 좋은		
좋아하는		

[워크시트 3] 성적목표 세우기

◆ 장기목표는 내가 해야 할 일을 알려 주며, 학습목표는 지금 해야 할 일을 알려 줍니다. 성적을 중심으로 한 보다 단기적인 목표를 만들어 봅시다.

1. 목표 성적 결정하기: 다음 시험에서의 목표 성적을 정해 봅시다. '다음번 시험에서 몇 점 정도 평균을 향상시키겠다'는 목표를 정하세요. 현재 성적을 생각해서 현실적이지만 도전할 수 있는 목표가 되도록 만들어 봅시다.

내 현재 평균 성적
(　　　)점

➡

목표 성적
(　　　)점 향상

2. 목표 성적을 정했으면 이번에는 그 목표를 이루는 데 특별히 치중해야 할 과목을 정해 봅시다. 평균 성적을 올리기 위해 평소에 미리 신경 써야 할 과목은 무엇일까요? 다음 네 가지 중에 골라 보세요.

① 주요 과목　② 암기 과목

③ 성적이 좋고 자신 있는 과목　④ 성적이 낮고 자신 없는 과목

그렇다면 시험 목표를 이루기 위해 신경 써야 할 과목은 무엇일까요?

❶ ________ ❷ ________

3. 이제 마지막으로 목표 과목을 당장 어떻게 공부할지 결정해 봅시다. 이것은 '최단기 목표'로 당장 해야 할 일이 무엇이지 알려 줍니다. '목표 과목'을 평소에 공부하는 데 어떤 방법이 있을까요? 과목에 따라 방법이 다를 수도 있습니다. 먼저, 우리들의 생각을 정리해 보고 그다음에 자신이 생각하기에 가장 좋은 방법을 결정해 봅시다.

[워크시트 4] 시간일기 쓰기

◆ 한 주 동안 시간 사용을 일기처럼 기록해 보세요. 계획이 아니라 그냥 그날 한 일을 기록만 하면 됩니다.

시간		월	화	수	목	금	토	일
오전 AM	12~1							
	1~2							
	2~3							
	3~4							
	4~5							
	5~6							
	6~7							
	7~8							
	8~9							
	9~10							
	10~11							
	11~12							
오후 PM	12~1							
	1~2							
	2~3							
	3~4							
	4~5							
	5~6							
	6~7							
	7~8							
	8~9							
	9~10							
	10~11							
	11~12							

◆ 기록을 마치고 나면 다음 사항에 대해 계산해 봅시다.

항목	사용시간	가장 보람된 일은?	후회되는 일은?
수면			
학교			
학원(과외)			
자가학습량			
게임			
스마트폰			
운동			

[워크시트 5] 할 일 기록하기

◆ 일간 해야 할 일(to-do list)을 작성해 봅시다. 하루 일정은 반드시 하루 전, 잠들기 전에 하는 것이 좋습니다. '내일 반드시 끝내야 하는 중요하고 급한 일'을 순서대로 다음 양식에 작성해 보세요.

날짜:	
과목(할 일)	분량(내용)
	시간:
	시간:
	시간:
	시간:

[워크시트 6] 성취도 그래프 그리기

◆ 한 주간 세운 계획과 약속의 성취 정도를 그래프로 그려 보세요. 모두 지켰다 혹은 전혀 하지 않았다와 같은 이분법적 평가는 좋은 피드백을 줄 수 없고, 아이의 성장에도 도움이 되지 않습니다. '약간씩 나아지는' 정도를 평가하는 것이 좋습니다.

◆ 계산방법은 한 주간 세운 계획의 총 개수로, 지킨 항목의 수를 나눈 후 100을 곱하면 됩니다.

100				
90				
80				
70				
60				
50				
40				
30				
20				
10				
주차	1	2	3	4

◆ 미루거나 지키지 못한 항목의 이유를 찾고 함께 논의해 봅니다. 최대한 지지적 태도를 유지해야 합니다.

지금은 기분이 나빠서 공부하기 싫어!	➡	
왠지 내일 하면 더 잘 될 것 같아!	➡	
시간 많으니까 몰아서 하자!	➡	

[워크시트 7] 공부 환경 평가하기

- 내가 주로 공부하는 장소에 집중을 방해할 만한 것들이 많다면 아무래도 능력을 발휘하기 힘들겠죠? 그래서 집중력을 높일 수 있는 방법 중 한 가지는 바로, 집중에 도움이 될 수 있게 공부 환경을 미리 정리하는 것입니다. 좋은 공부 환경을 만드는 방법에 대해 살펴보기 전에, 현재 내 공부방에는 어떤 '집중 방해꾼'들이 있는지 생각해 봅시다!

- 공부 환경에서의 문제점은 크게 '눈에 보여서 방해가 되는 것' '귀에 들려서 방해가 되는 것' '신체적으로 불편한 것'의 세 가지로 분류할 수 있습니다. 여러분의 공부 환경에는 어떠한 문제점들이 있는지 찾아봅시다.

눈에 보여서 방해가 되는 것	
귀에 들려서 방해가 되는 것	
신체적으로 불편한 것	

[워크시트 8] 노트 필기 연습

코넬노트를 만들 때는 다음의 순서를 지켜 주세요.

① 수업 내용 정리 칸에 교과서 내용 중에서 중요한 내용을 중심으로 개요번호를 붙이며 정리합니다. 필요할 때 보충 설명을 적을 수 있게 여유 공간을 남겨 두세요!
② 각 단락의 요점이나 수업시간에 선생님이 강조하신 내용, 잘 이해가 되지 않는 부분 등에 나만의 표시를 해 두세요.
③ 핵심 내용 정리 칸에 각 단락의 핵심 단어를 적어 두세요.

주 5일 근무제

주말이 되면 가족과 나들이를 떠나는 아빠들이 많다. 주 5일 근무제를 실시하는 기업들이 늘어나고 있기 때문이다. 우리나라 대표 기업인 삼성이 주 5일 근무제를 도입한 데 이어 포스코, 한솔, SK, 한화 등 주요 기업들도 이에 동참하고 나섰다. 주 5일 근무제란 무엇이며, 어떤 의미가 있는지 알아보자.

주 5일 근무제가 실시되면 토요일에는 무조건 쉰다고 생각하는 이들이 많다. 하지만 꼭 그런 것은 아니다. 정부는 오는 7월, 1,000명 이상 일하는 사업장을 시작으로 주 5일 근무제를 실시하는 법안을 국회에 제출하였다. 새 법안의 핵심 내용은 '주당 노동시간을 현재 44시간에서 40시간으로 줄이자'는 것이다.

지금까지는 월요일부터 금요일까지 매일 8시간씩(5×8=40), 토요일은 4시간을 근무했는데, 한 주에 총 40시간으로 줄이면 일주일에 8시간씩 5일만 일하면 된다. 그래서 주 40시간 노동제를 '주 5일 근무제'라고 부른다.

이 제도의 정확한 뜻은 법으로 일주일 동안의 노동시간을 40시간으로 정한다는 것이다. 따라서 반드시 토요일에 쉬어야 하는 건 아니다. 그런 경우는 드물겠지만 평일에 일을 덜하고 토요일에 더할 수도 있다. 또 하나! 주 40시간 이상을 일해서는 안 된다는 뜻도 아니다. 그 이상 일하면 급여를 더 주게 된다.

'주 5일 근무제는 거스를 수 없는 대세다.' 이는 세계 주요 선진국들이 주 5일 근무제를 실시하고 있기 때문에 나온 말이다. 국제노동기구(ILO)에 따르면, 우리나라의 노동시간은 세계에서 일곱 번째로 길다. 아침에 눈 뜨기가 무섭게 회사에 나가서 저녁에 돌아오면 잠만 자는 아빠들이 많았다. 주 5일 근무제의 가장 큰 목표는 '노동자의 삶의 질'을 높이는 것이다. 즉, 가족들과 문화생활도 즐기고, 자기계발을 위해 시간 투자를 할 수 있도록 하자는 것이다. 휴식시간을 충분히 가진 노동자들은 더 열심히 일하므로 회사 전체의 성과도 높아질 수 있다.

주 5일 근무제는 일자리를 새로 만드는 효과도 있다. 현재 일하고 있는 사람들의 노동시간을 줄이고 그만큼 실업자를 고용하면 실업자 수를 줄일 수 있다.

노트 필기의 적절한 예시는 다음과 같습니다. 복습 시 오른쪽 '수업 내용 정리 칸'을 가리고 키워드만으로 암송하도록 유도합니다.

핵심 내용 정리 칸	핵심 내용 정리 칸
8월 1일	I. 주 5일 근무제
주 5일 근무제	1. 주 5일 근무제 도입의 증가
	: 우리나라의 기업들 중 주 5일 근무제를 도입하는
	기업들이 증가하고 있음
	→ 그 의미를 알아보자.
주 5일 근무제의 의미	2. 주 5일 근무제의 의미
	① 핵심 내용: 주당 노동시간을 40시간으로 줄이는 것.
	② 반드시 토요일에 쉬는 것×. 꼭 40시간만 일하는 것×
	★→ 토요일에 일하고 평일에 쉬어도 됨
	40시간 이상 일하면 급여를 더 주어야 함
주 5일 근무제의 목표	3. 주 5일 근무제의 목표와 효과
주 5일 근무제의 효과	① 목표: 노동자의 삶의 질을 높이는 것
	(문화생활, 자기계발, 휴식…)
	② 효과: 일자리 창출로 실업자 수를 줄이는 것 ?

참고문헌

김동일, 박경애, 김택호(1995). 청소년 시간 · 정신 에너지 관리 연구: 프로그램종합보고서. 서울: 한국청소년상담복지개발원.

박동혁(2001). 학습습관향상 프로그램이 학업성취와 정신건강에 미치는 효과. 아주대학교 대학원 석사학위논문.

박동혁(2012). 사교육비 경감을 위한 자기주도학습 확산방안 연구. 서울: 서울특별시교육청.

홍성임(2004). 중학생의 시간관리, 자기효능감 및 학교생활적응의 관계. 충북대학교 대학원 석사학위논문.

Britton, B. K., & Glynn, S. M. (1989). Mental management and creativity: A cognitive model of time management for intellectual productivity. In J. A. Glover, R. R. Ronning, & C. R. Reynolds (Eds.), *Handbook of creativity* (pp. 429–440). New York: Plenum Press.

Britton, B. K., & Tesser, A. (1991). Effects of time-management practice on college grades. *Journal of Educational Psychology, 83*(3), 405–410.

Covey, S. R. (1989). *The 7 habits of highly effective people*. New York: Simon & Schuster Press.

Deci, E. L., & Ryan, R. M. (1985). The general causality orientations scale: Self-determination in personality. *Journal of Research in Personality, 19*, 109–134

Macan, T. H., Shahani, C., Dipboye, R. L., & Phillips, A. P. (1990). College student' time management: Correlation with academic performance and stress. *Journal of Educational Psychology, 82*(4), 760–768.

Peniston, L. C. (1994). *Strategies on time management for college students with learning disabilities*. Paper presented at the annual meeting of the center for academic support programs, Lobbock, TX.

Van Rossum, E. J., & Schenk, S. M. (1984). The relationship between learning conception, study strategy and learning outcome. *British Journal of Educational Psychology, 54*(1), 73–83.

Zimmerman, B. J., & Martinez-Pons, M. (1992). Perceptions of efficacy and strategy use in the self-regulation of learning. In D. H. Schunk & J. L. Meece (Eds.), *Student perceptions in the classroom* (pp. 185–207). Mahwah, NJ: Lawrence Erlbaum Associates, Inc.

제6장

자녀의 수학 학습을 돕는 부모 코칭: 자존감을 세우는 부모역할

Q1 아이가 작년까지만 해도 수학을 곧잘 하고 엄마가 시키는 대로 공부를 하더니 6학년이 되어서는 수학을 포기하고 싶다고 합니다. 남들은 고등학교 수학도 공부하는데, 중학교 수학을 선행시켰더니 너무나 힘들어하네요. 자기는 수학으로는 승부를 걸 수 없다고 말하면서 차라리 운동으로 대학을 가고 싶다고 합니다. 주위에 훨씬 앞서가는 아이들을 보면 초조해지고, 아이가 이러다가 정말 수학을 포기하게 될까 봐 걱정스럽습니다. 아이 자신을 위해 공부하라고 온갖 시중을 다 들고 있는데 왜 아이가 자신을 망치는 짓을 하려는지 이해가 안 갑니다. 회유를 해 보기도 하고 협박을 하기도 하는데 오히려 화를 냅니다. 아이가 대체 왜 화를 내고 있는지, 왜 수학을 포기하겠다고 하는지 잘 모르겠습니다. 우리 아이가 사춘기라서 그러는 건가요?

Q2 저는 스파르타식 교육을 받았고, 결과적으로 큰 도움이 되었다고 생각하는 아빠입니다. 저희 아들에게도 제가 받은 대로 엄격하게 수학을 공부시켜 왔습니다. 틀린 문제 수에 곱하기 3을 해서 매질을 하기도 하고, 부끄러움을 느끼도록 호되게 야단을 치곤 합니다. 저는 매를 맞기도 싫고 자존심도 상해서 열심히 하라는 대로 했었는데, 저희 아들은 틀린 시험지를 내밀며 눈물을 흘리거나 더욱 주눅이 들어 시험 시간에 떠느라고 시험을 못 봤다고 합니다. 저희 아들은 왜 이렇게 심약한 걸까요?

수학은 자녀들이 학교에서 배우는 여러 교과목 중의 하나일 수 있지만, 수학 학습은 인지발달과 학업수행 그리고 진로결정까지 중대한 영향을 끼치는 큰 발달 영역 중 하나이다. 실제로 많은 학생이 학업에 어려움이 있다고 할 때 수학과 관련된 경우가 많다. 많은 학생이 수학은 어렵고 재미가 없으며 학교를 졸업한 이후에는 쓸모없는 학문으로 잘못 인식하고 있는 것이 현실이다. 반면에 수학 영재를 발굴하고 그들을 잘 교육하는 것은 국가 발전과 직결되는 문제라고 해도 과언이 아니다. 사회적으로는 수학교육이 사교육의 큰 부분을 차지하는 부담과 더불어, 이제는 일상용어가 되어 버린 '수학 포기자'들이 초등학교 고학년부터 양산되고 있으며, 부모들은 자녀의 수학교육 때문에 금전적 · 심리적으로 많은 수고를 하고 있다.

수학은 학문과 예술의 속성을 공유한다. 매우 복잡한 것을 오히려 간단하게 표현하며, 혼란을 정리해 준다. 논리적이고 분석적이며 추상적이고 체계적일 뿐만 아니라 실용적이며 사고력을 길러 주는 학문이다. 무엇보다 자녀교육에서 수학은 중요하다. 하지만 자녀들에게 수학을 어떻게 가르치고 교육할 것인가에 대해서는 우선적인 관심을 기울이지 못하는 실정이다. 게다가 수학 학습에서 자녀들이 경험하는 정서나 성격에 대한 이해 그리고 부모로서 자녀를 안아 주는 환경을 제공해 주어야 하고 자녀의 불안을 담아 주어야 한다. 이 장에서는 이러한 부모역할을 어떻게 할 것인지 그 방안뿐만 아니라 바람직한 부모의 반응과 지식을 다루고자 한다. 또한 많은 부모가 궁금해하는 수학 선행학습뿐만 아니라 21세기 4차 산업혁명 시대에 부모가 알아야 할 수학 교과과정과 수학 관련 입시/진로에 대한 소견을 최근의 연구에 근거하여 솔루션으로 제시할 것이다.

1. 수학 과목과 부정적 정서: 수학 불안과 수치심의 감소를 돕기 위한 이해

요즈음 학생들은 아주 어릴 때부터 수학을 접하고 있다. 처음부터 타 교과보다 수학 교과를 어렵다고 생각하거나 싫어하는 학생들도 있는데, 실제로 수학에 대한 학생들의 정서는 매우 복잡하다. 마침, 우리나라 고등학생들이 주요 과목에 대해 느끼는 감정을 조사한 연구가 있는데, 매우 흥미롭다. 〈표 6-1〉에서 괄호 안의 숫자가 감정의 깊이를 나타내는데, 이 수치로 볼 때 감정의 폭이 넓고 깊이가 깊기로는 수학이 단연 일등이다. 가장 많이 느끼는 감정은 불안, 그 뒤를 이어 분노, 지루함, 슬픔과 좌절감 등 부정적 감정이 따른다. 하지만 자부심과 즐거움 같은 긍정적 감정도 있다. 감정의 깊이로 볼 때 오히려 다른 과목보다 더 큰 성취감과 뿌듯함을 느낀다고도 할 수 있다. 분명 수학을 통해 자기 성장을 느끼는 아이들도 있다는 의미이다. 그야말로 우리나라 학생들의 희로애락이 수학 한 과목에 다 걸려 있는 셈이다. 이 중 우리가 주목해야 할 감정은 '불안'과 '수치심'이다. 불안은 다른 과목보다 월등히 높고, 수치심은 여러 과목 중 유독 수학과 영어에서만 찾을 수 있다.

<표 6-1> 교과별 정서범주의 순위 (괄호는 환산 평균)

순위	수학	국어	영어	과학	사회
1	불안 (3.26)	자부심 (2.78)	불안 (2.96)	즐거움 (2.60)	자부심 (2.39)
2	분노 (2.96)	즐거움 (2.76)	지루함 (2.63)	자부심 (2.60)	즐거움 (2.36)
3	지루함 (2.95)	안도감과 희망 (2.49)	슬픔과 좌절감 (2.57)	불안 (2.37)	지루함 (2.28)
4	슬픔과 좌절감 (2.90)	불안 (2.37)	분노 (2.54)	안도감과 희망 (2.36)	불안 (2.17)
5	자부심 (2.66)	지루함 (2.36)	수치심 (2.47)	지루함 (2.31)	분노 (2.15)
6	수치심 (2.62)	슬픔과 좌절감 (2.11)	자부심 (2.43)	분노 (2.23)	안도감과 희망 (2.14)
7	즐거움 (2.42)	분노 (2.06)	즐거움 (2.35)	슬픔과 좌절감 (2.13)	슬픔과 좌절감 (2.04)

출처: 최경아(2012).

1) 수학 불안

〈표 6-1〉에서 수학 과목이 다른 과목에 비해 불안이 매우 높은 수치로 1순위를 차지한 사실을 주목해 보자. 많은 아이가 수학이라는 말만 들어도 큰 불안을 느낀

다는 뜻일 수 있다. 심리학에서는 사람이 두렵고 불안할 때 일반적으로 다음 세 가지 중 하나의 반응을 보인다고 설명한다. 첫 번째는 완전히 얼어붙는 경직(얼어붙음), 두 번째는 모르는 척하거나 도망가는 회피, 세 번째는 맞서 싸우는 도전과 공격이다.

경직과 회피는 전형적인 수포자(수학 포기자)의 태도이다. '난 해도 안 돼.'라는 자포자기의 생각으로 수학을 멀리하며 도망간다. 이런 마음을 '학습된 무력감'이라고 한다. 그들 마음속에 수학은 이미 두려운 괴물에 가깝고, 이 괴물에 맞설 의지를 잃은 상황이라고 볼 수 있다. 세 번째 유형은 다시 두 가지로 나뉜다. 그중 하나는 '날 이렇게 불안하게 만드는 수학과 한번 맞붙어 보겠다.'라고 생각하는 도전형이다. 이 유형은 불안을 극복하고 성장하는 건강한 아이들이다. 다른 하나는 '날 이렇게 힘들게 만든 엄마와 싸우겠다.'라고 생각하는 공격형이다. 사춘기에 유독 수학에 거부감을 드러내고 부모에게 공격적 언행을 퍼붓는 아이들이 이 유형에 속한다. 사실 이 두 유형의 아이들은 모두 불안한 현실을 마주 볼 내면의 힘을 가지고 있다. 이때 그간 쌓아 온 부모와의 관계에 따라서 완전히 다른 길을 가게 되는 현상을 보일 수 있다.

수학 불안이란 수 조작과 일상생활에서 수학적 문제를 방해하는 긴장감과 불안감, 혹은 수학 학습과 관련된 불안감, 두려움, 신경 증세 및 신체 증세라고 정의한다. 연구에 의하면 수학 불안은 기초과정에서부터 수준 높은 과정에 이르기까지 수학 학습을 방해하며, 수학 불안이 높으면 수학 성취도가 낮아진다. 수학 불안은 수학에 대한 지속적인 부정적 태도, 수학에 대한 낮은 흥미, 수학 과목에 대한 낮은 자신감, 수학 성적과 유의미한 상관이 있는 것으로 나타나고 있다.

수학 불안이 학교생활 초기에 나타나면 그 학생은 처음부터 수학을 감당할 수 없는 공포의 대상으로 생각하고 수학 학습에 장애를 겪을 수 있다. 또한 수학 불안이 겉으로 드러나기 전에 잠복 단계를 거치기 때문에, 학년이 올라감에 따라 불안이 증가하여 어느 순간에 '수학 포기'와 같은 붕괴가 일어날 수 있다. 높은 수학 불안으로 인해 수학을 기피하게 되면 결과적으로 수학과 관련한 진로를 선택하는 것에도 영향을 줄 수 있다. 수학 불안은 수학 교과가 큰 비중을 차지하고 있는 계열선택이나 대학진학 시에 영향을 미치며, 결국에는 직업선택에 제한을 받게 된다. 이러한 이유로 수학 불안에 대한 부모와 선생님들의 이해는 매우 중요하다.

자녀가 수학 교과에 대해서 어떻게 느끼고 있는지, 수학 불안이 있는지의 여부를 알고 대처하는 것이 필요하다.

2) 수학 자기효능감

한편, 수학 관련 진로선택에 영향을 미칠 수 있는 가장 중요한 변인으로 수학 자기효능감을 들 수 있다. 수학 자기효능감이란 수학 과제나 문제를 성공적으로 해결할 수 있는 자신의 능력에 대한 믿음을 말한다. 또한 수학 자기효능감을 수학 과목이나 과제에 대해 개인이 지각하는 자신의 능력에 대한 효능감과 이후의 성공적 수행에 대한 신념이라고 정의할 수 있다. 수학 자기효능감은 수학 문제를 해결하려는 개인의 의지를 강하게 만들며 결과적으로 수학적 문제해결력을 향상시키고 수학 학습 성취에 큰 영향을 미치는 요인이다. 실제로 수학 자기효능감은 수학 수행, 수학에 대한 태도와 유의미한 상관관계가 있으며, 특히 수학 관련 전공선택을 예언하는 아주 강력한 변인이다.

수학 자기효능감과 수학 불안은 유의미한 부적 상관을 보이는데, 즉 수학 자기효능감이 낮을수록 더 높은 수학 불안이 있음을 확인할 수 있다. 사회인지이론은 수학 자기효능감이 수학 불안을 높여 수학과 관련된 전공선택에 영향을 미칠 것이라고 설명한다. 낮은 수학 자기효능감은 개인의 수학 불안을 높이게 되며, 이런 학생은 수학과 관련이 없는 인문계열 전공을 선택할 것을 예측할 수 있다. 일반적인 자기효능감과 마찬가지로 수학 자기효능감은 학습된 무기력과 밀접한 관련이 있다.

3) 학습된 무기력

학습된 무기력이란 앞으로 일어날 결과에 대하여, 자신이 더 이상 통제할 수 없으며 자신의 노력이나 행동이 소용없다는 경험을 갖게 되면 나중에는 실제로 충분히 통제 가능한 행위조차도 시도하지 않게 되는 무기력감을 말한다.

이는 전기충격을 통한 강아지 실험에서 처음 입증되었는데, 닫힌 공간에서 전기충격을 받아 도망갈 수 없었던 강아지가 나중에는 출구가 열렸어도 도망가지 않고 계속 충격을 받는 실험이었다. 실제로 무기력은 학습된다. 실패 경험과 현재 상황을 변화시킬 수 없다는 경험이 누적되면 무기력감이 학습되고 이는 행동을 지배하게 된다. 이는 소위 수학 포기자가 되는 과정을 잘 설명해 준다. 학습된 무기력이 쌓이면 당연히 자기효능감이 떨어지게 된다. 따라서 자기효능감을 높이는 방법은 학습된 무기력을 이겨 내는 과정과 거의 같다. 그 과정을 요약하면 다음과 같다.

① 무엇보다도 작은 성공 경험이 필요하다. 이를 위해서는 자신의 수준에 맞거나 보다 쉬운 수학 문제들을 풀어 보고 기본적인 수학 개념부터 이해하는 과정이 필요하다. 저학년 교과서 문제부터 시작해 본다. 쉽고 사소해 보이는 문제라 할지라도 스스로 해결해 내는 경험은 자기효능감을 높이고 학습된 무기력을 극복하는 데 아주 중요하다.

② 긍정적 기대를 하도록 가능성을 찾아 주며 자녀의 강점에 주목한다. 기대를 잃어버리는 가장 큰 이유는 성공의 경험이 없기 때문이다. 자녀에게서 보이는 아주 작은 장점이라도 잘 짚어 주고 반영해 주며 격려하는 과정이 필요하다. 긍정적인 기대는 장점을 통해서 자라난다. 문제는 사람들이 긍정적인 사건보다는 부정적인 사건에 더 집착하며 주의를 기울이는 경향이 있다는 사실이다. 부모가 먼저 부정적인 과거에 집착하여, 자녀의 과거 실패를 언급하거나 불안을 조성하지 않도록 주의한다.

③ 의미와 가치를 찾도록 한다. 실패가 거듭되면 기대와 희망을 잃어버리게 된다. 이때 부모가 자녀를 계속 믿어 주면서 수학 공부에서의 실패의 의미를 새겨 준다. 계속 수학을 공부해야 하는 이유와 가치에 대해 상기시키면서 자녀를 품어 주는 과정이 필요하다. 부모가 자녀를 버티어 주고(holding), 품어 주는(containing) 역할은 수학교육에서뿐만 아니라 자녀양육에서 필수적이다.

④ 성장형 마인드셋을 갖도록 돕는다. 성장형 마인드셋에 관한 자세한 내용은 5절에서 다시 다룰 것이다.

4) 수치심

〈표 6-1〉을 보면, 수치심은 여러 교과목 중 유독 수학과 영어에서만 찾을 수 있다. 수학 과목과 관련된 수치심은 자기 자신의 지능이나 능력에 대한 불신과 연관이 깊다. 수학 문제를 못 풀면 '난 왜 이렇게 머리가 나쁘지?'라고 생각한다는 의미이다. 수학 성적을 곧 자기 지능으로 인식하게 된 건 오랜 시간 경험한 부모의 반응 때문이다. "와, 이 어려운 문제를 풀었어? 우리 아들 정말 천잰가 봐." 같은 찬사나 "이렇게 쉬운 문제도 못 풀었어? 네가 바보도 아니고!" 같은 책망이 쌓여 자신의 지능과 수학 성적을 동일시하게 되는 것이다. 많은 경우, 수학 점수가 낮으면 아이들은 자기애적 상처를 받고 수치심을 느끼게 된다.

수치심은 심리적으로 자신의 존재를 평가하면서 발생하는 감정이며, 자신의 존재에 대한 부정적 평가와 관련이 있다. 자신이 작게 줄어든 느낌, 무가치, 무기력감 그리고 문제를 일으키는 대인관계로부터 회피하려는 정서이다. 수치심은 전체 자기(whole self)에 대한 부정적 감정으로 정의되는데, 수학 때문에 수치심을 느낀다는 것은 결국 자기 자신에 대한 부정적 감정을 느낀다는 것이라고 해도 과언이 아니다. 또한 수치심은 열등감이나 자신의 정체성과 밀접한 관련이 있으며 고통스러운 감각이다.

정신과 의사이자 심리학자인 코헛(Heinz Kohut)은 수치심을 아동의 자기과시 욕구가 공감적으로 적절하게 반영받지 못하여 자기가 충분히 지지받지 못하고 수용되지 않았을 때 일어나는 정서로 간주한다. 수치심은 인간의 발달과 인간관계 그리고 인격 등 모든 영역에 영향을 미친다. 아이들에게는 부모가 요구하기 이전에 이미 '잘하고' 싶은 욕구와 환상이 있으며, 이를 통해서 부모와 완벽한 관계를 맺으려고 한다. 이러한 완벽한 관계는 불가능하므로 아이들은 발달이 일어남에 따라 좌절을 경험하며, 자신을 부끄럽고 수치스럽게 여긴다. 특히 수학 학습에서 아이들은 부적절하게 좌절당하면서 수치심에 빠지기 쉽다. 부모들이 꼭 기억해야 할 사실 중 하나는 자녀를 변화시키기 위하여 수치심을 주면 안 된다는 것이다. 수치심은 사람을 변화시킬 수 없다. 여러 심리학자는 수치심을 이겨 내기 위해서는 무엇보다 자신을 있는 그대로 수용하는 '자기수용'이 필요함을 역설한다.

5) 자기수용

자기수용이란 자기 자신을 있는 그대로 받아들이고 인정함을 의미하는데, 이는 자기의 장단점, 자기 자신의 느낌, 생각 그리고 행동 등을 자기의 것으로 인정하고 책임지는 현상을 포함한다. 특히 무조건적인 자기수용은 각 개인이 지적으로, 올바르게, 혹은 경쟁력 있게 행동하든지 안 하든지, 또한 다른 사람들이 자신을 인정하는지, 존경하는지 혹은 사랑하는지에 관계없이 자기 자신을 충분히 무조건적으로 받아들이는 것이며, 다른 사람이 어떤 반응을 하든지 자기 자신을 긍정적으로 받아들이는 과정이다. 무조건적 자기수용능력이 높은 사람은 부정적인 사건을 경험하더라도 이런 경험이 개인의 자기가치감을 덜 위협하기 때문에 부정적인 정서반응을 경험하지 않을 가능성이 크다.

자기수용능력이 높은 사람은 수치심이 높지 않으며, 수치심을 겪더라도 쉽게 이겨 낼 수 있다. 부정적인 사건을 경험하더라도 자기수용능력이 높은 사람은 부정적인 정서반응을 경험할 가능성이 크지 않다. 자기수용능력은 수치심 해결의 중요한 관건이 된다. 수학 공부를 하면서 많은 경우 자신감이나 거대 자기에 대한 환상이 깨지는 경험을 하게 된다. 이러한 환상이 깨지고 나면 열등감과 공허함을 경험하게 된다. 이때 부모들은 자녀들이 자신들의 모습을 있는 그대로 수용하도록 도와야 한다. 있는 그대로의 수용은 곧 존재적 수용을 말한다. 부모가 자신의 존재를 있는 그대로 수용하는 모습을 내재화하면서 자녀들은 자기수용을 가장 쉽게 배울 수 있다. 반대로, 부모가 그렇지 못하면 자녀들은 자기수용을 전혀 하지 못할 수 있다. 자녀들은 부모가 자신을 있는 그대로 수용해 주는 모습을 내면화하면서 '적절한 좌절'을 겪으며 자기수용을 익힌다.

2. 성격유형에 따른 수학 학습과 지도: MBTI 성격유형에 따른 학습양식 이해와 그에 따른 수학 학습 지도

수학교육에서 학생들의 인지적 영역이 주된 관심사였지만, 최근에는 성격특성이나 정서 등이 학생들의 수학 학습에 영향을 미치는 주요 변인으로 점점 주목받고 있다. 일반적으로 지능검사 점수와 수학 성취능력의 상관관계는 매우 높다. 하지만 안정된 정서와 성격이 지속 가능한 성취를 이끈다. 성격이란 개인이 환경에 따라 반응하는 특징적인 양식으로서, 타인과 구별되게 하는 독특함과 일관성이 있으며 안정적인 사고, 감정 및 행동방식의 총체이다. 현대 성격 연구자들은 유전과 환경의 상호작용 때문에 성격이 형성된다고 생각한다.

성격이론 중에서 성격을 유형별로 이해하며 연구하는 분야가 있는데, MBTI (Myers-Briggs Type Indicator) 검사는 이 유형론에 근거한다. 이 검사는 분석심리학을 창시한 칼 융(Carl G. Jung)의 이론을 바탕으로 마이어스(Isabel B. Myers)와 브릭스(Katharine C. Briggs) 모녀가 개발한 심리검사로서 아동·청소년 성격유형 검사로는 MMTIC(Murphy-Meisgeier Type Indicator for Children)가 있다. 이 검사에는 네 가지 선호지표가 있다. 주의집중과 에너지의 방향에 따른 외향형(E: Extroversion)과 내향형(I: Introversion), 정보를 수집하고 인식하는 방법에 따른 감각형(S: Sensing)과 직관형(N: iNtuition), 판단과 의사결정 과정에 따른 사고형(T: Thinking)과 감정형(F: Feeling), 행동 이해와 생활양식에 따른 판단형(J: Judgement)과 인식형(P: Perception)이다. 이 네 가지의 선호지표를 조합하여 총 열여섯 가지의 성격유형으로 구분한다.

이 검사를 만든 마이어스는 학업성취는 학습의 결과이며, 성격유형에 따라 학업성취가 좌우된다고 하였다. 성격의 병리적인 면이 아니라 여러 유형과 그에 따른 특성을 고려하는 MBTI 검사의 관점에서 학업성취와 성격유형의 상관을 보고하는 연구들이 국내외적으로 많이 시행되었다. 이런 연구 결과를 잘 이해하여 적용한다면, 부모가 자녀의 성격유형에 따라 수학 학습 지도의 자료로 이용하거나 교사들과 협력하는 자료로 활용하는 데에 유익할 수 있다.

1) 유형별 선호도와 특징

MBTI의 일반적인 유형별 선호도와 특징은 잘 알려져 있다. 여기서는 먼저, MBTI 성격유형별 학습양식을 대략 살펴본다. 외향형(E)은 집단학습을 선호하며, 내향형(I)은 실험적 훈련뿐 아니라 집단학습도 선호하지 않는다. 감각형(S) 학생들은 직접 다룰 수 있는 구체적인 자료를 활용한 학습을 선호한다. 예시를 통해 개념화하거나 실제 생활에 일반화시키는 경향이 있다. 또한 목표를 세우고 시간을 짜서 체계적인 방법으로 목표를 이루기 위해 노력한다. 직관형(N)은 자신의 직관을 가지고 연구할 수 있는 과정과 학습을 선호한다. 전체적인 흐름을 파악하여 전체에서 어디에 해당하는지에 대한 감을 찾고자 한다. 이들은 단계적이고 직선적인 방법보다 창조적인 작업을 선호하며, 연습하는 것보다 새롭게 시도하는 것을 선호한다. 사고형(T)은 논리적 요구와 객관성을 선호하며 명확한 목적을 지닌 구조화된 과정 및 교사의 강의와 논증을 선호한다. 감정형(F)은 인간과 관련된 연구와 집단계획에서 작업하는 것을 선호한다. 감정형(F) 학생들에게 깊은 배려를 요구하는 주제나 인간적인 측면에서 접근할 수 있는 학습 환경은 매우 중요하다. 판단형(J)은 자신의 시간계획에 따라 효과적으로 일하고, 정시에 과제를 처리한다. 인식형(P)은 과제를 늦게 시작하고 여러 가지 작업을 한꺼번에 하며 마지막에 가서 벼락공부를 하는 경향이 있다.

수학 학업성취도에 대한 조사에서 각 유형별로 통계적인 의미가 있는 차이는 사고형과 감정형 학생들에게서 나타난다. 그 외에는 의미 있는 차이를 보이지 않는다. 중 · 고등학생을 대상으로 한 여러 연구에 의하면 사고형이 감정형보다 수학 학업 성취도가 유의미하게 높았다. 그 외에는 통계적으로 유의미하지 않았다. 수학 선호도에서도 마찬가지로 사고형과 감정형 간의 차이가 큰 것으로 나타났다. 이는 자녀들에게 사고할 수 있는 환경과 여건을 만들어 줄 수 있는 교수-학습 방법이 필요함을 보여 주는 결과이다. 감정형의 유형이 뚜렷한 자녀라면 더 세심하고 특별하게 주의해야 한다.

2) 중 · 고등학생들의 성격 기질별 학습양식의 특징 및 수학 학습전략

〈표 6-2〉에서 각 성격유형별 학습 선호양식과 수학 학습 특징 및 전략을 정리하였다. 기질은 더 유전적이고 안정적인 인성발달의 원재료이며 기본 틀로서, 성격은 기질이라는 원재료를 바탕으로 환경과 상호작용하며 형성되는 것으로 간주한다. MBTI에는 네 가지 성격 기질 유형(SJ, SP, NT, NF)이 있다. 데이비드 키어시(David Keirsey)는 각 성격 기질별 학습양식을 연구하였다.[1)]

<표 6-2> 성격유형별 학습 선호양식과 수학 학습 특징 및 전략

기질 유형	주요 특징	학습 선호양식/ 수학 학습 특징 및 전략
SJ 형: ISTJ, ISFJ, ESTJ, ESFJ	• 성실, 책임형 • 공동체 의식, 책임감, 소속감, 의무감이 강하다. • 안전과 안정을 원하며, 규칙과 관습 그리고 절차를 중시한다. • 불공정한 상황에는 대단히 예민하게 반응한다. • 어느 정도 예측 가능한 것을 좋아한다.	• 도구를 활용한 실제적 경험 학습을 선호, 경쟁적인 분위기에서 한층 자극받는다. • 공식 암기와 반복 연습을 선호하며 질의응답을 좋아한다. • 구조가 분명한 과제를 선호하며 체계적으로 관리하는 능력이 뛰어나다. • 교사의 설명을 듣고 문제해결에 적용해 보는 방식을 선호한다. • 독립된 공간의 조용한 분위기에서 공부하길 원한다. • 학습의 동기나 결과에 대하여 자신 안에서 원인을 찾는다. • 전체적인 주제나 맥락을 놓칠 수 있다. • 정형화된 문제해결에 강하지만 추론이나 창의적 사고에 취약할 수 있으므로, 새로운 유형의 문제를 창의적인 접근으로 시도하는 노력이 필요하다. • 전체적이고 통합적인 사고를 키우도록 개념의 전개와 개념 사이의 관계와 구조를 시각화해 보는 학습전략이 권장될 수 있다.
SP 형: ISTP, ISFP, ESTP, ESFP	• 행동지향형 • 많은 에너지를 가지고 있으며 어디든 잘 적응한다.· • 즉흥적인 경향이 있다. • 자유를 즐기고 에너지를 충전한다. • 완벽하고자 하는 욕구가 강해 어떤 일을 완수하는 데 시간이 많이 걸린다.	• 논리적이고 계획적인 문제해결에 관심이 적고, 약한 측면이 있다. • 의무적이고 정형화된 방식보다 자유롭게 학습하기를 선호한다. • 수학 학습에 대한 자신감이 부족하며 학습태도가 상대적으로 좋지 않을 수 있다. • 문제해결 전략이 상대적으로 취약할 수 있다. • 관심사나 흥미의 변화가 심해 수학 성적에 변화가 심할 수 있다. • 차분하고 단계적인 문제해결을 연습하며 사고능력을 키우는 노력이 필요하다. • 문제해결 과정을 체계적으로 습득하는 연습이 필요하다. • 끈기를 갖고 집중하며 끝까지 해 보는 연습이 필요하다.

1) 키어시는 각 성격 기질별 학습양식을 연구하였고, 이를 참고하여 정리한 강윤수(2020)의 논문 내용을 재편집하였다.

NT형: INTJ, INTP, ENTJ, ENTP	• 분석/탐구형 • 지식 그 자체를 추구한다. • 지적이고 논리적이며 자신을 능력 있는 사람으로 인식하고, 다른 사람들도 그렇게 평가해 주기를 기대한다. • 관심 있는 주제의 모든 것을 알아야 새로운 주제로 넘어간다. • 매우 간결하고 잘 발달된 언어를 사용하므로 또래 친구들보다는 어른들과 잘 지낸다.	• 조사와 개념 학습이나 소크라테스식의 문답법적인 학습과 문제해결 학습을 선호한다. 또한 독립심이 지지되는 분위기의 학급을 선호한다. • 논리적 · 분석적 판단을 즐기며 프로젝트형 또는 개방형 문제 탐구를 선호한다. • 판에 박힌 문제풀이나 일상적인 과제의 반복과 훈련에는 관심이 부족하다. • 추상적이고 지적인 주제 또는 가설을 조사하는 논리적인 탐구 학습을 선호한다. • 수학 학습에 대한 외적 동기가 매우 강하다. • 스스로 계산이 약하다고 생각하며 개념에 강하다고 생각한다. • 퍼즐이나 전략적 보드게임과 같은 창조적인 문제해결, 지적인 도전을 즐긴다. • 관심 없는 주제에는 수준 이하의 기량을 보이거나 학습을 포기하기도 한다. • 프로젝트형 · 개방형 과제를 혼자서 탐구하는 학습을 선호하므로 친구들과 함께 문제해결을 도모하며 협력학습의 가치를 배우고 경험하는 것이 필요하다. • 일정한 분량의 계산 연습이나 과제를 수행하는 습관을 기른다.
NF형: INFJ, INFP, ENFJ, ENFP	• 성장/이상형 • 자신과 타인을 도와 그 잠재력을 최대한 발휘하게끔 해 준다. • 인생 전반에 걸쳐 삶의 궁극적인 질문에 답하고자 하며, 세계가 어떻게 작용하는지를 인간적이고 영적인 용어로 설명하길 원한다. • 조화롭지 못한 상황에서 스트레스를 받을 수 있으며, 다른 사람과 경쟁하기보다는 자신과 경쟁하는 것을 선호한다.	• 직관적 감정형(NF)은 비지시적 학습과 창의적 문제해결학습을 선호하며 가치를 설명할 수 있는 자기표현의 과제를 선호한다. • 융통성이 있고 상상력이 인정되는 분위기의 학급을 선호한다. • 논리적인 문제해결보다 느낌과 직감으로 빠르게 통찰하는 학습 특징이 있다. • 인간적인 방법의 학습, 집단토론 학습이 효과적이며 모둠활동 참여를 좋아한다. • 다른 성격 기질에 비해 학습에 대한 내적 동기가 강하다. • 구체적인 문제해결과정과 계산 영역에 취약할 수 있다. • 상대적으로 계산은 잘 못하고 창의적 사고는 더 잘한다고 생각한다. • 느낌이나 직감에 의존하는 경향이 있으므로 문제해결의 각 단계에 근거를 제시하고 통제하는 연습을 통해 논리적인 추론능력을 키울 필요가 있다. • 개인화되고 인간적인 접근에 의한 학습이 효과적이다.

학습기술의 내용은 시간관리 기술, 환경관리 기술, 행동 관리 기술, 읽기 기술, 노트필기 기술, 시험치기 기술, 동기촉진 기술, 긴장 이완 기술을 포함한다. 연구에 의하면 판단형(J)과 사고형(T)이 모든 학습기술 하위 요인에서 의미 있게 높다는 결론을 얻었다. 수학은 이유 없이 싫다는 인식형 학생들의 경우 체계적이거나 정리정돈과는 거리가 먼 성격특성을 보여 준다. 자녀들의 성격유형을 파악하여 각 개인이 가진 선호 경향의 장단점을 이해함으로써 교사와 학부모의 원활한 협조를 통해 학생의 성격유형에 적합한 방법을 찾는 것이 필요하다.

성격 기질별 응답 결과를 살펴보면, SJ형과 SP형 학생들이 계산능력이 더 좋다고 생각한 반면, NT형과 NF형 학생들은 창의적 사고를 상대적으로 더 잘한다고 나타났다. 한편, SJ형은 창의적 사고, NT형은 계산과 개념 이해, NF형은 공식 적용 능력이 취약하다고 응답하였다. 성격 기질과 학습능력, 학습 태도의 관계를 살펴본 연구에서는 NT형 학생들의 점수가 SP형 학생들에 비해 유의미하게 높다는 것이 확인되었다.

심리적 기능유형과 학습양식의 상관을 살펴본 연구들을 정리해 보면 다음과 같다. ST형은 실용적이고 실제적이며, 지금-여기에서의 현실에 바탕을 두어 정보를 수집하고 확인하는 것을 선호하며, 원인과 결과까지 체계적이며 논리적인 절차에 따른 사고를 선호한다. 집중적 사고를 필요로 하는 문제나 증명하는 문제들을 선호하며, 경험적이며 의도적으로 조직된 작업환경이나 경쟁하는 분위기에서 자극을 더 받는다. 그래서 계획적인 학습이나 단순 반복 식의 암기 위주 학습 또는 실제로 기계를 다루고 자료를 활용하는 경험 학습을 선호한다. SF형은 실제적이면서도 관계를 중시하며 온화한 유형으로, 사물들이 다른 사람에게 얼마나 중요한가에 관심을 많이 가지며, 집단 작업을 선호하고, 직접적인 팀 훈련이나 동료들 사이의 인간적인 유대감을 중요시한다. 집단 활동처럼 함께하는 경험 학습을 선호하며, 상호 협조적인 분위기를 좋아하고, 매사 관계를 우선하는 가치를 가지고 있다. 또 다른 연구에 의하면, 감각적 감정형(SF)은 인간적인 유대감 및 사회적인 학습을 선호하며 발표와 의사소통에 관계된 과제를 선호한다. 또 인간미가 있고 협조적인 분위기를 좋아한다.

3) 성격유형에 따른 수학 학습과 지도

한편, 국내에서 성격유형 기질과 기능을 초·중·고등학교 학생의 학업성취와 관련시킨 연구들에서는 특별히 주목할 만한 일관된 결과가 보이지 않았다. 즉, 연구자나 연구대상에 따라서 다른 결과들이 나왔는데, 성격유형 자체가 가변적인 특성이 있기 때문이다. 초등학생의 경우 중등학교보다 개방적이고 규율이나 질서가 덜 엄격하므로, 정보수집에 개방적이고 창의적인 N형과 P형의 학업성취도가 더 높다는 연구 결과도 있다. 하지만 중등학교 이상에서는 학교의 교육이 엄격하고 더 체계적으로 진행되므로, J형과 S형의 학업성취도가 더 높은 경향이 있다.

수학 불안의 측면에서 E-I, S-N, J-P에 따른 차이는 없는 것으로 나타났다. 하지만 사고형(T)과 감정형(F)에서는 차이를 보인다. 과열된 입시 경쟁 속에서 사고형과 비교하면 감정형의 수학 불안이 더 높게 나타나는 것으로 보인다. 기질 면에서 보면 SJ형이 가장 낮은 수학 불안을 나타냈고, SP형이 가장 높은 수학 불안을 나타냈다. 특히 교사 주도 아래 주입식 교육이 이루어지고 있는 학교현장에서 SP유형의 학생들이 어려움을 겪을 수 있다. 심리적 기능 면에서는 ST형의 수학 불안이 가장 낮았고 SP형이 가장 높았으며, 통계적인 차이도 보였다.

MBTI와 같은 성격유형 검사에서 유형의 분류만큼이나 중요한 것이 바로 어느 정도로 선호도가 치우쳐 있느냐이다. 즉, 정확한 검사를 하게 되면, 네 가지의 선호지표에서 점수가 나오는데, 1, 2점 차이로 그 유형이 바뀔 수 있다. 예를 들어, 같은 ISTJ 유형이라고 해도, 사람에 따라 I와 E가 근소한 차이가 있거나 혹은 S와 N, T와 F 그리고 J와 P의 작은 점수 차로 결정될 수 있다. 따라서 적절한 해석이 필요하며, 근소한 차이일 경우 양쪽의 가능성을 같이 고려할 필요가 있다.

그런데도 자녀의 성격유형에 대한 이해가 필요한 이유는 수학 성취도나 학습의 문제가 단지 지능에 의해서만 결정되지 않는다는 사실과 자녀의 성격유형에 따른 세심한 지도가 필요하기 때문이다. 특별히 한쪽 성향으로 더 치우쳐서 뚜렷한 기질을 보이는 경우 타 자녀들과의 비교나 일괄적인 훈육은 큰 문제를 일으킬 수 있다.

언젠가 TV를 통해 가수 비와 이효리, 유재석의 MBTI가 공개된 적이 있었다. 각각 ESFP, ENFP, ISFP라고 한다. 한편, 요즘 세계적으로 인기가 급부상하고 있는

BTS 멤버들의 MBTI도 인터넷에서 쉽게 찾아볼 수 있는데, RM과 슈가가 INFP, 뷔는 ENFP, 진은 INTP, 제이홉은 ESFJ, 지민은 ENTJ, 정국은 ISFP라고 한다.[2] 이 10명의 유명 연예인에게서 공통적으로 발견되는 특징은 심리적 기능 중 ST 유형은 한 명도 없으며, SJ인 사람은 제이홉 1명뿐이다. 그런데 이 두 유형은 실용적 · 실제적이고, 반복적 · 체계적이며, 규칙적인 특징을 갖고 있음을 볼 때, 연예인이나 예술가에게서 이 두 유형이 드물다는 것은 MBTI 검사의 타당도를 부정하지 못하게 한다. 마찬가지로, 논리적이고 과학적인 사고 성향이 강한 NT형도 앞의 10명 중 단 2명뿐임을 확인할 수 있다.

여기서 강조하고 싶은 것은 입시 위주의 우리나라 수학교육에서 특정한 성향이 강한 자녀의 경우 유독 수학이 안 맞을 수 있다는 것이다. 이럴 경우, 자녀에게 수학 학습을 강요하기보다는 오히려 수학을 안 해도 되는 자유를 상기시켜 주며, 자발적으로 자녀가 더 하고 싶고 즐기는 분야를 추구하도록 격려해야 한다.

성격 기질별 특징을 연계하여 기질별 수학 학습 특징 및 권고 가능한 수학 학습 전략을 정리하면 다음과 같다. SJ형 학생들은 정형화된 문제에 강한 면모를 보이지만 발견적 추론이나 사고의 유연성이 취약할 수 있으므로 개방형 문제에 대한 창의적 접근 노력이 필요하다. 꼼꼼하고 치밀하여 학습관리능력이 좋지만, 지나치게 구체적인 것에 집중하는 경향이 있으므로 마인드맵 등의 전략으로 숲을 보는 능력을 키울 필요가 있다. SP형 학생들은 학습 태도가 우수하지 않고 문제해결 전략 영역이 상대적으로 취약하므로 차분하고 단계적인 문제해결 절차를 준수하는 노력이 필요하다. 관심 주제가 자주 변하는 것을 보완하기 위해 장단기 학습 목표를 수립해 꾸준히 실천하고 주어진 과제에 끈기를 갖고 집중하는 노력이 필요하다. NT형 학생들은 관심 있는 주제를 혼자 탐구하는 것을 좋아해서 사회성이 부족할 수 있으므로 친구들과 함께 공부할 기회를 의도적으로 확대할 필요가 있다. 체계적인 문제해결 습관을 기르기 위해 자신의 학습과정을 꼼꼼히 기록 · 관리하고 SRN(자기성찰 노트)이나 수학일지를 활용한 학습을 권장할 만하다. NF형 학생들은 통찰력이나 창의성이 좋지만, 계산을 싫어하고 느낌이나 직감에 의존하

2) 이들의 MBTI는 최근에 바뀌었다는 소식이 있다. MBTI는 시간이 지나거나 환경이 바뀌면 변할 수 있다.

려는 특징이 있으므로, 각 단계에 논리적 근거를 제시하는 수학 학습 노트 쓰기 활동을 통해 체계적인 문제해결 습관을 기를 필요가 있다. 특히 꼼꼼한 계산이 요구되는 대수 영역 학습에 더 많은 시간을 투자할 필요가 있다.

3. 영화(수학의 위인들)에서 배우는 자녀의 수학교육

수학자나 수학에 관련된 영화들은 수학 천재들의 이야기를 종종 다룬다. 이들을 다룬 영화나 드라마가 꽤 많다. 그중 천재 수학자들이 나오는 영화를 찾아보면 〈굿 윌 헌팅(Good Will Hunting)〉 〈뷰티풀 마인드(A Beautiful Mind)〉 〈프루프(Proof)〉 〈이미테이션 게임(The Imitation Game)〉 〈어메이징 메리(Gifted)〉 그리고 〈무한대를 본 남자(The Man Who Knew Infinity)〉 등이 있다. 이 영화들의 내용을 살펴보면서 수학교육에서 적용해야 할 점을 살펴보고자 한다.[3)]

1) 〈뷰티풀 마인드〉와 〈이미테이션 게임〉

영화 〈뷰티풀 마인드〉는 수학자이면서 노벨 경제학상을 받은 존 내쉬(John Nash, 1928~2015)의 삶을 그렸다. 영화의 내용대로 실제로 존 내쉬는 MIT의 강사였고, 그 학교 제자와 결혼하였다. 아내와는 중간에 이혼하기도 하지만 재결합하였고, 그 아내는 같이 교통사고로 세상을 떠날 때까지 함께하였다.

내쉬는 22세의 나이에 게임이론에 관한 약 30쪽 분량의 논문을 써서 프린스턴 대학교에서 박사학위를 받았다. 그의 이론은 게임이론 모형으로 '내쉬 균형(Nash Equilibrium)'이라고 불린다. 내쉬 균형은 경쟁자의 대응에 따라 각자 최선의 선택을 했을 때, 서로가 자신의 선택을 더 이상 바꿀 필요를 느끼지 않는 상태에 도달한 것을 의미한다. 1940년대 말 등장한 그의 이론은 수학 분야를 훨씬 넘어서 경제학에 생기를 불어넣었다. 경제학자들은 내쉬 이론을 산업조직과 통상협상에 적

3) 이 절의 내용은 『마음에도 공식이 있나요?』(2019)에서 인용했음을 미리 밝힌다.

용했는데, 존 내쉬는 경제학에 미친 영향을 인정받아 1994년도에 노벨 경제학상을 수상하였다. 2015년에는 주식의 파생상품 가격을 연구하는 편미분 방정식에 관한 연구로 아벨상을 수상하였다.

비교적 아름다운 노년을 보냈던 존 내쉬와 달리 영화 〈이미테이션 게임〉의 실제 인물인 앨런 튜링은 비참하게 삶을 마쳤다. 앨런 튜링(Alan Turing, 1912~1954)은 영국의 수학자, 암호학자, 논리학자이자 컴퓨터 과학의 선구적 인물이다. 1945년에 그가 고안한 튜링 머신은 초보적 형태의 컴퓨터로, 복잡한 계산과 논리 문제를 처리할 수 있었다. 하지만 튜링은 1952년 당시에는 범죄로 취급되었던 동성애 혐의로 영국 경찰에 체포되어 유죄 판결을 받았다. 감옥에 가는 대신 화학적 거세를 받아야 했던 그는 2년 뒤 청산가리를 넣은 사과를 먹고 자살하였다. 사후 59년 만인 2013년, 엘리자베스 2세 영국 여왕은 법무부 장관의 건의를 받아들여 튜링의 동성애 죄를 사면하였다. 이에 따라 튜링은 무죄 판결을 받고 복권되었다.

두 천재 수학자의 삶을 들여다보면 둘 다 편치 않은 인생을 산 것 같다. 그래도 노벨상과 아벨상을 받고 아내와 자식도 있었던 내쉬의 삶이 튜링보다 훨씬 나아 보인다. 조현병 환자든 동성애자든, 공동체나 가족의 돌봄 여하에 따라서 그 삶의 경로가 달라진다. '천재는 양성하는 것이 아니라 보호해야 한다.'라는 주장대로 천재가 안전하게 설 수 있는 환경을 만들어 주어야 한다. 내쉬에게는 이혼 후에도 지속적인 돌봄을 제공한 아내가 있었다. '페르마의 마지막 정리'를 풀어낸 앤드류 와일즈(Andrew J. Wiles, 1953~)에게도 낙천적인 성격의 아내가 있었다. 와일즈는 영국의 수학자로서 300년 이상 풀리지 않았던 수학 문제를 8년에 걸쳐서 풀어내었다. 그 과정에서 안정된 가정의 역할과 아내의 지지는 참으로 중요하였다.

튜링이 20세기 후반부에 태어나서 활동했다면 어땠을까? 컴퓨터 천재로 세계적 명성과 부를 얻은 MS사의 빌 게이츠(Bill Gates)나 페이스북의 마크 저커버그(Mark Zuckerberg)처럼 살 수도 있지 않았을까? 빌 게이츠나 마크 저커버그처럼 안정되고 현명한 아내들과 결혼을 하지 않았더라도, 사회에서 보다 인정받으며 재능을 마음껏 펼쳤을 것이다. 두 영화를 통해 결론 내릴 수 있는 것 중 하나는 수학 천재에게 필요한 안정된 환경의 중요성이다. 특히 가족의 지지와 보호는 중요하다. 수학 영재 교육에서도 가장 중요한 측면은 영재들에게 정서적 돌봄과 안정된 환경을 제공해 주는 것이다.

2) 〈어메이징 메리〉와 〈프루프〉

내쉬와 튜링에게서 실존했던 천재의 어려움과 가족의 지지체계에 관한 생각을 모아 본다면 영화 〈어메이징 메리〉와 〈프루프〉에서는 수학자의 가족을 들여다볼 수 있다. 이와 더불어 여러 감상을 불러일으키는 영화이다. 〈어메이징 메리〉의 주인공, 일곱 살인 메리는 외삼촌 프랭크와 둘이 산다. 아빠는 메리가 태어나기 전 엄마를 떠났고, 엄마 다이앤은 수학의 7대 난제 중 하나인 '나비에-스토크스 방정식'을 풀다가 자살로 생을 마친 천재 수학자였다. 외할머니 역시 뛰어난 수학도였지만 결혼과 동시에 꿈을 접을 수밖에 없었다. 그녀는 딸을 통해 자신의 꿈을 이루고자 하였다.

프랭크는 동생 다이앤이 갓 태어난 메리와 함께 자신을 찾아왔을 때, 그녀를 위로하고 보살펴 주는 대신 데이트를 하러 나가 버린다. 집에 돌아왔을 때 동생은 이미 세상을 떠난 뒤였다. 엄청난 죄책감을 느끼게 된 프랭크는 보스턴에서의 교수 생활을 접고 플로리다로 내려가 보트 수리공으로 일하며 조카를 키운다. 촉망받는 천재였지만 불행했던 누이의 삶을 기억하는 프랭크는 메리가 평범한 삶을 살기를 원한다. 그러나 메리는 초등학교에 입학하자마자 엄청난 천재성을 드러낸다. 이 소식은 보스턴에서 상류사회의 삶을 사는 프랭크의 어머니에게 전해지고, 둘은 메리의 양육권을 놓고 치열한 다툼을 벌이게 된다. 영화는 아이의 양육권을 둘러싼 가족의 싸움과 관계성 그리고 영재를 어떻게 키울 것인가 등을 그려 내고 있다.

영화의 주요 설정 중 하나는 메리의 반려 고양이 프레드이다. 프레드는 메리의 마음을 대변해 준다. 눈이 하나뿐인 프레드는 쓰레기통에서 발견되었다. 누군가에게 버려지고 한쪽 눈으로만 세상을 볼 수밖에 없는 프레드에게 메리는 동병상련을 느낀다. 부모가 없는 메리는 자신을 프레드와 동일시한다. 아이들은 부모가 세상을 떠난 경우에도 부모가 자신을 버렸다고 느낀다. 메리도 마찬가지이다. 얼굴조차 본 적 없는 아빠는 물론이고 자살한 엄마도 자신을 버렸다고 생각한다. 프랭크는 어머니와의 양육권 싸움에서 이길 수 없다는 것을 깨닫고, 최후의 수단으로 죽은 누이가 사실은 그 위대한 '나비에-스토크스 방정식'을 풀었다는 비밀을 공개한다. 메리를 돌려받는 조건으로 그 증명과정이 적힌 누이의 유품 노트를 어머니에게 건넨다. 프랭크는 메리를 데려와 아이답게 키우면서 한편으로는 영재 교육을 받게 한다.

프랭크의 누이 다이앤은 엄마에 의해 철저히 길들여진 삶을 살았다. 소위 마마걸이다. 17세 때의 일탈은 엄마에 의해 철저히 제어당했고, 이후 날개 꺾인 새처럼 엄마가 원하는 삶을 살아간다. 하지만 결국 엄마가 그토록 원했던 업적을 성취해 내고는 엄마에게 두 가지 복수를 한다. 하나는 그 사실을 엄마에게 알리지 않은 것이고, 또 하나는 자살이다. 심리학에서는 이런 식으로 분노나 보복을 표출하는 것을 '수동 공격성'[4]이라고 말한다. 엄마는 딸이 위대한 수학자가 되기를 원했고, 다시 손녀를 통해서 그 꿈을 이루려고 한다. 손녀 자체에 대한 사랑보다는 자신과 딸이 해결하지 못한 위대한 문제를 손녀가 해결해 주기를 바라는 마음이 훨씬 컸다. 그러나 그녀는 죽은 딸이 그 문제를 이미 해결했다는 사실을 알고는 손녀에 대한 양육권을 포기한다.

왜 다이앤은 그 엄청난 사실을 엄마에게 알리지 않았을까? 왜 다이앤은 세계적인 명성을 얻는 대신에 자살을 택했을까? 소위 마마걸이나 마마보이라고 불리는 사람들은 엄마와 융합된 관계성 속에서 자기 자신을 잃게 되어 자신의 삶이 아닌 엄마의 삶을 살게 된다. 영화 속 다이앤은 아마 자신의 꿈이 아닌 엄마의 꿈을 성취한 후에 감당하기 힘든 허무와 자기 붕괴를 경험했을 것이다.

외할머니는 메리를 보스턴의 MIT로 데려가 7대 수학 난제, 즉 '밀레니엄 문제'가 포스팅되어 있는 벽을 보여 준다. 7문제 중 단 한 문제, 즉 '푸앵카레의 추측'만이 해결되었고, 벽에는 그 해결자인 그리고리 페렐만(Grigori Yakovlevich Perelman, 1966~)의 사진이 걸려 있다. 6개의 비어 있는 액자를 가리키며 할머니는 메리가 그중 한자리를 차지해야 한다고 말한다. 자신의 꿈을 위해 딸을 조종하던 할머니는 이제 손녀에게 자신의 방식을 반복 적용한다. 어린 메리의 야심을 키워 내려는 할머니의 모습은 숱한 우리나라 엄마들의 모습과 닮아 있다.

4) 겉으로 드러나지 않는 소극적인 방식으로 적대감이나 공격성을 표출하는 행동 또는 권위와 요구, 의무와 책임에 은근히 반항하는 성향을 말한다. 즉, 빈둥거리기, 늦장 부리기, 고의로 잊어버리기, 무능한 척하기 등으로 다른 사람을 의식적으로 때로는 무의식적으로 괴롭히는 경향성이다.

〈프루프〉는 수학자들이 주인공인 영화로, 인간의 깊은 심리와 정신세계를 다루었다. 영화에서는 증명해야 할 것이 여럿 등장한다. 일단 주요 등장인물은 수학자인 아버지 로버트, 그의 둘째 딸 캐서린 그리고 로버트의 제자이자 수학자이며 캐서린과 사귀게 되는 젊은 수학교수 할이다. 로버트는 한때 매우 뛰어난 수학교수였지만, 조현병을 앓게 되면서 학계를 떠난다. 캐서린도 수학에서 천재성을 보이는 대학생이었지만, 아버지를 돌볼 사람이 없어 학업을 그만두고 집으로 돌아온다. 그리고는 아무도 풀지 못한 문제를 풀겠다는 열망으로 추운 겨울에도 밖에서 수학문제와 씨름하는 아버지와 함께한다. 캐서린은 아버지와 융합의 관계, 즉 아버지에게서 독립하지 못하고 자신의 존재 가치나 의미를 아버지와 결합한 상태에서만 갖는 모습을 보인다. 캐서린이 가진 약간의 망상과 그녀의 취약한 정신상태를 보여 주는 장면이 영화 곳곳에 나온다.

어느 날 캐서린은 드디어 자신이 중요한 수학적 가설을 증명했다는 것을 알게 된다. 거의 동시에 아버지 또한 자신이 문제를 풀어냈다고 환호한다. 자신의 노트를 숨기고 아버지의 노트를 보던 캐서린의 얼굴이 굳는다. 노트에는 수학적 논리식 대신에 의미 없는 비문들만 가득하였고, 아버지는 딸에게 노트의 내용을 읽어 보라고 강권한다. 결국 우스운 문장의 열거에 불과한 자신의 기록을 소리로 들으며 아버지는 자신의 망상을 직면하게 되고 깊은 절망에 빠진다. 그런 아버지에게 캐서린은 자신의 성취를 말하지 못하고, 이어진 아버지의 죽음으로 깊은 슬픔에 빠진다.

문제는 로버트가 죽은 후 돌아가신 스승이 위대한 수학의 정리를 증명했을 것이라고 믿는 할이 계속 집에 찾아오면서 시작된다. 할은 캐서린과 연인이 된다. 할을 신뢰하게 된 캐서린은 숨겨 놓았던 자신의 노트를 보여 주고, 할은 그 노트에 위대한 수학이 있음을 동료교수들과 확인한다. 아버지 없이는 자기감이나 미래가 없던 캐서린은 할에게 그 문제를 풀어낸 사람은 아버지라고 말하며 자신도 혼동에 빠지고 만다. 그리고 할의 사랑을 의심하기 시작한다. 할이 원하는 것이 위대한 수학의 정리인지 자신인지 알 수 없기 때문이다. 마침 아버지의 유산을 정리하기 위해 방문한 언니는 아버지처럼 정서적으로 취약한 캐서린에게 모든 것을 정리하고 같이 떠날 것을 권한다.

영화에도 나오지만 수학의 정리를 누가 증명했는지, 즉 누가 풀어냈는지는 조금만 검토해 보면 충분히 알 수 있는 사실이다. 증명의 각 단계에서 어떻게 그런 논리를 갖게 되었는지, 어떤 경로를 통해서 문제풀이 과정을 얻었는지를 확인해 보면 된다. 또한 필적 감정을 한다면 노트의 주인이 누구인지 어렵지 않게 알아낼 수 있다. 오히려 더 어려운 것은 각 인물들의 상대에게 향하는 사랑이 진심이었는지, 아니면 사랑 이외의 다른 목적이 진실이었는지를 밝히는 과정일 것이다.

보이지 않는 것들, 특히 인간의 감성에 관련된 것들은 증명하기 어렵다. 영화에서는 죽은 수학자의 노트의 원 저작자가 누구인지를 퍼즐 맞추기 식으로 전개하지만, 우리 삶에서 더 중요한 것은 사랑과 믿음에 대한 증명이라는 것을 말해 준다. 수학의 정리와 공식은 아무리 복잡하더라도 증명할 수 있지만, 인간의 사랑과 진실은 논리적으로 때로는 어떠한 노력을 기울여도 증명할 수 없다는 점을 역설적으로 보여 주는 것이다. 원작자 어번은 이 작품에서의 '증명'은 수학적인 증명인 동시에 사랑에 대한 증명을 의미하며, 사랑에 대한 증명, 헌신에 대한 증명, 믿음에 대한 증명이라고 밝힌 바 있다. 캐서린에게도 중요했던 것은 수학 정리의 증명보다는 자신의 존재 자체에 대한 증명이었다. 아버지 로버트를 사랑하지만 자신의 존재 자체가 아버지와 상관없이 소중함을, 수학과 관계없이 사랑받을 만한 존재라는 진실이다. 존재 그 자체로 사랑받는 경험은 뛰어난 수학자나 수학 영재에게도 절대적으로 필요하다.

3) 〈굿 윌 헌팅〉과 〈무한대를 보는 사나이〉

이 두 영화 모두 수학 천재가 주인공이다. 전자는 1997년에, 후자는 2015년도에 제작되었다. 20여 년이 지났지만 〈굿 윌 헌팅〉은 많은 이의 '인생영화'로 꼽히고 있다. 주인공을 맡았던 맷 데이먼의 하버드 대학교 재학 시절의 과제가 각본으로 발전되었고, 이 각본으로 그는 영화 속 친구로 나온 벤 애플렉과 함께 아카데미 각본상을 받았다. 반면에 〈무한대를 본 남자〉는 인도의 수학자 라마누잔의 일생을 담은 실화 영화이다. 두 영화에는 천재 수학도와 그의 멘토 역할을 하는 스승이 나온다는 공통점이 있다.

〈굿 윌 헌팅〉은 천재적인 두뇌와 재능을 가졌지만, 어린 시절 거듭된 파양과 양아버지의 폭력으로 인한 깊은 거절감과 피해의식, 죄책감으로 마음의 문을 닫아버린 채 살아가는 청년의 이야기를 다루고 있다. 그는 MIT에서 청소부로 일하면서, 교수들도 풀지 못한 채 학생들에게 풀어 보라고 칠판에 적어 놓은 까다로운 문제를 싱겁게 풀어 버린다. 수학과 교수와 학생들은 숨은 천재가 누구인가에 대해 궁금해하게 되고, 수학과 교수 제럴드 램보는 그 천재가 바로 청소부로 일하고 있던 윌이라는 사실을 알게 된다. 램보 교수는 이 천재 청년을 세상으로 끌어내려 하지만, 윌은 그러한 교수의 기대에 부응하지 않고 거부반응을 일으킨다. 어린 시절 버림받은 경험이 있을 경우 그 상처는 매우 깊고 오래간다. 지속적인 두려움은 누군가와 진실된 관계를 맺지 못하게 하며, 반사회적인 성격을 갖게 하기 쉽다. 버려짐에 대한 두려움으로 인하여 먼저 버리는 쪽을 택하게 된다.

어떻게 해서든지 윌을 세상에 알리고 싶은 램보 교수는 친구인 심리학 교수 숀에게 상담을 부탁하게 된다. 숀은 처음에는 자신을 거부하는 윌에게 자신의 아픔을 내보이며, '진정한 친구(soul mate)'가 되어 주고자 한다. 숀이 자신의 고통을 자각하며 울부짖는 윌 헌팅을 안아 주며 "네 잘못이 아니야(It's not your fault)."라고 말해 주는 장면은 여전히 회자되고 있다. 이 영화에서 필즈상을 수상한 램보 교수가 윌에게 베푸는 호의의 동기는 분명하지 않다. 수학적 영감이 떨어지고 있는 수학자가 젊은 천재의 도움을 얻고 싶었는지도 모르겠다. 실제로 나이 든 수학자에게 있어 최대 행운은 자신의 연구를 돕는 천재 제자와의 만남이다.

이런 면에서 볼 때 〈무한대를 본 남자〉에서 실제로 냉소적이고 약간은 반사회적 속성도 있었던 하디(Godfrey Hardy, 1877~1947) 교수가 라마누잔(Srinivasa Ramanujan, 1887~1920)을 맞아들인 이유를 찾을 수도 있다. 영화의 한 주제가 하디 교수와 라마누잔의 우정이지만 말이다. 수학사에서는 '가장 주목할 만한 수학적 교제'가 그들 두 사람 사이에서 이루어졌다고 말한다. 하디는 라마누잔으로 인하여 영국에서 가장 중요한 수학자 중 한 명으로 역사에 남게 되었다고 해도 과언이 아니다. 영화에서 라마누잔은 영국의 수학자들과 '증명'에 관해 논쟁하며 계속 부딪히게 된다. 이는 연역적 추론과 논리적인 전개과정을 중시하는 그리스 수학에 뿌리를 둔 유럽의 수학과 직관과 결과를 중시하는 인도 수학의 차이점 때문이라고 수학사는 전한다.

(영화 속에도 나오는 일화이지만) 1729라는 숫자가 연속하는 두 수의 세제곱의 합[5]

5) $1729=10^3+9^3$

이라는 사실을 라마누잔은 직관으로 알고 있었고, 읽기에도 복잡한 3,900개의 수학 공식과 이론을 만들어 냈다. 라마누잔이 만든 공식은 그 독창성과 난해함에 있어서 일반 수학자들의 상상을 뛰어넘으며 그가 어떻게 그런 공식들에 도달할 수 있었는가도 현재까지 밝혀지지 않았다.

독실한 힌두교 신자여서 영국에 있는 동안에도 채식주의를 지키는 등 매우 종교적인 삶을 살았던 라마누잔과 달리, 하디는 광적일 만큼 신을 부인하는 무신론자였다. 평생 독신이었으며, 수학사에 많은 어록을 남겼다. 그중 하나가 순수수학의 가치에 대한 언급으로 자신의 연구는 그 자체가 목적이지 응용을 위함이 아니라는 주장이었다. "나는 지금까지 '실용적'인 어떤 것을 해 본 적이 없다. 내가 발견한 어떤 것도, 직접적이든, 간접적이든, 선을 위해서나 악을 위해서나, 세상의 편의를 조금도 변화시키지 않을 것이다." 하디는 물리적 세계로부터 독립적인 수학을 '순수'하다고 표현하며 자신은 순수수학을 한다고 하였다. 그러나 그의 주장과 달리, 하디와 라마누잔에 의한 연구는 블랙홀, 양자이론, 매듭이론 등의 연구에 두루 쓰이고 있다.

두 영화에서는 수학 문제를 푸는 장면들이 나온다. 이는 단순한 계산이나 문제풀이가 아니라 두 사람이 서로 의논을 주고받으며 해결하는 모습들인데, 수학도로서 정말 부러운 모습이다. 어찌 보면 수학의 가장 본질적인 과정은 상호 소통이다. 서로의 통찰을 나누며, 서로의 의견에서 도움을 얻어 더욱 사고를 발전시키는 과정이다. 수학교육에서 인간관계나 의사소통은 여전히 중요하다. 또한 수학을 배우는 자에게 선생의 존재가 얼마나 중요한지도 실감나게 해 준다.

비록 여기에서 소개한 영화들이 모두 수학 천재들에 대한 영화이고, 평범한 사람의 수학이 주제로 나오지는 않지만, 자녀들과 함께 이 영화들을 보면서 앞의 질문들, 주인공들이 수학을 이야기하는 장면, 실제 인물들에 대해 찾아보면서 그들이 어떠한 수학을 만들어 냈는지 찾아보아도 좋을 것이다. 수학자들이나 천재들이 대부분의 평범한 사람과 어찌 보면 다를 바가 없고, 어떤 면에서는 더 부족한 사람들임을 확인할 수 있으며, 이들은 사랑, 가족, 좋은 선생님이 더욱 필요한 사람들이다. 만약 나의 자녀가 수학 영재라면 더욱 그러할 것이다.

4. 4차 산업혁명에 부응하는 수학적 능력을 향상시키기 위해 부모가 할 수 있는 일: 아이들의 수준에 맞추어 교육하기

1) 4차 산업혁명에 대한 이해: 4차 산업혁명에 어떠한 인력이 필요한가

4차 산업혁명은 2016년 스위스에서 열린 세계경제포럼(WEF)에서 처음 언급된 개념으로, 디지털 혁명 또는 지식정보혁명으로 정의되는 3차 산업혁명을 기반으로 수학, 물리학, 생물학 등의 기초과학과 정보통신기술이 융합되어 이루어지는 지식혁명 시대로 정의할 수 있다. 이는 사물인터넷, 로봇, 인공지능, 빅데이터 등의 최첨단 기술이 나노기술, 바이오기술, 정보기술, 인지과학의 융합 기술로 발전하여, 이러한 사이버 물리적 시스템이 생산을 주도하는 사회 구조적 혁명이다. 여기서 수학은 4차 산업혁명을 이끄는 가장 기본적이고 중요한 영역이라 해도 과언이 아니며, 수학교육에 대한 부모들의 인식도 이에 대비하여 개선되어야 한다.

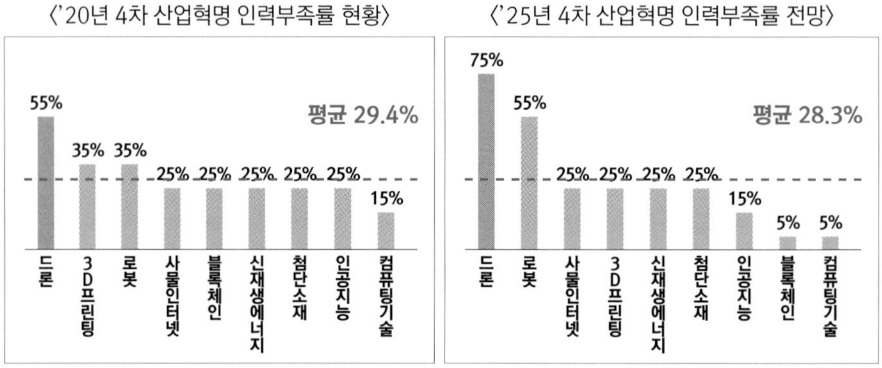

*각 기술분야별 응답구간의 중간값으로 산정. 예) 10%대 응답 → 15%로 산정

[그림 6-1] '20년 4차 산업혁명 인력부족률 현황(좌)과 '25년 4차 산업혁명 인력부족률 전망(우)

출처: 한국경제연구원(2020).

이 다보스 포럼에서 발표했던 미래고용 보고서에 따르면 향후 5년 동안 '4차 산업혁명'으로 선진국 및 신흥시장 15개국에서 710만 개의 일자리가 사라지고, 반복적 업무를 수행하는 사무직 475만 개가 없어질 것이며, 산업혁명 때문에 만들어지

는 일자리는 210만 개에 불과할 것으로 전망하였다. 여기서 4차 산업혁명 시대에 새로 생길 약 200만 개의 직업 중 수학과 관련된 것이 41만 개에 달한다고 예상하였다. 또 미래 유망 직종 톱 10 중 무려 6개의 직업이 수학과 관련된 것이다. 실제로 5년이 지난 2021년, 이 보고서의 내용은 거의 실현되었다. 더불어 2020년 한국경제연구원(한경연) 조사를 통해 2025년에 예상되는 4차 산업혁명 인력부족률을 살펴보면, 드론, 로봇, 사물인터넷, 3D프린팅, 신재생에너지, 첨단소재 부문에서 모두 25%를 넘고 있는데, 이는 모두 수학을 기초로 하는 이공계 분야이다.

그렇다면 4차 산업혁명 시대에 어떻게 진로를 준비해야 할까? 새로운 산업혁명 사회에서 필요로 하는 직종에서는 어떤 능력이 최우선이며, 이를 위해 자녀들을 어떻게 교육해야 할까? 생산 기반 변화에 의한 사회적 요구에 부응하여, 각 차수의 산업혁명 시대에서 요구했던 인재들은 차이가 있었다. 이제 4차 산업혁명 시대에는 복합적 문제해결능력과 융합적 사고 그리고 로봇으로 대체 불가능한 감성적 지능을 가진 인재를 양성해야 한다.

이에 4차 산업혁명을 이끌 인재로서 수학 영재의 발굴과 교육은 매우 중요하다. 하지만 영재가 아닌, 소위 범재라고 명명하는 평범한 인재라도 충분히 4차 산업혁명이 필요로 하는 인재가 될 수 있음은 자명하다. 4차 산업혁명의 주인공은 결코 영재들에게만 한정되어 있지 않다. 여기서 안타까운 점은, 첫째, 수학 영재가 입시교육에 찌들어서, 기계적인 문제풀이에만 숙달되어 수능에서 만점을 받을지라도, 수학에 흥미를 잃어버려 창의적인 영역으로의 진출보다는 안정 위주의 직업으로 몰리는 사회 · 문화 현상이다. 둘째, 평범한 재능을 갖고 충분히 수학을 즐기며 할 수 있는 학생들이 일찌감치 수학을 포기하면서 아예 관련 진로를 고려하지 않게 되는 교육 현상이다. 마지막으로, 평균 정도의 수학 실력만 있으면 충분히 4차 산업혁명의 주도자가 될 수 있다는 믿음의 부족이다. 소망과 추진력은 믿음에서 나온다.

초 · 중 · 고등학교에서 학습하는 수학의 본질적 내용은 시대가 바뀌어도 크게 변하지 않는다. 하지만 수학을 학습하고 수학적 훈련을 받는 과정은 4차 산업혁명 시대에 맞게 변해야 하며, 이를 위해서는 부모들의 인식 전환이 시급하다. 비록 수능에서 1~3등급을 못 받고, 소위 최상위 학부 대학을 못 가더라도, 대학 이후에 지속해서 자발적이며 주도적으로 수학을 할 수 있는 기반이 초 · 중 · 고등학교에서 이루어져야 한다. 이미 산업현장에서는 학벌보다 실력이 우선되고 있다.

필자뿐 아니라 많은 교육자가 영재와 그렇지 않은 학생들에게 일률적인 수학교육이 이루어지는 것에 반대한다. 영재에게는 초기부터 그에 맞는 교육이 이루어져야 한다. 여기서 부모들은 '내 아이가 영재인가?' '만약 영재라면?' '영재가 아니라면?'이라는 질문을 당연히 갖게 될 것이다. 가장 주의할 점은 영재는 결코 억지로 만들어지지 않는다는 사실이다. 오히려 영재 교육을 받다가 평범한 즐거움과 정상적인 삶을 아예 박탈당하곤 한다. 내 아이를 영재교육원에 넣기 위하여 열심히 사교육을 시키는 부모들은 자칫 자신의 사랑하는 자녀가 '거짓자기' 내지는 '거짓 정체성'을 갖고 살게 만드는 잘못을 범할 수 있다.

로버트 가네(Robert M. Gagné, 1985)에 따르면, 영재성은 천성적으로 타고났거나 체계적인 훈련을 받지 않은 상태에서 나타나는 인간의 적성, 또는 잠재능력을 말한다. 그는 한 가지 이상의 영역에서 각자가 타고난 우수한 잠재능력을 영재성이라고 보았고, 이 영재성이 개인 요인과 환경 요인이라는 촉매 때문에 발휘되어 나타나는 뛰어난 성취를 특수 재능으로 구분하고 있다. 또한 타고난 영재성이 특수 재능으로 계발되기 위해서는 동기, 성격, 태도와 같은 개인적 촉매요인과 가정, 학교, 사회가 제공하는 체계적이고 집중적인 훈련과 같은 환경적 촉매요인이 모두 필요하다고 본다.

또한 아무리 인지능력이 뛰어나더라도 과제 집착력, 호기심, 흥미 등이 부족하고 자존감, 자신감이 낮으면 잠재능력이 특수 재능으로 발휘되지 않는다고 보았다. 즉, 심리적 요인이 뒷받침되지 않는다면, 소위 머리만 좋다고 해서 재능이 다 발휘되지 않는다는 것이다. 이른바 '멘탈(정신력)이 강해야 한다'.

이 장의 1절에서도 기술하였듯이, 수학 관련 진로선택에 영향을 미칠 수 있는 가장 중요한 변인은 수학 성취도뿐만 아니라 수학 자기효능감, 수학 불안, 수학 태도 등이라고 연구를 통해 밝혀졌다. 수학 자기효능감은 자신이 수학을 할 수 있다는 믿음이다. 이는 수학 문제를 해결하려는 개인의 의지를 강하게 만들며 수학적 문제해결력을 향상시키고 수학 학습 성취에 큰 영향을 미치는 요인이자, 특히 수학 관련 전공 선택을 강력히 예언하는 변인으로 판명되었다.

2) 수학이란 무엇인가

수학은 정말 무엇일까? 필자가 좋아하는 간단한 수학의 정의는 '패턴을 연구하는 학문'이다. 패턴을 반복되는 질서나 규칙으로 이해할 때, 이 정의에 의하면 수학은 과학과 예술 그리고 우리 생활 전반에 걸쳐 있다.

그렇다면 학교에서의 수학은 어떠한가? 많은 사람이 일단 수학은 계산이나 문제풀이가 우선인 과목이라고 여긴다. 실제로 가장 객관적인 평가가 가능한 과목 중의 하나가 수학이다. 많은 경우 수학은 문제풀이와 동일시되며, 학생들은 대부분 수학공식과 수학시험에 압도당하고 있다. 수학의 아름다움을 감상할 여유로움 또는 깊이 있는 질문이나 다른 교과목과의 연관을 생각하는 학생을 찾기는 힘들다. 우리나라뿐 아니라 미국에서도 시험 문화는 다른 과목보다 수학에서 훨씬 더 광범위한 영향을 미치는데, 우리가 당면한 수학교육의 큰 문제가 바로 시험이다. 시험의 압박과 그 결과가 주는 영향 때문에 너무나 많은 학생이 적성에 맞지 않는다며 수학을 포기하고 있다.

게다가 우리나라에서는 한자 단어의 의미로, 수학(數學)은 수를 연구하는 학문이라고 오해하기도 한다. 수학을 한마디로 정의하기에는 너무나 많은 분야가 있고, 각 분야는 연관이 있으면서도 다르다. 마치 사람마다 성격이 매우 다르듯이 수학 각 분야의 성격은 매우 달라 때로는 소통이 힘들다. 수학은 크게 기하학, 대수학, 해석학, 응용수학 등으로 나뉘지만 갈수록 세분화되고 있다. 2014년 수학에서 세계 최고의 상인 필즈상을 여성으로서 최초로 수상한 마리암 미르자카니(Maryam Mirzakhani) 교수는 위상기하학 분야에서 쌍곡면을 연구하였다. 그녀의 연구는 계산능력보다는 공간을 창조하거나 상상하는 능력을 요구하는 분야이다. 그녀는 "수학의 아름다움을 보기 위하여 힘과 노력을 기울여야만 한다."라고 말하면서 자신을 '느린' 수학자라고 묘사하였다.

수학교육에 직면하는 또 다른 심각한 문제가 바로 수학은 계산하는 것이며 수학을 가장 잘하는 사람은 계산을 가장 빨리하는 사람이라는 믿음이다. 필즈상을 받았던 로랑 슈바르츠(Laurent-Moïse Schwartz)는 고등학교 때 자신이 수학을 못한다고 생각하였다. 학급에서 계산이 가장 느린 학생이었기 때문이다. 슈바르츠는 학교에서 배우는 수학이 실제 수학을 제대로 보여 주지 못하며, 실제 수학은 빠른 계산이 아니라 연결성과 깊은 사고에 관한 것이라고 기록하였다. 수학은 결코 속도에 관한 것이 아닌데, 우리나라 입시제도 특성상 왜곡되고 있다.

또한 수학자들은 매우 많은 분야에서 협업한다. 수학자 상호 간의 교류뿐만 아니라 공학, 경제학, 경영학, 사회학 등 많은 영역과 협력을 한다. 그러나 대부분의 수학 수업이 침묵 속에서 기계적으로 문제풀이를 하며 이루어지고 있다. 4차 산업혁명과 관련된 직종에서 핵심 능력 중 하나는 추론능력과 서로의 논리를 건설적으로 비판하는 능력이다. 따라서 수학적 추론을 바탕으로 팀워크를 이룰 수 있는 인재가 필요하다.

세계적으로 유명한 수학 관련 기업 중 하나인 울프럼알파(WolframAlpha)의 이사인 콘래드 울프럼(Conrad Wolfram)은 수학을 하는 데는 네 가지 단계가 있다고 주장하였다. 이는 수학교육에 함의하는 바가 크며, 부모가 자녀의 수학을 지도할 때 염두에 두면 참 좋을 것이다.

① 질문을 찾고 만들기: 수학의 출발은 좋은 질문과 문제를 찾는 것에서 시작한다.
② 실제 상황의 문제에서 수학 문제로 바꾸기: 일상생활에서 쉽게 접하는 상황과 연관된 수학 문제들을 다루는 수학 교양서적과 동영상들이 셀 수 없이 많을 정도이다. 부모들이 먼저 이 자료들을 접하며, 자녀들에게 적합한 내용들을 소개해 보길 권한다.
③ 계산하기: 수학은 결코 계산이 중심인 학문이 아니지만, 계산능력은 언어에서의 어휘력과 비슷한 것 같다. 풍부한 어휘력으로 자유자재로 글쓰기와 읽기 등을 할 수 있듯이, 계산력은 수학하는 단계에서 의미가 있다. 하지만 미국에서 실시한 조사 결과, 기업에서 가장 가치 있게 여기는 능력에서 계산능력은 끝에서 두 번째로 떨어졌고, 1위는 인간관계능력, 2위는 문제해결능력이 차지하였다.
④ 수학적 모델에서 실제 상황으로 전환하고, 원래 문제에 대한 답안지 검증하기: 수학의 공식이나 모델이 적용되는 과정을 찾아보고 확인해 보는 작업이다.

3) 수학적 지능과 수학적 능력이란 무엇인가

가드너(Howard Gardner, 1983)의 '다중지능이론'에 따르면 아홉 가지 서로 다른 지능이 존재하며, 각 지능의 발달은 서로 다른 경로를 거친다. 그는 영재성 또한 이 아홉 가지 지능 분야마다 별도로 존재한다고 보았다. 수학적 지능과 수학 영재는 다른 지능 및 다른 영재와 분명히 구별되곤 한다.

크루테츠키(Vadim Krutetskii, 1969~)에 따르면, 수학 영재들에게는 수학적 성향이라는 신경학적 조직이 있다. 이들은 자기 주위의 환경을 수학적으로 끼워 맞추려 하며, 항상 공간적 · 양적 관계와의 결합, 함수적 관련성을 알아내려고 한다. 크루테츠키는 수학을 배우는 능력을 "수학적인 지식, 기능, 습관 등을 비교적 신속하고, 쉽고, 철저하게 숙달하는 데 영향을 주는 개인의 심리적인 특성(주로 정신활동의 특성)을 의미한다."라고 하였다.

4차 산업혁명이 원하는 수학 영재는 자생적이고 자발적이며, 잠재력을 우선한다. 영재적 잠재력이 있을 때, 영재성이 적절한 교육과 훈련하에서 발달할 수 있지만, 무엇보다 본인이 영재교육을 즐길 수 있어야 하며, 영재 집단 가운데서 경쟁심, 열등감, 수치심, 시기심 등으로부터 자유로운 정신이 필요하다. 만약 영재라 하더라도 이러한 심리적 취약성이 있다면, 그 영재성을 발휘하기 힘들 수 있다.

수학적 능력은 단순히 학교 수학 과정을 학습하며, 이에 적당한 지식과 기능을 익히는 데 필요한 학습능력과는 구별된다. 그러면 수학적 능력이란 어떤 것일까?

크루테츠키는 수학적 능력과 특별히 관련이 있는 지적 요인을 일반 요인, 수적 요인, 공간 요인, 언어적 요인, 추론 요인으로 나누었다. 일반 요인은 일반적인 지능검사와 상당히 높은 상관관계를 가지고 있으며, 수적 요인은 계산 속도라든가 수학 문제해결과 관계가 깊다. 공간 요인은 시각적 요인과 기하 문제해결과 관계가 있고, 언어적 요인은 산술적 추리 문제, 대수 문제, 기하 문제 등이 있는데, 언어 검사 사이에는 높은 상관관계가 있다. 수학적 관계를 언어적으로 표현하는 능력은 매우 중요하다. 추론 요인은 새롭고 비일상적인 상황에서 추상과 기호를 조작하는 것과 관련된 문제해결능력과 관계가 있다. 이에 더하여 크루테츠키는 수학적인 문제해결의 3단계를 중심으로 수학적 능력의 구성요소를 계산능력, 추론능력, 가역성, 일반화 능력, 공간 능력, 기억력의 총 여섯 가지로 추출하였다.

여러 다른 수학자가 다양한 수학적 능력을 언급하였다. 요약하면, 공통적이고 핵심적인 능력으로 사고하며 연관성을 찾아내는 능력, 일반적인 원리를 찾아내고 추론하며 적용하는 능력 그리고 기억을 재생산하며 상징들을 결합하고 사용하여 문제를 해결하는 능력들을 꼽을 수 있다. 5절에서 부모가 자녀의 수학적 능력을 어떻게 도울 수 있을지 함께 모색해 보도록 하겠다.

5. 수학에서의 성장형 마인드셋과 부모의 개입

1) 스탠퍼드 대학교 드웩 교수의 수학 실험

미국 스탠퍼드 대학교의 사회심리학자인 캐롤 드웩(Carol S. Dweck) 교수는 실패를 해석하는 관점을 보기 위하여 수학 문제를 이용한 실험을 진행하였다. 먼저, 5학년 학생 400명에게 쉬운 문제를 준 후에 채점한 결과를 나누어 주며 절반의 아이들에게는 "너 참 똑똑하구나."라고 지능에 대한 칭찬을 해 주고, 나머지 절반의 아이들에게는 "너 참 노력을 많이 했구나."라며 노력에 대해 칭찬을 해 주었다. 그리고 두 번째 실험에서 난이도가 다른 두 유형의 시험을 제시하며 아이들에게 스스로 고를 수 있게 하였다. 노력에 대한 칭찬을 받은 아이들의 90%가 어려운 문제를 골랐고, 지능에 대한 칭찬을 받은 아이들 대부분이 쉬운 시험을 선택하였다. 세 번째 실험은 몹시 어려운 시험을 모두에게 똑같이 제시하여 풀게 하였다. 노력에 대해 칭찬을 받은 학생들은 어려운 문제에 대해 더욱 노력하는 모습을 보였으며, 심지어 문제를 풀어낸 학생도 있었다. 하지만 지능이나 능력에 대한 칭찬을 들은 학생은 쉽게 포기하거나 실망하는 모습을 보였다. 마지막 실험에서는 노력에 대해 칭찬을 받은 학생의 30%가 성적이 올랐지만, 지능이나 능력에 대해 칭찬을 받은 학생의 20% 정도는 성적이 떨어진 결과를 보였다.

드웩은 이 실험을 통해 아이들에게 지능이나 능력을 칭찬하는 것의 위험을 말할 뿐 아니라 지능은 고정된 것이 아니라고 주장하며 스스로 발달시킬 수 있다고 주장한다. 사실 이 두 주장은 서로 다른 이야기 같지만 연결된 이야기이다. 지능에 대하여 칭찬을 받고 성장하면 자신의 지능 있음을 계속 증명하기 위하여 결국 쉬운 것을 찾아서 성공하는 모습을 남에게, 특히 부모에게 보여 주기에 급급하게 된다는 것이다. 이는 고정형 마인드셋으로 이어진다.

이 두 번째 실험에서 재능이나 지능에 대한 칭찬을 들었던 아이들이 왜 쉬운 시험을 택했을까? 무엇보다 이들은 자신의 재능에 대해 실망하는 것이 두렵고, 부모나 선생님을 실망시키고 싶지 않아서 그럴 수 있다. 즉, 실망이 두려워서 실패를 두려워하게 되는 것이다. 연구는 이들이 실패를 회피하고자 하는 동기가 강해져서 안전을 지향하며 결국 쉬운 문제를 고른다고 설명한다. 자신이 지능이나 재능이 있다고 칭찬받고 자라 온 아이들은 어려움이나 실패를 맞닥뜨리면 그것을 인정하지 못하고, 실패를 경험했을 때 극복하기가 더 어렵다. 또한 이는 우리나라에서 우수한 모범생이었던 학생들이 창의적이고 도전적인 진로 대신 안전하고 위험이 적은 진로로 치우치는 현상에 대한 한 원인일 수 있다.

드웩은 결코 자신의 자녀에게 "넌 날 닮아서 머리가 좋아."라든가 "넌 아이큐가 높아서 조금만 공부하면 전교 1등이야." 혹은 "넌 재능을 타고났어. 남들 하는 노력의 반만 해도 성공할 거야."와 같은 칭찬을 하지 말라고 한다. 주변의 친척이나 지인이 자신의 자녀에게 그런 칭찬을 한다고 하면 그 사람에게 그러지 말라고 정중하게 부탁할 필요가 있다. 그리고 담임선생님이나 주변 사람들에게 '절대 지능이나 재능에 대한 칭찬 말고 과정과 노력에 대한 칭찬'을 해 달라고 부탁할 필요가 있다.

2) 고정형 마인드셋 vs. 성장형 마인드셋

드웩은 이 실험을 통해서 고정형 마인드셋과 성장형 마인드셋이라는 개념을 창안하였다. 고정형 마인드셋은 지능과 성격은 변하지 않으며 타고난 것이라는 고정된 믿음과, 성장형 마인드셋은 지능과 성격은 변하며 노력을 통해 사람이 변화한다는 믿음과 관련이 있다. 〈표 6-3〉은 고정형 마인드셋과 성장형 마인드셋을 비교한 것이다.

<표 6-3> 고정형 마인드셋과 성장형 마인드셋

	자기 관점	도전	실패	노력	비판	타인의 성공
고정형	지능과 성격은 고정된 것	실패 시 이미지가 손상되기 때문에 잘하는 것에만 매달림	실패하면 자아에 위협을 느끼므로 피하거나 능력 밖의 일이라며 피함	노력해도 소용없다고 생각함	비판받으면 자존심이 상하고 자신을 무시한다고 생각해 비관에 빠짐	열등감을 느끼거나 그들의 재능을 찬양함
성장형	지능과 성격은 변함	도전은 자신을 성장시키는 초석이므로 기꺼이 도전하고 정보를 얻음	성장을 위한 과정으로 생각하며, 실패로 더 많은 것을 배움	노력하면 성장은 무조건 따라온다고 믿음	비판을 통해 성장하고 개선된다고 믿기에 수용함	배울 점을 찾으려고 하며, 그들의 노력에 초점을 맞춤

출처: 고영성, 신영준(2017).

고정형과 성장형은 초등학교 때까지는 차이가 별로 나지 않으나 중학교 때부터는 유의미한 차이가 난다. 실제로 많은 자녀가 초등학교 때까지는 수학을 잘하다가 중학교 때부터 어려워하며 때로는 극명한 차이를 보이는데, 이는 수학에 대해 어떠한 마인드셋을 가졌는가와 밀접한 관련이 있다. 실제로 고정형과 성장형 마인드셋을 가진 학생들의 학업성취도가 차이 난다는 것이 연구 결과로 증명되었다.

드웩의 제자이자 스탠퍼드 대학교 수학교육학과 교수인 조 볼러(Jo Boaler)는 자신의 저서 『스탠퍼드 수학공부법: 스스로 답을 찾는 힘(Mathematical Mindsets)』(2016)에서 수학적 마인드셋을 성장형으로 갖기 위한 공부법과 과제, 평가방법과 수업방식 등을 자세히 보여 준다. 우리나라 교육 현실과 맞지 않는 부분들도 있지만, 주목할 내용이 많다.

고정형 마인드셋을 가진 학생들은 쉽게 포기할 가능성이 크지만, 성장형 마인드셋을 가진 학생들은 어려운 일이라도 끈기 있게 계속해 나간다. 안젤라 덕워스(Angela L. Duckworth)는 이것을 '그릿'이라고 칭하였다. 다른 연구에서는 7학년 학생들을 대상으로 마인드셋을 측정하는 설문 조사를 하고, 2년 동안 학생들의 수학 성적을 관찰하였다. 그 결과, 고정형 마인드셋을 가진 학생의 성적은 일정한 수준에 머물렀지만, 성장형 마인드셋을 가진 학생들의 성적은 계속 향상되었다. 또한 성장형 마인드셋을 가진 학생은 실수했을 때 더 넓은 두뇌 영역이 활성화되며 훨씬 더 집중하고, 실수를 고치면서 더욱 긍정적인 두뇌 활동을 보여 준다는 새로운 증거를 얻었다.

영리한 학생과 그렇지 않은 학생으로 나누어 버리는 고정형 마인드셋 사고는 학생들의 성취수준을 막론하고 어느 쪽에게나 너무 큰 해를 끼친다. 심지어 자신이 영리하다고 믿더라도 자신에게 이롭지 않다. 이런 고정형 마인드셋을 가진 학생은 더욱 도전적인 과제나 과목을 시도하려 하지 않는다. 왜냐하면 실수나 실패를 하면 사람들이 자신을 더 이상 똑똑하지 않다고 여길지도 모른다고 생각하기 때문이다. 성장형 마인드셋을 가진 학생은 힘든 일이라도 계속 시도하고, 실수를 이루고자 하는 목표 또는 더 많은 것을 하도록 격려하는 동기부여로 여긴다. 고정형 마인드셋을 가진 여학생들이 많은 것은 과학기술 분야(STEM, 과학, 기술, 수학, 공학)에 종사하는 여성의 수가 적은 이유 중 하나이다. 이 분야에 종사하는 여성의 수가 적다는 사실은 단순히 여학생들의 진출 기회가 적다는 것뿐만 아니라 과학기술 분야 훈련에 여성의 마인드셋과 견해가 반영되지 않기 때문에 이런 상황이 계속 반복되리라는 것을 함의한다.

3) 그렇다면 어떻게 성장형 마인드셋을 가질 수 있을까

드웩의 다른 연구에서는 학생들의 고정형 마인드셋이 성장형 마인드셋으로 바뀔 수 있고, 그럴 때 학습이 현저하게 긍정적이며 성공적으로 이루어진다는 것을 발견하였다.

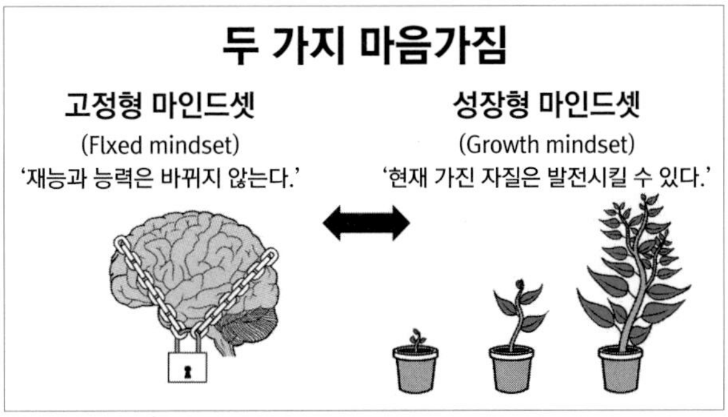

[그림 6-2] 고정형 마인드셋과 성장형 마인드셋

(1) 뇌와 지능에 대한 이해가 필요하다

뇌는 쓸수록 신경 간의 새로운 연결을 만들어 내며 성장한다. 뇌 가소성(brain

plasticity)이란 뇌의 신경망들이 외부의 자극 등으로 구조적 · 기능적으로 변화하고 재조직되는 현상을 말한다. 뇌를 디자인할 수 있다는 뇌 가소성에 관한 많은 연구와 저서들이 나오고 있다. 아직 모든 뇌 과학자가 동의하는 내용은 아니지만, 이런 뇌 가소성을 인정하는 것은 성장형 마인드셋과 연결된다. 여기에는 우리의 뇌가 고정된 것이 아니라 훨씬 더 좋아질 수 있다는 믿음이 필요하다. 뇌 가소성의 의미가 노력으로 지능이 현저하게 바뀐다는 것은 아니다. 뇌의 변화에는 분명히 개인차가 있다. 하지만 공부를 할수록 뇌는 변하고, 변한 뇌는 공부를 더 잘하도록 돕는다.

(2) 부모와 교사가 학생의 잠재력을 믿어 줄 때 성장형 마인드셋이 자랄 수 있다

부모가 자녀의 잠재력을 믿어 줄 때 자녀는 자신의 잠재력을 믿을 수 있다. 부모가 자녀에게 자극을 주기 위해 “너 그럴 줄 알았다.” “너를 믿을 수 없다.” 등의 발언을 하는 것은 자녀에게 독이 된다. 자녀는 이러한 부모의 반응에 오히려 분노와 수치감을 느끼게 되며, 이는 노력하지 않는 이유가 되곤 한다. 자녀들이 자신을 믿을 수 있을 때, 그것은 자기실현적 예언이 되어 잠재력을 끌어올린다.

(3) 꾸준한 연습이 필요하다

미국 국립정신건강소(National Institute of Mental Health)의 연구진들은 실험 대상자들에게 3주간 매일 10분씩 수학 연습 문제를 풀게 하고, 문제를 풀지 않은 사람들의 두뇌와 비교하였다. 매일 몇 분간 연습 문제를 푼 사람들의 두뇌에는 구조적인 변화가 있었다. 하루에 매일 1%의 성장이 이루어진다면 1년 후에는 복리처럼 계산되어 $(1+0.01)^{365} \approx 37.78$배의 성장을 이루게 된다. 꾸준히 하는 힘은 참으로 위대하다. 천재가 노력하는 자를 이길 수 없다는 말이 현실로 드러나는 일을 자주 목격할 수 있다.

학생들에게 적절한 수학 자료를 주고, 학생들이 자신의 잠재력과 가능성에 대해 긍정적인 메시지를 받는다면, 학생들은 높은 수학 성취를 보일 수 있다. 두뇌 연구의 새로운 결과들은 적절한 가르침과 훈련을 받는다면, 95%에 이르는 대부분의 학생은 학교에서 배우는 수학을 충분히 따라갈 수 있음을 입증한다.

수학 성취도의 차이는 두뇌 차이가 아니라 삶에 대한 태도 차이 때문일 수 있다. 하지만 피아노를 배우는 모든 학생이 전문적인 피아노 연주자가 될 수 없듯이, 노력만으로 수학에서 탁월한 업적을 이루기는 어렵다. 하지만 최소한 대학 수준에서 요구하는 수학까지는 거의 누구나 공부할 수 있다. 이에 대한 믿음이 필요하다. 그렇더라도 성장형 마인드셋 메시지를 기억하며 활기 있는 자극을 받는 자녀들은 자신의 잠재력을 충분히 성취할 수 있다.

4) 수학 실수에 대한 올바른 자세

수학시험에서 실수한 경험은 누구에게나 있을 것이다. 이때 한 번의 실수가 트라우마적인 경험이 되기도 한다. 또한 실수도 실력이라고 하면서 실수한 것을 비난하는 학부모들이 있다.

심리학자 제이슨 모저 등(Moser et al., 2011)은 사람들이 실수할 때 두뇌 속에서 작동하는 신경 구조를 연구하였다. 연구에 따르면, 우리가 실수할 때 두뇌의 반응은 소위 실수-정적 전위와 실수-부적 전위 둘 중 하나이다. 실수는 우리의 두뇌를 자극하고 성장을 가져온다. 실수하는 그 시점은 두뇌가 도전을 받아 문제를 해결하려고 애쓰면서 힘들어하는 때이며, 바로 그때 두뇌에 자극을 주게 되고 두뇌는 가장 많이 성장한다. 수학 학습에서 오답 노트를 권장하는 이유도 이와 연관이 있다. 성장형 마인드셋을 가진 사람은 고정형 마인드셋을 가진 사람보다 실수했다는 사실을 더 잘 알아차리고, 실수에 당황하거나 비난하지 않으며, 실수를 바로잡기가 훨씬 더 수월하다.

여기서 중요한 점은 수학에서 저지르는 실수를 어떻게 대하는가이다. 보통 수학 문제에서 실수를 하면 사람들은 스스로 수학을 잘하는 머리가 아니라고 생각할 수 있다. 왜냐하면 실수는 나쁜 것이고, 실수했다면 벌을 받아야 한다는 성과 중심의 문화에서 자랐기 때문이다. 이때 부모의 역할이 중요하다. 실수한 것에 대해 실력이 없어서라고 꾸중하거나 다그치지 말아야 한다. 오히려 실수한 것을 환영하는 자세를 가지고 실수를 잘 받아들이는 중요성을 강조하며, 무엇에서 생각이 잘못되었는지, 실수로 이끄는 어떠한 습관이 있는지, 실수를 초래하는 불안요인이 무엇인지 자녀와 함께 살펴보는 것이 매우 중요하다.

무엇보다 학생들이 자신들이 실수한 것을 부끄러워하거나 수치심에 빠지지 않도록 하는 분위기가 필요하다. 이를 위해서는 부모와 교사가 실수를 잘못으로 여기거나 꾸중하지 말고 다르게 평가해야 한다. 또한 교사들도 교묘하게 실수를 유발하는 수학 문제를 지양하며, 실수를 통해 학생들이 잘 학습할 수 있는 수학 문제들을 개발하고 출제해야 한다. 교사와 부모가 할 수 있는 가장 강력한 방법 중 하나는 수학 문제를 풀면서 실수하거나 틀린 답을 말했을 때 긍정적인 메시지를 주는 것이다.

드웩은 위크숍에서 종종 부모들에게 다음과 같이 이야기한다. "자녀들에게 오답 없이 과제를 해내는 것이 결코 멋진 일이 아니라고 이야기해 주세요. 그건 배우고 있지 않다는 뜻이에요."

솔루션

6. 어떻게 선행학습을 하면 좋을까: 나의 자녀에 대한 이해와 선행학습 안내

다른 과목보다 특히 수학에 대해 지나칠 정도로 걱정하는 학부모들이 많다. 학부모들은 자녀들이 가능한 한 빨리 높은 수준의 수학을 배우기를 원한다. 가능한 한 빨리 선행을 하지 않으면 뒤처지거나 선두에 서지 못할까 봐 걱정하는 것이다. 하지만 어린 나이부터 수학을 선행학습한 학생들은 성적이 낮거나 다른 어떤 상황에 놓였을 때 더 많이 포기하는 경향이 있다. 실제로 학생들을 대상으로 한 대다수의 조사에서 수학 선행학습의 경우, 실제 학업성취에 미치는 영향이 통계적으로 유의미하지 않다.

Q1 수학 선행학습의 긍정적 혹은 부정적 효과는 무엇인가요?

선행학습의 긍정적 효과는 수업에 대한 부담감을 줄이고 자신감이 생기게 하며, 문제해결 시간을 단축하고 수업에 대한 이해가 향상되어 성적 향상에 도움이 되는 것 등이 있다. 학습자의 능력을 초과하는 과도한 교과 선행학습이 아니라 능력과 발달단계에 맞는, 적절한 시기에 자신에게 맞는 교육방법의 선행학습은 학습에 대한 부담감을 덜어 주고 자신감도 생기게 해서 성적을 향상시키는 데 도움을 줄 수 있다. 또한 내용 전개의 맥락 속에서 현재 학교 진도의 내용을 이해할 수 있고, 미리 배운 공식을 사용하여 문제를 쉽게 해결할 수도 있다. 하지만 이러한 이점에도 불구하고 많은 경우에서 선행학습의 부정적 영향도 크다.

선행학습의 부정적 효과는 무엇보다 수학 포기자를 낳을 수 있다는 것이다. 첫째, 선행학습으로 교과 내용을 학습한 학생은 학교 수업을 소홀히 할 뿐만 아니라 수업시간에 집중하지 않고, 이미 학습 내용을 알고 있다고 생각하여 배움에 소홀할 수 있다. 학교 수업에 흥미를 잃게 되고 이미 알고 있다는 교만한 자세로, 자신을 가르치는 교수자를 무시하거나 친구를 얕잡아 보는 등 대인관계에 악영향을 미칠 수 있다. 둘째, 자기주도적 학습능력이 떨어진다. 선행학습이 당장 눈앞의 이득은 가져올 수 있으나 길게 보면 아이의 주체적 사고와 창의력을 떨어뜨리는 요인으로 작용한다. 개념에 대한 충분한 이해와 소화 없이 기계적으로 내용을 습득하는 경우가 많기 때문이다. 무엇보다도 선행학습을 충분히 소화하지 못한 채, 다른 학업 부담과 함께 자녀가 공부 자체에 과부하가 걸려서 심하면 흥미 자체를 잃을 수 있다는 것이 문제이다. 사실 수학 선행학습은 수학을 좋아하고 수학 성취도가 이미 좋은 학생들에게는 도움이 되지만 그렇지 않으면 역효과를 내는 것이 현실이다.

그렇다면 자녀의 선행학습에서 이러한 장단점이 어떻게 나타나고 있는지 부모가 확인할 필요가 있다. 앞에서도 언급하였듯이 자녀의 수학능력과 발달단계에 맞게 진도를 맞추어야 한다. 수학의 내용은 상징적이고 추상적인 내용이 많다. 그러면 어떻게 자녀의 수학능력과 발달단계를 알고 선행학습을 맞출 수 있을까?

- 자녀가 배우는 내용을 자기 언어로 설명해 보도록 한다. 수학은 매우 언어적인 속성이 있다. 자기가 배우고 있는 내용을 말로 설명할 수 있는 과정은 수학에서도 매우 중요하고 확실한 점검방법이다. 자녀가 알고 있는 바를 부모에게 말하는 과정에서 자녀의 자신감이나 위축감 등을 살펴보길 바란다. 부모 앞에서 솔직하게 자신을 드러내지 못하는 자녀라면, 수학 이전에 부모와의 관계성 또는 애착관계에 대한 점검이나 상담이 선행되어야 할 수도 있다.
- 자기 학년의 문제지나 시험문제에서 80% 정도의 성취를 이루지 못한다면 먼저 지금 학교에서 배우는 수학을 충실히 하고 예습 위주의 학습을 하는 것이 좋다. 이런 경우 그 학기의 내용을 예습하는 정도로 선행학습을 하고, 방학 때

다음 학기의 수학을 학습하면 좋다. 단, 난이도가 높은 문제들을 풀기보다는 개념을 충분히 이해하고 확인하는 수준의 문제들로 연습하는 것이 좋다. 교과서는 최고의 교수자들이 많은 회의를 거쳐서 심혈을 기울여 만든 책이므로 이것을 참고하는 것이 좋다.

- 부모가 자녀의 수학적 능력을 객관적으로 살펴보기는 어려운 일이다. 학교의 선생님이나 학원 선생님 등을 통해 자녀에 대한 객관적이고 진솔한 평가를 들어 본다. 자녀의 선생님들과의 의사소통은 수학교육에서도 매우 중요하다. 학교나 학원에서의 수학 진도를 자녀가 어느 정도로 따라가고 있는지 피드백을 구하며 점검해 본다.
- 학원에서는 수준별 클래스를 운영하는 경우가 많고, 상위 클래스에 들어가거나 유지하기 위해 별도의 과외나 지도를 받는 경우가 있다. 이는 최악이라고 본다. 대부분 아이의 자존감을 위해서도 용의 꼬리보다는 뱀의 머리로 지내는 것이 좋다. 주위의 아이들이 선행학습을 통해서 진도를 훨씬 앞서가는 분위기에 합류하기 위해 과도한 노력을 기울이다가 수학 자체에 흥미를 잃거나 열등감에 빠지는 경우가 많다. 또한 초등학교까지는 어학이나 악기, 운동 연습에 투자하는 것이 수학 선행학습보다 훨씬 유익하다.

Q2 수학 선행학습의 실태는 어떠한가요?

수학학원의 선행학습 실태를 분석한 연구(지경선, 2016)에서, 선행학습 시간은 '5시간 이상'이 가장 많았고, 선행학습 진도는 '1학기 선행'이 가장 많았으며, 선행학습 진도 반복 횟수는 '3~4번' 선행이 가장 많았다. 선행학습 이해도는 '61~80%'가 가장 많았으며, 선행학습 비용은 '21~30만 원'이 가장 많았다. 선행학습을 하는 이유는 '성적을 올리기 위해서'가 가장 많았다.

재미있는 사실은 1학기 이상 선행이라면 현재의 성적 향상에는 큰 도움이 되지 않는다는 것이다. 연구 결과에 따라서, 선행학습과 현재의 학업성취도는 유의미한 상관관계가 없다고 보고된다. 미래를 대비하기 위해 선행학습을 하는 경우가 많은데 이는 '예기 불안'으로 인해 촉발되는 현상이라고 볼 수 있다. 즉, 앞날을 지나치게 미리 걱정하기에 벌어지는 일이며, 지금을 희생하는 악순환이 된다.

많은 경우 부모의 불안과 타 자녀들과의 비교로 인하여 선행학습을 시키곤 하는데, 엄마의 불안이 동기가 되어서는 안 되겠다. 연구에서는 선행학습 이해도만 제시되었지만, 현재 학교 진도의 이해도가 더 중요하다. 선행학습 이해 정도는 81~100%가 25.9%로 나타났고, 60% 이하가 약 35%로 보고되는데, 이해도가 60% 정도라면 선행학습을 안 하는 것이 훨씬 낫다. 즉, 학원 등에서 선행학습의 성취도가 60점 정도라면 그 선행학습은 안 하는 것이 좋다. 특히 수학 교과는 위계적인 학문이므로 예전에 배운 내용을 철저히 복습하고 기본적인 내용을 충분히 이해하며 스스로 문제를 풀고 활용할 수 있어야 한다.

Q3 자녀의 학년별 선행학습 진도는 어느 정도가 좋을까요?

자녀마다 다르지만 수학이 갑자기 어려워지는 단계나 과정이 있다. 초등학교에서 고학년인 4학년으로 올라갈 때, 함수와 집합 등의 추상적 개념들이 나오는 중학교 1학년 때가 종종 언급된다. 이런 위기의 시간을 잘 넘기지 못하고 오히려 과도한 부모의 기대나 요구가 있을 때 자녀들은 수학으로 인해 좌절하거나 분노하게 된다.

특히 초등학교 때, 부모들은 자녀들에 대해 기대가 지나쳐 환상을 가질 수 있다. 꼭 일류대학을 들어가야 한다거나, 의사나 판검사가 되기를 바라며 이를 위해 미리 공부를 시키고자 한다. 피아제(Jean Piaget)의 인지발달이론은 교육학이나 심리학에서 매우 고전적인 이론이지만 함의하는 바가 매우 크다. 피아제는 인간의 인지 발달단계를 4단계로 구분하였다. 피아제는 각 발달단계가 개별적이고 매우 분명하며, 사다리꼴로 발전된다고 가정하였다. 이 이론에도 어느 정도의 한계는 있지만, 인간 대부분은 12세가 넘어야 형식적 조작기에 이른다고 주장한다. 보통 초등학교 6학년이 지나야 직접 경험을 하지 않고 구체적 대상이 없어도 머릿속에서 생각할 수 있고, 문제의 여러 측면을 종합하고 해결방안을 찾을 수 있는 상태가 되는 것이다. 이 시기를 지나면서 아동은 눈에 보이지 않는 추상적 세계를 이해할 수 있다.

요즘 초등학교 때 이미 미적분을 배운다는 이야기를 듣곤 한다. 하지만 이는 수학적 재능을 갖고 태어난 1% 아이들에게만 가능하다고 본다. 예를 들어, '이차함수의 최댓값 · 최솟값'이 미분계수가 0이 되는 점에서 갖게 된다는 사실을 초등학생이 배운다면 그 학생은 함수와 차수, 최댓값 · 최솟값 그리고 미분계수라는 추상적 개념들에 대해 이해하고 있어야 한다. 하지만 꽤 많은 학생이 단지 기계적으로 아무 생각 없이 문제를 풀고 있는 것이 현실이다.

- 자녀가 주도적으로 원하고, 즐겁게 성취를 이루고 있다면 원하는 만큼 선행학습을 해도 나쁘지 않다. 하지만 학업에 어려움을 호소하거나 외부의 도움을 많이 필요로 한다면, 일단 지금 배우고 있는 것을 확실하게 알고 넘어가는 과정이 참으로 중요하다. 그렇지 않으면 문자 그대로 모래 위에 성을 쌓고 있을 뿐이다.
- 학년별 선행학습의 진도가 정해진 것은 아니다. 무엇보다 자녀의 현 수학능력에 대한 이해도와 자녀의 자발성이 중요하다.
- 주위의 아이들과 비교하지 말고 내 자녀의 수학 성취도와 능력에 집중하고, 자녀가 여유를 갖고 흥미를 느끼면서 공부하도록 인도한다.
- 자녀가 자타 공인 수재가 아니라면 초등학교 때 미적분을 선행할 필요는 전혀 없다. 1학기 정도의 선행학습을 권하며, 자녀가 중학교 3학년까지 수학에 흥미를 잃지 않고 자기주도적으로 학습할 능력이 있다면 그때부터 고등학교 수학을 공부해도 충분하다.

Q4 우리 아이는 최상위권 학생에 속하는데 특목고, 자사고와 명문대 진학을 위해 어떻게 선행학습을 시키면 좋을까요?

우리의 자녀들을 명문대로 진학시키고 싶은 이유는 무엇일까? 꽤 많은 명문대 학생이 입시 후 진로결정에 어려움을 보이는 경우가 많다. 대학입시가 인생의 중요한 과정이지만 중요한 출발 단계에 지나지 않음을 부모가 충분히 인지하고, 자녀의 수학 성적 이전에 수학에 대한 흥미도, 수학 자기효능감, 자신감, 가치 인식 등에 관심을 가져야 한다. 고등학교 때까지의 과도한 수학 학습은 대학 이후에 수학을 공부할 내재적 동기와 의욕을 빼앗곤 한다. 하지만 21세기에 요구되는 4차 산업혁명이나 AI, 각종 IT 영역에서 수학적 훈련은 필수이다.

- 가장 기본적인 원칙은 자녀의 주도성과 결정을 존중하는 것이다. 자녀의 비교의식과 우월감을 너무 자극하지 않도록 주의하며 자녀 스스로 결정하도록 돕는다. 스스로 껍질을 깨지 못하고 부화한 병아리들은 건강하게 오래 살지 못한다.
- 자녀가 경쟁에 취약한 모습을 보이거나 비교의식이 강한 경우, 특목고나 과학고보다는 일반고 진학이 자녀의 미래를 위해 좋을 수 있다. 부모의 자기애적 욕구를 채우기 위해 자녀에게 성취를 요구하지 않도록, 자녀의 성향을 고치려 하지 말고 수용하면서 수학과 관련된 자녀의 정서에 맞추어 조절하는 것이 필요하다.
- 21세기 4차 산업혁명 시대에는 그 어느 때보다 수학적 창의력과 자유로운 상상력이 중요하다. 자녀의 수준에 맞지 않는 과도한 수학 학습은 오히려 수학을 회피하게 만들고 혐오하게 만든다. 자녀가 지속해서 수학을 좋아하도록 보호해야 함을 명심하자.
- 교육청 사람들과 학부모가 높은 단계의 수학을 선행하는 것에 대해 질문하자, 캘리포니아 대학교의 수학과 교수 빌 제이콥은 선행학습으로 미적분을 공부하면 부실한 학습을 경험하게 되어 결국은 학생들에게 손해라고 이야기하였다. 그는 또한 고급 미적분 과정을 듣는다고 해서 학생들의 수학 수준이 더 높아지는 것은 아니므로 이전 학년에서 제대로 준비하는 것이 더 낫다고 충고한다. 스탠퍼드 대학교에 다니는 학생 중 상당수가, 심지어 이공계 학생들도 고등학교에서 미적분을 배우지 않았다. 선행학습보다 현재 배우고 있는 내용을 깊이 있게 공부하는 편이 훨씬 낫다.

솔루션

7. 자녀의 수학 활동과 성취에 바람직한 부모의 반응과 피드백: 수학 포기자 예방과 회복 방법

Q1 수학 포기자가 되는 것을 예방하기 위해 부모가 할 수 있는 일은 무엇인가요?

① 수학에 질리게 하지 않기

부모는 자기 자녀를 가장 잘 아는 사람일 수 있지만, 동시에 가장 잘 모르는 사람일 수 있다. 무엇보다 자녀의 수준에 맞지 않는 수학 학습을 강요하거나 지속하지 말아야 하며, 수학으로 인하여 자녀가 심리적 부담을 지나치게 갖지 않도록 주의해야 한다. 자녀가 현재 학교에서 배우는 내용의 80~90% 이상을 충분히 소화하고 있지 않다면 선행학습을 시키지 않는 것이 좋다. 자존심에 쉽게 상처를 받거나 비교의식에 민감한 자녀인 경우, 자신과 비슷하거나 우월감을 느낄 수 있는 또래 집단에서 공부하는 환경을 조성하는 것이 도움될 것이다.

② 안전한 배경이 되어 주기(적절한 감정코칭 해 주기)

자녀들이 수학 공부에 어려움을 느끼며 수학 불안을 느낄 때 그 불안을 담아 주는 부모의 역할이 필요하다. 자녀들이 자신의 불안감이나 수학 공부에서 느끼는 좌절감을 부모에게 편하게 투사하고 담을 수 있어야 한다. 무엇보다 자녀를 다른 학생들과 비교하지 않으며, 자녀의 성취보다는 과정과 존재 자체를 안아 주는 일관적인 태도가 중요하다. 감정코칭에 대해서는 뒤의 Q4에서 살펴본다.

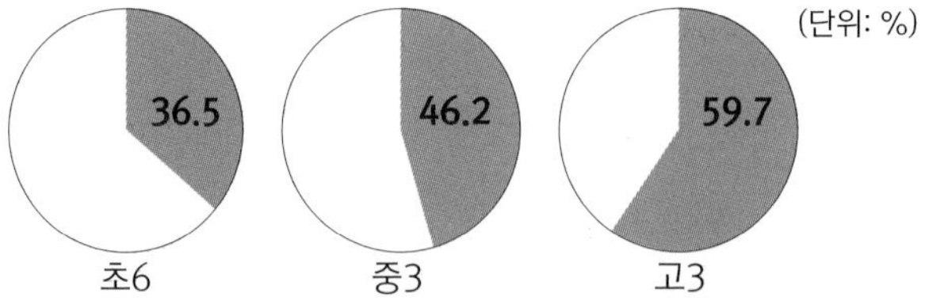

[그림 6-3] 수학을 포기한 학생(수포자) 비율

출처: 사교육걱정없는세상, 박근홍 의원.

Q2 수학 포기자를 회복시키는 방법에는 어떤 것이 있을까요?

① 커리어(진로) 가능성을 확대해 주는 수학에 대한 이해

수학은 많은 가능성을 준다. 수학을 포기하는 것은 그 가능성을 포기하는 것이다. 많은 청소년이 진로 때문에 부모 이상으로 고민하고 있다. 특별한 꿈이나 재능이 없다고 고민한다. 소박하고 평범한 삶의 소중함이 무시되고 있는 사회문화적인 영향일 수 있다. 필자가 재직하는 대학교는 수능점수 최상위권 대학이 아니다. 하지만 공대 학생들의 취업률은 80% 이상이고, 취업에 문제가 있는 학생들은 학업 외에 다른 이유가 있기 때문이다. 또한 대학원에 진학하거나 특별한 전공 분야 외에는 수학을 잘하지 못해도 이공계의 전공 공부에 별 문제가 없다고 보고된다. 수학 전공 교수로서 아쉽기도 하지만, 수학으로 인하여 아예 이공계 진출을 포기하는 학생들에게는 좋은 소식이다. 수학을 잘하지 못해도 얼마든지 IT나 AI 분야로 진출할 수 있다. 더 많은 가능성을 위해 수학을 포기하지 않도록 격려하자. 수학을 포기하여 많은 가능성과 진로를 포기하게 되는 것은 너무나 억울한 일이다.

② '좌절을 견디는 능력' 연습하기

수학을 통해서 '버티는 능력'과 '좌절을 견디는 능력'을 배울 수 있다. 현대 정신분석학자 비온(Wilfred R. Bion)은 인생에서 '좌절을 견디는 능력'의 중요성을 역설한다. 비온에 의하면 긴장이 증가하였을 때, 이를 견딜 수 있는 심리적 장치가 부족할 때 좌절이 증가한다. 수학 학습과 시험 등은 많은 긴장감을 불러일으킨다. 이를 견딜 수 있는 심리적 장치, 소위 멘탈이 강해야 하는데 이는 근육 운동처럼 키워질 수 있다. 풀 수 있는 쉬운 문제부터 연습하면서 긴장과 실패를 견디는 연습이 필요하다. 수학 공부만큼 이 능력을 연습하는 좋은 도구가 없을 것이다. 자녀들이 수학을 공부하면서 느끼는 좌절감을 충분히 공감해 주면서, 부모로서의 좌절 경험을 공유하며, 그것을 극복했던 이야기를 들어 주어도 좋겠다. 수학을 공부하면서 느끼는 좌절감을 당연시하면서 이를 견디는 과정을 부모가 함께해 주어야 한다. 수학을 버티어 내면 인생을 버티기가 수월해진다.

③ 저학년 교과서부터 출발하기

수학 포기자의 나이가 점점 낮아져서 초등학교 고학년 때 이미 수학을 포기하는 현상이 나타나고 있다. 많은 경우 선행학습이나 주변 환경의 압력 때문일 수 있다. 따라서 자녀가 느끼는 열등감이나 불안 등의 정서를 잘 살펴 주는 과정이 필요하다. 그리고 저학년 교과서부터 출발하면서, 기본적인 연산 연습에 문제가 없는지 살펴봐야 한다. 특히 스토리텔링 문제에 어려움이 있는 경우라면 과감하게 그러한 문제들을 생략하면서 기본적인 연산 연습과 개념에 집중하도록 지도한다. 부모부터 불안해하지 않는 것이 중요하다. 부모의 불안은 자녀에게 반드시 전달되기 때문이다.

중학생 이상의 경우도 마찬가지이다. 많은 경우 자존심 때문에 저학년 교과서를 보기 싫어하거나 어려운 참고서에 매달릴 수 있다. 이럴 경우, 부모가 자녀의 상한 자존심에 핀잔을 주거나 수학으로 입은 상처에 상처를 더하지 않도록 주의해야 한다. 오히려 자녀의 상태를 잘 몰랐던 부모의 무지와 무관심을 진심으로 구체적으로 사과하며 함께 고민하는 시간을 가져야 한다. 역시 가장 좋은 출발은 자녀 스스로 어디가 부족한지를 깨닫고 그 지점부터 시작하는 것인데, 저학년 교과서는 가장 좋은 출발점이다. 교과서는 가장 우수한 수학 교수와 교사들에 의해 저술되었으며, 교과서만 공부해서 수능 1등급을 못 받을 수는 있지만 뛰어난 수학자가 되거나 수학 관련 진로로 진출하는 데는 전혀 문제가 없다.

④ 학습된 무기력 극복하기

1절의 '3) 학습된 무기력'에서 살펴보았던 학습된 무기력은 수학 포기와 밀접하게 연관된다. 학습된 무기력을 극복하는 방법은 수학 포기자를 회복시키는 방법과 같을 수밖에 없다. 왜냐하면 그 패턴이나 증상을 일으킨 원인이 거의 같기 때문이다. 그리고 그 극복방법은 기적적인 방법이 아니라 작은 움직임에서 출발한다. 무엇보다 작은 성공 경험과 그 축적을 통해 자기효능감을 회복해야 한다. 이는 너무나 기본적인 이야기라 이미 많은 부모와 교육자가 알고 있는 사실이다. 장거리 달리기를 하는 심정으로 기초부터 그리고 쉬운 문제부터 출발하는 것이다. 이렇게 기본에 충실해야 함은 수학 학습에서도 진리이다.

⑤ EBS와 인터넷 활용

수학에서의 성공 경험은 수학의 개념을 이해하면서 "아~하!" 하게 되는 순간이나 스스로 문제를 풀어 보는 경험이라고 할 수 있다. 이런 경험을 현재 학교나 학원 수업에서 할 수 없을 때 학생들은 좌절감을 경험할 수밖에 없다. 부모는 자녀가 이런 '성공' 경험을 하고 있는지 확인할 필요가 있다. 이에 대한 부정적인 자녀의 반응은 현재 학교나 학원의 진도를 자녀가 따라가지 못함을 반영하는 것이다. 학원이라면 당연히 수강 여부를 조정할 필요가 있고, 학교의 수업이라면 배우는 진도와 관련된 내용의 기초부터 다시 시작해야 한다. 그 진도와 관련된 이전의 선행 내용을 가장 찾기 쉬운 곳이 EBS의 인터넷 자료들이다. 또한 인터넷에는 관련된 자료들이 많다. 부모가 함께 자료를 찾아보면 좋겠다. 부모가 힘들다면 멘토를 구하는 것도 하나의 방법이다. 수학 멘토를 구할 때는 수학교육 전문가나 수학에 뛰어난 사람이 아니어도 충분하다. 소위 일대일 과외 선생이 아니어도 경험을 공유하며 자녀와 함께 EBS 수업에 같이 참여하고, 이해도와 성취를 점검하며 격려를 해 주는 멘토가 큰 도움이 될 수 있다.

Q3 수학 문제풀이에서 자주 실수를 하는 자녀에게 어떻게 반응하면 좋을까요?

① 실수에 대해 꾸중하거나 다그치지 않기

무엇보다 실수한 것을 실력이 없어서라고 꾸중하거나 다그치지 않도록 해야 한다. 실수를 잘 받아들이는 중요성을 수학 학습에서 배우고 연습할 기회로 삼는 태도가 필요하다. 무엇에서 생각이 잘못되었는지, 실수로 이끄는 어떠한 습관이 있는지, 실수를 초래하는 불안 요인이 무엇인지 살펴보는 과정이 중요하다. 자녀가 자신이 실수한 것을 부끄럽게 여기지 않는 분위기가 필요하며, 부모와 편하게 이야기할 수 있어야 한다. 실제로 성장형 마인드셋은 수학을 배울 때 특히 중요하다. 실수할 때 일어나는 두뇌 활동이 고정형 마인드셋을 가진 사람보다 성장형 마인드셋을 가진 사람에게서 더 활발히 나타난다는 것이 연구에 의하여 입증되었다.

② 오답노트 만들기

수학을 잘하는 대부분의 학생은 오답노트를 갖고 있다. 오답노트의 중요성은 이들의 성공 사례에서 흔히 언급되곤 한다. 실수는 무의식적으로 반복될 수 있다. 프로이트는 이를 정신분석학적으로 설명했는데, 이러한 반복에서 벗어나기 위해서는 의식적인 특별한 주의가 필요하며, 오답노트는 좋은 도구이다. 다른 교과목보다 사고와 개념을 더 많이 요구하는 수학 학습에서 오답노트를 작성하도록 꾸준히 지도할 필요가 있다.

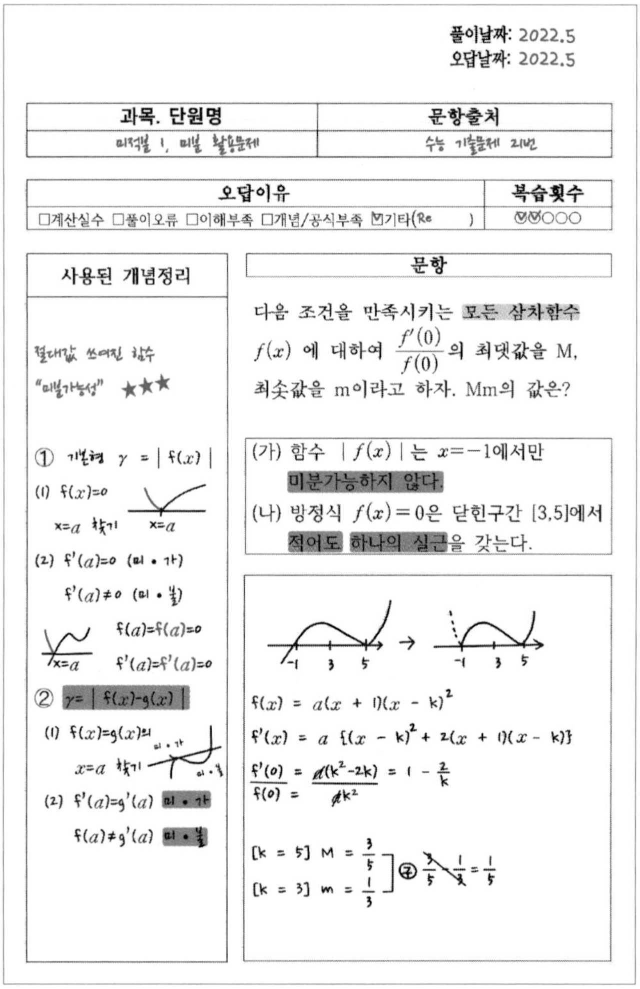
풀이날짜: 2022.5
오답날짜: 2022.5

과목. 단원명	문항출처
미적분 I, 미분 활용문제	수능 기출문제 21번

오답이유	복습횟수
□계산실수 □풀이오류 □이해부족 □개념/공식부족 ☑기타(Re)	☑☑○○○

사용된 개념정리

절대값 쓰여진 함수
"미분가능성" ★★★

① 기본형 $y = |f(x)|$
(1) $f(x)=0$ $x=a$ 찾기
(2) $f'(a)=0$ (미·가)
$f'(a)\neq 0$ (미·불)
$f(a)=f(a)=0$
$f'(a)=f'(a)=0$

② $y=|f(x)-g(x)|$
(1) $f(x)=g(x)$의 $x=a$ 찾기
(2) $f'(a)=g'(a)$ 미·가
$f(a)\neq g'(a)$ 미·불

문항

다음 조건을 만족시키는 모든 삼차함수 $f(x)$에 대하여 $\frac{f'(0)}{f(0)}$의 최댓값을 M, 최솟값을 m이라고 하자. Mm의 값은?

(가) 함수 $|f(x)|$는 $x=-1$에서만 미분가능하지 않다.
(나) 방정식 $f(x)=0$은 닫힌구간 [3,5]에서 적어도 하나의 실근을 갖는다.

$f(x) = a(x+1)(x-k)^2$
$f'(x) = a\{(x-k)^2 + 2(x+1)(x-k)\}$
$\frac{f'(0)}{f(0)} = \frac{a(k^2-2k)}{ak^2} = 1 - \frac{2}{k}$

[k = 5] $M = \frac{3}{5}$
[k = 3] $m = \frac{1}{3}$
$\frac{3}{5} \times \frac{1}{3} = \frac{1}{5}$

[그림 6-4] 수학 오답노트 예시

③ 실수를 새롭게 바라볼 수 있는 활동에는 어떠한 것이 있을까

부모가 할 수 있는 가장 강력한 방법의 하나는 수학 문제를 풀면서 실수하거나 틀린 답을 말했을 때 긍정적인 메시지를 주는 것이다. 부모가 실수와 실패가 긍정적이고 건설적이라고 가르칠 때, 자녀는 실패로 인한 수치심 같은 부정적 정서에서 수월하게 벗어날 수 있다. 자신에 대해 가지고 있는 생각, 특히 자신에 대한 믿음 여부는 우리의 두뇌가 작동하는 방식을 바꿀 수 있다. 우리가 변화와 성장을 믿고, 실수를 의미 있고 소중하게 여긴다면, 두뇌는 우리가 실수할 때 훨씬 더 크게 성장할 수 있다.

Q4 자녀의 수학 활동과 성취에 바람직한 감정코칭은 무엇인가요?

감정코칭은 존 가트맨(John Gottman)이 창안한 것으로, 부모와 자녀의 상호작용에서 보이는 패턴을 중심으로 부모와 자녀 그리고 모든 인간관계에서 다양하게 적용될 수 있는 의사소통 기법이다. 감정코칭은 자녀의 감정을 인정하는 데서 시작한다. 대부분의 부모는 자녀의 긍정적 감정은 잘 보지만 분노나 슬픔을 인식하고 수용하는 데는 상당한 노력이 필요하다. 감정코칭에는 다섯 단계가 있다.

- 1단계–아이의 감정을 정확히 인식하기: 아이가 어떠한 감정을 보일 때 잘 감지하고 그것을 포착하는 것을 의미한다. 자녀의 분노나 좌절감, 수치심, 슬픔 등에 주의를 기울인다.
- 2단계–감정적 순간을 좋은 기회로 삼기: 특히 부정적인 감정이 보일 때 그 감정에 대처하는 방법을 교육하는 적절한 시기일 수 있다. 아이가 부정적인 감정을 특히 격하게 보일 때는 자신이 누군가의 도움을 간절하게 원한다는 의미이므로 부모는 빨리 아이의 감정을 수용하고 공감해 줌으로써 부모와 강한 애착관계를 형성한다.
- 3단계–아이의 감정을 공감하고 경청하기: 감정코칭 과정의 대부분을 3단계에서 차지하고 있으며 이것이 감정코칭의 성패를 좌우한다.
- 4단계–아이가 감정을 표현하도록 도와주기: 아이에게 혼란스러워하는 감정이 어떤 감정인지 명료하게 알려 줄 필요가 있다.

- 5단계–아이 스스로 문제를 해결할 수 있도록 하기: 아이의 감정을 읽어 주고 공감하고 감정에 이름을 붙여 준 후, 감정을 해소하고 아이가 가장 좋은 해결책을 찾을 수 있도록 도와주는 것이다.

솔루션

8. 우리나라 수학 교과과정과 입시, 수학 관련 진로에 대한 부모의 이해

Q1 수학 교과과정에 대하여 부모가 어느 정도로 알아야 하나요?

자녀의 수학교육에 신경 쓸 시기가 되면, 대부분의 부모는 자신들이 초·중·고 시절에 배웠던 수학의 내용을 많이 잊어버린다. 또한 수학에 좋은 기억이 없을 경우, 막연하게 수학에 대한 불안과 두려움을 가질 수 있고 이런 부정적 정서는 자연스럽게 자녀들에게 투사되곤 한다. 부모부터 수학에 대한 불안이나 두려움을 갖지 않아야 하며, 이를 위해서는 무엇보다 어느 정도 수학에 대한 이해를 갖고 있어야 한다. 게다가 현재 초등학교 학생들은 고등학교 때 자신이 원하는 과목들을 선택해서 듣는 '고교 학점제'가 시행될 예정이기에 부모로서 적절한 가이드를 줄 필요가 있다.

우리나라 교과과정은 7년을 주기로 바뀐다. 현재 2015년에 개정된 교과과정이 시행되고 있는데, 이는 2022년에 또 개정되어 2025년부터 지금의 교과과정과는 다른 내용을 배우게 될 것이다. 따라서 현재의 초등학교 학생들이 고등학생 때 어떤 교과과정을 배우게 될지는 아직 결정이 안 되었지만, 기본적인 내용은 별 차이가 없을 것이라고 말할 수 있다. 2018년부터 일반고를 기준으로 할 때, 기본적으로 수학I, 수학II를 공통과목으로 하고 확률과 통계, 미적분, 기하 중 택1 하게 되어 있다. 이제 더 이상 문·이과의 구별이 없으므로 대학마다 모집 단위별로 선택과목을 지정하고 있다. 현재 고등학교 2학년은 어문계열, 인문사회계열, 경상계열의 경우 일반선택과목 중 2과목을 택해야 한다. 이공계열의 경우 일반선택과목 중 확률과 통계를 제외하고 모두 들어야 한다. 그리고 진로에 따라 '실용수학, 기하, 경제수학'과 같은 선택과목을 정한다. 이미 서울대학교 경제학과에서 미적분 수

강을 요구했고, 유사한 대학들도 그렇게 지정할 수 있기에 기존의 문과 상위권 학생들도 미적분을 택하고 있다.

새로이 개정된 교과과정도 이러한 토대에서 지금은 제외되어 있는 행렬의 내용이 필수 과정으로 더해진다. 문제는 학생들이 주도적으로 자신이 공부할 수학 과목을 선택할 폭이 훨씬 넓어졌을 때 과연 스스로 수학을 선택할지의 여부이다. 따라서 수학을 제대로 공부하기도 전에 이미 수학을 포기해 버리는 일이 없도록, 수학에 지속적인 흥미와 효능감을 가질 수 있도록 부모가 도와야 하겠다.

수학	경영 · 경제 · 회계	정보통신 · 컴퓨터공학 전자기기	자연과학
• 수학자 • 대학교수 • 수학 전문 연구소 • 교사 • 통계청 • 수학 교육 출판사 • 마케팅 담당자 • 신용정보 분석가 • 스포츠 전략 분석가* * 야구, 축구, 농구, 배구 등 스포츠에서 선수들의 데이터, 팀의 전략 및 승패를 분석	• 금융자산운용가 • 보험 관리자 • 보험인수심사원* • 보험계리사 • 파생상품 개발 • 자산 관리사 • 애널리스트 • 회계사 * 보험상품의 실행 심사 및 내용과 승인 여부를 결정하는 담당자	• 암호 전문가 • 보안관리자 • 영상처리 • 그래픽전문가 • 컴퓨터 프로그래머 • 데이터사이언티스트 • AI 전문가 • 로봇 전문가	• 인공위성 개발원 • 자연과학 시험원 • 천문학자 • 기상학자 • 생명과학자 • 방사선 연구가 • 생물통계학자

[그림 6-5] 수학 관련 진로

이러한 교과과정과 교과서의 내용은 우리나라 교육부가 인정하고 유수의 수학 교수와 교사들이 연구한 결과라 무엇보다 신뢰할 수 있다. 교과서 수준의 내용만 습득해도 대학교에서 수학을 전공하는 경우를 포함해서 공학이나 자연과학 전공 공부를 하는 데 충분하다. 여러 연구 결과에서 보여 주듯이 대학에서의 성취도와 수능 수학 점수와의 상관관계는 크지 않다. 또한 이공계 대학원까지 진학하여 더욱 전문적인 연구를 수행하는 경우가 아니라면, 평균 정도의 수학 실력만 있어도 IT 관련 직종에 충분히 도전할 수 있다.

수능의 난이도 높은 문제들은 오직 대학입시만을 위해 필요한 것 같다. 오히려 어려운 수능 수학 문제로 인하여 수학을 기피하게 되고, 이로 인해 수학을 잘하지 못해도 충분히 진출할 수 있는 진로에 들어서지 못한다는 사실은 참으로 안타깝다. 수학을 잘하지 못해도 전공할 수 있는 이공계 전공과 진출할 수 있는 진로가 많다는 사실을 부모들이 충분히 인지하고, 자녀들이 수학에서 상위 등급을 받지 못해도, 계속해서 흥미를 갖고 공부할 수 있도록 격려해 주고 지도해 주는 것이 필요하다.

Q2 부모가 알아야 할 기본적인 수학 개념과 진도에 대한 이해는 어떤 것이 있나요?

중학교의 수학 교과과정은 기본적으로 문자와 식, 방정식과 부등식, 함수, 도형, 확률과 통계의 기본적인 내용이다. 이 내용을 잘 알기 위해 초등학교 수학 교과과정이 진행되고, 이 내용이 고등학교에서 더 확장된다고 해도 과언이 아니다. 고등학교에서 배우는 수학I과 수학II를 살펴보면 둘 다 기본적으로 함수에 관한 공부이다. 수학I은 지수함수와 로그함수, 삼각함수 그리고 수열로 구성되어 있는데, 수열 또한 자연수 집합 위에서 정의된 함수이기 때문이다. 수학II는 수열과 함수의 극한, 함수의 연속과 다항함수의 적분으로 구성되어 있다. 미분과정이 생략된 것처럼 보이지만, 보통 미분의 역연산으로 적분을 배우기에, 적분을 학습하는 과정에서 미분은 자연스럽게 배우게 된다. 또한 미분을 이해하기 위해서는 극한과 연속을 이해해야 한다. 따라서 수학II와 미분적분학은 많이 겹칠 수밖에 없다.

수학에서 개념이 중요하다고 하는데, 그 출발은 정확한 수학 용어와 정의에 대한 이해에서 출발한다. 예를 들어, 다항식과 다항함수의 차이는 무엇일까? 방정식과 함수는 무엇인가? 이를 한번에 설명하기 힘든 이유는 수학의 개념 하나에는 여러 단계의 이해과정이 필요하기 때문이다. 예를 들어, 함수는 정의역에 있는 모든 원소에 대하여 공변역에 있는 유일한 원소가 대응되는 관계라고 정의할 수 있는데, 이를 이해하기 위해서는 정의역, 원소, 공변역, 대응 등에 대한 이해가 선행되어야 한다. 이때 정의역과 공변역은 하나의 집합이다. 따라서 함수를 이해하기 위해서는 집합을 알아야 한다.

필자의 견해로는, 고등학교 때는 함수를 이해하기 위한 정도의 집합 개념과 문제를 익히는 것으로 충분한데, 집합에 관한 수학 문제들도 너무 어렵게 접근하는 것을 보게 된다. 처음부터 너무 심층적으로 접근하게 되면 첫 출발인 집합 단원에서 학생들이 주저앉게 되는 것 같다. 물론 '집합론' 자체가 수학의 큰 분야 중 하나지만, 집합 단원에 걸려서 다음 단계로 넘어가지 못할 정도가 되면 낭패가 아닐 수 없다. 인수분해나 곱셈 공식 등도 어찌 보면 방정식과 함수문제를 풀기 위한 과정에서 필요하므로 지나치게 복잡한 문제들로 미리 수학적 흥미를 잃게 하지 말아야 한다.

Q3 부모가 알아야 할 우리나라의 수학교육 현실과 입시제도에 대한 이해는 어떤 것이 있나요?

PISA(Programme for International Student Assessment: OECD 국제학생평가프로그램)에서 거듭 반복되고 있는 결과를 살펴보면, 65개 나라 중에서 우리나라 학생들의 수학 성취수준은 최상위이지만 수학 학습동기와 수학 자기효능감, 자신의 수학적 능력에 대한 믿음은 60위권을 차지하는 것으로 나타났다. 즉, 수학 성적은 우수하지만, 수학에 흥미도 없고, 수학이 앞으로 인생에 쓰임새가 있을 것으로 생각하지도 않으며, 수학으로 인한 스트레스가 큰 것을 알 수 있다. 이에 대한 가장 큰 원인은 입시 위주의 교육 때문이며, 이러한 양상이 수학 관련 진로선택에 부정적인 영향을 미치고, 많은 가능성을 차단하는 결과를 가져옴에 주목해야 한다.

고등학교 때 문과와 이과 중에서 선택해야 할 경우, 많은 학생이 단지 수학 때문에 문과를 선택하는 경우가 많았다. 이는 대학에서 공학이나 자연과학 쪽으로의 진로를 차단하는 결과로 이어졌기에 이제라도 고등학교에서 문·이과 구별이 없어진 것은 다행이라고 본다. 실제로 '문송(문과라서 죄송)'이라는 은어가 나올 만큼 문과 출신에게 취업이 더 제한적이며 우리나라 산업 구조상 정규직 일자리가 가장 많고 평균임금이 가장 높은 계열은 대부분이 공대 계열인 것이 현실이다. 더군다나 4차 산업혁명 시대에 유망하거나 인력이 부족한 영역은 대부분 이공계 전공자들을 필요로 한다.

그렇다고 해서 자녀들을 모두 이공계로 보내야 한다고 주장하는 것은 결코 아니다. 필자 또한 수학으로 박사학위를 받고 교수가 된 이후에 다시 심리학을 공부하여 학위과정을 마친 후 계속 공부 중이기에 인문학의 중요성을 누구보다 알고 있다고 자부한다.

Q4 스토리텔링 수학 문제를 어떻게 하면 잘할 수 있을까요?

요즈음 스토리텔링 문제까지 강조되면서 초등학교 수학 문제도 어렵다는 하소연이 많다. 여기서 먼저 강조하고 싶은 점은 수학적 지능과 문해능력과의 높은 상관관계이다. 이는 수학과 과학의 상관관계만큼 높은 편이다. 스토리텔링 수학 문제를 잘 풀기 위해서는 먼저 이야기 자체를 잘 이해해야 하고 그 이야기 속에서 수학적 개념을 찾을 수 있어야 한다. 성장단계에 따라 수학적 능력뿐 아니라 문해능력도 발달한다. 아직 어린 나이에는 수학 이전에 이야기 자체를 이해하지 못하기 때문에 문제를 풀지 못할 수 있다. 따라서 수학을 선행학습하기 이전에 충분한 독서와 사회 경험이 필요하다. 계산능력이 증진한다고 해서 문해능력과 사고력이 같이 증진하는 것은 아니다.

수학이 실생활에 어떻게 응용되며, 수학의 중요한 개념들이 어떻게 자연현상에서 유래되었는지를 설명해 주는 좋은 책과 동영상 자료들이 많이 나와 있다. EBS나 유튜브 등에 나온 많은 자료를 부모-자녀가 함께 보면서 대화를 많이 해 보면 큰 도움이 될 것이다.

부모교육 워크시트

1. 다음은 자녀가 가질 수 있는 수학불안을 측정하는 검사입니다. 자녀에게 전체적으로 한번 실시하게 하거나 구두로 물어보면서 자녀가 어느 정도의 수학불안을 갖고 있는지 검사해 보세요.

수학불안검사

1. 나에게 수학은 다른 공부에 비해 하기 싫은 과목이다.	①	②	③	④	⑤
2. 나는 수학을 배워야 하는 이유를 모르겠다.	①	②	③	④	⑤
3. 나는 수학 공부는 꼼꼼하고 정확하게 해야 하며 실수를 하지 않아야 하기 때문에 불안을 느낀다.	①	②	③	④	⑤
4. 나는 수학을 전혀 두려워하지 않는다.	①	②	③	④	⑤
5. 수학은 어려운 과목이라고 생각하기 때문에 불안을 느낀다.	①	②	③	④	⑤
6. 교과서를 혼자 읽으면 이해가 안 된다.	①	②	③	④	⑤
7. 나는 수학이 항상 귀찮으며 짜증이 난다.	①	②	③	④	⑤
8. 수학시간에 배워야 하는 내용이 많아서 불안을 느낀다.	①	②	③	④	⑤
9. 어려운 수학 문제를 풀려고 하면 조바심이 난다.	①	②	③	④	⑤
10. 숫자가 많고 도형 그림이 많아 딱딱한 느낌이 나서 수학이 싫다.	①	②	③	④	⑤
11. 수학 공부를 하려고 하면 눈앞이 캄캄해진다.	①	②	③	④	⑤
12. 나는 수학 문제를 생각하는 것 자체가 싫다.	①	②	③	④	⑤
13. 수학 수업을 생각만 해도 불안하다.	①	②	③	④	⑤
14. 수학 공부를 더 많은 시간 동안 한다고 해도 전혀 힘들지 않다.	①	②	③	④	⑤
15. 수학 이외의 과목에서 수학공식을 보면 불안해진다.	①	②	③	④	⑤

수학에 대한 태도 검사

1. 수학은 매우 재미있는 과목이다.	①	②	③	④	⑤
2. 나는 어려워 보이는 문제는 우선 회피하게 된다.	①	②	③	④	⑤
3. 수학이란 단어만 들어도 기분이 나빠진다.	①	②	③	④	⑤
4. 나는 수학 과목에 자신감이 있다.	①	②	③	④	⑤
5. 능동적이고 적극적인 자세로 수학 공부를 하려고 한다.	①	②	③	④	⑤

6. 수학을 공부하는 것 자체가 즐겁고 신이 난다.	①	②	③	④	⑤
7. 나는 아무리 해도 수학 공부는 잘하기가 어려울 것 같다.	①	②	③	④	⑤
8. 수학시간에는 항상 극도의 긴장감을 느낀다.	①	②	③	④	⑤
9. 나는 수학과 관련된 퀴즈를 좋아한다.	①	②	③	④	⑤
10. 수학을 좋아하지 않으며 수학 공부를 하는 것이 두렵다.	①	②	③	④	⑤
11. 나는 고등수학을 해낼 능력이 있다고 생각한다.	①	②	③	④	⑤
12. 나는 어떠한 과목 수업시간보다 수학시간이 행복하다.	①	②	③	④	⑤
13. 나는 한 번도 수학을 좋아한 적이 없다.	①	②	③	④	⑤
14. 나는 수학 공부가 편안하고 계속하고 싶다.	①	②	③	④	⑤
15. 수학을 잘하는 학생은 머리가 좋아서 그럴 것이라는 생각이 든다.	①	②	③	④	⑤
16. 나는 몇몇 사람이 어떻게 수학 공부에 많은 시간을 소비할 수 있는지, 또 수학을 공부하는 것이 즐겁다고 하는지 이해할 수가 없다.	①	②	③	④	⑤

* 수학불안척도는 정경아(2003)의 연세대학교 대학원 박사학위논문에서 번안하고 수정한 척도의 일부를 사용하였으며, 수학태도척도는 신임철(1987)의 부산대학교 대학원 석사학위논문에서 척도의 일부를 사용하였다.

2. 수학 일기 써 보기

수학 일기 쓰기는 매우 낯설게 느껴질 수 있지만, 보통 학생과 교사 사이의 사적인 면담자료가 될 수 있습니다. 또한 부모가 자녀와의 소통을 위해서 활용해 보길 추천합니다. 일기 쓰기의 구조는 학생, 교사, 부모의 삼자 관계 맥락에 따라 바뀔 수 있습니다. 정기적으로 쓰도록 지도할 수 있으나, 여기서는 특정한 형식 없이 자유롭게 쓰는 개방형의 쓰기 형태를 권합니다. 수학적 쓰기를 통하여 자녀는 자신의 수학적 성향, 수학의 유용성에 대한 신념, 수학 학습자로서 자아관을 표현할 수 있고, 이를 부모 혹은 교사와 의사소통의 도구로 사용할 수 있습니다.

▶ 수학 감정 일기 지침

① 당일 수업 종료 직후에 인상 깊었던 수학 내용과 수업 중 경험한 감정을 5분 이내로 작성합니다. 이는 수학 학습에서 나타나는 다양한 감정을 쌓아 두지 않고 학습자 스스로 바로 확인해 보는 기회이며, 당일 배운 학습 내용에 대해 다시 한번 점검해 보는 계기를 마련해 주기 때문입니다.

② 이를 위해 당일 수업에서 배운 내용 중 어렵다거나 이해가 되지 않았던 내용, 혹은 이해가 되고 정확히 인지된 부분을 간략히 기술하며 이에 따라 자각된 나 자신의 감정이나 정의적 상태를 반복적으로 마주함으로써 학습에 대한 태도를 긍정적으로 유도하도록 합니다.

③ 오래 생각하지 말고 간단히 적어 봅니다. 반복해도 됩니다. 반복해서 쓰이는 내용은 그만큼 학습자가 평소에 자주 염두에 두었던 마음으로 해석 가능합니다.

날짜	수학 수업이나 학습에서 싫어하는 것	수학 학습을 방해하는 것	수학 학습에서 좋아하거나 즐거운 것	수학 학습에서의 성공 경험	수학 학습에서 제일 많이 경험하는 감정	수학에 대한 나의 마음

출처: 손복은(2020).

3. 수학 학습에서의 감정과 실수 다루기

① 자녀에게 A4 용지 한 장에 수학 학습에서 실수했을 때 느끼는 감정을 적게 한 후 종이를 구겨서 힘껏 던져 보라고 합니다. 자녀에게 자신의 감정을 표출할 기회를 주는 것입니다.

② 자녀에게 최근에 저질렀던 수학에서의 실수 중 '가장 마음에 드는 실수'를 적어 보도록 합니다. '가장 마음에 드는 실수'는 단순히 계산상의 오류가 아니라 개념적인 실수이면 좋습니다. 자녀가 자신의 마음에 드는 실수를 찾도록 함께 이야기를 나누어야 합니다. 자녀에게 실수를 하는 것이 도움이 될 수 있음을 분명하게 말해 줍니다. 실수로 인한 두뇌의 작은 혼란을 통해서 두뇌가 활성화되고 성장하기 때문입니다. 또한 실수를 공유하고 토론하는 것도 유익합니다.

4. 수학 활동과 학습에서 자녀가 자존감을 세우도록 반응하고 피드백 주기

① 다음의 말 중에서 평소에 자녀에게 했던 표현이 몇 개나 있나요? (　　)

② 이런 말을 들은 자녀의 마음은 어떨지 다음에 기술해 보세요.

- "다른 애들은 다 쉽게 풀던데…… 너는 왜 그러니?"
- "너 바보니? 이렇게 쉬운 것도 틀리고? 문제 좀 똑바로 풀어라."
- "(수학 점수를 확인하고) 너보다 잘 본 애는 몇 명이니? 백 점을 받은 아이는 몇 명이니?"
- "너 학습지가 밀렸던데, 학습지를 끊어 버려야겠다."
- "다른 애들은 중(고등)학교 문제도 푸는데, 너는 겨우 자기 학년 문제도 헤매고 있니?"
- "넌 누굴 닮아 수학을 못하고 그 모양이니?"

③ 다음 상황에서 부모로서 어떻게 하고 있는지 생각해 보세요. 어떻게 반응(감정코칭)하는 것이 좋을까요?

- 자녀가 학교를 끝마치고 우울한 얼굴로 집으로 들어오며, "엄마, 오늘 수학 시험을 봤는데, 잘 못 봤어요."라고 이야기하면, 어떻게 대답하실 건가요? (실제로 부모 몇 분에게 질문한다.)
- 자녀가 수학이 너무 짜증 난다며 수학 공부를 하지 않겠다고 선언합니다.
- 자녀가 너무나 억울해하며 "오늘 수학 시험을 보는데 다 아는 문제에서 어처구니없는 실수를 했어요……."라고 말합니다.

5. 자녀의 수학 공부 후, 공부하면서 느낀 감정에 구체적으로 이름을 붙여 보고 감정그래프로 표현하며 그 이유를 간략하게 적어 보세요.

- 긍정적 감정
- 부정적 감정

<부정적 감정그래프 그리기>

<긍정적 감정 그래프 그리기>

6. 부모가 마술사가 되어 마술과 같은 문제를 자녀와 함께 풀어 보면서 자녀의 수학적 흥미나 능력을 가늠해 볼 수 있는 활동입니다. 절대로 단정적이거나 평가적인 피드백을 주지 않으면서 수학에 대한 자녀의 태도를 확인해야 하며, 수학적 의사소통을 하도록 합니다.

> 마술사는 카드의 한쪽 면에 숫자 하나를 적어서 엎어 둔다. 자녀에게 각 자리의 숫자가 모두 다른 세 자릿수를 하나 정해 종이에 쓰도록 한다. 이 수를 뒤집은 후에 큰 수에서 작은 수를 빼도록 하고, 그 결과로 나온 수를 다시 뒤집어서 두 수를 더하도록 한다. 이 과정이 끝난 후에 마술사는 자신의 카드를 뒤집어서 미리 적어 둔 숫자가 ○○○○임을 보여 준다.

① 카드의 수는 1089입니다. 이에 대하여 매우 흥미롭게 여기고, 그 이유를 궁금해하며 알고 싶어 한다면 수학적 흥미와 관심이 많은 자녀입니다.

② 여러 수를 시도하면서 확인을 해 보며 213이나 465 같이 뒤집은 수와의 차이가 두 자릿수가 나오는 경우를 찾아내어 모두 다른 세 자릿수라는 조건이 잘못되었다고 말하고, 문제의 정확성을 위해 '1의 자리와 백의 자릿수가 2 이상 차이 나는 조건'이 있어야 함을 말하는 자녀라면 수학적 흥미와 능력이 있는 자녀입니다.

③ 이러한 문제가 단지 마술일 리 없다며 증명을 시도해 보려고 한다면 수학적 탐구심이 매우 많은 자녀입니다. 어떠한 세 자릿수를 $abc=100\times a+10\times b+c$로, 뒤집은 수를 $cba=100\times c+10\times b+a$라고 생각할 수 있는 초등학생이나 중학생이 있다면 수학적 잠재력이 아주 많은 학생입니다.

④ 부모님이 먼저 증명을 시도해 보면서, 자신의 감정과 몸의 감각 등을 느껴 보십시오.

⑤ 3번을 힌트로 해서 왜 이러한 결과가 나오는지 끝까지 증명해 보라고 했을 때, 겁내거나 짜증 내지 않고 즐겁게 시도하는 자녀라면 수학 불안이 크지 않다고 볼 수 있습니다.

⑥ 이 문제를 스스로 증명하거나 두 자릿수 또는 네 자릿수에서도 유사한 결과가 있을 것이라고 궁금해하면서 시도한다면 수학적 관심과 흥미가 높은 자녀입니다.

⑦ 이러한 문제를 어려워하거나 이해하지 못하는 초등학생 혹은 중학생 자녀에게 고등학교 수학이나 미적분 공부를 시키는 것은 매우 잘못된 선행학습이라고 할 수 있습니다.

7. 우리 모두는 대부분 학창시절을 경험했습니다. 학부모로서 학창시절에 수학 공부에 대해 좋은 추억을 갖고 계시나요? 좋은 추억 또는 수학에 대한 좋지 않은 기억을 곰곰이 떠올려 보시고, 그 기억을 자녀에게 편지로 전해 주시면서 격려의 말씀을 해 주세요.

8. 학교 수업에 임하는 자녀의 태도나 수업 상황을 알아보기 위한 질문을 담은 설문지입니다.

• 자녀에게 한번 체크해 보도록 한 후 개별 문항에 따라 자녀의 마음을 확인해 보기
• 다음의 문항에서 선택적으로 자녀에게 질문해 보기

문항: 학교 수업 상황		매우 아니다	아니다	보통 이다	그렇다	매우 그렇다
수업 전	1. 나는 수업시간이 기다려진다.	1	2	3	4	5
	2. 수학시간을 생각하면 긴장된다.	1	2	3	4	5
	3. 수학시간만 생각하면 불안해진다.	1	2	3	4	5
	4. 수학시간이 너무 두려워서 차라리 수업에서 빠지고 싶다.	1	2	3	4	5
수업 동안	5. 나는 수학시간이 즐겁다.	1	2	3	4	5
	6. 나는 수학시간이 너무 지루해서 수업에 집중하기 어렵다.	1	2	3	4	5
	7. 나는 수학시간에 내용이 너무 어려울까 봐 걱정된다.	1	2	3	4	5
	8. 수업 내용이 너무 재미있어서 수학시간이 신난다.	1	2	3	4	5
	9. 나는 수학시간 동안에 짜증이 난다.	1	2	3	4	5
	10. 수학시간에 선생님의 질문에 대답할 때면 얼굴이 빨개진다.	1	2	3	4	5
	11. 나는 수학시간이 지루하다.	1	2	3	4	5
	12. 나는 수학시간이 아주 재미있어서 수학 활동에 적극적으로 참여한다.	1	2	3	4	5
	13. 나는 수학시간에 화가 나서 밖으로 뛰쳐나가고 싶다.	1	2	3	4	5
	14. 나는 수학시간이 너무 지루해서 잠이 온다.	1	2	3	4	5
	15. 나는 수업 내용이 너무 어려워서 화가 난다.	1	2	3	4	5
	16. 수학시간에 선생님의 질문에 대답할 때면 나는 스스로가 창피하다.	1	2	3	4	5
	17. 수학시간은 나를 짜증나게 한다.	1	2	3	4	5
수업 후	18. 나는 나의 수학 실력이 자랑스럽다.	1	2	3	4	5
	19. 나는 수학시간에 질문하거나 대답하는 것이 자랑스럽다.	1	2	3	4	5

참고문헌

강윤수(2020). 고등학생들의 수학 학습양식과 MBTI 성격기질별 특징. 한국수학교육학회지 시리즈 E: 수학교육논문집, 34(3), 299-324.

고영남(2013). 학습양식과 교육. 경기: 교육과학사.

고영성, 신영준(2017). 완벽한 공부법: 모든 공부의 최고의 지침서. 서울: 로크미디어.

김은정(2000). 학습양식의 유형 및 구성요소와 교육과정과의 관계에 대한 연구. 연세대학교 대학원 박사학위논문.

손복은(2020). 메타정의 활성화를 위한 수학 교수·학습 모델 개발 연구. 아주대학교 대학원 박사학위논문.

이경희, 이정례(2015). 고등학교 선행학습경험과 대학수학교과성적 및 대학학업성취도 관계 연구. 한국수학교육학회지 시리즈 E: 수학교육논문집, 29(3), 423-439.

인터넷 성격유형검사 https://www.16personalities.com/ko

임창재(1994). 학습양식을 형성하는 가정환경의 과정변인 탐색. 세종대학교 대학원 박사학위논문.

조난숙(2019). 마음에도 공식이 있나요? 서울: 덴스토리.

지경선(2016). 수학학원의 선행학습 실태 및 유발요인이 수학 학습태도에 미치는 영향. 연세대학교 교육대학원 석사학위논문.

최경아(2012). 고등학생의 교과별 학업에 대한 정서연구. 서울대학교 대학원 박사학위논문.

한국MBTI연구소 http://www.mbti.co.kr

한국경제연구원(2020). 주요국 4차 산업혁명 인력·경쟁력 현황 및 전망.

Boaler, J. (2016). *Mathematical mindsets*. 송명진, 박종하 공역(2017). 스탠퍼드 수학공부법: 스스로 답을 찾는 힘. 서울: 와이즈베리.

Dweck, C. S. (2006). *Mindset: The new psychology of success*. 김윤재 역(2017). 마인드셋: 스탠퍼드 인간 성장 프로젝트. 서울: 스몰빅라이프.

Gagné, F. (1985). Giftedness and talent: Reexamining a reexamination of the definitions. *Gifted Child Quarterly, 29*(3), 103-112.

Gardner, H. (1983). *Frames of mind: The theory of multiple intelligences*. New York: Basic Books.

Krutetskii, V. A. (1969). An investigation of mathematical abilities in schoolchildren. *Soviet Studies in the Psychology of Learning and Teaching Mathematics, 2*, 5-57.

Lawrence, G. (1997). *Looking at type and learning styles*. 심혜숙, 이정희, 신영규, 김종구, 심민보 공역(2000). 성격유형과 학습스타일. 서울: 한국심리검사연구소.

Moser, J. S., Schroder, H. S., Heeter, C., Moran, T. P., & Lee, Y. H. (2011). Mind your errors: Evidence for a neural mechanism linking growth mind-set to adaptive post-error adjustments. *Psychological Science, 22*(12), 1484–1489.

제7장

꿈을 향해 나아가는 자녀를 돕는 부모

Q1 중3과 초6 아들을 둔 엄마입니다. 아들의 상급학교 진학 때문에 걱정입니다. 저희 부부는 중3 아들이 앞으로 ○○대학교 컴퓨터공학과에 가서 취직 걱정 없이 살았으면 합니다만, 아들은 싫다고 해서 지금까지 어떤 고등학교로 진학해야 할지 정하지 못하고 있습니다. 아들은 아직 분명하게 무엇을 하고 싶다는 생각도 없이 공대는 가기 싫다고 막무가내입니다. 우선, 좋은 대학을 가기 위해서는 특목고를 보내는 것이 좋을 듯한데, 아들을 설득해 ○○대를 지원하게 될 경우 아무래도 내신에 불이익이 있겠다는 생각도 드네요. 지금 특목고 준비를 하기에는 너무 늦은 것 같기도 하고 고민이 많이 됩니다.

Q2 고2 딸을 둔 아빠입니다. 평소에도 사소한 말썽을 부리곤 합니다만, 아직도 대학에 갈 준비를 전혀 하지 않고 있어 답답합니다. 특성이나 적성이 무엇인지도 잘 모르겠고 집에서는 도저히 지도할 엄두가 나지 않습니다. 딸은 유치원 교사가 되어 편하게 살고 싶다고 합니다. 부모된 입장에서 교사가 된다면 더 바랄 게 없겠습니다만, 사실 그것도 쉬운 일은 아니고요. 어떻게 해야 좋을지 막막합니다. 참고로 아이가 초등학교 때 아내와 이혼하고 현재는 재혼한 상태입니다. 학교를 가는 일로 말썽을 부리지는 않지만, 학교에 가는 목적이 친구와 놀기 위해서라고 말합니다. 매사에 부정적이고, 적극적으로 무엇을 하려고 하지 않습니다. 노는 것이 아이에게는 가장 큰 일이고 중요한 일인 것 같습니다. 아빠로서 어떻게 지도해야 할까요?

'급격한 변화가 키워드인 미래사회를 잘 살아갈 수 있도록 자녀를 준비시키기 위해 무엇이 필요한가?'라는 논의에서 진로는 그 중심에 있다. 우리나라에서는 1990년대 말 IMF 구제금융 위기를 기점으로 '평생직장'이라는 개념이 깨지고, '평생을 두고 개인에게 일어나는 일과 관련된 경험'으로 정의되는 '진로'의 관점이 등장하였다. 어릴 때부터 스스로 진로를 개척해 나갈 역량을 키워야 하는 상황이 되었고, 이러한 역량 강화에 부모는 핵심적 역할을 담당한다.

부모가 자녀에게 미치는 영향은 상당히 크지만, 특히 청소년기는 진로발달에 있어 부모가 학교나 또래보다 더 강한 영향력을 미치는 시기이다. 일반적으로 부모는 자신이 경험하면서 습득한 지식과 태도를 자녀에게 전달하는데, 자녀의 동일시 기제까지 가세해 부모의 모습을 그대로 내사하는 경우가 많다. 부모 세대가 직접 경험하고 습득한 지식과 태도가 자녀 세대에도 유용한 경우에는 이러한 대물림이 가장 효율적인 교육의 형태일 수 있지만, 예측하기 어렵게 변화하는 미래사회에서 진로를 준비하는 경우에는 그렇지 않다. 그뿐만 아니라 부모 역시 한 개인으로 자신의 진로를 관리해야 하는데, 현재 종사하고 있는 직업에서의 적응과 성취를 이루어야 하는 것은 물론 앞으로를 위한 진로 디자인과 개척도 필요하다.

사회 변화의 속도가 느리던 이전 시기와 달리 급속도로 변화하는 현대사회에서 이전의 경험과 지식에 의거해 자녀를 키우고 자신의 진로문제를 다룰 경우, 그 경쟁력이 약화될 수밖에 없다. 진로발달과 관련한 부모역할은 오늘날 이러한 도전에 직면해 있다. 부모 세대는 진로와 관련해 '기술이 되었든 공부가 되었든 고등학교 때까지만 참고 열심히 하면 인생이 달라진다'고 알고 있었지만, 이제 더 이상 그 공식은 자녀의 진로에도 부모 자신의 진로에도 통하지 않는다.

이 장에서는 자녀의 진로발달을 촉진하는 부모역할의 내용으로 진로발달에서 부모의 영향력, 부모와 자녀 간에 교차하는 진로발달과업, 진로의사결정을 돕는 부모, 자녀가 꿈을 이루도록 돕는 부모, 미래를 살아갈 자녀에게 필요한 진로역량 등을 알아보고자 한다. 그리고 실제 자녀의 진로지도 과정 현장에서 어려움을 겪고 있는 부모를 돕는 구체적 방안과 관련하여 꿈을 말하지 못하는 자녀, 자녀와의 갈등, 상급학교 입시의 세 가지 주제를 다룰 것이다.

1. 긍정과 부정의 양날의 칼, 부모의 영향력

부모가 자녀의 진로발달에 미치는 영향은 오래전에 제안된 직업선택이론(Roe, 1956)에서부터 언급되고 있다. 로우의 직업선택이론에서는 부모가 자녀를 대하는 양육방식이 자녀의 심리적 욕구와 상호작용해서 직업선택에 영향을 미친다고 가정한다. 부모가 자녀를 긍정적으로 대하면 부모-자녀 관계가 긍정적으로 형성되고 이후 사람들과 어울려 일하는 것을 선호하게 되지만, 그렇지 않으면 사람을 대상으로 하는 일을 선택하지 않는다는 것이다. 이러한 이론적 가정들은 충분히 검증되지는 않았지만, 부모가 자녀의 진로발달을 촉진하기도 하는 반면 저해하기도 한다는 점에서 주목할 만하다. 즉, 부모는 자녀의 진로발달에 긍정적인 영향을 미칠 수도 있고 부정적인 영향을 미칠 수도 있기 때문에 부모가 자녀의 진로발달에 영향을 미치는 경로를 살펴볼 필요가 있다.

1) 자녀의 진로발달을 촉진하는 행동

자녀의 진로발달을 촉진하는 부모의 역할에서 무엇보다 주목해야 할 점은 부모가 자녀의 진로발달을 촉진할 수 있다는 것이다. 부모의 거의 모든 행동은 자녀의 진로발달에 영향을 미친다고 할 수 있는데, 정서적으로 안정적인 관계를 맺는 것에서 실질적인 진로정보를 제공하는 것까지 다양한 측면에서 자녀의 진로발달을 돕는다. 그뿐만 아니라 이러한 긍정적 영향은 너무 과하거나 지향점이 바람직하지 않을 경우 오히려 부정적 영향을 미칠 수도 있어 마치 양날의 칼과도 같다는 점에서 주의를 요한다. 그 구체적인 내용을 살펴보면 다음과 같다.

첫째, 부모와의 애착은 자녀의 진로발달과 밀접히 관련된다. 특히 안정적인 애착이 자녀의 진로발달에 긍정적 영향을 미치는 것으로 밝혀지고 있다. 한편, 부모와의 애착 경험이 충분하지 않을 경우, 정체감 혼란과 함께 진로의사결정에 있어서 어려움을 겪게 된다. 일반적으로 부모와의 안정적 애착관계는 개인에게 안전기지(secure base)를 제공해 외부 환경을 보다 적극적으로 탐색하게 하는데, 이 부분이 진로탐색과 밀접히 관련된다. 즉, 부모와의 안정적 애착관계를 형성한 아동과 청소년은 마음껏 세상을 탐색하며 자신이 앞으로 어떤 일을 할 수 있을지 꿈꾸면서 진로탐색, 진로정체감, 진로포부, 진로성숙, 진로의사결정 등의 진로발달을 잘 수행해 나갈 수 있다. 또한 자녀들의 성별에 따라 부모 각각과의 관계 지각이 진로발달에 차별적인 영향을 미칠 수 있다.

둘째, 자녀가 매일 관찰하는 성인인 부모는 자녀의 강력한 역할모델이다. 자녀는 부모가 일에 대해 부여하는 가치관이나 태도를 동일시하면서 성장하게 되어 자연스럽게 부모를 역할모델로 삼는다. 단, 부모가 역할모델로 미치는 영향은 긍정적일 수도 있지만, 때로 부정적일 수도 있다는 점에 유의해야 한다. 부모를 통해 일에 대한 바람직한 가치관과 태도가 확립될 수 있도록, 부모 자신의 몰입 경험, 일의 소중함, 일에 부여하는 의미 등을 자녀와 함께 나누는 것이 필요하다. 또한 사소한 일상에서부터 여러 요인을 검토해 선택하고 결정하는 모습을 보여 준다면, 자녀는 자연스럽게 합리적 의사결정 과정을 습득하게 된다. 반대로 '일은 스트레스' '일하느라 고생' '돈을 못 벌면 소용없어' 등의 말을 자녀에게 자주 하거나 충동적으로 결정하는 모습을 보여 준다면, 오히려 일에 대한 바람직하지 않은 가치관, 태도, 역량을 형성하게 된다.

셋째, 부모가 자녀의 진로에 관여하는 것이 자녀의 진로를 촉진한다. 부모가 자녀의 진로에 관여할수록 진로결정수준, 진로몰입, 진로의사결정 효능감 등 진로발달의 여러 측면을 촉진한다. '알아서 하도록 두는 것'은 실제 도움이 되지 않을 수 있어, 오히려 적극적으로 관여할 필요가 있다는 것이다. 부모가 자녀의 진로에 관여하는 행동은 상당히 여러 방식으로 나타나는데, 선혜연(2008)의 연구에서 추출된 목록은 부모의 관여 행동을 확인하는 틀로 활용이 가능할 것이다. 우리나라 부모들은 '격려와 지지' '정보에 기초한 추천' '신뢰와 위임'의 관여 방식을 주로 보이는 반면, '구체적인 정보와 방법 제공'을 가장 적게 사용하는 것으로 나타났다(선혜연, 2008). 이와 같이 우리나라 부모들은 적극적인 관여 행동보다는 소극적인 관여 행동을 많이 보이는데, 진로에 대한 정확한 정보가 부족하고 어떻게 도움을 주어야 할지 잘 모르기 때문일 수 있다. 그런가 하면 부모의 진로 관여 행동 역시 지나칠 경우 자녀의 진로에 부정적 영향을 미칠 수 있다. 따라서 부모가 현재 제공하는 진로 관여 행동과 자녀가 필요로 하는 진로 관여 행동의 일치성과 차이점을 파악하는 것이 필요하다.

2) 자녀의 진로발달을 방해하는 행동

무엇보다 유의해야 할 사항은 자녀의 진로발달을 방해하는 부모의 행동이다. 자녀의 진로발달을 방해하고자 의도하는 부모는 아무도 없다. 대부분 해결하지 못한 부모 자신의 진로문제나 스트레스가 그 원인으로 작용하는 경우이다. 부모 자신도 모르는 사이에 자녀에게 맞지 않는 진로를 강요하거나 지나치게 높은 기대로 부담을 주어 진로발달에 부정적 결과를 초래한다. 따라서 부모들이 다음과 같은 대표적인 부정적 영향을 알아차리고, 자녀의 진로발달을 방해하는 행동을 조금이라도 줄일 수 있도록 노력해야 한다.

첫째, 부모가 진로에서 겪었던 상처가 자녀에 대한 진로 기대에 부정적 영향을 미친다. 우리나라에서는 IMF 구제금융으로 경험했던 갑작스러운 노동시장의 변화가 대표적 사례이다. 당시 대규모 구조조정이 일어나면서 평생 직장이라고 생각하고 일하던 곳에서 일자리를 빼앗기고 더 이상 안정적인 일자리를 찾을 수 없는 상황에서 물질적 · 정신적 고통이 심하였다. 이후 노동시장이 계속 유연해지면서 고용의 불안정성이 높은 사회로 진입하고 있는데, 이러한 변화가 너무 갑작스러웠기 때문에 많은 기성세대는 여기에 적응하지 못한 상태이다. 특히 지금의 부모 세대는 직접 구조조정의 대상이 된 적은 없지만, 자신의 가족 내에서 또는 주변에서 갑작스러운 실직으로 인한 고통을 뼈아프게 경험하는 것을 보고 자랐다. 그리고 그 가운데 자신도 피해자이기도 했는데, 이러한 상처는 자녀의 진로에 대한 불안을 가중시켜 안정적 직업만을 추구할 것을 자녀에게 요구한다. 이것은 사회현상이 가정에 나타나고 있는 것으로 너무나 당연하게 여겨져서 이러한 자신의 관점이나 신념이 자녀의 진로를 방해할 수 있다는 점을 인식하지 못한다.

둘째, 부모의 이루지 못한 꿈이 자녀에게 독이 될 수 있다. 자신이 이루지 못한 꿈을 자녀가 이루기를 바라는 부모들이 적지 않은데, 이러한 부모의 기대는 자녀의 진로발달에 악영향을 미칠 수 있다. 부모가 이루지 못한 꿈은 높은 학력, 전문직, 예체능 등 그 분야나 기대가 다양하다. 대부분 자신의 진로를 개척하는 과정에서 충분히 지원을 받지 못해 꿈을 이루지 못했다는 생각에서, 자녀에게 그 꿈을 이룰 여건을 마련해 주는 것에 집중한다. 그래서 자녀가 정말 원하는지, 자녀에게 충분한 자질이 있는지를 제대로 고려하지 못한다. 이루지 못한 꿈의 내용에 상관없이, 부모는 자신도 모르게 자신의 꿈을 자녀에게 강요하고 압박하게 되고 이것이 오히려 자녀를 도망가게 만든다. 부모가 자녀의 진로에 대해 눈높이를 낮추지 못하는 경우 그 기대에 부응할 자신이 없는 자녀가 진로를 일찍부터 포기해 버리는 일이 흔히 나타난다. 이러한 문제는 부모의 해결되지 못한 진로문제에 그 출발점이 있다는 점에서 자녀보다는 부모에 초점을 둔 개입이 필요하다고 할 수 있다.

셋째, 자녀의 성취가 부모의 '성적표'로 여겨지는 경우이다. 자녀의 진학과 취업에서의 성과가 부모의 '성적표'가 되는 우리나라의 독특한 상황이 자녀의 진로발달을 방해한다. 특히 대입과 대학 졸업 후 첫 취업의 결과가 우리나라 부모들을 압박하고, 그 압박은 고스란히 대입과 취업을 준비하는 자녀에게 전달된다. 부모가 받는 사회적 압력은 가족, 직장, 또래 집단 등 다양하고 보편적이라는 점에서 극복하기에 쉽지 않은 과제이다. "제 아이가 좋은 대학에 못 가면 맞벌이하는 저한테 문제가 있다고 생각하세요." "같은 나이대의 자녀를 가진 부서원들이 있는데 아이 성적에 대한 이야기는 서로 안 하려고 해요. 그래도 신경이 많이 쓰여요." "좋은 대학 갔다고 한턱 쏘는 동창들을 보고 오면 더 걱정이 되는 게 사실이에요." 등과 같이 호소한다. 그리고 자신이 느끼는 스트레스가 자녀에게 부정적 영향을 미치는 줄 알면서도 극복하기 어렵다고 말하는 부모들이 적지 않다. 따라서 이런 부모 자신의 스트레스부터 줄이는 것이 먼저 해결할 과제라고 할 수 있다.

2. 부모 진로문제와 자녀 진로문제의 교차로

부모와 자녀는 각자 진로와 관련해 수행해 나가야 할 과제가 있으며, 부모는 자신과 자녀의 진로문제를 동시에 다루어 나가야 한다. 진로는 '요람에서 무덤까지'로 비유되고, 일생 동안 '일'과 관련해 경험하고 거쳐 가는 모든 체험으로 정의되는 만큼 개인은 누구나 자신의 진로발달 도중에 있다고 할 수 있기 때문이다. 그리고 이런 전생애에 걸친 발달과정에서 모든 시기에 동일한 발달을 이루어 내는 것이 아니라 각 발달 시기에 따라 독특한 발달이 이루어진다. 각 시기별로 성취해야 할 발달의 내용을 발달과업이라고 한다. 부모가 자녀의 진로발달을 돕기 위해서는 자녀가 자신의 발달단계에서 수행할 진로 관련 발달과업을 잘 완수할 수 있도록 촉진해야 할 뿐만 아니라 자신의 진로 관련 발달과업 완수에도 노력을 기울여야 한다. 부모의 발달과업을 수행하느라 자녀의 발달과업에 소홀해서도 안 되고, 자녀의 발달과업 수행을 돕기 위해 부모의 발달과업 수행을 소홀히 해서도 안 되는 상당히 어려운 과제이다.

1) 전생애에 걸친 진로과제

인간의 발달과정을 밝힌 발달이론은 일반적으로 각 영역별로 발달 시기를 구분하여 발달단계를 정의하고 그 시기에 반드시 성취해야 할 발달과업을 제안한다. 진로 영역에서도 진로발달의 과정을 탐구해 발달단계를 구분하고 각 단계에 수행할 발달과업을 도출하기 위한 노력이 오래 전부터 있어 왔다. 최초의 진로발달이론(Ginzberg et al., 1951)은 직업선택의 발달적 과정을 환상기(11세 이전), 잠정기(11~17세), 현실기(17세~성인 초기)의 세 단계로 구분해 성장하여 직업을 갖게 되는 과정을 제안하였다. 이후 전생애적 진로발달이론(Super, 1953, 1990)은 진로발달의 단계를 은퇴 이후까지 확장해 성장기(14~15세 이전), 탐색기(15~24세), 확립기(25~44세), 유지기(45~64세), 쇠퇴기(65세 이후)로 설정하고, 탐색기 초기에는 구체화(14~18세), 탐색기 중기에는 세분화(18~21세), 탐색기 후기에는 수행(21~24세), 확립기의 초반과 중반에는 안정화(24~35세), 확립기 후반부터는 공고화(35세 이상)를 발달과업으로 제시하였다.

최근 우리나라 사람들이 각 연령대에 수행해야 할 진로발달과업이 무엇인지 도출되었는데 그 내용도 참고할 만하다. 먼저, 초등학교 저학년에는 일상생활 과제수행, 진로 관련 자기이해, 능력개발, 대인관계, 성품개발이 진로발달과업 영역으로 확인되었고, 초등학교 고학년에는 여기에 진로 탐색과 결정이 추가되어 중학교 시기까지 이어지다가 고등학교에서는 성품개발이 제외되고 진로 탐색과 결정 영역의 과제가 증가하였다(김인규, 임은미, 2007). 20대부터는 직업세계 진입과 보다 밀접히 관련되어 20대 전반에는 자기탐색, 직업세계 이해, 의사결정, 직업기초능력개발, 학업수행이, 20대 후반에는 의사결정, 구직 활동, 직장 적응, 일상생활 과제수행이, 30대에는 직무수행 능력개발, 직장 적응, 일상생활 과제수행, 여가가, 40대에는 능력개발, 직장 적응, 일상생활, 은퇴계획이, 50대와 60대로 오면서는 은퇴, 봉사, 여가 영역의 발달과업이 증가하고 중요해졌다(이성진 외, 2008).

2) 자녀의 진로과제

지금까지 살펴본 진로발달과업 이야기는 자녀들의 진로발달은 자신의 미래에 대해 무엇이든 될 수 있다고 생각하는 환상기에서부터 시작해 현실적 생각을 가지게 되면서 보다 구체적으로 미래를 준비하는 과정으로 나아감을 알려 준다. 자신이 좋아하는 것 또는 자신이 잘하는 것과 직업을 연결해 보면서 앞으로 어떤 일을 해 보겠다고 생각은 하지만, 그것이 미래에 꼭 이루게 될 목표나 선택을 하는 것은 아니다. 점차 관심이 있는 일이 생기면 그것을 위해 필요한 역량도 키우고 경험도 넓혀 가면서 관련된 흥미, 능력, 가치가 발달하게 된다.

나아가 보다 구체적 진로대안에 대해 계획하고 준비하고 역량을 갈고 닦아 나가는데, 생활 전반에 걸친 적응이 중요한 역할을 하게 된다. 이와 같은 아동 · 청소년기 진로발달과업은 우리나라 학교 진로교육 목표에 가장 잘 반영되어 있다고 할 수 있다. 우리나라 진로교육의 목표는 '자기이해' '일과 직업세계의 이해' '진로탐색' '진로 디자인과 준비'의 네 가지 영역이다. 이 네 영역은 진로를 이해하는 핵심 영역으로 각 영역에서 성취해야 할 역량과 태도는 다양한 진로발달이론의 발달과업에 근거를 두고 있다. 그 내용을 통해 부모가 학령기 자녀의 진로와 관련해 발달시켜 주어야 할 것이 무엇인지 알 수 있다.

(1) 자신에 대해 알기

'자기이해'는 타인과의 관계 속에서의 자신에 대한 이해와 일과 관련된 자신의 특성에 대한 이해를 모두 포함한다. 타인과의 관계 속에서의 자기이해는 자신을 소중하게 여기는 자존감의 형성과 타인과 소통할 수 있는 대인관계 역량의 함양이 중요한 과제이다. 사회에 기여할 수 있는 자신의 역량과 장점에 대해 깨닫고, 이를 다른 사람과의 관계 속에서 발휘할 수 있는 소통능력으로 발달시켜 나갈 수 있도록 성장시켜야 한다. 일과 관련된 자신의 특성에 대한 자기이해는 어떤 것을 좋아하는지, 어떤 것을 중요하다고 느끼는지, 어떤 것을 잘하는지, 주변의 기대는 어떤지 등에 대해 알아 가는 것이다. 자신에 대해 알기 위해서는 자기성찰에 많은 시간과 노력을 기울여야 하고, 객관적인 자신을 파악하기 위해 여러 가지 진로검사를 받아 볼 수 있다. 또한 이와 같은 흥미, 소질(능력), 가치, 여건 등은 성장과정에서 발달하는 측면도 있으므로 어릴수록 그 계발에 초점을 두어야 한다.

(2) 일과 직업세계에 대해 알기

'일과 직업세계의 이해' 영역은 일과 직업에 대한 올바른 가치관 및 태도 형성에서 출발해 앞으로 진입하게 될 직업세계의 구성과 체계(직업 유형과 경로, 고용과 근로 환경, 직업윤리 등)에 대한 이해로 확장된다. 무엇보다 급속한 변화의 시대를 살아가야 하는 아동과 청소년들에게 직업세계가 어떻게 달라지고 있는지 이해시키고 거기에 맞게 적응해 나갈 수 있도록 대비시키는 것이 중요하다. 이를 위해 일과 직업세계 자체에 대한 이해와 함께 미래사회를 적응적으로 살아가고 변화하는 직업세계에 대한 이해를 계속해 나갈 역량의 함양이 강조되고 있다.

(3) 가능한 진로를 탐색하기

'진로탐색'은 보다 구체적으로 자신이 앞으로 어떤 일을 할 것인가를 생각해 보고 관련 정보를 찾아보는 것을 의미한다. 자신의 삶과 진로에서 학습의 의미를 이해하고 올바른 학습태도를 기르는 것, 교육기회와 직업에 대해 정보를 탐색하고 수집하고 분석하는 것, 자신이 희망하는 구체적인 직업의 특성을 파악하고 그에 요구되는 교육(대학 포함)이나 자격요건을 파악하는 것 등으로 점차 진로탐색의 영역을 구체화해 나가야 한다. 즉, 학년이 올라갈수록 보다 구체적으로 가능한 진로대안들의 정보를 찾아보는 데 다양하고 정확한 정보를 활용해야 한다. 주로 진로정보를 제공하는 여러 웹사이트를 이용하는데, 직접 관심이 가는 학교/학과를 방문하거나 해당 직업에 종사하는 사람을 만나 보는 적극적인 탐색도 가능하다. 나아가 각 대안에 대해 자신이 과연 밀고 나갈 만한 능력과 여건을 갖추고 있는지를 함께 평가해 보는 것도 필요하다.

(4) 앞으로의 진로를 디자인하고 준비하기

'진로 디자인과 준비'는 진로와 관련된 의사결정과 이를 성취하기 위해 계획을 세우고 그 계획을 실천해 나가는 모든 과정을 포함한다. 진로에 대한 의사결정은 자신에 대한 정보와 직업세계에 대한 정보를 토대로 이루어지는데, 의사결정을 합리적으로 잘하느냐 그렇지 않느냐에 따라 자기에게 적합한 진로를 선택할 수도 있고 그렇지 못할 수도 있다. 아무리 훌륭한 능력과 정보를 가지고 있어도 이를 적절히 활용해서 최선의 선택을 할 수 있는 의사결정 기술을 갖추고 있지 않으면 올바른 진로결정을 하기 어렵다. 자칫 자신에 대한 이해 없이, 일의 세계에 대한 정확한 이해 없이, 편견에 의해서, 부모의 요구에 의해서, 친구의 권유에 의해서, 다른 외적인 욕구를 추구하다가 불합리한 결정을 내리게 된다. 이렇게 내린 결정의 결과에 대해서는 만족하기보다는 불만을 갖게 되고 결국 여러 부작용을 낳게 된다. 따라서 올바른 진로결정을 하기 위해서는 의사결정 기술을 증진시키는 일이 중요하다. 또한 이러한 결정을 따라 자신이 원하는 진로를 추구하는 준비과정이 없다면 의미를 갖지 못할 것이다. 여기에도 많은 정보와 부모의 조력이 필요하다.

3) 자녀의 진로발달과 자신의 진로발달을 함께 돌보는 부모

부모들이 자신의 진로과제와 자녀의 진로과제를 함께 해결할 역량을 키울 수 있는 진로교육이 필요하다. 그리고 부모를 대상으로 한 진로교육의 내용은 자녀의 진로발달과업과 부모의 진로발달과업을 모두 고려해 구성되어야 할 것이다. 먼저, 부모 진로교육 내용 구성의 기본 방향은 부모의 긍정적 영향을 늘리고 부정적 영향을 최소화하는 것이 되어야 한다. 이를 위해 부모 자신의 진로문제를 해결해 줄 수 있는 내용이 부모 진로교육에 포함된다. 자녀만이 아니라 부모 역시 자신의 진로에서 중요한 단계에 있으므로 자녀의 진로발달을 위해 자신의 진로발달과업을 등한시하는 일은 없어야 하기 때문이다.

예컨대, 아동기 자녀를 둔 부모의 연령은 대부분은 30~40대로 자신도 진로와 관련해 중요한 시기를 살고 있다. 현재 재직하고 있는 직장에서 승진하거나 첫 번째 이직을 계획하고 준비하는 시기이다. 그러나 아동기 자녀 역시 환상적 단계를 벗어나는 중요한 진로발달 단계를 거치고 있다. 여성의 경우 결혼, 임신, 출산과 함께 첫 자녀의 초등학교 입학이 경력단절을 초래하는데, 바로 자녀가 초등학교에 입학하면서 중요한 발달단계에 진입하기 때문이다. 최근에는 여성만이 아니라 남성도 육아휴직 제도를 활용하거나 전직 시기에 자녀양육에 참여하면서 경력단절을 경험하는 비율이 늘어나고 있다. 자녀를 위해 경력단절이 일어날 경우 부모의 진로발달은 지장을 받을 수밖에 없을 것이다.

이렇게 진로발달에서의 중요한 시기가 부모와 자녀 간에 겹치게 되는 경우는 이후에도 많은데, 어떻게 대처해야 한다는 정답은 없지만 현명하게 이 위기에 대처해 나가야 한다. 어떤 것을 희생하는지 어떤 것을 더 중요하게 생각하는지 명료화하고, 손해를 최소화하고 이익을 최대화하는 최선의 방안을 찾아 타협해야 할 것이다. 그러나 안타깝게도 이러한 진로위기에 대처할 수 있는 역량을 갖추고 있는 부모가 많지 않다. 우리나라에서 진로교육이 본격적으로 시작된 것은 10년이 채 되지 않아 지금의 부모들은 자신의 아동기 및 청소년기 때 진로교육을 경험하지 않았고, 그로 인해 자신의 진로를 개척해 나갈 역량을 제대로 갖추지 못한 경우가 많을 수밖에 없다. 따라서 자녀의 진로발달 촉진과 자신의 경력개발을 함께 감당하면서 발생하는 위기를 극복할 수 있는 역량의 함양이 동시에 필요하다.

〈표 7-1〉은 부모의 진로발달을 반영해 자녀의 학교급별 부모역할의 내용을 제

<표 7-1> 자녀의 학교급별 부모 진로교육의 내용 도출

구분	자녀 출생 전	유치원 시기	초등학교 시기	중학교 시기	고등학교 시기
부모 자신의 진로	• 자녀출산에 대한 계획 • 자신의 상처 돌보기 • 진로 및 생애 계획 세우기	• 다중역할에 적응하기 • 부모의 진로발달 신화 점검하기	• 경력단절의 위험 극복	• 부모 자신이 진로를 포기하거나 방임하지 않기	• 직업전환을 위한 준비와 계획 • 진로정보 탐색 방법 익히기
자녀의 진로		• 자녀의 진로에 대한 자신의 기대 인식하고 조절하기 • 환상적 진로포부의 지지 • 애착 형성을 위한 지속적 노력	• 일에 대한 긍정적 태도를 형성하는 모델 제공 • 몰입하고 열중하는 경험 제공 • 함께하는 활동 다양하게 제공	• 일에서의 성취를 통한 성공 모델 제공 • 사춘기의 혼란과 함께 진로탐색을 촉진하는 진로지도	• 진학 또는 취업을 위한 구체적 지원 • 자녀의 진로장벽 주제 다루기

출처: 황매향, 하혜숙, 유정이(2018), p. 244.

안하고 있는데, 자녀 출생 전부터 유치원, 초등학교, 중학교, 고등학교 시기별로 자녀의 발달단계에 따라 부모가 이행해야 할 내용이 무엇인지 참고할 수 있다. 그리고 [워크시트 2]를 부모와 자녀가 각자 작성하고, 서로의 생애역할을 잘 수행해 내기 위해 협조해야 할 사항을 점검할 수 있다.

3. 진로의사결정을 돕는 부모

꿈을 갖는다는 것은 여러 가지 가능성 중 하나의 진로를 선택한다는 것을 의미하는데, 꿈을 정하지 못하고 있다면 진로미결정 상태라고 부른다. 진로미결정은 발달적으로 자연스러운 것이므로 자녀가 꿈을 아직 찾지 못한 상태라는 것 때문에 조바심을 낼 필요는 없다. 그러나 꿈을 갖는 것이 보다 도움이 되는데, 이른 시기에 진로를 결정하지 않으면 진입이 불가능하거나 미리 준비할수록 유리한 진로들이 있기 때문이다. 예체능 진로가 대표적일 수 있는데, 이러한 경우 가능한 한 빨리 진로를 결정하는 것이 좋다. 그리고 꿈이 있으면(또는 진로를 결정하면) 구체적 목표가 생겨 자신의 능력개발, 일에 대한 올바른 가치관 확립, 독립심, 계획성 등이 개발될 기회가 많아진다. 향후 추구하던 꿈을 이루지 못하게 되더라도 얻는 것이 많아지고, 진로 변경을 할 때에도 방향성을 잃지 않을 수 있다. 따라서 자녀가 진로를 결정하지 못하고 있다면 그 이유를 살펴보면서 꿈 갖기를 촉진하는 것이 필요하다.

1) 꿈을 정하지 못하는 다양한 이유

자신의 진로를 결정하지 못하는 이유는 미래에 대해 관심이 없는 것에서부터 부모의 반대에 이르기까지 상당히 다양하다. 진로미결정의 다양한 이유를 수집해 범주화한 분류체계(Gati et al., 2000)는 자녀의 상황을 이해하는 데 도움을 준다. 이 분류체계는 [그림 7-1]과 같은데, 진로를 결정하지 못하는 이유는 크게 결정하기 이전 단계와 결정을 하고 있는 단계로 나뉘고, 의사결정 이전의 '준비도 부족'과 의사결정 중의 '정보 부족' 및 '정보 불일치'의 세 가지 범주로 분류된다.

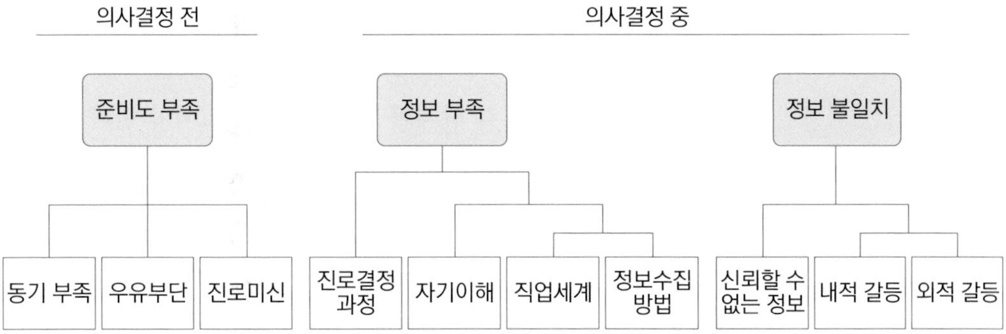

[그림 7-1] 진로미결정 원인에 대한 분류체계

출처: Gati et al. (2000), p. 101.

(1) 준비도 부족

첫 번째 범주인 '준비도 부족'은 결정을 내리는 데 참여하기 이전으로 아직 진로결정에 들어갈 준비가 되어 있지 않은 상태이다. 이 단계에 있는 자녀들은 '동기 부족' '우유부단' '진로미신' 등의 어려움을 가지고 있을 수 있다. '동기 부족'은 진로 또는 진로결정에 대해 관심이 없는 상태로 유치원 시기나 초등학교 저학년이라면 당연히 이 상태에 있을 수 있으나 그 이후라면 앞으로의 미래와 진로에 대해 관심을 가질 수 있도록 독려해야 할 것이다.

'우유부단'은 모든 형태의 의사결정을 내리는 것에서 나타나는 성격적 특징일 수 있는데, 중요한 결정과정들을 함께 도와주면서 이런 성향을 개선해 나가도록 할 수 있다.

마지막으로, '나에게 가장 맞는 직업은 이 세상에 한 가지 밖에 없다.'라고 생각하는 것과 같은 잘못된 '진로미신'이 진로에 대한 탐색 자체를 시작하지 못하게 할 수 있다. 진로미신은 자녀만이 아니라 부모도 공유하고 있는 경우가 많은데, 자녀와 함께 이러한 진로에 대한 잘못된 신념을 수정해 나가기 위한 노력이 필요하다.

(2) 정보 부족

두 번째 범주인 '정보 부족'은 '진로결정 과정에 대한 정보 부족' '자기이해에 대한 정보 부족' '직업세계에 대한 정보 부족' '정보수집 방법에 대한 정보 부족'의 네 가지 어려움을 의미한다. '진로결정 과정에 대한 정보 부족'은 합리적 의사결정에 필요한 정보가 부족한 상태이다. 진로의사결정을 위한 정보 중 가장 기초가 되는 것은 합리적 의사결정의 절차에 대한 정보이다. 진로의사결정을 내리기 위해서는 바람직한 의사결정 단계를 밟아야 하고, 각 단계에 대해 잘 알고 있어야 한다. 어떤 단계를 밟아서 의사결정을 내려야 하는지, 진로를 결정할 때는 어떤 요인들을 중요하게 고려해야 하는지, 자신에 대한 정보와 진로대안에 대한 정보를 어떻게 연결해야 하는지를 모르고 있다면 역시 진로의사결정에 도달할 수 없다. 특히 우리나라 청소년들은 합리적인 과정을 밟아 의사결정을 내리기보다는 다른 사람에게 의존해 의사결정을 해 버리는 경우가 많다는 점을 고려할 때, 의사결정 단계에 대한 지식은 반드시 확인해야 하는 중요한 문제이다.

'자기이해에 대한 정보 부족'이란 자신의 내면이나 상황에 대한 객관적인 정보가 부족한 경우이다. 자신의 흥미 영역, 적성 영역, 가치관, 성격, 기대 등 진로의사결정에서 중요하게 고려해야 할 자신에 관한 정보를 잘 알지 못하고 있는 상태이다.

'직업세계에 대한 정보 부족'은 일의 세계에 대한 정보를 잘 몰라 진로미결정 상태에 있는 것을 의미한다. "프로게이머가 되려면 어떻게 해야 하나요?" "꼭 일을 해야만 하나요?" "일은 조금만 하고 돈은 많이 벌고 싶은데 어떻게 해요?"라고 묻는다면 아직 일의 세계에 대해 잘 모르고 있다고 볼 수 있다. 그뿐만 아니라 진로의사결정을 잘하기 위해서는 정보를 얻는 방법에 대해서도 잘 알아야 한다.

'정보수집 방법에 대한 정보 부족'의 경우는 직업세계에 대한 정보획득 방법을 잘 모르기도 하고 자신에 대한 정보를 획득하는 방법을 잘 모르기도 해 진로를 결정하지 못하는 것이다.

(3) 정보 불일치

세 번째 범주인 '정보 불일치'는 이미 정보를 확보하고 있지만 결정을 내리지 못하고 있는 상태로 '신뢰할 수 없는 정보' '내적 갈등' '외적 갈등'의 어려움 때문이다. '신뢰할 수 없는 정보'는 자신이 확보한 정보에 대해 확신을 가지지 못하는 경우로, 자신이 좋아하는 것에 대한 혼란스러운 정보, 자신의 능력에 대한 신뢰할 수 없는 정보, 적절하다고 여겨지는 진로대안들과 관련된 믿을 수 없는 정보 등으로 세분된다.

'내적 갈등'은 양립할 수 없는 선호와 관련된 갈등 그리고 선호와 능력의 격차로 인한 갈등이 대표적이다. 예를 들면, 유치원 교사가 되고 싶은 희망과 매우 높은 수입을 얻고 싶은 욕구는 서로 양립할 수 없는 갈등에 속할 것이다. 성적은 안 되는데 의대를 고집하는 학생이 있다면, 선호와 능력의 격차로 인한 갈등을 겪고 있는 것이다.

'외적 갈등'은 주로 부모나 교사 등 중요한 타인들의 영향력에 기인하는 것으로 자신이 원하는 것과 다른 사람의 기대가 달라서 결정을 내리지 못하는 상태이다. 부모가 원하는 진로와 자신이 원하는 진로가 달라서 갈등하는 경우가 가장 많고, 자신의 진로에 대해 부모와 교사의 의견 차이가 좁혀지지 않는 경우도 있을 수 있다.

(4) 꿈을 정하지 못하는 이유 찾기

자녀가 결정을 내리지 못하는 이유 또는 어려움은 이렇게 다양하기 때문에 [그림 7-1]에 제시된 위계에 따라 차근차근 살펴보는 것이 필요하다. 먼저, 진로결정이 시작되었는지의 여부에 따라 한쪽을 택하고, 아래로 내려가면서 자녀가 겪고 있는 어려움이 무엇인지 확인해 볼 수 있다. 가장 아래의 열 가지 어려움을 왼쪽부터 하나씩 보면서 해당되는 것에 표시하는 방식으로 자녀의 어려움을 파악할 수도 있다. 앞 범주에서 원인이 확인되면 그 부분부터 해결하고 다른 범주는 이후에 살펴본다. 이 과정에 자녀를 참여시키는 것이 더 효과적인데, 그림을 펼쳐 놓고 각 요인에 대해 이야기를 나누어 보면서 어떤 부분의 어려움을 먼저 해결하는 것이 좋은지 의논할 수 있다.

2) 꿈을 정할 수 있도록 돕는 효과적 방법

앞서 살펴본 다양한 진로미결정의 어려움을 복합적으로 가지고 있는 자녀들도 적지 않을 것이다. 이 경우 진로교육 프로그램이나 진로상담 전문가들이 진로미결정을 돕기 위해 적용하는 효과적 개입전략을 활용해 볼 수 있다. 지금까지 진로를 결정할 수 있도록 돕는 방법 중 어떤 방법이 보다 효과적인가를 밝히는 연구가 꾸준히 있어 왔는데, 다음의 다섯 가지 방법이 효과적인 것으로 밝혀졌다(Brown & Ryan Krane, 2000). 이 다섯 가지 개입전략은 대상 연령도 다양하고 전문가들이 주로 사용하는 방법이기도 하지만, 부모도 활용해 볼 수 있는 부분이 있다.

(1) 진로 관련 글쓰기 함께 하기

자신의 진로발달과정과 관련된 회상, 생각, 느낌 등을 메모, 일기, 일지, 워크시트 등으로 기록하도록 할 때 자기성찰 활동을 촉진하게 되고, 이런 활동을 함께 하면서 자녀의 꿈찾기를 도울 수 있다. 진로와 관련된 글쓰기 활동은 '내 꿈의 변천사' '나의 진로이야기' '자서전 쓰기' '진로준비행동 기록' '정보목록 만들기' 등 다양한 제목으로 시도해 볼 수 있다. 자녀 혼자가 아니라 부모도 참여해 정기적인 가족 행사로 진행하면 더 좋은 효과를 거둘 수 있다. 이러한 글쓰기 활동을 통해 진로 및 생애 목표를 세우고 그 성취계획을 확립할 수 있을 뿐 아니라 직업적 가능성에 대한 정보도 얻게 된다. 특히 이러한 글쓰기 활동은 자신이 원하는 삶에 대한 명확한 목표의식 없이 '돈 많이 버는 일' '안정적인 직업' '알아주는 회사' 등만을 지향하는 자녀들에게 진로미신을 극복하고 올바른 생애가치관과 직업가치관을 확립할 수 있도록 한다.

(2) 객관적 피드백 제공하기

진로와 관련된 자신의 특성이나 상황에 대한 객관적 평가 정보가 진로의사결정 촉진에 도움이 된다. 심리검사 해석, 생애계획서에 대한 피드백, 진로의사결정 전략에 대한 피드백, 교과과정 수행에 대한 정보제공 등이 진로와 밀접히 관련된 객관적 피드백에 해당한다. 이 부분은 부모가 직접 제공하기 힘든 경우도 있는데, 정확한 정보를 제공해 줄 전문기관 또는 전문가와 연결시켜 주는 것이 필요하다. 부모는 이렇게 받은 피드백을 자녀 스스로 진로의사결정에 적용해 활용하는 과정을 관찰하고 함께 이야기하면서 자녀를 도울 수 있다.

(3) 직업세계에 관한 정보 제공하기

다양한 직업세계에서 각 직업의 수입, 기회, 전망, 활동, 승진기회, 교육 및 훈련 조건에 관한 실제적 정보를 확보하는 것은 진로의사결정에서 필수적이다. 정보 부족으로 어려움을 겪는 자녀들 중 많은 경우가 여기에 해당될 수 있다. 직업세계가 너무 다양하고 계속 변화하고 있어 어떤 부모도 자녀에게 필요한 직업세계 정보를 확보하고 있지는 못할 것이다. 따라서 직업세계에 대한 정보를 얻을 수 있는 상담자, 책, 인터넷, 전문가 집단 등 다양한 정보원을 활용해야 하는데, 자녀에게 필요한 정보를 제공해 줄 수 있는 정보원을 연결해 주는 것이 부모가 해야 할 일이다. 또한 가장 정확하고 가장 최근의 정보를 제공받았는지 확인해야 하고, 여러 정보원을 동시에 활용해야 한다는 점도 잊어서는 안 된다.

(4) 역할모델 설정 돕기

역할모델 설정 돕기는 진로탐색, 의사결정, 적응에 성공한 사람과 만날 수 있는 기회를 제공해 주는 것으로 우리나라 부모들이 소홀히 하는 부분이다. 역할모델의 설정은 진로를 어떻게 결정해야 하는가뿐만 아니라, 어떤 직업인으로 살아갈 것인가에 관한 올바른 직업가치관 형성에도 도움이 된다는 점에서 의의를 갖는다. 일차적으로 부모가 좋은 역할모델이 되어야 하고, 강연, 전기문(자서전), 영화, 다큐멘터리 등을 통해 역할모델을 소개할 수 있다. 역할모델이 저절로 생길 때까지 기다리기보다 적극적으로 역할모델을 찾는 노력이 필요하다. 자녀가 좋은 역할모델을 찾을 수 있도록 도울 뿐 아니라, 역할모델을 통해 어떤 변화를 경험해 나가는지도 점검하면서 역할모델이 진로에 긍정적 영향을 미칠 수 있도록 촉진해야 한다.

(5) 네트워크 형성 돕기

네트워크 형성 돕기란 가족을 비롯한 교사, 친구 등 자신의 주변 사람들을 자신의 진로발달에 활용하도록 촉진하는 과정이다. 부모, 형제, 친척, 교사, 친구, 선후배 등 이미 진로를 결정하고 사회에 진출해 있는 사람들의 의견을 듣고, 그들을 통해 직업세계로 나아갈 인간관계망을 형성하면서 진로계획에 진전이 생기기 때문이다. 가족구성원들 간 그리고 친척들 사이가 지지적인 관계망이 될 수 있도록 자주 만나고 이야기하고 서로 돕는 분위기를 만들어 가는 것이 필요하다. 그뿐만 아니라 친구, 교사, 선후배 등 자녀의 주변인들이 자녀의 진로 개척의 지원자가 될 수 있도록 관계형성을 촉진해야 한다. 이를 통해 혼자서 자신의 진로를 찾고 준비해 가는 것이 아니라 모두와 함께 자신의 진로를 개척해 나간다고 느낄 수 있을 것이다. 단, 이 과정에서 주변인은 지지자 역할을 하기도 하지만, 때로 장벽이 되기도 한다는 점에 유의해야 한다.

4. 자녀가 꿈을 이루도록 돕는 부모

꿈을 정했지만 그 꿈을 이루기 위한 행동으로 나아가지 못한다면 아무 소용이 없다. 부모는 자녀가 자신의 꿈을 이룰 수 있는 목표를 설정하고 실천하도록 도와야 한다. "전 세계 어린이의 굶주림을 해결하는 국제전문가가 될 거예요."라고 말하지만 오늘 하루 아동보호 국제전문가가 되기 위해 아무것도 하지 않았다면, 앞서 살펴본 의사결정을 돕는 것은 아무 소용이 없기 때문이다. 또한 자신이 결정한 것에 후회를 하며 아무것도 준비하지 않고 시간만 낭비하는 경우도 있다. "괜히 이 학교로 전학을 와서 내신만 손해 보고 있어." "기타를 계속 한다고 했지만 프로 연주자가 되기는 어렵지 않을까?" "이럴 줄 알았으면 특성화고를 오지 않았을 거야." 등 그 이유도 다양하다. 어떤 경우이든 꿈을 위해 정진하지 못하고 있다면, 이미 내린 결정의 장점을 부각하면서 보다 구체적인 목표를 가지고 실천할 수 있도록 도와야 한다.

1) 결정에 적응하지 못하는 것은 아닐까

결정을 하고 나서 후회하는 이유는 선택의 과정에 포기의 과정이 포함되어 있기 때문이다. 티셔츠 하나도 100% 내 마음에 드는 것을 고르기란 쉽지 않다. 마치 일상생활에서 내리는 수많은 결정처럼 진로에서의 의사결정도 자신이 원하는 것을 모두 충족시켜 주지 못한다. 몇 가지를 만족시켜 준다면 나머지는 포기해야 한다. 예컨대, 고등학교를 선택할 때 가장 많이 하는 고민은 '내신에 유리한가'와 '함께 공부할 경쟁자가 있는가'일 것이다. 이 두 가지를 만족시켜 주는 고등학교는 없기 때문에 한쪽을 포기할 수밖에 없다. 이 과정을 타협의 과정이라고 부르고, 타협한 것을 수용하고 이겨 내지 못하면 후회를 하게 된다. 이때 결정을 잘못했다고 후회하기보다는 좀 더 적응을 잘하기 위해 노력해 보는 것이 일차적으로 필요하다. 이 과정을 자녀는 잘 이해하지 못할 수 있으니 타협에 대해 이해하고 받아들일 수 있도록 함께 이야기하는 것이 필요하다.

무엇보다 중요한 것은 결정은 끝이 아니라 시작에 불과하다는 점을 인식하는 것이다. 진로에서 가장 중요한 것은 잘 결정하는 것이라고 하지만, 마치 결정을 잘하는가 못하는가가 모든 것을 결정한다고 생각하는 것은 위험하다. 어떤 결정을 했든지 간에 그 결정을 좋은 결정이 될 수 있도록 만들어야 결정을 잘한 것이라고 할 수 있다. 널리 알려진 힐러리 클린턴(Hillary D. R. Clinton)의 다음 일화는 결정보다 그 이후 자신의 결정을 '좋은' 결정으로 만들기 위한 노력이 중요함을 시사한다.

> 클린턴 부부가 차를 타고 가다가 기름이 떨어져서 주유소에 들르게 되었다. 그런데 우연하게도 주유소 사장이 힐러리의 옛 남자친구였다. 돌아오는 길에 클린턴이 물었다. "만일 당신이 저 남자와 결혼했으면 주유소 사장 부인이 돼 있겠지?" 힐러리가 바로 되받았다. "아니, 저 남자가 미국 대통령이 되어 있을 거야."(이지성, 2007, p. 5)

이 이야기는 힐러리 자신이 영부인이 된 것은 클린턴을 잘 선택했기 때문이 아니라 자신이 클린턴을 대통령으로 만들었기 때문이라고 생각하고 있음을 보여 준다. 즉, 의사결정 이후의 적응 또는 부적응은 선택이 아니라 선택에 대한 이후 적응이 좌우한다는 것이다.

자녀가 '선택을 잘못해서'라고 생각하고 있다면, '선택에 적응을 하지 못해서'로 문제를 다시 볼 수 있도록 돕는 것에서 출발할 수 있다. 그리고 다음으로 어떻게 적응할 것인지에 대해 의논하고 함께 해결책을 찾아 나간다. 이전 선택에 잘 적응하지 못하는 대부분의 이유는 포기한 것에 있기 때문에 무엇을 포기했는지 그리고 어떤 것이 어려울 것이라고 예상했는지 탐색하고, 예상과 실제에는 어떤 차이가 있는지, 어려움을 극복하기 위해 지금까지 시도했던 방법들은 무엇인지, 그 효과는 어떤지, 다른 방안에 대해 생각해 본 것이 있는지 등 지금까지 해 온 것에 대한 점검부터 한다. 이 과정에서 이전의 결정과 이후의 적응에 대한 정리가 되면, 앞으로 어떻게 하고 싶은지와 어떻게 할 수 있을지에 대한 자녀의 생각을 들어 본다. 부모가 구체적인 방안을 제시하려고 하기보다는 자녀가 어떻게 하기를 원하는지 따라가는 것이 효과적이다. 적응을 잘 해 나가기 위해 앞으로 무엇을 해야 할지에 대해 부모가 지시해 주기를 원하더라도, 스스로 무엇을 원하고 어떻게 할 수 있을지 함께 생각하고 고민해 보는 것에 충분한 시간을 할애하면서 적응을 돕는 것이 필요하다.

2) 미래를 바꾸는 목표설정의 효과

꿈을 이루기 위해서는 구체적인 목표를 정하고 실천하는 것이 필요하다. 이렇게 목표를 정하는 것이 필요하다는 것을 잘 알면서도 실제로 목표를 설정해 실천해 나가는 사람은 많지 않다. 다음은 목표설정이 얼마나 중요한지를 일깨워 주는 잘 알려진 일화인데, 장래 목표를 가졌던 졸업생이 그렇지 않았던 졸업생보다 그리고 그 목표를 기록으로 남겼던 졸업생들은 훨씬 더 크게 성공했다고 한다. 그래서 자녀들이 구체적인 목표를 설정하고 그것을 이룰 수 있는 계획을 세워 실천할 수 있도록 이끄는 것이 필요하다.

> 1979년 하버드 경영대학원 졸업생들에게 "명확한 장래 목표를 설정하고, 기록한 다음 그것을 성취하기 위한 계획을 세웠는가?"라는 질문을 해 보았더니 졸업생의 3%만이 목표와 계획을 세웠다고 하였다. 나머지 13%는 목표는 있었지만 그것을 종이에 직접 기록하지는 않았고, 나머지 84%는 학교를 졸업하고 나서 여름휴가를 즐기겠다는 것 이외에는 구체적인 목표가 전혀 없었다고 답하였다. 10년 후인 1989년 연구자들이 이들을 다시 만나 보았다. 목표는 있었지만 그것을 기록하지 않았던 13%는 목표가 전혀 없었던 84%의 학생들보다 평균적으로 2배의 수입을 올리고 있었고, 명확한 목표를 기록했던 3%는 나머지 졸업생보다 평균 10배의 수입을 올리고 있었다고 한다. 그들 사이의 유일한 차이는 졸업할 때 얼마나 명료한 목표를 세웠으며, 이것을 글로 적었는가 하는 점이다(Tracy, 2003).

그럼 목표를 어떻게 세워야 하는가? 목표란 막연하게 '행복해지고 싶다.' '돈을 많이 벌고 싶다.' '유명한 사람이 되고 싶다.'와 같은 소망과는 다르다. 명확하고 구체적으로 기록해야 하고 다른 사람에게 쉽게 설명할 수 있으면서 목표를 이루었는지 여부를 확인할 수 있는 것이어야 한다. 다음의 목표설정 원리를 적용하여 자녀가 목표를 갖도록 도와 성공적인 삶으로 이끌 수 있다.

(1) 성공한 사람의 사례 엿보기

성공한 사람들의 사례를 통해 그들이 어떻게 목표를 세웠는가를 살펴보고 그대로 따라 해 보도록 격려한다. 이것은 산을 오를 때 우리가 이미 산에 올랐다가 내려오는 사람에게 정상이 얼마나 남았는지, 어떻게 가야 하는지를 묻는 것과 같은 원리이다. 성공한 사람들의 사례를 통해 그들이 어떻게 목표를 세웠는가를 살펴봄으로써 무엇에 집중하고, 어디로 향해야 하는가를 배울 수 있다. 단, 다른 사람들의 목표설정 방법을 완전히 똑같이 따를 수는 없다는 점도 염두에 두어야 한다. 자녀만이 가진 욕구, 가치, 경험이 있기 때문에 스스로 자신의 강점이나 능력을 정확히 평가하고 그에 맞게 성공한 사람들의 사례를 적용하도록 해야 할 것이다.

(2) 장기목표와 단기목표 세우기

오랜 시간이 걸려 도달할 수 있는 장기목표와 함께 장기목표 달성에 필요한 단기목표도 함께 세워야 한다. 목표는 언제 달성하는가의 시간적 차이에 따라 단기목표와 장기목표로 분류된다. '어떤 삶을 살고 싶은가'라는 큰 인생의 이정표가 정해지면 이를 위해 무엇을 할 것인가에 관한 장기목표를 세울 수 있을 것이다. 장기목표를 이루기 위해서는 그에 도달하는 작은 계단에 해당하는 단기목표가 필요하다. 그리고 이 단기목표의 달성을 위해서는 이를 위한 하루하루의 구체적 실천계획도 필요하다. 즉, 오늘 해야 할 일의 목록이 '장기목표 → 단기목표 → 실천계획' 수립의 단계를 거쳐 도출된 것이어야 한다. 이렇게 장기목표를 세우고, 이를 위한 단기목표를 세우고, 또 이를 위한 실천계획을 세워 실천하는 사람들은 이러한 과정 속에서 새로운 가능성을 탐색하고, 자신이 세운 목표를 더 잘 이해한다고 한다.

(3) 목표의 우선순위 정하기

삶의 각 단계에서 여러 가지 목표를 동시에 갖는 경우가 많다. 이때 여러 가지 목표 사이의 우선순위를 정해야 한다. 성공하는 사람들의 성격 특성을 분석한 알버트 그레이(Albert Gray)는 성공하는 사람들의 가장 두드러진 특징 중 하나가 '중요한 일을 먼저 하는 것'이라고 하였다. 인생의 주인이 되고 싶다면 소중한 일을 먼저 선택해야 한다. 그러기 위해서는 자기 자신에게 가장 중요한 것이 무엇인지 분명하게 알고, 우선순위를 고려하여 장기목표와 단기목표를 정해야 한다. 스티븐 코비(Stephen R. Covey)는 유명한 저서 『성공하는 사람들의 7가지 습관(The 7 Habits of Highly Effective People)』에서 목표설정을 다양한 크기의 돌로 항아리를 채우는 것에 비유해 설명하고 있다. 자갈이나 모래알처럼 작은 목표를 항아리에 담으면 더 많이 담을 수 있겠지만 돌멩이를 넣기 어려워진다. 돌멩이를 먼저 넣고, 그다음에 자갈을 넣고, 나머지 공간에 모래를 채우는 것이 가장 많은 것을 항아리에 담는 방법이다. 즉, 커다란 돌에 해당하는 가장 중요한 장기목표가 무엇인가를 우선적으로 고려해야 한다는 것을 강조하는데, 장기목표를 설정하지 않은 사람은 자갈이나 모래알처럼 자잘한 목표에 시간을 허비하기 쉽다. 자녀들이 당장 해야 할 과제만이 아니라 장기적으로 중요한 일이 무엇인지를 생각할 수 있도록 촉진하는 것이 필요하다.

(4) 강점을 활용해 목표를 설정하기

자신의 강점을 활용하여 목표를 구체화한다. 같은 목적지에 도달할 수 있는 방법에 여러 가지가 있듯이, 같은 인생의 목표에 도달하는 방법에도 여러 가지 길이 있다. 이때 가장 많이 고려해야 하는 것은 어떻게 자신의 강점을 찾고 활용할 것인가이다. 그런데 우리나라 사람들은 자신의 능력을 부정하고 평가 절하하는 경향이 있어 강점을 찾지 못하는 경우가 많다. 주변의 부정적인 평가 때문에 자신의 강점을 부인하기도 하고, 자랑하는 것은 나쁜 것이고 겸손은 미덕이라고 배워 왔기 때문에 자기 능력을 낮추기도 한다. 자녀가 자신의 강점과 능력을 정확하게 알고 여기에서부터 내적 자신감을 이끌어 낼 수 있도록 지지하고 격려하는 것이 부모가 해야 할 일이다. 이를 통해 자녀는 자신의 강점을 정확하게 평가하고 이를 활용하여 목표를 세우게 될 것이다.

(5) 목표에 집착하지 않기

마지막으로, 목표를 세울 때 주의할 점은 하나의 목표에 집착하지 않아야 한다는 것이다. "우물을 파도 한 우물을 파라."는 속담이 있긴 하지만, 하나의 목표에만 매달리는 것은 부작용을 초래할 수도 있다. 하나의 목표만 가지고 있으면 이를 달성했을 때 이전 목표가 주었던 힘과 중요성을 단번에 잃고, 침체상태에 빠지기 쉽다. 예를 들어, '특정 대학의 특정 학과에 진학하겠다'는 목표에 매진하여 진학에 성공한 사람에게 입시에 성공한다는 목표는 더 이상 의미가 없다. 이 경우 진학 후 목표를 상실한 채 생활이 엉망이 되고 앞으로를 계획하지 못하면서 대학생활에 적응하지 못한다. 물론 목표한 특정 대학의 특정 학과에 합격하지 못할 때는 더 큰 부적응 상태에 빠지게 된다. 따라서 삶의 다양한 영역에서 여러 가지 목표를 세울 수 있어야 하고, 항상 대안적 목표('플랜 B')도 함께 가지고 있는 것이 좋다.

5. 미래를 살아갈 자녀에게 필요한 진로역량

자녀의 진로를 돕는다는 것은 자녀가 사회의 일꾼으로 잘 자리매김하기를 돕는 과정일 것이다. 부모라면 누구나 자녀가 좋은 일자리를 갖게 되기를 바라는데, 사회가 너무 빠른 속도로 변화하고 있어 지금 부모가 생각하는 '좋은 일자리'는 자녀가 살아갈 사회에서 더 이상 의미가 없다. '대학만 잘 가면' '전문직만 가지면' '대기업에 취직만 하면' 등의 삶의 공식이 이제 더 이상 통하지 않는 시대가 되었다. 즉, 현재 자녀들에게 필요한 것은 미래에 유망한 직업을 선택하는 것이 아니라 어떤 직업 환경에서도 잘 살아갈 수 있는 역량을 함양하는 것이다. 자녀들은 지금 부모가 살아가고 있는 사회와는 상당히 다른 사회에서 일꾼으로 역할을 할 것이므로, 부모는 자녀가 살아갈 미래사회에 대해 이해하고 미래사회가 요구하는 역량을 길러 주기 위해 노력을 기울여야 한다.

1) 미래사회 직업세계는 어떻게 달라질 것인가

많은 사람이 미래에는 지금 있는 직업이 사라지고 새로운 직업이 생길 것이라고 예측하고 있다. 직업세계도 유기체와 마찬가지로 각 직업이 태어나고, 성장하고, 열매를 맺고, 다시 쇠퇴하는 라이프 사이클을 갖는다. 한편, 직업세계에는 이러한 변화만이 아니라 한 직업 안에서도 그 직업이 더 작은 일로 분화되면서 전문화되고 심화되는 변화도 일어나고 있다. 즉, 사회 변화에 따라 새로운 직업이 필요해지기도 하고 어떤 직업은 기계가 대체하기도 할 뿐 아니라 같은 하나의 직업이 점점 세분화되고 전문화되면서 전반적인 직업의 지형이 달라지고 있다.

(1) 사라지는 직업

미래사회의 특징을 명명하는 여러 용어 중에서 가장 대표적인 것은 4차 산업혁명 시대이다. 4차 산업혁명 시대의 출현을 이끈 인공지능, 빅데이터, 가상현실, 초연결 등 기술의 발전으로 현재 인간이 하던 일을 기계가 대체하고 인간에게는 새로운 일이 주어질 것이라고 전망된다. 2년 이상 세계를 강타한 감염병 사태가 비대면 시대를 앞당기면서 이러한 변화가 더욱 가속되고 있다. 어떤 직업은 없어지고 어떤 직업은 새롭게 생긴다는 이야기 또는 어떤 인간의 기술(또는 기능)은 필요하지 않게 되고 어떤 기술은 더 필요해진다는 이야기가 자주 등장하는 것은 자연스러운 일이다. 4차 산업혁명 시대의 포문을 열었던 세계경제포럼(WEF)이 전 세계 기업을 대상으로 조사한 결과에 따르면, 2018년에서 2022년까지 현재 근로자 가운데 54%는 새로운 기술을 습득해야 하는 것으로 전망되고 있다(WEF, 2018). 향후 기술혁신을 고려해 예측한 우리나라 미래 직업세계 전망에 따르면, 초등학생이 직업을 가질 나이가 되면 지금은 존재하지 않는 새로운 일자리가 70%가량 될 것이라고 한다(조상식, 김기수, 2016). 이러한 예측은 부모에게 공포감까지 안겨 주고 있다.

(2) 직업의 세분화와 전문화

이렇게 지금 있던 직업이 없어지고 새로운 직업이 생겨나는 변화만이 아니라 무엇보다 같은 직업 내에서도 변화가 일어나 더 세분화되고 전문화되는 변화를 맞이하고 있다. 예전의 직업세계에는 어떤 직업인가에 따라 지위의 높고 낮음의 피라미드 구조가 존재했다면, 이제는 모든 직업에서 새로운 피라미드가 생기고 있다. 예컨대, 피라미드의 위에 있는 직업(A)과 피라미드의 아래에 있는 직업(B)을 비교해 볼 수 있다. 이러한 위치는 일반적으로 그 직업에 종사하는 사람들의 평균 학력과 임금에 따라 결정되는데, A 직업에 종사하는 사람들은 B 직업에 종사하는 사람들보다 평균 임금이나 전문성에서 우위에 있다. 그러나 B 직업의 지위와 임금수준이 A 직업에 비해 낮다고 해서 모두 낮은 것은 아니다. B 직업도 그 일을 보조하는 사람과 그 일에 관한 최상급의 숙련된 기능을 가지고 현장에서 관련 인력들을 감독하고 교육시켜 주는 업무를 수행하는 사람은 수입과 지위 면에서 크게 차이가 난다. B 직업의 최고의 자리에 있는 사람은 그 인원이 많지 않지만 이들의 사회적 지위와 평균 수입은 A 직업에 뒤지지 않는다. A 직업의 경우도 모든 A 직업 종사자가 높은 임금을 받고 높은 명성을 얻는 것이 아니라 A 직업 내에서도 임금 격차와 명성의 차이가 점점 커지고 있다.

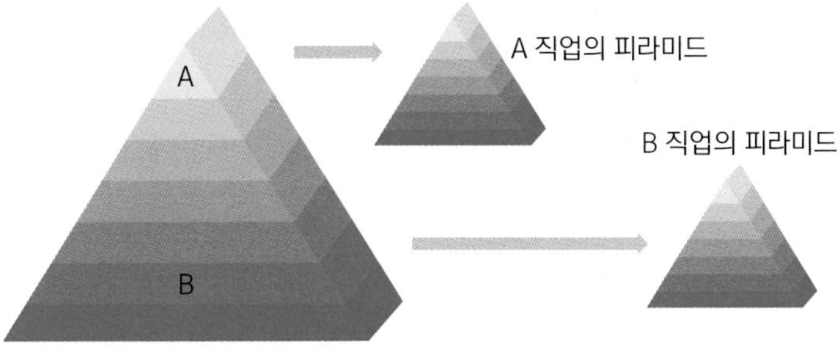

[그림 7-2] 직업세계 전문화로 달라지는 직업 지형의 예시

따라서 어떤 직업에 진입하는가가 중요한 것이 아니라, 그 직업에 진입해서 어느 분야로 어디까지 올라가느냐가 더 중요해졌다. 어떤 직업에 진입했더라도 끊임없는 직업능력개발을 해야 하는 시대가 온 것이다. 임금과 명성이 높은 일자리를 원한다면 전통적인 직업의 피라미드에서 상위에 있는 직업에 진입하려고 노력하기보다는 자신이 원하는 분야로 가서 그 분야 피라미드의 상위로 올라가는 길을 선택해야 할 것이다.

2) 미래 직업세계에서 성공하는 사람

미래 직업세계가 현재와 달라지는 만큼 미래 직업세계에서 성공하기 위해 갖추어야 할 개인의 특성도 달라질 것이다. 미래 직업세계에서 성공하기 위해서는 여러 가지 역량을 동시에 갖추어야 한다는 주장과 변화하는 세계에서 기회를 잡기 위해 심리적 역량이 중요해진다는 주장이 있다. 그 내용을 살펴보면 다음과 같다.

(1) 다기능 역량

다가오는 미래에는 그동안 전통적으로 강조되어 왔던 특정한 일을 해낼 수 있는 지식, 기능, 기술 등의 역량을 갖는 것보다 대인관계 역량, 자원관리 역량, 문제해결 역량 등과 같이 여러 일에 필요한 다기능 역량이 중요시될 것으로 전망되고 있다(Schwab, 2016). 사회의 변화가 빨라지고 기술이 급속하게 발전하는 가운데 하나의 기능을 가지고 한 가지 일만 하면서 평생을 살아갈 수 없기 때문일 것이다. 계속 새로운 일을 할 수 있는 역량을 키워야 하고 새로운 일자리로 옮겨 다니며 살아야 하는 미래 직업세계에서는 어디에서 무슨 일을 하든지 필요한 역량의 함양이 강조된다. 이러한 미래 요구에 어떻게 대처할 것인가에 관련한 고민들은 부모만이 아니라 교육 전체가 달라져야 한다는 담론으로 이어지고 있기도 하다. 이런 면에서 볼 때 한 직업만을 바라보고 그 직업에 진입하기 위해 모든 노력을 집중하는 것은 시대착오적 대응일 수 있을 것이다. 즉, 이제 부모들은 자녀가 '미래 직업세계에서 필요로 하는 역량을 얼마나 키워 가고 있는가?'라는 질문을 던지면서 자녀의 진로발달을 촉진해야 한다.

(2) 계획된 우연을 위해 필요한 역량

전통적으로 진로의사결정에는 '자신에게 맞는 일을 찾는다'는 매칭 패러다임이 적용되어 왔다. '적재적소'는 많은 사람이 공유하는 상식이라고 해도 과언이 아니다. 그러나 사회의 변화 속도가 빨라 현재의 청소년이 이후 성인이 되어 선택할 직업을 예측하기 어렵기 때문에 '자신의 특성에 맞는 직업을 찾아서 그에 맞는 준비를 해 나간다'는 매칭 패러다임으로 진로를 조망하는 것은 적절하지 않다. 어떤 직업을 선택해 그것을 성취하기 위해 매진했는데 그 직업이 사라질 수 있기 때문이다. 따라서 최근에는 매칭 패러다임에 입각한 진로의사결정이 아닌 새로운 진로의사결정 관점이 등장하고 있다. 그 출발점이 된 대표적 이론은 계획된 우연이론(planned happenstance learning theory; Krumboltz, 2009)이다.

계획된 우연이론은 인간이 살아가면서 만나게 되는 다양한 우연적 사건이 개인의 진로에 미치는 영향에 주목하면서, 한 개인의 진로발달과정에는 예상하지 않던 일들이 일어날 수밖에 없고 이러한 우연은 진로에 긍정적으로 작용하기도 하고 부정적으로 작용하기도 한다고 보는 것이다. 이 우연히 발생한 일이 진로에 긍정적으로 작용하는 경우가 '계획된 우연'이고, 부모는 이를 촉진할 수 있어야 한다. 계획된 우연이론에서는 '하나의 진로의사결정을 하도록 돕는 것이 아니라, 보다 만족스러운 진로와 인생을 살아가기 위해 행동하는 것을 배우도록 돕는 것'을 강조한다. 그리고 삶에서 일어나는 우연한 일들을 자신의 진로에 유리하게 활용할 기술을 발달시키도록 준비시켜야 함을 강조한다. 다음의 호기심, 인내심, 융통성, 낙관성, 위험감수가 계획된 우연을 만들어 가는 개인의 역량인데, 이 다섯 가지 역량을 키워 주기 위한 노력을 기울여야 한다.

- 호기심(curiosity): 미래에 대해 관심을 갖고 새로운 학습기회를 탐색하는 것
- 인내심(persistence): 진로를 준비하는 과정에서 겪는 실패나 좌절에도 불구하고 노력을 지속하는 것
- 융통성(flexibility): 예측하기 어렵고 변화하는 환경에 대처해 자신의 태도와 상황을 변화시키는 것
- 낙관성(optimism): 새로운 기회가 올 때 그것을 긍정적으로 보는 것
- 위험감수(risk-taking): 불확실한 결과 앞에서도 행동화하는 것

3) 몰입을 통한 끊임없는 탐색으로 역량 키우기

최근 심리학은 긍정심리학으로 선회하였다. 우울, 불안, 분노, 열등감, 좌절, 억압 등 인간 내면의 부정적인 특성들에 대한 관심에서 희망, 자신감, 낙관성, 친밀감, 삶의 질, 행복 등 인간 내면의 긍정적인 특성들에 대한 관심으로 옮아가고 있다. 이러한 긍정심리학은 미래의 지향점이 되기도 하는데, 자녀가 앞으로 어떤 삶을 살아가는 것이 미래사회에서 행복을 보장할 것인가에 대한 답을 찾을 수 있다. 자녀가 미래에 보다 높은 삶의 질을 누리기를 바란다면 더욱 관심을 가져야 할 부분이다.

'삶의 질 향상'에 관심을 가지고 연구를 해 온 긍정심리학자 중 한 사람인 미하이 칙센트미하이(Mihaly Csikszentmihalyi)는 『몰입의 즐거움(Finding Flow: The Psychology of Engagement with Everyday Life)』이라는 책을 통해 우리가 지금 하는 일에 몰입하라고 말한다. 아무리 하잘것없는 일이라 하더라도 그 일에 몰입할 수

있어야만 우리의 삶은 달라질 수 있다고 강조한다. 설거지, 옷장 정리와 같이 하잘것없는 일도 몰입할 수만 있다면 우리의 삶은 달라질 수 있다. 특히 여가시간에도 몰입할 것을 주장한다. 칙센트미하이는 TV 시청과 같이 수동적으로 여가시간을 보내는 경우, 진정으로 휴식할 수 없고 에너지 재충전에도 실패한다는 것을 연구 결과를 통해 입증하고 있다. 여가시간을 보다 적극적이고 생산적으로 보내는 사람들이 일로 인한 스트레스도 적고 삶에 대한 만족도도 높다고 한다.

여가시간을 적극적이고 생산적으로 보낸다는 것의 의미를 다시 한번 생각해 보면, 일이나 공부에서뿐만 아니라 쉬고 있는 시간에도 그 활동에 좀 더 몰입할 수 있어야 한다. 진정으로 자신을 즐겁게 하고 신나게 하는 활동을 하라는 것이다. 음악을 듣기보다는 곡을 써 보거나 악기를 다루거나 노래를 부르고 그 실력을 공연으로 보여 주는 것, 운동경기를 관전하기보다는 아마추어지만 무슨 운동이든 하면서 실력을 쌓고 경기에 참여하는 것, 맛있는 음식점을 찾아다니기보다는 직접 요리를 하고 새로운 요리법을 개발해 보는 것 등 직접 활동에 참여하고 그것을 통해 자신의 성장이 이루어지고 그 속에서 자신의 창의성이 발휘되는 여가생활이 삶을 살찌운다고 보았다. 그러려면 여기에도 노력과 시간의 투자가 따라야 하고 부모의 지원도 필요하다. 부모도 함께 몰입할 수 있는 시간을 갖는다면 더 좋을 것이다.

솔루션

6. 자녀의 꿈을 키워 주는 부모

자녀의 적성과 흥미는 타고나는 측면도 있고, 길러지는 측면도 있다. 자녀가 어릴수록 적성이나 흥미를 찾아 준다기보다는 길러 준다는 측면에 초점을 두어야 한다. 아동 및 청소년기는 아직 흥미, 적성, 가치관을 키워 주어야 하는 시기이다. 이러한 진로 관련 특성은 그 활동에 노출되지 않고서는 발견하거나 증진시킬 수 없다는 점에서 볼 때, 가능한 한 여러 활동을 경험해 볼 수 있는 기회를 제공하는 것이 일차적으로 필요하다. 그리고 부모가 자녀를 열심히 관찰한다면 자녀의 적성과 흥미를 발견하는 것은 크게 어려운 일이 아닌데 부모의 선입견이나 기대가 그것을 막는다. 자녀가 부모가 바라는 방향의 적성이나 흥미를 보일 때는 그것을 쉽게 발견하고 그 발달을 촉진하기 위해 온갖 지원을 하지만, 부모가 바라지 않는 분야에서 적성이나 흥미를 보이면 무시하거나 못하게 하는 경우가 적지 않다. 때로는 부모 자신이 원하는 적성이나 흥미를 자녀에게 부과하기도 하는데, 이런 부모와의 상호작용은 자녀의 꿈을 좌절시킨다.

Q1 우리 아이는 왜 꿈이 없을까요?

지금은 꿈이 없지만 더 어릴 때는 뭔가 꿈꾸고 있었을 것이다. 어릴 때는 꿈을 이룰 가능성에 상관없이 뭔가를 꿈꾸게 되는데, 언젠가부터 그 꿈을 이루는 것이 어렵다는 생각이 들면서 꿈이 없어져 버리는 경우가 많다. 한국직업능력개발원에서 매년 실시하고 있는 진로교육 현황조사 결과에 따르면, 우리나라 초등학생들이 가장 희망하는 직업으로 3년 연속 운동선수가 1위를 차지하고 있다. 그러나 중·고등학교로 진학하면서 운동선수를 비롯해 요리사, 크리에이터, 프로게이머 등 예체능 계열 직업의 순위가 점점 낮아지거나 사라진다. 그뿐만 아니라 의사나 법률전문가와 같이 높은 학업성적을 요구하는 직업들도 학교급이 올라가면서 높은 순위에서 사라지는 것을 볼 수 있다(〈표 7-2〉 참조).

실제 우리나라 학생들의 '내 꿈의 변천사' 내용을 분석해 보면, 많은 학생이 진로성취의 가능성에 상관없이 장래 희망을 꿈꾸는 '환상적 꿈'의 단계에서 더 나아가지 못하고 그 꿈을 포기해 버리는 경우가 많다. 어릴 때는 누구에게나 잘 알려진 멋진 직업을 꿈으로 말하다가 초등학교 고학년이 되면 이런 꿈을 실현하기 어렵다는 것을 알게 되고, 대부분 중학생이 되면 그 꿈을 포기한다. 이후부터는 새로운 것을 꿈꾸기보다는 대학을 가야 한다는 목표를 향해 매진하게 되고, 대학을 와서도 역시 앞으로 무엇을 해야 하나 막막하기만 할 뿐 꿈의 상실상태는 지속된다. 자신이 꿈꾸던 장래 희망이 현실적으로 어렵다는 것을 깨달으면서 꿈의 공백기가 발생하고, 이 과정에서 입시를 비롯한 과도한 학업 스트레스까지 겹치면서 꿈을 아예 상실해 버린다. 부모가 해야 할 역할은 '환상적 꿈'의 단계에서 '현실적 꿈'의 단계로 잘 이행하도록 도와 꾸준히 꿈을 가지고 정진할 수 있도록 하는 것이다. 그리고 여기에 부모의 말 한마디 한마디가 결정적인 역할을 한다는 점에 유의해야 한다.

<표 7-2> 우리나라 학생들의 희망 직업

구분	초등학생			중학생			고등학생		
	2018년	2019년	2020년	2018년	2019년	2020년	2018년	2019년	2020년
1	운동선수	운동선수	운동선수	교사	교사	교사	교사	교사	교사
2	교사	교사	의사	경찰관	의사	의사	간호사	경찰관	간호사
3	의사	크리에이터	교사	의사	경찰관	경찰관	경찰관	간호사	생명 · 자연 과학자 및 연구원
4	조리사 (요리사)	의사	크리에이터	운동선수	운동선수	군인	뷰티 디자이너	컴퓨터공학자/ 소프트웨어 개발자	군인
5	인터넷방송 진행자 (유튜버)	조리사 (요리사)	프로게이머	조리사 (요리사)	뷰티 디자이너	운동선수	군인	군인	의사
6	경찰관	프로게이머	경찰관	뷰티 디자이너	조리사 (요리사)	공무원	건축가/건축 디자이너	생명 · 자연 과학자 및 연구원	경찰관
7	법률전문가	경찰관	조리사 (요리사)	군인	군인	뷰티 디자이너	생명 · 자연 과학자 및 연구원	건축가/건축 디자이너	컴퓨터공학자/ 소프트웨어 개발자
8	가수	법률전문가	가수	공무원	공무원	간호사	컴퓨터공학자/ 소프트웨어 개발자	항공기 승무원	뷰티 디자이너
9	프로게이머	가수	만화가 (웹툰 작가)	연주가/ 작곡가	컴퓨터공학자/ 소프트웨어 개발자	컴퓨터그래픽 디자이너/ 일러스트 레이터	항공기 승무원	공무원	의료 · 보건 관련직
10	제과 · 제빵사	뷰티 디자이너	제과 · 제빵사	컴퓨터공학자/ 소프트웨어 개발자	간호사	조리사 (요리사)	공무원	경영자/ CEO	공무원

출처: 교육부 보도자료(2021. 2. 24.), p. 9.

Q2 아이의 꿈을 좌절시키는 말을 한 적이 없는데도 아무것도 하기 싫어하는데 어쩌죠?

직접적으로 자녀에게 "그런 건 안 돼."라고 말하지 않았다면 참 잘한 것이다. "네가 원하는 건 무엇이든 지원해 줄게."라고 말하기까지 한다. 그럼에도 불구하고 일을 하기 싫어하는 이유가 무엇일까? 우리나라 청소년들이 가장 원하는 장래희망이 '백수' 또는 '건물주'라는 이야기를 들어 본 적이 있을 것이다. 이렇게 일하는 것의 가치를 폄하하고 일하는 것을 기피하게 된 배경이 무엇인지 점검해 볼 필요가 있다.

① 일은 힘든 것이라는 메시지를 은연중에 주고 있지 않은가?

자녀들이 하는 이런 말에는 모두 일을 하고 싶지 않다는 의미가 담겨 있는데, 그 배경에는 부모를 비롯한 어른들이 있다. 부모가 무심코 내뱉는 일터의 스트레스, 또는 의도적으로 자녀에게 부담을 주기 위해 부모의 어려움을 내세우는 것은 오히려 자녀들이 일하는 것 자체를 기피하는 태도를 형성한다. "얼마나 힘들게 벌어서 학원비(학비)를 대고 있는데." "너희 때문에 얼마나 고생하는데." "너희 아니면 이렇게 힘들게 일하지 않아." 등과 같이 자녀에게 열심히 노력하라고 하는 말들이 자녀에게는 오히려 독이 될 수 있다. 잔뜩 스트레스 받는 일을 어른이 되어 한다는 것이 하나도 반갑지 않은 것이다. 오히려 피하고 싶은 일이 되어 버린다.

② 미디어에 내 아이를 빼앗기지 않기

모든 미디어는 소비를 통해 수입을 올리는 구조이다. 그래서 모든 미디어는 일과 같은 생산적인 활동을 깎아내리고 뭔가를 소비하는 활동을 치켜세운다. 예컨대, 구매를 자랑하는 SNS, "열심히 일한 당신 떠나라"라는 광고 카피, '플렉스(flex)'라는 신조어 등 소비를 권장하는 미디어의 메시지는 '일하는 것=피곤하고 스트레스 받는 것' '노는 것=근사하고 남들이 부러워하는 것'이라는 공식으로 자리 잡게 된다. 그래서 많은 자녀의 꿈이 '백수'가 되는 것이다.

③ 부모가 해야 할 일

이와 같이 일에 대한 잘못된 태도와 가치관 형성을 막기 위해서 부모는 "일하느라 힘들고 스트레스 받는다."라는 말부터 줄여야 한다. 대신 자신이 일을 하면서 느끼는 기쁨과 보람을 찾으려고 노력하는 과정을 자녀와 나누어야 한다. 일을 하는 과정에는 분명히 의미도 있고 즐거움도 있고 보람도 있는데 이런 부분을 잘 이야기해 주지 않는다. 부모로부터 일에 대한 긍정적 경험 이야기를 들으며 자녀들은 모르는 사이 '나도 빨리 어른이 되어 일을 하고 싶다'는 마음을 갖게 되고, 이 마음이 꿈찾기의 출발점이 될 것이다.

Q3 꿈찾기를 돕기 위해 가정에서 할 수 있는 일에는 무엇이 있을까요?

자녀들이 저마다의 꿈을 찾고 그 꿈을 이루고자 노력을 기울일 수 있도록 하기 위해 부모들이 할 수 있는 활동을 소개하면 다음과 같다. 이러한 일은 일회적으로는 효과를 기대하기 어렵고, 자녀들과 함께 일상을 살아가는 방식으로 자리 잡아야 한다.

① 다양한 경험 제공하기

누구나 좋아하는 일을 직업으로 삼고 싶어 하고, 대부분의 부모도 여기에 동의할 것이다. 문제는 '좋아하는 일'을 찾기가 쉽지 않다는 것인데, 이를 위해 필요한 것은 여러 활동에 노출시켜 주는 것이다. 흥미 발견과 흥미 발달의 첫 출발점은 해당 활동을 경험해 보는 것인데, 실제 자녀들의 생활은 상당히 제한된 경험에 갇혀 있다. 그리고 그 한계는 대부분 부모의 삶의 반경이 설정한 것이다. 따라서 부모는 의도적으로 자녀가 새로운 환경을 접할 수 있도록 노력해야 한다. 예컨대, 테마를 가진 여행 계획 세우기가 하나의 방법이 될 수 있다. 주말이나 휴일, 방학을 이용해 자녀와 여행을 하는 것이 자녀 꿈찾기의 좋은 방안이 된다. 맛난 음식점이나 멋진 경치를 찾아가는 것과 함께 '진로와 관련된 어떤 학습을 할 수 있을까'를 한번 생각해 보는 것이다. 직업 현장을 관찰하는 것, 누군가의 삶을 되짚어 보는 것, 뭔가를 체험해 보는 것, 누군가를 직접 만나 보는 것, 미래를 예측해 보는 것 등 다양한 가능성이 있을 것이다. 자녀와 함께 여행의 테마를 정해 보는 것이 좋은데, 이렇게 목적이 정해지면 여행을 통해 보다 다양한 경험을 하게 되어 꿈찾기에 도움이 된다.

② 엄마와 아빠의 '내 꿈의 변천사' 들려주기

진로는 자녀들만의 문제가 아니다. 부모 자신들은 지금까지 어떤 진로문제를 겪어 왔고, 앞으로 어떤 준비를 하고 있는지 자녀들과 나누어 보는 것이 자녀 꿈찾기 촉진에 도움이 된다. 그 방법 중 하나는 부모가 각자 조용히 앉아 과거를 회상하면서 자신의 꿈이 언제 생겼고, 어떻게 변화되었고, 지금은 어떤 꿈을 꾸고 있는지 한 장의 종이에 정리해 보는 것이다. 그리고 그것을 자녀들에게 공개하는 시간을 갖는다. 꿈이 어떻게 형성되는 것인지와 꿈을 추구하는 삶이 어떤 것인지를 부모의 이야기를 통해 알게 되는 것은 꿈찾기를 촉진하고 꿈을 이루기 위한 노력도 증진시켜 준다. 나아가 자녀들의 '내 꿈의 변천사'를 나누는 시간도 가질 수 있다.

③ 자녀와 함께 자서전 읽고 이야기하기

자녀의 꿈찾기를 촉진하기 위해서는 적절한 역할모델 찾아 주기가 필요한데, 부모는 좋은 역할모델이 된다. 그뿐만 아니라 자녀의 역할모델이 될 만한 인물을 찾는 노력도 함께 할 수 있는데 그 한 가지 방법이 자서전 읽기이다. 자녀에게 자서전을 던져 주는 것이 아니라 부모가 함께 읽는 것이 중요한데, 자녀와 함께 책도 고르고, 함께 읽고, 함께 이야기하는 시간을 가져야 한다. 한 달에 한 권, 한 학기에 한 권, 방학 기간 중 한 권 등 현실적으로 가능한 계획을 세워 실천할 수 있다. 이 과정에서 부모도 성장하게 되고, 자녀가 얼마나 성장해 가는지 확인도 가능할 것이다.

④ 진로정보 제공 웹사이트에서 시간 보내기

진로정보는 꿈찾기 촉진에 중요한 역할을 한다. 그중에서도 부모가 제공하는 구체적이고 가치 있는 진로정보는 자녀의 꿈찾기에 가장 중요한 역할을 한다. 그러나 진로정보가 상당히 방대해 부모가 자녀에게 필요한 진로정보를 파악하고 있기 어려울 것이다. 이 경우 이미 구축된 진로정보 제공 웹사이트를 활용하는 것이 방법이 될 수 있다. 이를 위해 진로정보 제공 웹사이트[1)]에 한 번에 30분 이상씩 매일 또는 매주 들어가 보는 습관을 부모 스스로 만들어 보는 것이 필요하다. 거기에서 보고 느낀 것들을 한 번씩 자녀들에게 이야기해 주는 것만으로도 도움이 된다.

1) 커리어넷, 워크넷, 드림레터, 한국잡월드, 시도교육청 진로진학정보센터, 직업훈련정보 HRD넷, 자격의모든것 큐넷, 개별 고등학교 및 대학의 입시정보, 대입정보포털 어디가, 한국교육과정평가원 대학수학능력시험, 학부모On누리, 학부모를 위한 진로레시피(유튜브 채널), O*NET OnLine

Q4 꿈찾기를 촉진하는 말이 있나요?

부모의 한마디가 자녀에게 강력하게 작용하는데, 꿈과 관련해서도 마찬가지이다. 자녀가 희망하는 꿈이 부모의 마음에 들 경우는 지지하지만 그렇지 않으면 좌절시키는 경우가 많다. 이렇게 자녀의 꿈이 무엇인가에 따라 반응을 달리하기보다는 자녀가 꿈꾸는 것이 무엇이 되었든 간에 지지하고 더 발전시켜 나갈 수 있도록 도와야 한다.

① 자녀의 꿈을 좌절시키는 부모

부모들은 왜 자녀의 꿈을 지지하지 않는가? 아마 자녀가 현실적인 꿈 추구를 하지 않기 때문일 것이다. 조금 더 구체적으로 살펴보면 자녀들이 진입이 보장되지 않는 직업에 관심을 보이기 때문이다. 이런 자녀들이 점점 늘어나고 있는 것이 현재 우리나라의 모습이다. 청소년들은 호기심과 탐구심에 차 있을 때라 어떤 경험이든 새롭게 접하면 그것에 관심을 보인다. 그리고 보편적으로 재미있는 것(흥미)이나 잘 되는 것(적성)에서 꿈을 찾는 경우도 많다. 요즘 청소년들은 많은 시간을 미디어에 노출되어 있기 때문에 미디어에서 본 것에서 흥미를 느끼고 그것을 하고 싶다고 생각하게 된다. 문제는 예체능과 같은 진로를 추구할 경우 성공 가능성이 희박하다는 것이다. 이때 대부분의 부모는 낮은 성공 가능성에 대해 설명하면서 그 꿈을 좌절시키는데, 이러한 경험을 여러 번 하면 꿈을 갖기 어렵다. 자녀가 관심을 갖는 진로가 어떤 것이든 그것이 꿈찾기의 출발점이 될 수 있도록 부모의 어법을 바꿔 보는 것이 좋다.

② 꿈을 좌절시키는 말 vs. 꿈을 지지하는 말

자녀가 아이돌을 비롯한 예체능 계열의 직업을 희망한다고 할 때 찬성하면서 그 꿈을 지원하는 부모는 흔하지 않을 것이다. 무엇보다 진입 장벽도 높고 수입이나 고용을 보장받기 어려운 직업들이기 때문이다. 부모의 지지를 받지 못하면서 자녀들은 꿈을 상실하게 되는데, 부모의 말을 통해 좌절을 경험하게 된다. 꿈을 좌절시키고 미래에 대해 무관심하게 만드는 부모의 반응을 그만두어야 한다. 대신 자녀의 진로탐색과 진로준비 행동을 지원하는 반응으로 바꿔 볼 것을 권한다. [그림 7-3]은 자녀가 '아이돌이 되고 싶다'고 말할 때 흔히 부모들이 보이는 반응을 진로발달을 촉진할 수 있는 말로 바꿔 본 예시이다.

꿈을 좌절시키는 반응		진로발달을 촉진하는 반응		꿈찾기 촉진 효과
넌 재능이 없어서 안 돼. 노래도 못하잖아.	➡	그래? 아이돌이 되려면 지금부터 어떤 준비를 해야 할까?	➡	꿈을 이루는 과정에서 노력의 중요성을 알게 됨
연습생으로 들어가는 것보다 직원으로 들어가서 아이돌을 직접 키우면 더 좋지 않을까?	➡	어떤 아이돌이 되고 싶은지 좀 더 얘기해 볼래?	➡	꿈에 대해 구체적으로 생각해 보고 준비하게 함
아이돌로 성공하려면 얼마나 힘든지 아니?	➡	○○는 아이돌이 되기 위해 노력하는데, 엄마, 아빠가 어떻게 도와주면 좋겠니?	➡	꿈에 대한 주인의식을 갖게 하고 몰입하게 함
공부하기 싫어서 아이돌 하겠다는 거 아니니?	➡	그래, 우리 ○○는 언제부터 그런 생각을 하고 있었니?	➡	꿈의 형성과정에 대한 이해를 높임

[그림 7-3] 꿈을 좌절시키는 부모의 반응 바꾸기 예시

③ 지금의 꿈은 잠정적이라는 것을 이해하기

아이돌뿐만이 아니라 여러 가지 '환상적 꿈'에 대해 부모들은 꿈을 좌절시키는 말을 자주 한다. 그리고 부모가 말하는 내용 자체가 상당히 현실성 있는 이야기라 하더라도, 진로탐색을 원천적으로 막아 버리기 때문에 바람직하지 않다. 지금 자녀가 꿈꾸는 것은 발달적으로 볼 때 잠정적 진로대안으로 최종의 진로대안이 아닌 경우가 많다. 그 내용이 중요한 것이 아니라 뭔가를 꿈꾸며 그 꿈을 이루기 위해 노력하는 것이 중요하다. 즉, 자녀가 원하는 진로대안을 앞으로 추구할 것인가 아닌가에 초점을 두기보다, 그 꿈에 대해 부모와 자녀가 대화를 나누고 고민하는 것이 필요하다. 부모와의 대화를 통해 자녀가 '꿈이란 구체성을 가져야 하고, 자신이 책임져야 하고, 열심히 노력해야 도달할 수 있다는 것'을 깨달을 수 있다면 그 꿈의 출발점이 무엇인가는 중요하지 않다는 점에 주목하면서 부모의 반응을 바꿔 보는 것이다. 이를 위해 부모 자신이 자녀에게 했던 말을 작성하고, 그 대안을 작성해 보는 연습을 할 수 있다. 그리고 그 대안적 반응을 직접 실천해 보면 그 효과를 실감하게 될 것이다.

솔루션

7. 나와 다른 곳을 바라보는 자녀와 함께하는 부모

진로문제에서 부모와 자녀가 갈등하는 경우는 주로 부모의 기대와 자녀의 꿈이 불일치하는 경우이다. 우리나라는 부모들이 지나치게 공부만을 강조하는데, '학업 우선교육관'이라는 개념이 등장할 정도이다. 자녀가 초등학교에 입학하면서부터 사교육을 비롯해 공부 지원이 본격적으로 시작되고 다른 부모와의 교류가 늘어나면서 더 경쟁적이 되기도 한다. 이렇게 공부에 대한 부모의 기대와 압력은 높아지지만 자녀들이 반드시 그에 부응하는 것은 아니다. 여기에서 서로의 갈등이 시작된다.

Q1 진로와 관련해 자녀와 갈등하게 되는데 무엇이 문제일까요?

진로를 결정하는 과정에서 부모와 자녀가 갈등을 일으키는 것은 어쩌면 자녀양육 과정에서 자연스러운 일이다. 또한 우리나라만의 문제가 아니어서 미국에서도 부모와 자녀 간에 갈등이 일어나는 진로문제를 중요하게 다루어야 한다는 문제가 제기되었다. 이 가운데 눈여겨볼 부분은 부모 쪽에서 정확한 진로 관련 정보를 가지고 있지 못한 것이 갈등의 출발점이 될 수 있다는 견해이다.

> 어떤 부모들은 직업세계나 교육체제에 관한 정확한 정보를 갖지 못해 걱정을 한다. 자녀들에게 도움이 되고 싶지만 필요한 정보를 갖지 못하기 때문에, 자녀의 진로지도를 위해 보다 '최고의 교육과 경험을 갖게 되면 적절한 진로정보와 결정이 저절로 따라 온다.'라는 일반적인 원칙을 적용한다(Young, 1994, p. 201).

이와 같이 자녀의 진로와 관련된 구체적인 정보가 없는 상태로 자신의 경험 속에서 습득한 원리들, 우리나라의 경우 '좋은 대학만 가면 이후는 보장된다.'라거나 '공무원처럼 안정적인 직업이 최고이다.'와 같은 신념을 바탕으로 자녀의 진로에 관여하게 된다. 오히려 학생은 정확한 정보를 가지고 자신의 진로를 준비해 나가려고 하는데 이를 이해하지 못하는 부모의 반대에 부딪혀 고민하고 있는 사례가 있을 수 있다.

Q2 제대로 알아보지도 않고 무조건 하겠다고 하는데, 어떻게 해야 할까요?

자녀가 스스로 선택하고자 하는 진로의 장점과 확신을 부모에게 알리기 위해 정확한 정보를 제공한다면 갈등이 발생하지 않을 가능성이 높다. 자녀들의 입장에서 보면 누구나 부모가 원하지 않는 진로를 선택하는 것에 부담을 갖는다. 진로를 준비하는 과정에서 부모의 경제적 지원과 정서적 지원을 받지 못하면 그 진로를 추구하기가 어려워지기 때문일 것이다. 그렇다고 무조건 부모가 원하는 일을 선택하는 것은 수용하기 어렵기 때문에 부모와 갈등하게 된다. 이 경우 자녀가 얼마나 확신을 가지고 있는지 듣고 자녀가 추구하는 진로에 대한 직업세계 정보를 확보할 수 있도록 조력하는 것이 부모가 해야 할 일이다. 부모가 보기에 제대로 알아보지 않은 것처럼 보인다면, 자녀의 입장에서 진로 관련 정보를 찾아보면서 함께 다시 의사결정을 해 보는 것이 필요하다.

① 성숙한 결정인지 미성숙한 결정인지 확인하기

자녀가 내린 결정이 여러 가지 정보를 확보한 상태에서 내려진 성숙한 결정인지부터 확인할 수 있도록 도울 수 있다. 이를 확인하기 위해 자녀의 의사결정 과정에 대해 다시 되짚어 보는 과정이 필요하다. 부모가 일방적으로 판단하기보다는 자녀가 스스로 결정한 과정을 재경험할 수 있도록 탐색해 보는 과정을 거쳐야 한다. 이 과정에서 자녀가 이전 의사결정 과정에서 여러 사항을 충분히 고려하지 못했다는 점이 파악된다면, 부모와 함께 다시 합리적인 의사결정 과정을 밟아 나간다. 자녀들은 합리적 의사결정능력이 부족해 다른 사람의 말을 따르거나 그냥 마음이 끌리는 대로 의사결정을 하기 쉽기 때문에 이 부분에 대한 점검이 필요한 것이다. 특히 유튜브를 비롯한 SNS를 통해 제공받은 정보에만 의존하고 있는 경우, 다양한 정보원을 소개하고 자신이 가진 정보와 모순되는 정보를 어떻게 다룰 것인지를 함께 의논해 볼 수 있다.

② 진로정보 함께 찾고 정리하기

새로운 의사결정은 다양한 정보에 기초한 합리적 의사결정 과정을 거쳐야 할 것이다. 이때 가장 필요한 것은 진로정보의 확보이다. 자녀에게 필요한 모든 정보를 부모가 가지고 있기는 현실적으로 쉽지 않다. 그렇다고 많은 정보를 부모가 모두 알 수 없으니 자녀에게 알아서 찾아보라고 해서는 안 된다. 필요한 정보를 같이 찾고 좋은 정보인지 검토하고 의사결정에 활용하는 과정을 함께 하는 것이 자녀에게 큰 도움이 된다. 여기에서 그냥 정보를 수집하게 하기보다 필요한 정보의 항목을 정하고 각 항목을 채워 나가는 방식으로 하는 것이 보다 효과적이다. 그리고 이렇게 정보를 채워 나가는 과정을 자녀와 협력해 작성하거나 자녀와 부모가 각자 작성해 비교해 보는 것도 가능하다. [워크시트 6]과 같은 양식을 활용할 수 있는데, 각 항목은 현재 진로와 관련이 깊은 내용으로 수정해 사용할 수 있다.

Q3 예체능 쪽으로 가는 건 너무 무모한 게 아닐까요?

공부를 잘해야 앞으로 좋은 진로를 선택할 수 있다는 부모의 생각과 자신이 원하는 것이 공부를 잘해야 하는 영역이 아니라는 자녀의 생각이 맞서는 경우 부모와 자녀는 더 많은 갈등을 겪게 되는데, 그 대표적 영역이 예체능이다. 예체능 분야는 어릴 때부터 재능을 개발하는 것이 중요하기 때문에 다른 분야에 비해 보다 이른 시기에 의사결정을 해야 한다. 한편, 어릴 때부터 예체능 진로를 선택해 매진하더라도 예체능 분야에서 직업을 갖기는 쉽지 않기 때문에 많은 경우 성인이 되기 전에 탈락을 맛보아야 한다. 따라서 성공 확률이 낮은 진로를 추구해서는 안 된다고 보는 부모는 반대할 수밖에 없다. 반면, 꼭 하고 싶어 하는 자녀는 조급해지면서 서로 갈등하게 된다. 그중에서도 청소년기 자녀-부모 갈등은 대부분 상대적으로 의사결정 시기가 늦은 대중음악이나 디자인 분야에서 발생한다. 그뿐만 아니라 최근 청소년들이 많은 관심을 가지고 있는 유튜버, 웹툰 작가를 비롯한 문화콘텐츠 관련 분야도 포함된다.

① 진로선택에서의 갈등

이러한 예체능 분야 진로를 추구하는 배경에는 자신이 원하는 진로로 가면 반드시 행복할 것이라는 가정이 자리 잡고 있는데, 이와 관련된 부분이 정확하게 파악되지 않은 경우가 많다. 지나치게 결과기대가 긍정적인 경우에는 이에 대한 현실검증이 필요하다. 특히 학업이 어려워지면서 학업 스트레스의 도피처로 예체능 분야의 진로를 고려하는 경우가 많다. 부모는 자녀가 고려하고 있는 예체능 분야에 대한 결과기대와 관심에 대한 이야기를 먼저 들어 보아야 한다. 또한 반드시 그 분야로 진로를 결정하기 전 지금까지 그 분야 활동에서 보여 준 몰입 정도를 파악하는 것이 필요한데, 이를 통해 도피처가 아닌 그 분야에 대한 열정이 동기가 되었음을 확인할 수 있기 때문이다. “성공할 만큼의 재능을 가지고 있을까요?” “정말 성공할 수 있을까요?” “투자할 가치가 있을까요?”라는 질문에 답하려고 하기보다, 그 이전 단계의 자기탐색에서부터 출발하는 것이 좋다. 그리고 다음 단계에서 이 질문과 관련된 자녀의 대답에 대한 현실검증을 스스로 할 수 있도록 돕는 과정으로 나아간다.

② 예체능 진로추구의 장점

예체능 진로를 추구한다는 것은 비용 투자도 많이 해야 하고 여러 가지 위험부담도 따르기 때문에 부모 입장에서는 찬성하기 어렵다. 그러나 예체능 진로추구에 단점만 있는 것이 아니라는 점을 부모가 인지하고 있어야 한다. 일반적으로 예체능 분야에 들어가면 기술을 연마하기 위해 강도 높은 훈련을 소화해야 한다. 이렇게 집중적인 훈련을 완수하는 과정에서 앞으로 삶에 도움이 되는 여러 가지 역량과 태도를 형성하게 된다는 장점이 있다. 놀고 싶고 하기 싫은 것을 참아야 하는 훈련의 과정을 거치면서 그리고 기술을 평가받는 여러 기회에서 성공과 실패를 경험하면서 자기통제, 그릿, 회복탄력성 등 미래사회를 살아가는 데 큰 자산이 되는 역량을 획득하게 된다. 단, 이를 위해서는 집중적 훈련과정을 거친다는 것이 전제가 되어야 한다. 잘 알려진 성공에 이르는 ‘1만 시간의 법칙’을 발견한 사례연구(Ericsson, Krampe, & Tesch-Roemer, 1993)에 포함된 많은 사례도 예체능 쪽으로, 무엇보다 꾸준히 노력하지 않으면 성공할 수 없음을 보여 준다. 단지 학교 공부가 싫어서 도피처로 예체능을 선택만 하고 학원에 가서 제대로 훈련에 참여하지 않고 대충 때우고 온다면 앞으로의 삶에 오히려 독이 된다. 주어진 과업을 하기 싫을 때 도망을 가면 된다는 신념을 심어 주게 되고, 뭔가 열심히 해 성취감을 맛보며 자신을 단련하는 과정에서 성장하는 기회를 갖지 못해 오히려 열등감이 형성되기 때문이다.

③ 진로전환에서의 갈등

예체능 분야로의 진입 여부만이 아니라 이미 진입했던 예체능 진로에 계속 머물러야 할 것인지 떠날 것인지에 대해 갈등하는 경우도 적지 않다. 계속 머물지 못하는 가장 큰 이유는 '정말 성공할 만한 재능을 가지고 있는가?'(성공에 필요한 노력을 기울일 수 있는가라는 특성도 포함)와 '성공했을 때 정말 괜찮은 삶을 살아갈 수 있는가?'라는 질문일 것이다. 또한 큰 성과 없이 지속해야 하는 연습에서 오는 피로감이 높은 경우에도 마찬가지이다. 예체능 분야에서 요구하는 집중적인 훈련과정을 위해 놀이시간을 많이 할애해야 하기 때문에 피로도가 높다. 따라서 예체능 진로를 계속 추구할 것인가에 봉착해 있는 경우 무엇보다 자녀 스스로 자신의 진로에 대한 탐색을 충분히 할 수 있도록 돕는 것이 필요하다. '하루라도 빨리 결정을 해야 손해를 덜 본다'는 비합리적 생각을 내려놓을 수 있도록 해야 하는데, 진로에 대한 확신이 흔들린 현재가 진로를 다시 탐색해 볼 가장 좋은 기회라는 점을 분명히 한다. 진로를 추구하면서 겪었던 다양한 경험을 이야기하면서 재경험하고 이것을 앞으로의 의사결정의 발판으로 삼아야 할 것이다.

솔루션

8. 두려운 입시 전쟁의 동반자가 되어 주는 부모

우리나라 입시제도에서 보면 초등학교를 졸업하고 중학교로 진학할 때부터 입시를 치른다. 물론 중학교 입시를 준비하는 학생은 매우 적다. 고등학교 입시준비는 조금 더 많은 학생이 하는데, 대학교 입시는 거의 모든 학생이 준비한다고 해도 과언이 아니다. 따라서 여기에서는 대입에 초점을 두고 입시를 준비하는 자녀를 돕는 부모역할에 대해 살펴보고자 한다. 모든 입시에는 합격자와 함께 불합격자가 있기 마련이고, 아무도 불합격자가 되고 싶지 않기 때문에 그만큼 경쟁도 심하고 그에 따른 불안도 크다. 자녀가 입시를 치르는 동안 이런 불안을 잘 이겨 내고 실력을 키워 원하는 학교에 합격하기 위해서는 여러 측면에서 부모의 도움을 필요로 한다.

Q1 목표가 뚜렷하지 않은 아이를 어떻게 도와야 할까요?

입시를 잘 치르기 위해서는 입시에 임하는 목표가 분명해야 한다. '남들도 하니까' '대학은 안 갈 수 없으니까' '지금까지 놀았으니까' 등과 같은 마음으로는 입시라는 긴 여정을 성공적으로 마무리하기 어렵다. 입시준비에 앞서 왜 입시에 도전하는지에 대한 분명한 목적이 있어야 하고, 이것이 구체적인 목표로 자리 잡아야 한다. 자신의 실력을 쌓아야 하는 가시적 목표가 없는 상태에서는 마음만 입시준비에 있을 뿐 실제 입시준비에 몰입하지 못하면서 불안한 마음으로 시간만 보낸다. 이런 시간이 지속되면 어느새 입시준비와는 거리가 멀어져 있고 자포자기 상태에서 무력한 상태로 빠진다. 이 과정에서 부모는 열심히 하지 않는다고 채근하거나 알아서 하게 내버려 두는데, 두 가지 모두 도움이 되지 않는다.

입시준비에 몰입하지 못하는 상태에 도달하지 않기 위해 그리고 이미 이런 상태에 도달했다면 여기에서 벗어나기 위해 먼저 해야 할 일은 눈에 보이고 실감할 수 있는 목표를 세우는 것이다. 이때 '도대체 뭘 원하는가?'라는 질문을 던져 보아야 하는데, 과거와 미래를 조망하는 것은 현재 무엇을 할 것인가를 명확히 하는 데 도움이 된다.

먼저, 지금까지 자신은 어떤 의사결정들을 해 왔는가를 살펴보아야 한다. 자녀에게 혼자 해 보라고 하기보다 함께 점검해 보는 것이 좋다. 대부분의 과거 의사결정에는 부모도 관여했고 입시과정에서도 부모가 계속 관여할 것이므로 의논이 필요하다. 물론 목표의 내용을 정하는 데는 자녀의 의견이 가장 중요하게 반영되어야 하지만, 그렇다고 혼자 알아서 하라고 하는 것은 바람직하지 않다.

다음으로 미래에 대해 생각해 보는데, 1년 후 자신의 모습, 5년 후 자신의 모습, 10년 후 자신의 모습을 차례로 예상해 보면서 어떤 삶을 살고 싶은지와 그런 삶을 위해 당장 어떤 목표가 필요한지를 찾을 수 있다. 미래 자신의 모습을 상상하는 것에서 그치기보다는 글로 써 보거나 그림으로 그리는 등 구체적으로 표현해 보는 것이 필요하다. 1년 후 오늘 하루 일과를 시간표에 적어 보거나 5년 후의 나와 가상의 인터뷰를 해 볼 수 있다. 이때 부모 중 한 사람이 인터뷰를 진행해 보는 것도 가능할 것이다. 또는 지금과 미래의 생애역할(예: 학생, 자녀, 부모, 배우자, 시민, 근로자, 여가인 등)을 비교해 볼 수도 있는데, 다양한 역할을 수행하는 것을 상상해 보면서 미래 자신의 모습을 그려 볼 수 있다.

과거를 돌아보고 미래를 상상해 보면서 자신이 원하는 삶이 무엇인지가 정리되었다면, 구체적으로 어떤 것을 목표로 할 것인지 정해야 한다. 대입의 경우라면 입시 전형, 대학, 학과, 나아가 성적까지 구체화해야 한다. 오로지 한 가지 전형이나 하나의 대학만을 정할 필요는 없지만 원하는 범위 정도는 정해야 하고, 거기에 도달하기 위해 현재 자신의 실력을 어느 수준까지 어떻게 올릴 것인가에 대한 구체적인 계획까지 세워야 한다.

Q2 기대를 얼마나 더 낮춰야 하나요?

정답은 적절한 기대수준을 갖는 것이다. 너무 높아도 너무 낮아도 자녀의 진로발달을 오히려 방해할 수 있다. 또한 자녀에게 맞는 적절한 기대를 방해하는 부모 자신의 문제도 돌아보아야 한다. 정말 자녀를 위한 기대인지 부모 자신의 욕구나 위신을 위한 기대인지부터 점검하는 것이 필요하다.

① 높은 기대의 함정

목표를 세워 나가는 데 가장 방해가 되는 것은 지나치게 높은 기대이다. 부모 스스로 자녀에게 너무 높은 기대를 하고 있는 것은 아닌지, 그로 인해 자녀는 아예 목표조차 세우지 못하고 있는 것은 아닌지 점검해야 한다. 부모의 기대에 부응하기 힘들다는 생각이 들 때 대부분의 자녀는 더 노력하기보다는 자포자기해 버린다. 조금이라도 노력해서 부모의 기대에 부응하기 위해 노력하기보다 부모의 기대에 부응할 자신이 없기 때문에 아예 아무것도 안 하는 것을 택하는 경우가 훨씬 많다. 부모가 높은 기대를 강요하게 되면 상황은 더 악화되는데, 부모를 적으로 돌리고 반항이 심해진다.

② 기대 낮추기의 함정

자녀의 자포자기나 반항을 막기 위해 부모의 기대를 자녀의 현재 수준에 맞게 낮추는 것이 필요할 것이다. 우리나라에서는 한동안 부모의 기대가 하향 조절되는 과정을 취학 전까지 아인슈타인 우유를 먹이다가 서울우유 → 연세우유 → 건

국우유 → 삼육두유 → 저지방우유……로 점차 우유를 바꿔 간다는 우유브랜드에 빗댄 유머가 유행한 적이 있다. 실제 부모들은 이렇게 자신의 기대를 낮춰 간다고 한다. 그러나 이렇게 낮추기만 하는 것이 능사는 아니라는 점이 참 어려운 지점이다. 부모가 기대를 낮추는 것은 자칫 자녀에게 실패감을 안겨 주어 더 무력감에 빠지게 할 수 있기 때문이다.

③ 도대체 부모는 어떻게 해야 하는가

'자녀에게 기대하는 것이 무엇인가?' 그리고 '그 기대는 어디에서 왔는가?'라는 질문을 스스로에게 던지는 것에서 시작해야 한다. 어느 부모나 자녀의 행복이 최우선이라고 생각할 텐데, 자녀에 대한 기대에는 부모 자신의 다양한 욕구가 반영되는 경우가 적지 않다. 이 부분에 대한 점검이 일차적으로 필요하고, 부모의 욕구가 아닌 현재 자녀에게 아주 조금 어려운, 그러나 성취 가능해 보이는 기대를 갖는 것이 필요하다.

부모의 욕구를 알아차리고 스스로 처리하는 것은 쉽지 않은 과제이다. 특히 우리나라는 자녀의 입시 결과가 부모의 성적표가 되어 스트레스로 작용하는 경우가 많기 때문이다. "내가 ○○대를 갔는데 왜 엄마(또는 아빠)가 더 좋아해?"라는 한 대학생의 말이 많은 걸 내포하고 있다. 소위 교육특구라고 하는 교육열이 높은 지역일수록 자녀의 입시 결과가 그 지역 내, 아파트 내, 학교 내에서의 부모의 힘 또는 서열로 작용하는 경우가 많다. 친척들 사이에서도, 동창들 사이에서도, 직장 동료들 사이에서도 자녀의 입시 결과가 서열처럼 작용하는 것이 현실이다. 이 와중에 부모는 자신도 모르게 자신의 위신 때문에 자녀를 압박하게 된다. 우리는 좋은 대학에 가려면 '엄마의 정보력' '아빠의 기동력' '할아버지의 경제력'이 필요하다는 것이 상식으로 통하는 사회를 살아가고 있다. 이런 사회적 분위기에 휩쓸리지 않고 중심을 잡기란 쉽지 않다. 따라서 부모는 이런 문제를 스스로 돌아보고 이런 마음이 자녀에게 스트레스가 되지 않도록 꾸준히 마음을 관리해야 한다. 그리고 이런 부모로서 느끼는 압박감은 어머니와 아버지가 모두 느끼는 것으로 부부가 함께 대화를 나누고 서로 격려하면서 이겨 내야 하고, 필요하다면 전문가의 도움을 받을 수도 있다.

Q3 입시준비를 도울 구체적인 방법은 무엇인가요?

자녀의 입시준비를 돕기 위해서는 체계적이고 지속적이고 일관된 도움을 제공하는 것이 필요하다. 한 번 또는 한 가지 도움으로 자녀의 입시준비라는 긴 여정에 실질적 도움을 주기는 어렵다. 다음의 단계를 하나씩 밟아 가며 입시준비의 처음부터 끝까지 함께해야 한다.

① 잠정적 목표설정에 따른 학습목표 세우기

입시준비에 집중하기 위해 잠정적인 목표를 세우는 것이 필요하다. 지원할 학교(학과)를 미리 정하고 현재 자신의 실력과 목표로 하는 학교 및 학과의 격차를 파악한 다음, 그 격차를 줄이기 위한 실력 향상에 힘써야 하기 때문이다. 그리고 이를 통해 구체적인 학습목표를 설정한다. 어떤 고등학교 또는 어느 대학의 어느 학과를 정하기 위해 몇 가지 대안을 비교하는 과정이 필요할 것이다. [워크시트 8]과 같은 대차대조표를 이용해 목표를 명료화할 수 있다. 우리나라 대학입시의 경우 수시 전형에서 6개 대학 및 학과, 정시 전형에서 3개 대학 및 학과에 지원이 가능하다. 선택지가 9개에 달하는데, 먼저 가장 원하는 하나의 대안을 분명히 하는 것이 필요하다. 실제 지원서를 작성할 때는 이 하나의 목표를 중심으로 합격 가능성을 고려해 대안을 순차적으로 결정하게 된다.

② 순조롭지 않은 진행 수용하기

학습목표를 세운다고 해서 그것이 바로 실천으로 이어지는 것은 아니다. 그동안 꾸준히 입시를 준비해 오지 않은 경우라면 공부나 훈련이 습관이 되지 않아 마음처럼 잘 되지 않는다. 성적을 올리기 위해서는 남들보다 더 많이 노력해야 가능한데 남들만큼 하는 수준에 도달하는 것조차 쉽지 않다. 그래서 열심히 하지만 실력이 좀처럼 늘지 않고 실력도 제자리걸음이다. 공부 영역이나 예체능 영역이 모두 마찬가지이다. 예컨대, 수능을 준비하는 학생들의 경우 5월 · 6월 모의고사, 여름방학, 9월 모의고사가 슬럼프에 빠지는 대표적 시기이다. 초반에 무리해서 힘이 빠져 버리고, 생각보다 결과가 나오지 않으면서 동기가 떨어지고, 체력이 고갈되는 과정을 거치면서 좀처럼 슬럼프에서 빠져나오기 힘들다. 습관이 쉽게 형성되지 않는다는 점을 알고 그 과정에서 겪는 어려움에 부모가 함께 실망하고 좌절해서는 안 된다. 오히려 미리 예측하면서 그때마다 격려하고 힘을 실어 주어야 한다.

③ 자녀의 매니저 되기

입시준비가 노력을 집중해야 하는 것이기 때문에 어려움은 당연히 견뎌야 한다고 생각하기 쉬운데, 부모는 이 고단한 과정에 실질적인 도움을 주는 사람이다. 부모는 코치 또는 매니저로서 역할을 해야 한다. 공부나 훈련만이 아니라 먹고 자고 씻고 노는 것까지 항상 최상의 몸과 마음 상태를 유지할 수 있도록 돌봄의 손길을 주어야 한다. 여기에서 중요한 것은 지나치게 간섭하지 않으면서 '언제나 내 편'이라고 느낄 수 있도록 지원해야 한다는 것이다. 실력은 스스로 키우는 것이기 때문에 자율성을 훼손할 정도로 의존하게 하는 것은 곤란하다. 헬리콥터 부모에 대한 비판의 목소리를 기억하기 바란다. 그러나 입시라는 고단한 과정을 혼자 이겨 내라고 내버려 두기에는 아직 몸과 마음이 어린아이이기 때문에 적절한 도움을 주어야 한다. 이때 신경 써야 하는 것은 '기분관리' '시간관리' '수면관리' '체력관리'라고 할 수 있고, 이것이 일상 속에서 자연스럽게 이루어져야 한다. 입시는 일주일 또는 한 달을 열심히 한다고 성과를 낼 수 있는 게임이 아니라 1년여의 긴 여정이다. 조금 속도가 늦더라도 꾸준히 일정량 이상의 훈련을 해내는 것이 성공으로 가는 길이라는 점을 잊지 않고 자녀와 함께 달려갈 수 있어야 한다.

Q4 전문가의 도움을 받아야 할까요?

입시에는 여러 가지 전략이 필요하고 이런 전략을 부모가 모두 알기는 어렵기 때문에 입시를 준비하는 과정에서 누군가의 도움을 받을 수밖에 없다. 이때 아는 지인이나 SNS의 정보에 의존하기보다는 각 분야의 전문가를 찾아 도움을 받는 것이 좋다. 전문가의 도움을 받으려면 경제적 부담이 클 수 있는데, 국가나 공공기관에서 제공하는 무료 서비스를 찾아 이용할 수 있다.

① 진로상담 전문가의 도움 받기

입시와 관련한 부모역할에서 어려움이 있다면 혼자 고민하지 말고 전문가의 도움을 받는 것이 현명한 선택이다. 목표를 설정하는 과정에서도 부모의 견해나 기대가 자녀와 다를 경우 잘 진전되지 않는다. 이럴 때는 서로 갈등하기보다는 진로상담 전문가를 찾아 목표설정에 대한 도움을 받을 수 있다. 이때 부모의 지나친 기대가 자녀를 압박하고 있다면 부모가 먼저 심리상담을 받아 보는 것도 고려해 볼 수 있다. 또한 자녀의 매니저로서의 역할이 버겁다면 전문가의 도움을 받는 것이 좋다. 기분관리, 시간관리, 체력관리 영역은 심리상담 전문가, 학업상담 전문가, 운동 전문가에게 각각 맡길 수 있다. 이때 한 번 또는 한 달처럼 짧은 기간 동안 도움을 받기보다는 입시를 하는 동안 꾸준히 서비스를 제공받는 것이 필요하다. 그리고 모든 전문가를 연결하면 자칫 입시준비 과정에 방해가 될 수 있으므로, 자녀에게 가장 필요한 또는 부모가 가장 돕기 힘든 영역의 전문가 한 사람 정도를 연결하는 것이 좋다.

② 입시 컨설턴트의 도움 받기

무엇보다 전문가가 필요할 때는 대입 지원 단계이다. 수시에 6개, 정시에 3개의 선택지를 고를 수 있고 전문대는 숫자에 제한이 없다. 전형이 다양할 뿐 아니라 매년 전형이 바뀌기 때문에 그 내용을 부모가 모두 파악하고 좋은 선택을 한다는 것은 거의 불가능한 일이다. 모든 전형자료가 공개되어 있어 시간을 투자하면 전형을 파악하는 것은 가능하지만, 이전의 지원 경향과 올해 자녀와 경쟁하는 수험생들의 지원 경향은 파악하기 어렵다. 따라서 입시 전문가의 컨설팅을 받는 것을 지원서 작성의 필수 단계로 생각해야 한다. 이때 누구에게 컨설팅을 받을 것인가를 정하는 일에 노력을 기울여야 한다. 입시 전문가의 경우 한 사람이 우리나라 모든 대학의 전형을 모두 파악하고 있는 것이 아니라 각자 특화된 전문 분야가 있으므로 자녀가 원하는 대학과 전공에 맞는 전문가를 찾아야 한다. 나아가 한 사람의 전문가보다는 여러 전문가의 의견과 자료를 참고하는 것이 필요하다.

Q5 어디까지 전문가에게 맡겨야 할까요?

부모가 직접 입시 전문가가 될 수는 없지만 어느 정도 준전문가가 되어야 한다. 자녀의 입시준비를 돕는 과정에 필요한 전문가의 영역이 다양하고 각 영역의 전문가 역시 또 전문 영역이 세분화되어 있기 때문에 어느 정도는 부모가 각 전문 영역에 대해 알고 있어야 한다.

① 전문가 선택을 위해 준전문가 되기

사교육이나 과외와 같이 학습을 직접 돕는 서비스에서부터 시험불안 관리, 체력 관리를 돕는 PT, 수시와 정시 지원서 작성 컨설팅까지 다양하게 전문가의 도움을 받을 것이다. 많은 사람이 아파서 병원을 갈 때 미리 여러 가지 의료정보를 찾아보고, 특정한 질병으로 치료를 받게 되면 그 질병에 대해 공부를 많이 해서 보다 치료효과를 높일 수 있도록 노력한다. 전문지식을 전문가들만이 소유하던 시대에서 모든 사람이 그 지식을 접할 수 있는 정보화 시대가 열렸기 때문이다. 자녀에게 필요한 전문가의 도움을 받을 때도 마찬가지이다. 이 과정에서 전문가의 전문성을 믿고 전적으로 맡기기보다 부모 스스로 알아볼 것은 알아보아야 한다. 전문가의 도움이 필요한지 여부를 판단하기 위해, 적합한 전문가를 찾기 위해, 전문가의 도움이 자녀에게 도움이 되는지 파악하기 위해 부모는 각 분야의 준전문가가 되어야 한다. 다양한 정보를 찾아보고 들어 보고 정리하고 비교해 보면서 차근차근 공부하는 것이 필요하다.

② 입시 관련 준전문가 되기

입시를 준비하는 수험생과 그 부모가 얼마나 관련 정보를 많이 수집하고 활용하는가가 성패를 좌우하게 된다. 또한 입시 관련 전문가가 많지만 그들을 자녀의 입시에 가장 유리하게 활용하기 위해서는 부모가 먼저 입시의 준전문가가 되어야 한다. 입시준비에서 겪는 자녀와 부모의 불안은 시장의 좋은 먹잇감이다. 그래서 불안을 조장하고 서비스를 판매하는 시장이 형성되어 있어 자칫 높은 비용의 서비스를 구매하고 결국 좋은 결과를 얻지 못하게 되는 경우가 발생한다.

입시정보는 상당한 전문성을 요구하는 분야이지만 부모도 어느 정도는 알 수 있다. 고등학교, 대학교, 교육청, 사설 교육기관 등에서 개최하는 여러 입시 설명회를 들어 보고, 입시전략 관련 웹사이트나 책자를 보고, 각 대학의 입학처 홈페이지에 공개된 입시요강과 이전 입시 결과를 찾아보면서 대략적인 입시 지형을 파악하고 있어야 한다. 이 과정에 자녀도 참여시켜 볼 것을 권한다. 자녀도 자신에게 필요한 것이 무엇인지, 어떻게 적용해 나가야 하는지를 아는 준전문가가 된다면 입시를 보다 효율적으로 치를 수 있다.

[워크시트 1] 부모의 진로 관여 행동

◆ 다음은 자녀의 진로결정에 대해 일반적으로 부모들이 하는 생각, 행동, 태도 등입니다. 각각을 읽어 보고 자신의 모습과 어느 정도 비슷한지 응답하세요. '어떻게 해야 한다'가 아니라 '실제 어떻게 했는지'를 떠올리며 응답해야 합니다.

명칭	부모의 관여 방식
신뢰와 위임	원래 대화가 없거나 사이가 나쁜 것은 아니지만 진로결정 당시에는 적극적으로 관여하지 않았다. 특별한 선택을 강요하지 않고 아이에게 맡기며 대체적으로 아이의 결정을 지지하는 편이었다.
	① 매우 비슷하다 ② 약간 비슷하다 ③ 약간 다르다 ④ 매우 다르다
격려와 지지	아이를 믿는 편이어서, 아이가 한 선택에 대해서는 좋은 생각이니 열심히 해 보라고 격려하였다. 아이가 결정에 대해 불안해하면 잘하고 있다고 안심시키면서 스스로 결정 내리도록 하였다.
	① 매우 비슷하다 ② 약간 비슷하다 ③ 약간 다르다 ④ 매우 다르다
정보제공 후 판단 위임	아이가 관심 있어 하는 분야(계열, 전공, 학교, 학과 등)에 대해 정보를 제공하였다. 내가 알고 있는 가능한 정보를 모두 제공하고, 아이가 그러한 정보를 알고 나서 그 분야를 좋아하는지 싫어하는지 스스로 판단하도록 하였다.
	① 매우 비슷하다 ② 약간 비슷하다 ③ 약간 다르다 ④ 매우 다르다
구체적인 정보와 방법 제공	아이가 관심 분야(계열, 전공, 학교, 학과 등)를 선택한 후, 나는 실제로 입학할 수 있는 기회 및 방법에 관한 구체적 정보를 제공함으로써 적극적으로 도와주었다.
	① 매우 비슷하다 ② 약간 비슷하다 ③ 약간 다르다 ④ 매우 다르다
정보에 기초한 추천	내가 알고 있는 아이의 특성과 진로정보(계열, 전공, 학교, 학과에 대한 정보)를 기초로 하여, 특정 분야(계열, 전공, 학교, 학과 등)가 아이에게 '잘 어울리고 좋을 것 같다' 혹은 '적합하다'고 이야기해 주었다.
	① 매우 비슷하다 ② 약간 비슷하다 ③ 약간 다르다 ④ 매우 다르다
부모의 경험에 기초한 권유	아이의 관심 여부보다는 부모로서 내가 경험했거나 잘 알고 있는 특정 분야(계열, 전공, 학교, 학과 등)의 전망, 보수, 사회적 지위, 안정성과 같은 조건들을 알려 주면서 아이에게 그 분야를 선택하도록 권하였다. 나 혹은 내가 잘 아는 사람들이 경험한 분야를 권하였다.
	① 매우 비슷하다 ② 약간 비슷하다 ③ 약간 다르다 ④ 매우 다르다
부적합한 조건에 대한 지적	아이가 관심 있어 하는 특정 분야(계열, 전공, 학교, 학과 등)가 아이의 성별이나 적성, 성적과 같은 조건들에 비추어 볼 때 부적합한 경우, 이를 간과하지 않도록 상기시켜서 그 분야에 대해 다시 생각하도록 권하였다.
	① 매우 비슷하다 ② 약간 비슷하다 ③ 약간 다르다 ④ 매우 다르다

출처: 선혜연(2008).

[워크시트 2] 생애역할 조망

현재 자신이 어떤 다양한 역할(예: 학생, 자녀, 부모, 배우자, 시민, 근로자, 여가인 등)을 수행하고 있는지 위쪽에 동그라미로 나타내 보세요. 많은 시간과 노력을 기울이는 역할은 큰 동그라미로 상대적으로 적은 시간과 노력을 기울이는 역할은 작은 동그라미로 표현해 보세요.

다음으로 (　　)년 후 나의 삶이 어떻게 달라질지 생각해 보세요. 그때는 어떤 생애역할을 수행하고 있을까요? 현재 수행하고 있는 것과 같은 역할을 동그라미로 나타내 보세요.

현재 나에게 주어진 역할	
(　　)년 후 내가 수행할 역할	

[워크시트 3] 진로미신 극복하기

◆ 다음 글을 읽고 ○, ×를 표시한 후 그렇게 생각한 이유를 적어 보세요.

번호	내용	○, ×	그렇게 생각한 이유 또는 예	번호	내용	○, ×	그렇게 생각한 이유 또는 예
1	일단 진로를 결정하면, 절대 바꾸어서는 안 된다.			9	한 사람의 가치가 그 사람이 선택한 직업에 따라 모두 평가되는 것은 아니다.		
2	남자가 잘할 수 있는 일과, 여자가 잘할 수 있는 일은 따로 정해져 있다.			10	개인의 흥미와 적성은 일치한다.		
3	대학 진학이 자신의 진로를 개척하는 최선의 방법은 아니다.			11	직업 목표 결정을 먼저 하고 나서 공부에 전념하는 것이 좋다.		
4	전문가들은 개개인에게 잘 맞는 진로가 무엇인지 잘 알고 있다.			12	적성은 타고나는 것이다.		
5	사람에게는 완벽하게 잘 맞는 직업이 한 가지씩 있다.			13	최선의 결정은 결정할 당시에 결판이 난다.		
6	시간이 지난다고 자신에게 가장 잘 맞는 직업이 무엇인지 저절로 알게 되는 것은 아니다.			14	직업 전망은 틀릴 수도 있다.		
7	일은 인생에서 가장 중요한 것이다.			15	같은 직업인끼리는 연봉이 같다.		
8	진로를 계획할 때, 모든 조건이 정확히 맞아떨어지는 것은 아니다.						

출처: 허은영(2014), pp. 112-113.

[워크시트 4] 내 꿈의 변천사

지금부터 여러분의 어린 시절로 돌아가 보세요. 자신이 커서 어떤 사람이 되고 싶어 했는지 꿈에 대한 기억을 더듬어 보세요. 꿈은 어떻게 생겨났고, 지금까지 살아오면서 그 꿈은 어떻게 달라졌는지, 그 과정에서 어떤 계기나 영향을 준 사람이 있었는지 함께 적어 봅시다. 그리고 지금은 무엇을 꿈꾸고 있는지, 꿈의 타임머신을 타고 자신을 탐험해 보세요.

[워크시트 5] 나의 어법 바꾸기 연습

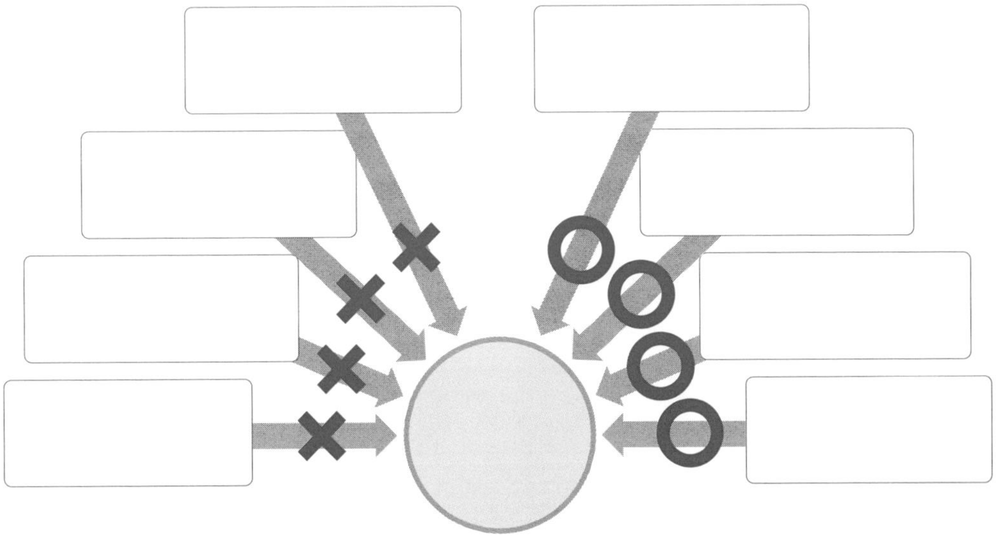

<예시>

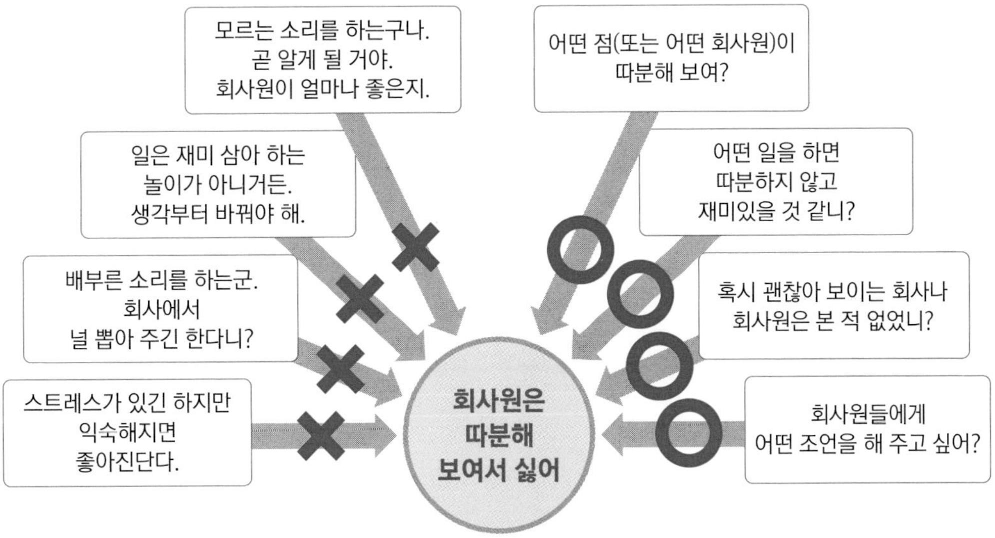

[워크시트 6] 직업정보 알아보기

(　　　　　　　　　　)에 대한 직업정보	
어떤 일을 하는가?	
어떤 지식과 기술이 필요한가?	
필요한 학력이나 자격증에는 어떤 것이 있는가?	
앞으로 유망한가?	
관련된 직업은 무엇이 있는가?	
수입은 어느 정도인가?	
일자리는 많은가?	
관련 협회나 기관은?	
제한점이나 애로사항은 어떤 것이 있는가?	
주변에 해당 직업인이 있는가?	

[워크시트 7] 나의 결정 돌아보기

지금까지 진로와 관련해서 내가 했던 중요한 결정을 떠올려 보고, 다음 표를 작성합니다.

언제	어떤 결정	결과에 대해 만족 또는 후회하는 이유

('어떤 결정'란에 축구부 계속 여부, 중학교/고등학교 선택, 입학전형 선택 등을 자유롭게 기재)

앞으로 진로와 관련해서 내가 할 중요한 결정들에는 어떤 것들이 있는지 생각해 보고, 다음 표를 작성합니다.

언제	어떤 결정	예상되는 어려움

('어떤 결정'란에 학원, 고등학교 계열, 대학/학과, 직업, 아르바이트 등을 자유롭게 기재)

[워크시트 8] 의사결정 대차대조표

원하는 대안	(　점)	(　점)	(　점)	(　점)	(　점)	매력 (100점)

참고문헌

교육부 보도자료(2021. 2. 24.). 2020 초중등 진로교육 현황조사 결과 발표.

김인규, 임은미(2007). 초, 중, 고등학생의 진로발달과업에 대한 일반인의 암묵지 탐색. 아시아교육연구, 8(3), 223-245.

선혜연(2008). 청소년 진로의사결정에서 부모의 관여 방식. 서울대학교 대학원 박사학위논문.

유성경, 이항심, 황매향, 홍세희(2007). 학업우수 여학생의 부모애착, 성역할 정체감, 자아존중감 및 진로장벽의 관계. 한국청소년연구, 18(3), 357-380.

이성진, 윤경희, 임은미, 김인규, 임진영, 여태철, 황매향(2008). 우리나라 성인의 진로발달과업에 대한 암묵지 탐색. 진로교육연구, 21(1), 1-17.

이은경(2001). 자기효능감이 진로발달에 미치는 영향. 이화여자대학교 대학원 박사학위논문.

이지성(2007). 여자라면 힐러리처럼: 꿈을 품은 모든 여자가 세상의 중심에 우뚝 서는 법. 경기: 다산라이프.

조상식, 김기수(2016). 미래 한국교육의 교육철학적 기초-진단, 과제 그리고 방향. 경기도교육연구원 개원3주년 기념 심포지엄 자료집, 30-52.

조효진, 이은설, 손보영(2020). 청소년의 부모애착이 진로계획에 미치는 영향: 자존감과 진로자기이해의 매개효과를 중심으로. 아시아교육연구, 21(4), 975-999.

허은영(2014). 청소년 진로지도 어떻게 할까: 교사를 위한 교과통합 진로교육 매뉴얼. 서울: 북멘토.

황매향, 하혜숙, 유정이(2018). 미래사회를 대비하는 아동기 부모진로교육의 도전과 과제. 교육논총, 38, 233-253.

Brown, S. D., & Ryan Krane, N. E. (2000). Four (or five) sessions and a cloud of dust: Old assumptions and new observations about career counseling. *Handbook of counseling psychology* (3rd ed., pp. 740-766). Hillsdale, NJ: Erlbaum.

Ericsson, K. A., Krampe, R. T., & Tesch-Roemer, C. (1993). The role of deliberate practice in the acquisition of expert performance. *Psychological Review, 100*(3), 363-406.

Gati, I., Osipow, S. H., Krausz, M., & Saka, N. (2000). Validity of the career decision-making difficulties questionnaire: Counselee versus career counselor perceptions. *Journal of Vocational Behavior, 56*(1), 99-113.

Ginzberg, E., Ginsburg, S. A., Axelrad, S., & Herma, J. L. (1951). *Occupational choice: An approach to a general theory*. New York: Columbia University Press.

Krumboltz, J. D. (2009). The happenstance learning theory. *Journal of Career Assessment*, *17*(2), 135–154.

Roe, A. (1956). *The psychology of occupations*. New York: Wiley.

Schwab, K. (2016). *The fourth industrial revolution*. Colony/Geneva, Switzerland: World Economic Forum.

Super, D. E. (1953). A theory of vocational development. *American Psychologists*, *8*(5), 185–190.

Super, D. E. (1990). A life-span, life space approach to career development. In D. Brown, L. Brooks, & Associates (Eds.), *Career choice and development* (pp. 197–261). San Francisco, CA: Jossey-Bass.

Tracy, B. (2003). *Goals!: How to get everything you want-faster than you ever thought possible*. 정범진 역(2003). 목표 그 성취의 기술. 서울: 김영사.

WEF (2018). *The future of jobs report 2018*. Cologny/Geneva, Switzerland: World Economic Forum.

Whiston, S. C., Li, Y., Mitts, N. G., & Wright, L. (2017). Effectiveness of career choice interventions: A meta-analytic replication and extension. *Journal of Vocational Behavior*, *100*, 175–184.

Young, R. A. (1994). Helping adolescents with career development: The active role of parents. *The Career Development Quarterly*, *42*(3), 195–203.

찾아보기

인명

내용

저자 소개

김미례(Kim Mirye)

전남대학교 교육학과 상담심리전공 박사
현 호남대학교 상담심리학과 교수/학생상담센터장
(사)한국상담학회 대외협력위원장/한국학교상담학회 자격관리위원장
전 (사)한국상담학회 한국학교상담학회 회장

〈주요 저서 및 역서〉
한국의 초월영성상담가(공저, 학지사, 2022)
상담전문가를 위한 교류분석 개인상담(공저, 아카데미아, 2017)
(초급 상담자를 위한) 교류분석상담의 과정과 기법(아카데미아, 2015)
기업과 조직을 살리는 교류분석: 커뮤니케이션 방법을 바꾸는 세 가지 비밀(공역, 학지사, 2015)
[교류분석(TA)적 접근을 통한] 자살 상담과 치료(공역, 학지사, 2013)
격려 기술: 격려 세상 만들기(공역, 학지사, 2012)

정현주(Jung Hyunju)

한남대학교 교육학과 박사수료
현 아라상담연구소장
(사)한국상담학회 한국학교상담학회 회장
한국중독상담학회 홍보위원장
전 침례신학대학교 상담심리학과 겸임교수

〈주요 저서 및 논문〉
크리스천 소셜 디자이너 훈련 워크북(공저, 이웃섬김실천학교, 2015)
정서·행동특성 관심군 중학생의 사회적 유능성 프로그램 효과검증(2018)
게임활용 진로탐색프로그램이 정서·행동 관심군 중학생의 진로정체감과 진로성숙도에 미치는 효과(2015)
한국적 의사소통 집단상담 프로그램이 전입신병의 인간관계와 군 생활 적응에 미치는 효과(2014)
만다라 집단미술치료가 모-자 상호작용에 미치는 효과(2011)

이성직(Lee Seongjik)

미국 켄터키대학교 상담심리학 박사

현 연세대학교 심리학과 겸임교수

한국심리치료상담학회 학회장

한국 ADHD 협회장

(사)한국상담학회 한국학교상담학회 부회장

〈주요 저서 및 역서〉

ADHD 전문가를 위한 치료 지침서(학지사, 2020)

(인지적 관점에서 보는) 불안장애와 공포증(공역, 학지사, 2022)

참자기로 살아가기(역, 학지사, 2016)

성폭행 생존자를 위한 인지처리치료: 매뉴얼(역, 학지사, 2014)

성인 ADHD 인지행동치료 프로그램(치료자용): 치료자용 지침서(역, 학지사, 2013)

김희숙(Kim Heesook)

호남대학교 상담심리학과 박사수료

현 마음소풍심리상담센터장

정부광주지방합동청사공무원마음건강센터장

광주광역시교육청 정보화 역기능 예방교육 강사/스마트쉼센터 가정방문상담사

(사)한국상담학회 한국학교상담학회 부모교육위원장

〈주요 논문〉

청년기 취업준비생이 지각한 진로장벽과 진로결정자기효능감의 관계에서 인생태도의 매개효과(2017)

박동혁(Park Donghyuck)

아주대학교 심리학 박사(임상심리 전공)

현 아주대학교 교육대학원 겸임교수

원광디지털대학교 초빙교수

(사)한국상담학회 한국학교상담학회 이사

한국학교심리학회 이사

〈주요 저서 및 검사도구〉

대학생을 위한 학습전략의 실제(학지사, 2018)

청소년 램프 학습법(학지사, 2017)

MLST-II 학습전략검사(인싸이트, 2014)

MindFit 마인드핏 인성건강검사(인싸이트, 2014)

LAMP 학습전략 워크북 시리즈(전 10권, 학지사)
LAMP 학습플래너 시리즈(학지사)
KMDT 진로진학진단검사(진학사, 2012)

조난숙(Cho Nhansook)

서울대학교 수학교육과 졸업
서울대학교 수학과 석사
미국 위스콘신대학교 수학과 박사
횃불트리니티대학원 기독교상담학 석 · 박사
현 한성대학교 소양 · 핵심교양학부 교수
(사)한국상담학회 한국학교상담학회 이사

〈주요 저서 및 역서〉
마음에도 공식이 있나요?(덴스토리, 2019)
미분방정식(3판, 공저, 경문사, 2019)
기초공학수학(공저, 교우사, 2014)
7차 중학교 수학 교과서(더텍스트)
(인지적 관점에서 보는) 불안장애와 공포증(공역, 학지사, 2022)

황매향(Hwang Maehyang)

서울대학교 약학대학 제약학과 학사
서울대학교 사범대학 교육학과 학사, 석사, 박사(교육상담 전공)
현 경인교육대학교 교육학과 교수
(사)한국상담학회 한국학교상담학회 학업상담위원장

〈주요 저서 및 역서〉
테크놀로지와 상담의 미래(학이시습, 2021)
학업실패 트라우마 상담(학지사, 2021)
진로탐색과 생애설계(3판, 공저, 학지사, 2020)
진로진학상담 기법의 이론과 실제(공저, 사회평론, 2017)
삶의 의미를 찾아주는 상담자(공역, 학이시습, 2020)

부모교육 및 상담
Parent Education & Counseling

2022년 9월 5일 1판 1쇄 인쇄
2022년 9월 10일 1판 1쇄 발행

지은이 • 김미례 · 정현주 · 이성직 · 김희숙 · 박동혁 · 조난숙 · 황매향
펴낸이 • 김진환
펴낸곳 • (주) 학지사
04031 서울특별시 마포구 양화로 15길 20 마인드월드빌딩
대표전화 • 02)330-5114 팩스 • 02)324-2345
등록번호 • 제313-2006-000265호

홈페이지 • http://www.hakjisa.co.kr
페이스북 • https://www.facebook.com/hakjisabook

ISBN 978-89-997-2714-6 93370

정가 22,000원

저자와의 협약으로 인지는 생략합니다.
파본은 구입처에서 교환해 드립니다.